Wolfgang Schönpflug (Hrsg.)

System Mensch

Beispiele aus der psychologischen Fachliteratur

Ein Reader, herausgegeben
und mit Einführungen versehen
von Wolfgang Schönpflug

Klett – Cotta

CIP-Kurztitelaufnahme der Deutschen Bibliothek

Schönpflug, Wolfgang:
System Mensch / Wolfgang Schönpflug. – Stuttgart : Klett-Cotta.
Beispiele aus der psychologischen Fachliteratur : e. Reader /
hrsg. u. mit Einf. vers. von Wolfgang Schönpflug.
[Übers. von Hainer Kober u. Wolfgang Heinemann]. – 2. Aufl. – 1980. –
ISBN 3-12-927780-3

Der vorliegende Reader gehört – zusammen mit dem „Studientext zur Einführung in die Psychologie" – zu den Materialien des Medienverbundes „System Mensch", zu welchem der Westdeutsche Rundfunk Köln (3. Programm, Studien- und Kursprogramme, Redaktion: Peter Teckentrup) dreizehn Filme beigesteuert hat.
Wir danken den in den Quellenangaben zu den einzelnen Beiträgen genannten Verlagen für die Erlaubnis zur Publikation dieser Beiträge.
Übersetzungen von Hainer Kober und Wolfgang Heinemann

2. Auflage 1980

Verlagsgemeinschaft Ernst Klett –
J. G. Cotta'sche Buchhandlung Nachfolger GmbH

Printed in Germany
Einbandgestaltung: Heinz Edelmann
Satz: G. Müller, Heilbronn
Druck: Wilhelm Röck, Weinsberg

Inhalt

10 Denken und Phantasie

11 Problemlösen

12 Gefühle

13 Das Individuum in der Gruppe

Einleitung

Mit einem wissenschaftlichen Fachgebiet kann man sich vertraut machen wie mit einem unbekannten Landstrich: durch einen Streifzug ohne vorgegebene Route und ohne festes Ziel, einen Streifzug, der erst die Strecken und Plätze erkundet, die bei späteren Fahrten als Wege und Ziele dienen können. Ist eine solche Entdeckungsreise zu Ende, erscheint nachträglich mancher zurückgelegte Weg als ein Umweg, vielleicht sogar als ein Irrweg. Aber gerade die Beschwernisse und Unbequemlichkeiten, welche die Umwege und Irrwege mit sich bringen, sind ein unentbehrlicher Anreiz für die eigenständige und kritische Erfahrung. So sollte auch, wer in das Gebiet der Psychologie einen Einblick gewinnen will (übrigens auch, wer nach längerer Unterbrechung seine Beschäftigung mit der Psychologie wieder aufnehmen möchte), für einige Stunden die geglättete, gefestigte und begradigte Fahrstraße der Lehrbücher und Einführungstexte verlassen und anhand von Berichten wenigstens einige der Fußpfade kennenlernen, welche die psychologische Forschung ursprünglich gegangen ist – mit ihren individuellen Eigenarten, ihren Widersprüchen und ihren (unvermeidbaren) Unzulänglichkeiten.

Die Fülle der psychologischen Fachliteratur aus aller Welt kann allerdings bei der ersten Begegnung recht verwirrend wirken und den Mut zur unbekümmerten Erkundung nehmen. Außerdem sind Bibliotheken mit einem größeren Bestand an wissenschaftlicher Literatur in der Regel nicht öffentlich zugänglich. Daher wurde eine Auswahl von 26 Artikeln aus psychologischen Fachzeitschriften getroffen und in diesem Reader allgemein zugänglich gemacht. Die Artikel sollen ein Bild von der Vielfalt psychologischer Fragestellungen, Arbeitsweisen, Beobachtungen und Meinungen vermitteln. Sie sollen Leistungen der Psychologie sichtbar machen, aber auch die Hilflosigkeit, mit der sie manchen Problemen gegenübersteht, Widerstände, auf welche sie stößt, und Kontroversen, welche sie auszutragen hat. Es hätte der Absicht dieser Sammlung, einen Streifzug durch das Gebiet zu ermöglichen, nicht entsprochen, lediglich die bedeutendsten Beiträge der berühmtesten Psychologen zusammenzutragen. (Das schließt freilich nicht aus, daß sich unter den aufgenommenen Artikeln zahlreiche einflußreiche Arbeiten bekannter Fachvertreter befinden.) Vielmehr sollen die ausgewählten Darstellungen in ihrer Gesamtheit ein möglichst breites Spektrum an grundlegenden psychologischen Problemen, Methoden und Theorien repräsentieren; gleichzeitig soll jede von ihnen den wissenschaftlichen Standards ihres Herkunftsbereichs genügen und nicht zu hohe Anforderungen an die Vorkenntnisse des Lesers stellen.

Die abgedruckten Artikel sind dreizehn Themenkreisen zugeordnet. Ihre Auswahl folgt einer Konzeption, die einem ebenfalls dreizehnteiligen Einführungsprogramm zugrunde liegt. Die Sammlung gehört zum Studienmaterial eines Medienverbundkurses mit dem Titel „SYSTEM MENSCH – Einführung in die Psychologie“, zusammen mit einer Filmserie und einem Studientext, der gleichfalls im Verlag Klett-Cotta in Stuttgart erschienen ist. Die gleichzeitige Benutzung des Studientextes und dieses Readers ist zu einer umfassenden und nachhaltigen Orientierung im Fach Psychologie zu empfehlen; die Filmsendungen sollen zur Lektüre anschauliche Fallstudien beisteuern. Die verschiedenen Teile des Kursprogramms können jedoch auch getrennt benutzt werden. Die Lektüre der nachfolgenden Leseproben setzt also nicht das vorherige Betrachten von Filmen oder das Durcharbeiten des Studientextes voraus.

Die wiedergegebenen Arbeiten sind auf ihre Eignung für Anfänger (und Neuanfänger) geprüft. Sie sind alle gekürzt; dadurch wurde ihr Umfang auf durchschnittlich sechs Druckseiten gebracht. Wie Beobachtungen des gegenwärtigen Studienverhaltens zeigen, ist dieser Umfang für die zusammenhängende aufmerksame Lektüre günstig. Genaue Quellenangaben ermöglichen, die vollständigen Fassungen aus Fachbibliotheken zu beschaffen. Auf Fachbibliotheken seien auch jene Leser verwiesen, welche Übersetzungen aus anderen Sprachen im Original kennenlernen wollen; die übersetzten Artikel stammen von 23 Autoren aus 9 Ländern, sind jedoch im Original lediglich in drei Sprachen (Englisch, Französisch, Russisch) abgefaßt. In der vorliegenden gestrafften Form sollen die ausgewählten Texte einen unmittelbaren Zugang zu den Schwerpunkten der Darstellungen gestatten und dabei insbesondere von Begriffen und Fachausdrücken frei sein, deren Verständnis ein eingehenderes Studium voraussetzt. Freilich – völlig frei von

Fachausdrücken kann und darf eine wissenschaftliche Abhandlung nicht sein, wenn sie noch Anreiz zum Lernen bieten soll. Mancher neue Begriff wird sich jedoch – zumindest ansatzweise – aus dem Zusammenhang erklären. In hoffentlich vielen Fällen wird ein sachkundiger Berater zur Stelle sein. Zuverlässige Auskünfte sollten in der Regel die Fachwörterbücher der Psychologie geben; von ihnen sind insbesondere zu nennen:

ARNOLD, W., EYSENCK, H. J. und MEILI, R. (Herausgeber): *Lexikon der Psychologie* (3 Bände). Freiburg: Herder, 1971/72.

DORSCH, F.: *Psychologisches Wörterbuch*. Bern, Stuttgart, Wien: Huber, 9. Auflage 1976.

DREVER, J. und FRÖHLICH, W. D.: *Wörterbuch zur Psychologie*. München: Deutscher Taschenbuch Verlag, 10. Auflage 1977.

Berlin, März 1977 *Wolfgang Schönpflug*

1 Der Gegenstandsbereich der Psychologie

Jede Wissenschaft hat ihren Gegenstand. Aber dieser Gegenstand liegt nicht ein für allemal fest. Es ist vielmehr Sache der Theorienbildung, den Gegenstand oder die Gegenstände eines Faches zu bestimmen. Auch eine wissenschaftliche Disziplin wie die Psychologie unternimmt in jeder Phase ihrer Entwicklung neue Anstrengungen, ihren Gegenstandsbereich abzustecken. Sie läßt sich dabei von ihrem Erkenntnisstand („was wissen wir?") und von ihrem Erkenntnisinteresse („was wollen wir wissen?") leiten. Weil Erfahrungen und Interessen sich ändern, ist auch die Gegenstandsbestimmung stets Wandlungen unterworfen.

Es gibt in der psychologischen Fachliteratur zahlreiche umfassende, auch wissenschaftstheoretisch fundierte Abhandlungen zum Problem der Gegenstandsbestimmung in der Psychologie. Derart umfassende Abhandlungen als Leseproben für diesen Abschnitt auszuwählen, erschien nicht ratsam. Die Wahl fiel daher auf zwei Artikel, die ebenso gezielt wie konkret zur Klärung zweier spezieller, für die Definition von psychologischen Untersuchungsgegenständen bedeutsamer Fragen beitragen. Sie befassen sich erstens mit dem Verhältnis des Menschen zu seiner Umwelt und zweitens mit dem Vergleich von Tier und Mensch. In dem zuerst abgedruckten Bericht einer kanadischen Forschungsgruppe, bestehend aus den Autoren W. H. Bexton, W. Heron und T. H. Scott, wird geschildert, welche einschneidenden Änderungen die Isolierung eines Menschen in seiner Umgebung mit sich bringt. In dem zweiten Teil dieses Abschnittes beschreibt der amerikanische Psychologe David Premack seine Erfahrungen beim Training sprachlicher Fertigkeiten einer Schimpansin.

Die Arbeit von Bexton, und Heron und Scott liefert eine Fülle von Beobachtungen, welche dafür sprechen, den Menschen innerhalb der Psychologie stets in seiner Beziehung zu seiner Umwelt zu betrachten. Der Bericht Premacks erlaubt den Schluß, daß zwischen einer Psychologie des Tieres und einer Psychologie des Menschen kein scharfer Trennungsstrich gezogen werden darf, da Tiere offenbar eine Reihe von intellektuellen, sprachlichen und sozialen Fähigkeiten besitzen, wie sie dem Menschen eigen sind.

W.H. Bexton, W. Heron und T.H. Scott

Auswirkungen einer Verarmung der sensorischen Umwelt

Originaltitel: Effects of decreased variation in the sensory environment
Entnommen aus: Canadian Journal of Psychology, 1954, 8, 70–76
(Aus dem Englischen übersetzt von Hainer Kober)

Mit dem Bericht von Bexton, Heron *und* Scott *beginnt eine lange Reihe von Untersuchungen zum Reizentzug und Bewegungsentzug.* Reizentzug *(auch sensorische Deprivation genannt) und* Bewegungsentzug *(motorische Deprivation) kommen in zahlreichen Lebenssituationen (z.B. an Arbeitsplätzen, in Krankenhäusern, in Haftanstalten) vor und lassen sich auch unter Laboratoriumsbedingungen erzeugen. Was die Lebenserfahrung vermuten läßt, macht die experimentelle Untersuchung zur Gewißheit: Der Mensch leidet erheblich unter einem Entzug äußerer Reize und unter dem Entzug von Bewegungsmöglichkeiten. Die Autoren machen auch einen physiologischen Mechanismus namhaft, der für die Wirkung des Reizentzugs verantwortlich ist: Die* Retikulärformation *im Hirnstamm (unmittelbar oberhalb des Rückenmarks). Die Retikulärformation steht in Verbindung mit vielen wichtigen anderen Teilen des Gehirns und bestimmt deren* Erregungsniveau *(arousal). Dabei ist ein mittleres Erregungsniveau für die Leistungsfähigkeit und das Wohlbefinden optimal. Die Retikulärformation wird jedoch ihrerseits zu ihrer Tätigkeit durch äußere Reize und durch Bewegungen angeregt – genauer: durch Empfindungen äußerer Zustände sowie durch Körper- und Bewegungsempfindungen. Fehlt diese Anregung – wie bei sensorischer und motorischer Deprivation – dann sinkt das allgemeine Erregungsniveau weit unter seinen Optimalwert, und es stellen sich Leistungsminderungen, Orientierungsstörungen und Unlustgefühle ein.*

Die Versuchsbeschreibung von Bexton, Heron *und* Scott *ist – ohne dies ausdrücklich zu betonen – ein Plädoyer für die Einbeziehung der menschlichen Umwelt in die psychologische Analyse. Eine Psychologie, welche den Menschen nur in einer neutralen, verarmten Umwelt untersuchen wollte, würde auch in ihrer Theorie nur zu dem Bild eines reduzierten, psychisch verkrüppelten Menschen gelangen. Es wäre ein Mensch, der – unter anderem – mit seiner Leistungsfähigkeit seine Selbstsicherheit verloren hat und in Ermangelung von lebhaften Wahrnehmungen, in denen sich seine Umgebung in ihrer Wechselhaftigkeit abbildet,* Halluzinationen *hervorbringt. (Halluzinationen sind wahnhafte Vorstellungen, welche – in ihrer ausgeprägten Form – eine nicht vorhandene Wirklichkeit vorspiegeln.) Es wird nicht nur die visuelle und akustische Wahrnehmung verändert, sondern auch die Körper- und Bewegungsempfindung (die* somästhetischen *und* kinästhetischen Phänomene *– wie die Autoren schreiben). Die abgedruckte Fassung ist gegenüber dem Original nur unwesentlich gekürzt.*

Diese Untersuchung begann mit einem praktischen Problem: Welchen Schwankungen ist die Aufmerksamkeit eines Menschen unterworfen, wenn er sich längere Zeit einem Teil seiner Umwelt zuwenden muß, in dem nichts passiert oder in dem Veränderungen sehr regelmäßig sind? Die stundenlange Beobachtung eines Radarschirmes ist ein gutes Beispiel dafür. Wie Mackworth (1950) und andere gezeigt haben, wird der Beobachter unter solchen Umständen möglicherweise nicht reagieren, wenn schließlich *doch noch* etwas passiert. Solche monotonen Bedingungen kommen ebenso in Zivilberufen wie im militärischen Bereich vor (der Radar-Lotsendienst der Marine, der Pilotendienst bei Langstreckenflügen), und auch hier können Aufmerksamkeitsschwankungen außerordentlich ernste Folgen haben. Zum Beispiel können solche Schwankungen an sonst unerklärlichen Eisenbahn- oder Verkehrsunglücken schuld sein.
Neben seiner praktischen Bedeutung hat dieses Problem auch interessante theoretische Implikationen. Aus neueren neurophysiologischen Untersuchungen geht ziemlich eindeutig hervor, daß das wache Gehirn seine normale Leistungsfähigkeit nur behält, wenn es ständig einem sensorischen Bombardement ausgesetzt wird; dieses Bombardement erzeugt eine fortgesetzte physiologische Erregungsreaktion. Ein Reiz ruft also nicht nur Spezifisches hervor, sondern er wirkt auch unspezifisch, indem er – wahrscheinlich über die Retikulärformation des Hirnstamms – das Erregungsniveau des Gehirns aufrechterhält. Mit anderen Worten: zur Beibehaltung eines normalen, intelligenten, adaptiven Verhaltens ist wahrscheinlich eine ständig wechselnde sensorische Eingabe erforderlich. Das Gehirn wird nicht wie eine Rechenmaschine von einem Elektromotor betrieben. Es ist nicht in der Lage, sofort auf einen bestimmten Hinweisreiz zu reagieren, nachdem es unbestimmte Zeit außer Betrieb gewesen ist. Es ähnelt vielmehr einem Menschen, der sich warmhalten und in Bewegung bleiben muß. Deshalb erscheint es der Mühe wert zu sein, das kognitive Verhalten bei längerer Wahrnehmungsisolation zu untersuchen, soweit dies praktisch durchführbar ist. Bremer (1953) hat diese Isolation durch das Abtrennen des Hirnstamms erreicht. Collegestudenten unterziehen sich jedoch nicht so gern

Hirnoperationen zu experimentellen Zwecken; so mußten wir uns mit einer weniger extremen Isolation von der Umwelt zufriedengeben.

Verfahren

Die Versuchspersonen, 22 männliche Collegestudenten, sollten 24 Stunden am Tag auf einem bequemen Bett in einer erleuchteten Zelle zubringen, wobei sie nur für die Zeit des Essens und des Gangs zur Toilette den Raum verlassen durften; sie erhielten eine Bezahlung. Während des gesamten Experiments trugen sie lichtdurchlässige Brillen, die diffuses Licht durchließen, strukturiertes Sehen jedoch unmöglich machten. Wenn sie nicht aßen oder auf der Toilette waren, trugen die Versuchspersonen Handschuhe und Pappmanschetten, die vom Ellenbogen bis zu den Fingerspitzen reichten. Sie gestatteten eine freie Bewegung der Gelenke, schränkten aber die Tastwahrnehmung ein. Die Kommunikation zwischen Versuchspersonen und Versuchsleitern war durch eine Gegensprechanlage möglich, wurde aber in minimalen Grenzen gehalten. Die akustische Stimulation wurde eingeschränkt durch eine weitgehend schalldichte Kammer und durch ein U-förmiges Schaumgummikissen, in das die Versuchsperson den Kopf legte, wenn sie in der Zelle war. Darüber hinaus war das ständige Summen, das Ventilatoren, Klimaanlage und der an die Kopfhörer im Kissen angeschlossene Verstärker verursachten, ein recht wirksames Überlagerungsgeräusch.

Allgemeine Auswirkungen

Wie sich nach dem von KLEITMAN (1939) vorgelegten Material erwarten ließ, demzufolge sich beim Menschen und bei anderen Lebewesen im Anschluß an eine Reizreduktion Schlaf einstellt, tendierten die Versuchspersonen dazu, den ersten Teil der experimentellen Sitzung im Schlaf zuzubringen. Später schliefen sie weniger, zeigten sich gelangweilt und schienen nach Stimulation zu begehren. Sie sangen, pfiffen, sprachen mit sich selbst, schlugen die Manschetten aneinander oder kundschafteten die Zelle aus, in der sie sich befanden. Ihre Langeweile schien teilweise auf die Verschlechterung der Fähigkeit zurückzugehen, systematisch und produktiv zu denken – ein Effekt, der unten genauer beschrieben wird. Die Versuchspersonen wurden auch sehr ruhelos, zeigten ständige ziellose Bewegungen und beschrieben die Ruhelosigkeit als unerfreulich. Folglich war es schwierig, die Versuchspersonen länger als 2 oder 3 Tage unter den Versuchsbedingungen zu halten, trotz der Tatsache, daß die Bezahlung (20 Dollar für einen 24-Stunden-Tag) mehr als das Doppelte dessen betrug, was sie normalerweise verdienen konnten. Einige der Versuchspersonen brachen den Versuch sogar vorzeitig ab.

Es schien während des Versuchszeitraums eine ungewöhnliche emotionale Labilität vorzuliegen. Während der Tests konnten die Versuchspersonen beispielsweise sehr erfreut sein, wenn sie gute Leistungen erzielten, und sehr irritiert, wenn sie Schwierigkeiten hatten. Sie kommentierten die Testaufgaben bereitwilliger, als sie es bei Tests außerhalb der Versuchsbedingungen taten. Während viele berichteten, daß sie sich während des ersten Teils ihres Aufenthalts in der Zelle in einer gehobenen Stimmung befanden, zeigte sich eine merkliche Zunahme der Irritabilität gegen Ende des Untersuchungszeitraums.

Wenn die Versuchspersonen nach der Experimentalsitzung aus der Zelle herauskamen und sie von Brillen, Manschetten und Handschuhen befreit wurden, schienen sie zuerst wie betäubt. Es schien auch eine gewisse Störung der visuellen Wahrnehmung aufzutreten, die gewöhnlich nicht länger als eine oder zwei Minuten andauerte. Die Versuchspersonen berichteten von Schwierigkeiten, Gegenstände scharf ins Auge zu fassen. Die Dinge erschienen unklar und unterschieden sich nicht von ihrem Hintergrund. Die Umwelt hatte die Tendenz, zweidimensional zu erscheinen, und die Farben schienen satter als sonst. Die Versuchspersonen berichteten auch von Verwirrung, Kopfschmerzen, einem leichten Brechreiz und Ermüdung. Diese Verfassung hielt bis zu 24 Stunden nach dem Ende der Sitzung an.

Auswirkungen auf kognitive Prozesse

Unser vordringliches Interesse gilt hier den kognitiven Störungen während des Zeitraums der Isolation und unmittelbar danach. Die Versuchspersonen berichteten, daß sie nicht in der Lage waren, sich für längere Zeit auf irgendeinen Gegenstand zu konzentrieren, während sie sich in der Kammer aufhielten. Diejenigen, die Studieninhalte wiederholen oder selbstgestellte Denkaufgaben lösen wollten, stießen auf Schwierigkeiten. Sie glitten in Tagträume ab, gaben den Versuch, zusammenhängende Gedanken zu bilden, auf und ließen ihre Gedanken wandern. Es wurde auch von „leeren Zeiträumen" berichtet, während derer sie überhaupt nicht in der Lage schienen zu denken.

Um einige der Auswirkungen auf kognitive Prozesse zu erfassen, wurden die Versuchspersonen vor, während und nach der Isolation verschiedenen Tests unterzogen.

Zuerst die Tests bei der Isolation. Zwölf Versuchspersonen mußten Aufgaben der folgenden Art im Kopf lösen: Zwei- und dreistellige Zahlen multiplizieren; arithmetische Aufgaben (wie zum Beispiel: wieviel größer ist zweimal $2^1/_2$ als

einhalb mal $2^1/_2$?); Ergänzung von Zahlenfolgen; Herstellung von Wörtern aus durcheinander gewürfelten Buchstaben (Anagrammen); die Herstellung möglichst vieler neuer Wörter aus den Buchstaben eines gegebenen Wortes. Jede Versuchsperson wurde anhand solcher Aufgaben zu verschiedenen Zeiten getestet: bevor sie sich in die Zelle begab, nachdem sie dort 12, 24 und 48 Stunden verbracht hatte, und drei Tage, nachdem sie die Zelle verlassen hatte. Zwölf Versuchspersonen einer Kontrollgruppe erhielten die gleichen Aufgaben im gleichen zeitlichen Abstand. Die Durchschnittsleistung der Personen der Experimentalgruppe lag in allen Tests, die während des Aufenthalts in der Zelle durchgeführt wurden, unterhalb der Leistung von Kontrollpersonen. Bei der bisherigen kleinen Zahl von Versuchspersonen sind die Unterschiede nur bei der Fehlerzahl der zweiten Anagrammaufnahme signifikant (P = 0,01, siehe Abbildung 1). Die Gruppen werden nun vergrößert.
Zweitens die Tests unmittelbar vor Eintritt in die Kammer und unmittelbar nach ihrem Verlassen. Beim Blocktest nach Kohs und beim Zahlengedächtnistest waren die Personen der Experimentalgruppe den Kontrollpersonen beim Verlassen der Zelle unterlegen (P = 0,01). Sie schienen auch beim Abschreiben eines Prosaabschnittes langsamer zu sein (P = 0,10). Abbildung 2 gibt Handschriftproben vor und nach dem Experiment wieder. Die erste stammt von einer der Versuchspersonen, bei denen die Auswirkung am deutlichsten in Erscheinung trat, die zweite ist ein Beispiel eines durchschnittlichen Effekts. Wie das dritte Beispiel zeigt, waren einige Versuchspersonen kaum beeinträchtigt. Obgleich diese Störung der Handschrift vielleicht auf eine sensomotorische Störung zurückgeht, kann sie doch auch kognitive oder motivationale Störungen widerspiegeln.

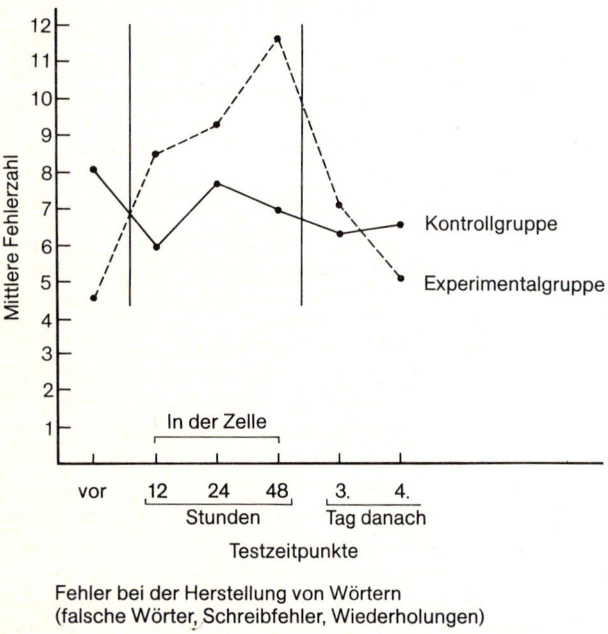

Abb. 1: Mittlere Fehlerwerte für die Versuchspersonen der experimentellen und der Kontrollgruppe vor, während und nach der Isolierung.

Halluzinatorische Aktivität

Schließlich berichteten die Versuchspersonen noch von Halluzinationen, die unter den experimentellen Bedingungen auftraten. Von unseren ersten Versuchspersonen erhielten wir anfangs recht verwirrende Hinweise auf Erlebnisse, die eine von ihnen „einen Wachtraum" nannte. Dann erlebte einer von uns, der als Versuchsperson fungierte, das Phänomen an sich selbst und stellte dabei seine Eigenart und sein Ausmaß fest.
Die visuellen Erscheinungen waren tatsächlich denen sehr ähnlich, die im Meskalinrausch vorkommen, und den Phänomenen, die Grey Walter (1953) kürzlich durch Darbietung flackernden Lichtes erzeugt hat. Es wurden auch seltene Fälle von Halluzinationen bei älteren Personen beobachtet, die keine (Bartlet, 1951) Psychose hatten und wie unsere Versuchspersonen auch keiner speziellen chemischen oder visuellen Reizung ausgesetzt worden waren. Da wir unsere ersten Versuchspersonen nicht speziell nach diesen Erscheinungen befragt haben, wissen wir nichts über ihre Häufigkeit. Die letzten 14 Versuchspersonen wurden jedoch aufgefordert, alles über die „visuellen Vorstellungen" zu berichten, die sie beobachtet hätten. Unser Bericht gründet sich auf diese Aussagen. Wo „gestaltete" (das heißt komplexere) Halluzinationen vorkamen, gingen ihnen gewöhnlich einfachere Formen voraus. Komplexitätsgrade ließen sich wie folgt unterscheiden: In der einfachsten Form vollzog sich bei geschlossenen Augen im visuellen Feld ein Wechsel von dunkler zu heller Farbe. Auf der nächst höheren Komplexitätsstufe fanden sich Lichtpunkte, Linien oder einfache geometrische Muster. Alle 14 Versuchspersonen berichteten von solchen Vorstellungen und teilten mit, daß dies eine neue Erfahrung für sie darstelle. Noch komplexere Formen zeigten sich in „Tapetenmustern", von denen 11 Versuchspersonen berichteten, und in isolierten Figuren und Objekten ohne Hintergrund (zum Beispiel eine Reihe kleiner gelber Männer mit schwarzen Mützen und offenen Mündern; ein germanischer Helm), von denen 7 Versuchspersonen berichteten. Schließlich gab es vollständige Szenen (zum Beispiel eine Prozession von Eichhörnchen mit Säcken auf der Schulter, die „zielstrebig" über ein Schneefeld mar-

schierten und das „Gesichts“-Feld verließen; prähistorische Tiere, die sich durch einen Dschungel bewegten). Drei von den 14 Versuchspersonen berichteten über solche Szenen, die häufig traumähnliche Verzerrungen enthielten und deren Figuren oft „comicartig“ beschrieben wurden. Merkwürdigerweise wurde auch berichtet, einige der Halluzinationen hätten auf dem Kopf gestanden oder seien in einem bestimmten Winkel gekippt gewesen.

Im allgemeinen waren die Versuchspersonen von diesen Erscheinungen zuerst überrascht, dann amüsiert oder interessiert, und sie warteten darauf, was sie als nächstes erleben würden. Später empfanden einige der Versuchspersonen ihre Vorstellungen als irritierend und beklagten, daß deren Lebhaftigkeit sie am Schlafen hindere. Durch willentliche Anstrengung konnte die Versuchsperson unter Umständen bestimmte Gegenstände sehen, die ihr vom Versuchsleiter nahegelegt wurden, doch handelte es sich nicht immer um die intendierten. So sah eine Versuchsperson, die einen Federhalter „haben wollte“, zuerst einen Tintenfleck, dann einen Bleistift, ein grünes Pferd und zum Schluß erst den Federhalter. Bei der „Bemühung“ um einen Schuh sah sie zuerst einen Skistiefel, dann einen Mokassin. Die Vorstellung verschwand gewöhnlich, wenn die Versuchsperson sich an einer komplexen Aufgabe versuchte, wie zum Beispiel der Multiplikation dreistelliger Zahlen im Kopf. Sie verschwand jedoch nicht, wenn die Versuchsperson körperliche Übungen ausführte oder mit dem Versuchsleiter sprach.

Es gab auch Berichte über Halluzinationen, die andere Sinne einbezogen. Eine Versuchsperson konnte die Menschen bei ihren visuellen Halluzinationen sprechen hören,

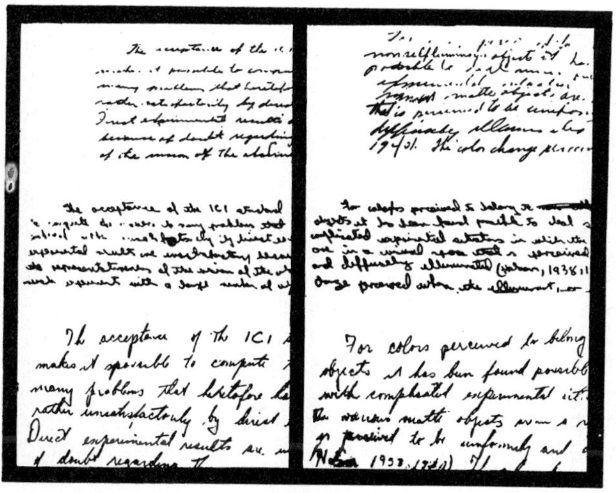

Abbildung 2: Handschriftproben vor und nach der Isolation.

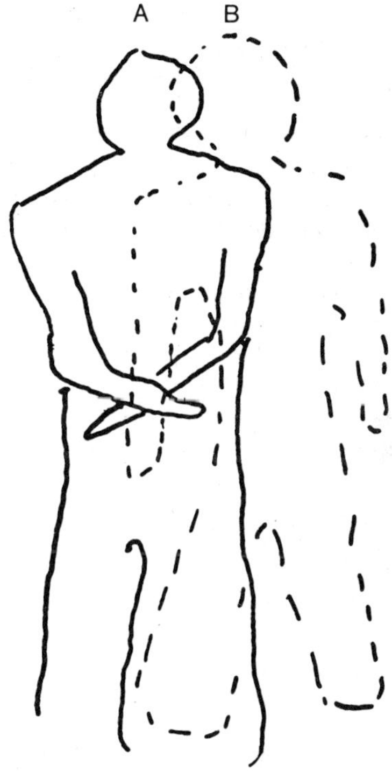

Abbildung 3: Zeichnung einer Versuchsperson, anhand derer sie zeigen wollte, wie sie sich zu einem bestimmten Zeitraum in der Zelle fühlte. Sie berichtete, daß sie das Empfinden gehabt habe, als ob „ich dort zweimal wäre“, und sie sei zeitweilig nicht in der Lage gewesen, zu entscheiden, ob sie A oder B war.

und eine andere hörte wiederholt Töne einer Musikbox. Vier Versuchspersonen beschrieben kinästhetische und somästhetische Phänomene. Eine berichtete, sie habe ein Miniaturraumschiff gesehen, das kleine Kügelchen abgeschossen habe, die sie spürbar am Arm getroffen hätten, und eine berichtete, daß sie die Hand nach einem Türknopf ausgestreckt habe, den sie vor sich gesehen habe, und einen elektrischen Schlag gespürt habe. Die beiden anderen Versuchspersonen berichteten von einem Phänomen, dessen Beschreibung ihnen Schwierigkeiten machte. Sie sagten, es sei gewesen, als hätten sich zwei Körper Seite an Seite in der Kammer befunden. Im einen Falle hätten die beiden Körper sich überschnitten, teilweise also den gleichen Raum eingenommen. Abbildung 3 gibt die spätere Zeichnung einer dieser Versuchspersonen wieder, in der sie zu zeigen versucht, was sie meint. Außerdem gab es Berichte von Gefühlen der „Andersartigkeit“ und der „Körperfremdheit“, in denen schwer zu entscheiden war, was die Versuchsperson eigentlich genau meinte.

Zusammenfassend läßt sich sagen, daß sowohl die Veränderungen in den Intelligenztestleistungen wie die halluzinatorische Aktivität, die nur dadurch induziert wurden, daß man die Vielfalt der sensorischen Eingabe einschränkte, nachdrücklich auf eine bestimmte Form der Abhängigkeit von der Umwelt hinweisen, die zuvor noch nicht festgestellt wurde. Weitere experimentelle Studien sind erforderlich, um die Einzelheiten dieser Beziehung zu erhellen.

Literatur

Bartlet, J. E. A. A case of organized visual hallucinations in an old man with cataract and their relation to the phenomena of the phantom limb. *Brain,* 1951, 74, 363–373.

Bremer, F. & Terzuolo, C. Nouvelles recherches sur le processus physiologique de réveil. *Arch. internat. de Physiol.,* 1953, 61, 86–90.

Kleitman, N. *Sleep and wakefulness.* Chicago: Univer. of Chicago Press, 1939.

Mackworth, N. H. *Researches on the measurement of human performance.* Med. Res. Council, Spec. Rep. Ser., 1950, No. 268. London.

Walter, W. Grey. *The living brain.* New York: Norton, 1953.

David Premack

Sprache bei Schimpansen?

Originaltitel: Language in chimpanzee?
Entnommen aus: Science, 1971, 172, 808–822
(Aus dem Englischen übersetzt von Hainer Kober)

Die Arbeit von David und Ann J. PREMACK, *über die David* PREMACK *im folgenden Beitrag einen Überblick gibt, hat von Anfang an viel Aufsehen erregt. Bereits vor den* PREMACKS *haben andere Forscher Affen – als der dem Menschen nächsten Tiergattung – die Verwendung der menschlichen Sprache beibringen wollen. Sie konzentrierten sich dabei auf die gesprochene Sprache und sind weitgehend gescheitert. Die* PREMACKS *entwickelten dagegen für ihre Tiere eine Schrift- und Zeichensprache – einen Satz von verschieden geformten Plastikstücken. (Der Autor nennt die einzelnen Plastikstücke* Sprachelemente, *den gesamten Satz von Plastikstücken das* Sprachsystem.*) Wenn Schimpansen diese Sprache benutzen, gelingen ihnen sprachliche Leistungen, wie man sie vorher nicht für möglich gehalten hätte. Frühere Mißerfolge beim Sprachtraining von Schimpansen sind also stärker auf ihr Unvermögen zurückzuführen, ähnlich wie der Mensch Laute und Lautmuster zu artikulieren, weniger auf ihre (mangelnde) Fähigkeit, Personen, Gegenstände und Ereignisse mit Worten zu bezeichnen und diese Worte zu Sätzen zusammenzufügen.*
Der folgende Artikel belegt, daß Schimpansen Worte *erlernen können und daß sie diese Worte als* Symbole, *das heißt als gedankliche Repräsentanten von tatsächlichen Personen, Gegenständen und Ereignissen auffassen und benutzen. Sie erlernen* syntaktische Regeln, *Regeln des Satzbaus, und können damit wahrgenommene und gedankliche Beziehungen zwischen Personen, Gegenständen und Handlungen ausdrücken. Sie können sich sogar mit ihrem Trainer über die Verwendung des Sprachsystems verständigen, entwickeln als eine Sprache zur Verständigung über die Sprache – eine* Metasprache. *Die sprachliche Leistung, welche die Tiere zeigen, beschränkt sich keineswegs auf den* sprachlichen Ausdruck. *Sie imponiert auch durch ihren Inhalt, das zum Ausdruck Gebrachte: die der sprachlichen Äußerung zugrunde liegende* Begriffsbildung *und die* Bildung logischer Beziehungen.
Durch die PREMACK*schen Untersuchungen ist der Affe – und mit ihm das Tier überhaupt – in der psychologischen Theorienbildung dem Menschen näher gerückt. Der Mensch mag dem Tier in seinem Denken und in seiner Sprache weit überlegen sein. Trotzdem gibt es offenbar einen gemeinsamen Bestand an Denk- und Sprachfunktionen bei Mensch und Tier.*
Im letzten Teil seines Aufsatzes weist der Autor den möglichen Einwand zurück, seine Schimpansin Sarah habe gar keine Sprache gelernt, sondern sei nur von ihrem Trainer durch (nicht-sprachliche) Hinweise dazu gebracht worden, zu bestimmten Plastikstücken zu greifen. Ähnlich war es in einem zu Beginn dieses Jahrhunderts bekanntgewordenen Fall eines „rechnenden" Pferdes geschehen. Das betreffende Pferd, genannt der Kluge Hans, erhielt Rechenaufgaben und gab die richtige Lösung durch Stampfen eines Vorderbeins wieder; in der Untersuchung des vermeintlichen Wundertiers durch den Psychologen PFUNGST *stellte es sich heraus, daß das Tier gar nicht auf die Rechenaufgaben reagierte; es stampfte vielmehr so lange mit dem Vorderbein, bis sich sein Vorführer – unter dem Beifall des Publikums – verneigte. Die Schimpansin Sarah – meint daher der Autor – sei kein Gegenstück zum Klugen Hans, sei also keine* Kluge Gretel.
Drei weitere Begriffe: Regression *– der Rückfall auf eine frühere Lern- oder Entwicklungsstufe;* Transfer *– Übertragung; hier die Übertragung des Gelernten von einer Lernsituation auf eine Situation mit neuen Aufgaben bei gleichbleibender Anforderung;* Kontingenztraining *– hier das Beibringen eines Zusammenhangs von bezeichneten Inhalten und sprachlichem Ausdruck.*
Der umfangreiche Text mußte wesentlich gekürzt werden; vor allem fehlt ein längerer Absatz zur Bildung von Mengenbegriffen wie „alle" oder „einige".

Kann man Affen das Sprechen beibringen? Abgesehen von der biologischen Bedeutung dieser Frage verdient sie vor allem deshalb Beachtung, weil sie uns Aufschluß über die Natur der Sprache geben kann. Wenn der Affe in geeigneter Weise trainiert wird, erweist er sich als nicht recht einzuordnender Grenzfall: Weder läßt er sich ganz mit dem Menschen vergleichen (dem eindeutig positiven Fall), noch mit dem Papageien (dem eindeutig negativen). Der „sprechende Affe" fordert zu einer grundsätzlichen Erörterung des Problems der Sprache heraus.
Die Beispiele, mit denen ich mich hier beschäftigen werde, betreffen ausgewählte Aspekte von: (I) Wörtern; (II) Sätzen; (III) Fragen; (IV) der Metasprache (die Verwendung von Sprache zur Unterrichtung über Sprache); (V) von Klassenbegriffen wie *Farbe, Form* und *Größe;* (VI) der Kopula; (VII) der logischen Verknüpfung „wenn-dann". Diese Liste ist in keiner Hinsicht erschöpfend; auch sind ihre einzelnen Punkte nicht gleichwertig. Es handelt sich einfach um Themen, die ausgewählt wurden, um den Ansatz zu erläutern, von dem hier die Rede sein soll.

Jedes Wort der für den Affen verwendeten Sprache besteht aus einem Plastikstück, das hinten mit Metall versehen ist, so daß es an einer Magnettafel haftet. Die Sätze werden in der Senkrechten geschrieben.

Nachbildung eines sozialen Austauschs

Will man einem Versuchstier Wörter beibringen, muß man als erstes für einen sozialen Austausch zwischen Versuchsperson und Trainer sorgen. Regelmäßige Fütterung schuf eine aktive Wechselbeziehung mit Sarah, einer in Amerika geborenen Schimpansin, die zu Beginn der Studie etwa sechs Jahre alt war. Der Trainer legte zuerst eine Frucht zwischen Sarah und sich selbst. Dann betrachtete er sie freundlich, während sie sie nahm und aß. Als die Beziehung genügend gefestigt war, legte der Trainer eine farbige Plastikform aus dem Sprachsystem neben die Frucht. Dann wurde die Frucht aus der Reichweite von Sarah entfernt, während sie die Plastikform leicht erreichen konnte. Sarah wurde veranlaßt, eine vorgeschriebene Antwort mit dem Sprachelement vorzunehmen (die in diesem Fall darin bestand, das Element auf die Sprachtafel zu setzen). Danach erhielt sie die Frucht. Die Schimpansin führte diese Handlung bald mühelos aus. Anders als zum Beispiel bei der Erzeugung menschlicher Laute hatte sie keine Mühe, Haftelemente auf eine senkrechte Oberfläche zu setzen.

Das übrige Training bestand darin, ähnliche soziale Austauschhandlungen gleichzeitig mit solchen sprachlichen Äußerungen vorzunehmen und sie in Übereinstimmung miteinander zu bringen. Wir begannen mit der angebotenen Frucht. Wenn es sich bei der Frucht um eine Banane handelte, wählten wir eine bestimmte Plastikform, wenn es sich um einen Apfel handelte, eine andere. Für eine Orange wählten wir ein drittes Plastikelement. Bei jedem Versuch oblag der Schimpansin dieselbe Aufgabe: Sie mußte die Plastikform auf die Tafel setzen, die sich neben der Frucht befand. Dann erhielt die Schimpansin die Frucht.

Zwei verschiedene Tests zeigten, ob Sarah eine Verbindung zwischen den Elementen der Objektklasse und den entsprechenden Elementen der Sprachklasse geschaffen hatte. Als erste Aufgabe erhielt die Schimpansin zwei Wörter und nur eine Frucht. Wir wollten sehen, ob sie das Wort der Frucht zuordnen konnte.

Die nächste Wahrnehmungsklasse wurde in gleicher Weise gebildet. Jede Veränderung beim Geber (der Person, die die Frucht gab) war mit einer Veränderung des zweiten Sprachelements verbunden. Wenn Mary beispielsweise anwesend war und es sich bei der Frucht um einen Apfel handelte, mußte Sarah schreiben „Mary Apfel“, um den Apfel zu erhalten. Wenn Randy anwesend war, mußte es heißen, „Randy Apfel“ und so fort. Beziehungen zu den Elementen der Geberklasser wurden in gleicher Weise getestet wie die entsprechenden Beziehungen zur Objektklasse: bei Anwesenheit eines Trainers hatte die Versuchsperson zwei oder mehr Geberwörter zur Verfügung. Sie mußte das richtige Wort dem betreffenden Trainer zuordnen.

Sarah sollte nicht nur zwei Plastikelemente an die Tafel heften, sondern auch eine bestimmte Reihenfolge beachten. „Mary Apfel“ wurde akzeptiert, doch „Apfel Mary“ nicht, weil der angestrebte Satz „Mary gibt Sarah“ war. Von Anfang an wurde von Sarah die richtige Wortfolge verlangt, so daß sie keine falschen Reihenfolgen verlernen mußte. Außerdem hielten wir uns an eine Regel, die jede Regression ausschließen sollte. Sobald Sarah ein Stadium mit zwei Wörtern erreicht hatte, wiesen wir alle Einwort-Fragmente zurück, ebenso wie wir Zweiwort-Fragmente zurückwiesen, als sie ein Stadium mit drei Wörtern erreicht hatte und so weiter.

Frucht und Geber ließen sich leicht darstellen. Zwei andere Arten derselben Aufgabe bereiteten einige praktische Schwierigkeiten. Sarah sträubte sich zum Beispiel, verschiedene Empfänger anzugeben: Ihr widerstrebte es, Antworten zu bilden, die nicht sie als Empfänger bezeichneten. In ähnlicher Weise stieß der Versuch auf Schwierigkeiten, die auf die Frucht einwirkende Handlung zu variieren. Die Frucht wurde dabei z. B. zerschnitten oder in einen Napf gelegt. Für einige der Ergebnisse brachte Sarah sehr wenig Begeisterung auf. Sobald sie das Sprachelement mit einem solchen Ergebnis assoziiert hatte, weigerte sie sich, den Satz zu bilden. Hierbei handelte es sich jedoch nur um Probleme der Versuchsdurchführung; wir lösten sie, indem wir in jedem Falle einen angenehmen Ausgang anboten. Wenn Sarah beispielsweise schreiben sollte: „Mary gibt Apfel Bessy“, wodurch sie sich selbst den Apfel vorenthielt, erhielt sie einen Leckerbissen, den sie noch lieber mochte.

Man kann abschließend sagen, daß zwar noch andere Methoden zu erproben sind, daß aber ein Verfahren gefunden wurde, einem naiven Organismus Wörter zu vermitteln. Es wurde eine Wechselbeziehung zwischen Versuchstier und Trainer hergestellt. Dann entschieden wir, welche Klassen von Wahrnehmungen bei dieser Beziehung eine Rolle spielte.

Diese Entscheidung erwies sich als bemerkenswert einfach. Jede Klasse nahm verschiedene Werte an: Apfel, Banane; Mary, Randy; geben, hineinlegen, Sarah, Jim. Dabei wurden die jeweils anderen Klassen konstant gehalten. Jede Änderung des Wertes einer Wahrnehmungsklasse ging mit einer entsprechenden Veränderung von Sprachelementen einher. Wenn eine neue Klasse gebildet wurde, wurde das Sprachrepertoire erweitert.

Gleich – verschieden und die Frageform

Um zwei Bananen „gleich“ und eine Banane und einen Apfel „verschieden“ zu nennen, muß keiner der Gegenstände namentlich bekannt sein. Das unterscheidet diese Beziehung von „Name von“ (wo ein Gegenstand mit einer Bezeichnung verbunden wird). Noch schwieriger ist die „wenn-dann“-Verknüpfung (sie ist eine Beziehung zwischen Sätzen). Die Frage „gleich – verschieden“ ist vielleicht die einfachste Form der Frage überhaupt. Die Frage ist sehr wichtig für den weiteren Sprachunterricht. Man kann sie nicht früh genug einführen.

Bevor wir versuchten, Sarah die Wörter „gleich“ und „verschieden“ beizubringen, benutzten wir ein einfaches Zuordnungsverfahren, um zu bestimmen, ob sie zu den Wahrnehmungsurteilen fähig war, die der sprachlichen Unterscheidung zugrunde liegen. Wir gaben Sarah zwei Tassen und einen Löffel und brachten ihr bei, die beiden Tassen zusammenzustellen. Dann gaben wir ihr zwei Löffel und eine Tasse und brachten ihr bei, die beiden Löffel zusammenzulegen. Schließlich gaben wir ihr eine umfangreiche Kollektion anderer Gegenstände, die immer in Dreiergruppen geordnet waren. Wir stellten fest, daß sie nicht nur die Dinge zuordnen konnte, die wir beim Unterricht verwendet hatten, sondern daß sie auch bei allen anderen Objektpaaren dazu in der Lage war.

Wenn der Spracherwerb nur der Darstellung vorhandenen Wissens gilt, wie häufig angenommen wird, dann müßte die Vermittlung von „gleich – verschieden“ leicht sein. Wir stellten zwei Tassen vor Sarah auf, gaben ihr ein Plastikelement, das „gleich“ bedeutete und veranlaßten sie, es zwischen die Tassen zu legen. Dann erhielt sie eine Tasse und einen Löffel und wurde aufgefordert, zwischen diese beiden Gegenstände ein Plastikelement zu legen, das „verschieden“ bedeutete. Wir testeten die Stärke der erlernten Beziehungen, indem wir sie aufforderten, zwischen „gleich“ und „verschieden“ zu wählen. Wie vorher wurden vor Sarah entweder zwei Tassen oder eine Tasse und ein Löffel hingelegt. Diesmal erhielt sie beide Wörter „gleich“ und „verschieden“. Sie mußte zwischen ihnen wählen. Sie machte vier Fehler bei 26 Versuchen, dabei keinen bei den fünf ersten Versuchen. Daraufhin wurde sie einem umfangreichen Transfertest unterzogen, der zeigte, daß sie die Wörter auch auf Gegenständen anwenden konnte, die im Training nicht verwendet worden waren. Im Prinzip konnte Sarah durch den Käfig gehen, Objektpaare aufheben und sie als „gleich“ oder „verschieden“ einstufen. Beziehungen, die sie bereits von früher kannte, konnte sie jetzt in der genannten Weise bezeichnen. Hierin und nicht in irgendeiner neuen Begriffsbildung bestand der Erfolg des Sprachtrainings.

In der oben beschriebenen Übung wurde der Schimpansin bereits die Frage gestellt: „Welche Beziehung besteht zwischen den beiden Objekten – sind sie gleich oder verschieden?“ Sarah wurde diese Frage jedoch ohne ein explizites Fragewort gestellt. Die einzige Markierung war bis dahin implizit und bestand in dem Zwischenraum zwischen den Gegenständen, in den sie die Antwort einfügen mußte. Ein Hinweis auf die Frageform war auch die Tatsache, daß ein Versuch als beendet galt, bis Sarah die Konstruktion durch den Zusatz des dritten Elements vervollständigt hatte. Die Frage ließ sich durch drei gängige grammatische Mittel zum Ausdruck bringen: Durch eine Wortendung, die Wortfolge oder durch ein Fragezeichen. Wir wählten das letzte, weil es das einfachste war. Es verlangte die geringste Veränderung und vertrug sich am besten mit der konkreten Beschaffenheit unseres Systems. Wir fügten dem Schema, mit dem sie bereits konfrontiert war, einfach ein Fragezeichen hinzu. Hatten wir beispielsweise vorher geschrieben:

A		A
„gleich“		„verschieden“

schrieben wir fortan:

A	?	A
„gleich“		„verschieden“

Die verschiedenen in der Sprache üblichen Techniken zur Kennzeichnung einer Frage verschleiern, daß es sich dabei im Grunde genommen um eine höchst einfache Form handelt. Jede Konstruktion, die der Ergänzung bedarf, ist eine potentielle Frage. Sie wird dazu, wenn ihr eines oder mehrere Elemente fehlen. Dies ist der strukturelle Gesichtspunkt. Aus psychologischer Sicht müssen wir hinzufügen, daß eine Frage dann zustande kommt, wenn ein Sprecher sich selbst als unfähig erlebt, gewisse Konstruktionen zu vervollständigen, und wenn er einen Hörer zur Hand hat, von dem er annimmt, daß er ihm möglicherweise die fehlenden Elemente liefern könne. Wenn diese Analyse zutrifft, ist der ontogenetisch früheste Kontext, in dem sich eine Frage einführen läßt – diese Tatsache ist von größtem didaktischem Nutzen für einen späteren Sprachunterricht –, eine möglichst einfache Konstruktion, die ergänzungsbedürftig ist. Bei „gleich – verschieden“ handelt es sich um solch eine Konstruktion, da sie sich als eine Beziehung zwischen unbenannten Gegenständen einführen läßt und insofern keiner grammatischen Voraussetzungen bedarf.

Da Fragen darauf beruhen, daß ihnen irgendwelche Elemente fehlen, lassen sich aus zwei begrifflichen Beziehungen wie „gleich – verschieden“ unmittelbar zwei Frageformen erzeugen: einmal durch Entfernen des Prädikats („gleich“ oder „verschieden“), zum anderen durch Entfernung eines oder beider Gegenstände, die vom Prädikat benannt werden (A oder B).

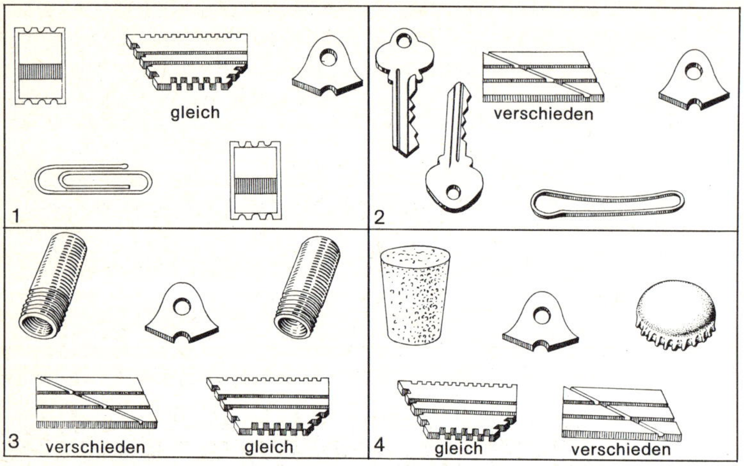

① Wem gleicht A?
A oder B
② Wem gleicht A nicht?
A oder B
③ Was ist A zu A?
gleich oder verschieden
④ Was ist A zu B?
gleich oder verschieden

Abbildung 1: Vier W-Fragen mit ihrer deutschen Entsprechung.

Ein Beispiel für zwei Versionen einer W-Frage zeigen wir in der oberen Reihe von Abbildung 1. Diese Fragen lassen sich umschreiben als: „X ist was zu X?" Und: „X ist was zu Y?" Die Alternativen sind „gleich" oder „verschieden". Sarahs Aufgabe bestand darin, das Fragezeichen durch das entsprechende Wort zu ersetzen. Zwei Versionen des zweiten W-Fragetyps werden in der unteren Reihe der Abbildung 1 gezeigt. Sie lassen sich umschreiben als: „X ist gleich mit was?" Und: „X ist verschieden von was?" Nun sind die Alternativen nicht mehr die Wörter „gleich" oder „verschieden", sondern die Gegenstände selbst. Sarahs Aufgabe blieb gleich: das heißt, sie mußte das Fragezeichen durch den richtigen Gegenstand ersetzen. Dadurch vervollständigte sie die Konstruktion.

Metasprache

Im Unterschied zu „gleich – verschieden", wo es sich um eine Beziehung zwischen unbenannten Gegenständen handeln kann, verlangt „Name von", daß einer der Ausdrücke in der Beziehung rein sprachlicher Natur ist: wenn es beispielsweise heißt: „X Name von Y", ist X der Name und Y der benannte Gegenstand. Dieser Begriff ist wie die Frageform von besonderem Wert für den weiteren Sprachunterricht und sollte deshalb frühzeitig im Training berücksichtigt werden. Wir legten Sarah das Wort „Apfel" vor. In geringer Entfernung davon befand sich ein richtiger Apfel. Wir veranlaßten sie dann, zwischen beide das Plastikelement zu legen, das „Name von" bedeutete. Beim nächsten Versuch präsentierten wir das Wort „Banane", eine richtige Banane und „Name von". Wir verwendeten also das Verfahren, das wir schon bei der Vermitlung von „gleich – verschieden" herangezogen hatten. Nach fünf Versuchen mit jedem der beiden möglichen positiven Fälle wurde Sarah fünf Versuchen mit jedem der beiden möglichen negativen Fälle unterzogen. Allen Versuchen lag das gleiche Material und das gleiche Verfahren zugrunde. In manchen Versuchen gaben wir ihr das Wort „Apfel" und den Gegenstand Banane, in anderen das Wort „Banane" und den Gegenstand Apfel. In beiden Fällen verlangten wir von ihr, daß sie zwischen Wort und Gegenstand das Plastikelement mit der Bedeutung „nicht Name von" legte. „Nicht Name von" wurde aus einem Einzelelement gebildet, in dem der Bezeichnung des positiven Falles ein Negationszeichen hinzugefügt wurde.

Dann unterzogen wir Sarah einigen Tests, in denen sie bestimmte Wahlen vornehmen mußte. Sie erhielt das gleiche Material, mußte aber zwischen „Name von" und „nicht Name von" wählen. So prüften wir, ob sie die entsprechenden Beziehungen gebildet hatte. Außerdem testeten wir sie, indem wir ihr Fragen stellten. Beispielsweise wurde sie ge-

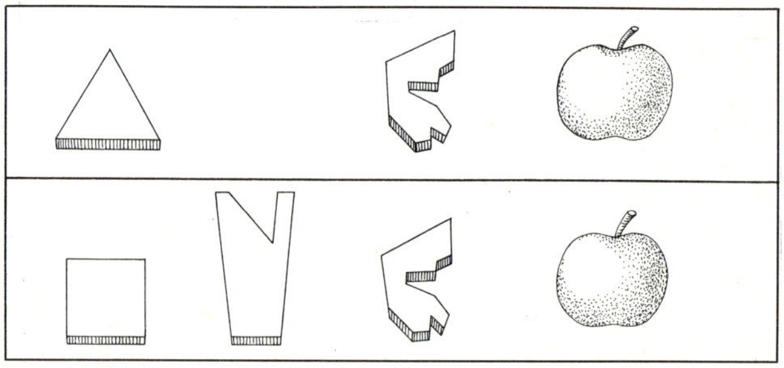

„Apfel" ist der Name des Apfels.
„Banane" ist nicht der Name des Apfels.

Abbildung 2: Beispiele der Beziehungen „X ist der Name von Y" und „X ist nicht der Name von Y". Die Bezeichnung der negativen Beziehung ergibt sich daraus, daß der Bezeichnung der positiven Beziehung das Negationszeichen hinzugefügt wurde.

fragt: „? ‚Banane' Name von Apfel" (ist „Banane" der Name des Gegenstandes Apfel?) Sie erhielt die Alternativen „ja" und „nein". Sie zeigte sich dieser Frage ebenso gewachsen wie 15 der 18 vergleichbaren Fragen in der W-Form (Abb. 1). Dem üblichen Trainingsbeispiel, das aus zwei positiven und zwei negativen Fällen des Begriffs bestand, folgte ein Transfertest. In ihm wurden die in der Trainingsphase verwendeten Gegenstände und Wörter lediglich durch neue ersetzt. Ansonsten wurden die Wahlversuche und Fragen wiederholt. Sarah wurde beispielsweise gefragt: „? Name von Schüssel" (Welches ist der Name des Gegenstandes Schüssel?). Dazu erhielt sie die Alternativen „Schüssel", „Napf", „Apfel" und „Rosine". Alle diese Wörter waren bereits in der Anfangsphase eingeführt worden, als die soziale Beziehung hergestellt wurde. Sarah gab auf 80% der Fragen in den Wahl- und Transfertests richtige Antworten. Ihre Leistung bewies, daß sie „Name von" auch auf Fälle anwenden konnte, die sich von denen der Trainingsphase unterschieden.

Klassenbegriffe: Farbe, Form, Größe

„Name von" ließ sich erst einführen, nachdem einige Gegenstände benannt worden waren. Ebenso ließen sich die Klassenbegriffe *Farbe, Form* und *Größe* einführen, nachdem Bezeichnungen für einzelne Elemente in jeder Klasse bekannt waren. Wir führten *Farbe* als die Beziehung zwischen einzelnen Farben und den Gegenständen ein, die die jeweilige Farbe zeigten: Zum Beispiel „Rot Farbe von Apfel". Die Bezeichnungen der einzelnen Farben waren insofern die sprachlichen Voraussetzungen des allgemeinen Begriffs *Farbe.*
Von den drei Verfahren, die sich anbieten, Farb- und Eigenschaftsbezeichnungen einzuführen, möchte ich nur eines erörtern, das sich bei unserer Arbeit als besonders effektiv erwies. Bei dem Verfahren werden eine Reihe von Gegenständen verwendet, die außer der Eigenschaft, die benannt werden soll, nichts miteinander gemein haben. Bei der Vermittlung der Bezeichnung für „rot" und „gelb" verwendeten wir beispielsweise eine Reihe roter und gelber Gegenstände, die mit Ausnahme ihrer Farbeigenschaft jeweils völlig verschieden waren. Die Gruppe der roten Gegenstände bestand aus einem Ball, einem Spielzeugauto, einem Rettungsring und drei ähnlichen Gegenständen. Die Gruppe der gelben Gegenstände aus einem Klotz, einem Kreidestift, einer Blume und drei ähnlichen Gegenständen. Die Gegenstände in jeder der Gruppen waren nicht unter einem bestimmten Namen bekannt. Es gibt jedoch keinen Hinweis dafür, daß dies eine notwendige Bedingung für die Vermittlung von Kollektivbezeichnungen wäre.
Wir legten einen der roten Gegenstände, die Wörter „geben", „Mary", „Sarah" und das Plastikelement bereit, das „rot" bedeutete. Nur mit diesem letzten war Sarah nicht vertraut. Die anderen Wörter hatte sie dagegen oft benutzt, um den Satz „Mary gibt Sarah –" zu bilden. Das einzige Wort, das ihr nun zur Verfügung stand, den Satz zu vervollständigen, war „rot". Außerdem mußte sie in diesem Trainingsstadium (nur ein unbekanntes Wort) alle Wörter verwenden, die man ihr gab. Bei so konvergierenden Faktoren überraschte es nicht, daß die Schimpansin den Satz „Mary gibt Sarah rot" formte. Daraufhin erhielt sie den roten Gegenstand.
Beim nächsten Versuch waren die Bedingungen gleich. Nur erhielt Sarah diesmal einen gelben Gegenstand und das Wort „gelb". Sie legte „Mary gibt Sarah gelb" und erhielt den gelben Gegenstand. Die Versuche wurden fortgesetzt, bis alle sechs Gegenstände aus jeder Gruppe zumindest einmal verwendet worden waren. Dann wurde Sarah den Wahlversuchen unterzogen. Das Verfahren blieb gleich, nur daß sie zwischen „rot" und „gelb" wählen mußte. Wenn ein rotes Objekt zugegen war, mußte sie den entsprechenden Satz hervorbringen. Den anderen Satz mußte sie bilden, wenn man ihr den gelben Gegenstand vorgelegt hatte. Sie löste die Aufgabe bei acht der ersten zehn Versuche und wurde daraufhin dem Transfertest unterzogen. Diesmal wurden in dem Transfertest nicht nur neue rote und gelbe Gegenstände verwendet, sondern auch Objekte, die mit Ausnahme ihrer Farbe überhaupt keine besonderen Kennzeichen aufwiesen. So wurden zum Beispiel kleine Karten verwendet, die rot oder gelb angemalt waren. Wie üblich bewältigte sie beide Phasen des Transfertests. Nach genau demselben Verfahren wurden ihr die Wörter „rund" und „quadratisch", sowie später die Wörter „groß" und „klein" beigebracht.

Von den Eigenschaftsbezeichnungen zu den Klassenbezeichnungen

Nach der Einführung von „rot" und „gelb", „rund" und „quadratisch", sowie „groß" und „klein" (je zwei Beispiele der drei Klassenbegriffe) begannen wir mit den Klassenbegriffen *Farbe, Form* und *Größe.* Der Klassenbegriff wurde jeweils als die Beziehung zwischen einer Eigenschaft und etwas, das diese Eigenschaft besaß, vorgestellt. Wie aus Abbildung 4 ersichtlich, wurden zur Verkörperung der Eigenschaften manchmal konkrete Objekte und manchmal Objektnamen gewählt. (Zur gelegentlichen Verwendung konkreter Objekte waren wir gezwungen, weil Sarahs Wortschatz begrenzt war.) Wir fanden den Umstand natürlich sehr ermutigend, daß wir Sarah eine Eigenschaft durch einen

Objektnamen genauso wie durch ein konkretes Objekt beibringen konnten. Hier schöpften wir die erste leise Hoffnung, daß die Plastikelemente über die Bezeichnungsfunktion der Wörter verfügten.

Bei der Vermittlung der Namen von Klassen bedienten wir uns der Frageform, die für Sarah mittlerweile selbstverständlich geworden war. „Rot? Apfel" (welche Beziehung besteht zwischen rot und Apfel?). Dies war die erste Frage, die wir ihr stellten. Daraufhin stellten wir ihr die gleiche Frage mit „gelb" und „Banane". In beiden Versuchen stand ihr nur das Wort „Farbe von" zur Verfügung. Sie ersetzte das Fragezeichen durch dieses Wort und bildete dabei die Sätze: „rot Farbe von Apfel" und „gelb Farbe von Banane". Die nächste Versuchsfolge umfaßte Fragen, die negative Fälle des gleichen Begriffs zum Gegenstand hatten. Hierbei stand Sarah nur das Wort „nicht Farbe von" zur Verfügung (vergleiche Abbildung 2, wo für „Name von" und „nicht Name von" analog verfahren worden war). Durch Tausch mit dem Fragezeichen kam Sarah zu „gelb nicht Farbe von Apfel" und „rot nicht Farbe von Banane".

Dieselben Fragen wurden in einem zweiten Schritt wiederholt. Die Wörter „Farbe von" und „nicht Farbe von" waren gleichzeitig verfügbar. Sarah mußte zwischen ihnen wählen. In acht der ersten zehn Versuche wurde sie mit der Aufgabe fertig. Dann wurde sie den Transfertests unterzogen. Dort mußte sie zwischen den gleichen Alternativen wählen, doch jetzt bei Dingen und Wörtern, die sie nicht vom Training her kannte. Beispielsweise fragte man sie „rot? Kirsche". Sie mußte entweder „Farbe von" oder „nicht Farbe von" einfügen. In diesem Stadium war es nicht möglich, den Transfer vom allgemeinen Begriff *Farbe* auf Einzelfarben zu überprüfen, sofern es sich nicht um rot oder gelb handelte, das heißt die einzigen Farbnamen, die ihr bisher beigebracht worden waren. Außerdem hatte sie zu diesem Zeitpunkt nur wenige rote oder gelbe Gegenstände mit Namen kennengelernt. Deshalb wurden die Transfertests größtenteils mit den konkreten Objekten und nicht ihren Namen durchgeführt. Sarah wurde beispielsweise gefragt: „? rot Farbe von Feder" (ist rot die Farbe der Feder?). Dabei wurde Sarah die Feder tatsächlich vorgelegt. Ihr standen die Alternativen „ja" oder „nein" zur Verfügung. Sätze, die aus einer Mischung von Wörtern und Objekten bestanden, wurden nicht an der Magnettafel sondern auf ein Pult geschrieben, weil viele der Gegenstände, die in diesen Sätzen vorkamen, nicht an der Tafel hafteten. Wir nannten solche Folgen von Bedeutungseinheiten „Zwittersätze" und verwendeten sie immer, wenn Einschränkungen des Wortschatzes sie erforderlich machten. Wenn in einer Sprache Wörter genauso konkret sind wie die Dinge, die sie bezeichnen, fällt es nicht nur leichter, Zwittersätze zu bilden, sondern auch die Kluft zu überbrükken, die manche Philosophen zwischen Wörtern und Dingen sehen.

Da *Farbe* der erste Klassenbegriff war, der Sarah beigebracht wurde, konnten wir sie anfangs nur zwischen den relevanten Alternativen „Farbe von" und „nicht Farbe von" wählen lassen. Wir konnten sie in den frühen Stadien also nur fragen, ob rot wirklich die Farbe eines Apfels war oder nicht. Nach Einführung der Klassenbegriffe *Form* und *Größe* konnten wir sie auffordern, zwischen verschiedenen Begriffen und ihren Negationen zu wählen. Schließlich fragten wir sie, ob „rot" zum Beispiel die Farbe, Form, Größe oder Name des Objektes Apfel sei. Die Zahl der Alternativen, zwischen denen zu wählen war, wurde dadurch größer; Sarahs Leistung wurde dadurch jedoch nicht beeinträchtigt.

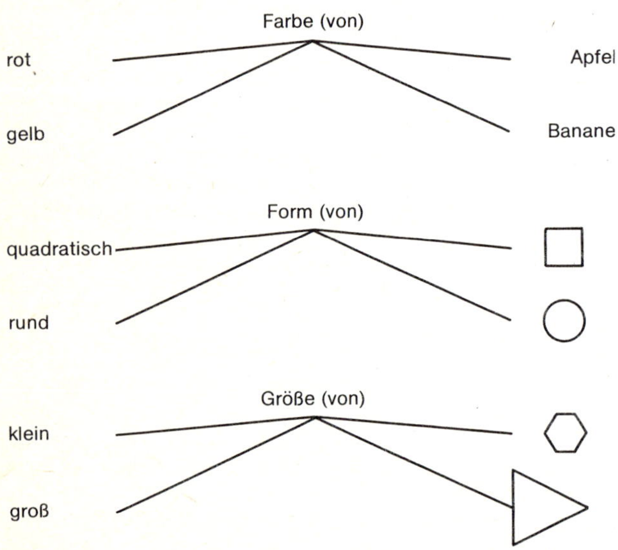

Abbildung 3: Vermittlung der Beziehungen „Farbe von", „Form von" und „Größe von". Im ersten Fall wurden Wörter, in den anderen beiden Objekte verwendet.

Produktive Verwendung von Klassenbegriffen

Jene Produktivität, die sich oben in der Erzeugung neuer Namen mit dem Begriff „Name von" gezeigt hatte, erweist sich auch bei den Klassenbegriffen *Farbe, Form* und *Größe*. Produktivität, die Eigenschaft eines Begriffs, neue Fälle seines Vorkommens zu erzeugen, ist ein Merkmal vieler Begriffe, die Beziehungen zum Ausdruck bringen, sofern zumindest ein Glied in der Beziehung sprachlicher Natur ist. Offensichtlich läßt sich eine Klasse mit Hilfe von nur zwei Werten einführen. So lassen sich „rot" und „gelb" als die induktive Grundlage für *Farbe* verwenden. Anschließend läßt

sich mit Hilfe des Klassenbegriffs eine unbegrenzte Zahl neuer Beispiele seiner selbst erzeugen. So führten wir die Farbnamen „braun“ und „grün“ mit folgenden Sätzen ein: „braun Farbe von Schokolade“ und „grün Farbe von Weintraube“. „Braun“ und „grün“ waren die einzigen unbekannten Wörter für Sarah. Wir fragten sie: „? Farbe von Schokolade“ und gaben ihr „braun“ als einzige Alternative. Sie ersetzte das Fragezeichen durch die einzige Alternative, die sie zur Verfügung hatte. Sie bildete also den Satz: „Braun Farbe von Schokolade“. Dasselbe machte sie bei „grün“.
Um zu entscheiden, ob Sarah „braun“ in einem Satz verstehen konnte, der sich vom Trainingssatz strukturell unterschied, gaben wir ihr die Anweisung: „Sarah nimmt braun“. Gleichzeitig legten wir ihr fünf farbige Holzscheiben vor, von denen nur eine braun war. Daraufhin stellten wir die komplexere Aufgabe: „Sarah legt braun (in) rote Schale“. Neben den vier Holzscheiben präsentierten wir diesmal eine rote und eine grüne Schale. In beiden Fällen führte sie die vorgeschriebenen Anweisungen richtig aus. Sie zeigte damit, daß ihr Wortverständnis nicht an den syntaktischen Zusammenhang gebunden war. Das gleiche erwies sich in Tests, die in umgekehrter Reihenfolge vorgingen. Nachdem Sarah ein Eigenschaftswort als Substantiv gelernt hatte („Mary gibt Sarah rot“), konnte sie das Wort auch verstehen, wenn es als Adjektiv verwendet wurde („lege Apfel [in] rote Schüssel“). Obgleich es sich dabei um frühe Tests handelte, läßt sich auch in ihnen kein Hinweis dafür entdecken, daß Sarahs Wortverständnis an den syntaktischen Kontext gebunden war, in dem das Wort ursprünglich gelernt wurde.

Allgemeine Funktionen: Sätze

Unter Umständen kann das Versuchstier korrekte Wortketten bilden, ohne in der Lage zu sein, einen Satz zu erzeugen. Ein Satz unterscheidet sich von einer Wortkette durch seine innere Organisation. Eine der einfachsten syntaktischen Beziehungen zeigt sich in jenen symmetrischen zweigliedrigen Ausdrücken, die von Ortspräpositionen gebildet werden. Zum Beispiel „rot auf grün“ und „grün auf rot“. Die beiden Beziehungen sind logisch gleichwertig. Anders verhält es sich in dem Beispiel: „Fliege auf Pferd“. Dieser Ausdruck ist zweifellos wahrscheinlicher als seine Umkehrung. Die Austauschbarkeit im ersten Fall schließt aus, konkret zwischen der Klasse zu unterscheiden, deren Elemente die eine Position in der Beziehung einnehmen können, und der Klasse, deren Elemente in die andere Position passen. Denn die Position, die ein Element in der Beziehung einnimmt, läßt sich nur durch den Ort bestimmen, an dem sich das ihm entsprechende Wort im Satz befindet, oder durch Flexionsunterschiede.

Wir verwendeten vier Farbwörter, die Sarah bekannt waren, „rot“, „grün“, „blau“ und „gelb“. Durch sie sollte sie die Präposition „auf“ lernen. Kleine Karten, die in einer der vier Farben angemalt aber ansonsten ununterscheidbar waren, wurden als Objekte verwendet. Eine der beiden Karten wurde auf die andere gelegt. Dabei wurde sie ein wenig versetzt, so daß man die untere ebenfalls erkennen konnte. Zuerst unterwiesen wir sie im Verständnis der Sätze des Trainers. Dann testeten wir ihre Fähigkeit, dieselben Sätze selbst hervorzubringen. Das Training vollzog sich in drei Schritten. Im ersten hatte sie es nur mit einem Farbenpaar zu tun, im zweiten befaßten wir uns mit ihrer Fähigkeit, das Gelernte auf andere Farben zu übertragen, und im letzten Schritt überprüften wir, ob sie vom Satzverständnis zur Satzerzeugung übergehen konnte.
Im ersten Trainingsschritt wurde die rote Karte auf den Tisch vor das Versuchstier gelegt. Der Trainer schrieb an die Tafel „grün auf rot“, gab Sarah die grüne Karte und veranlaßte sie dann, sie auf die bereits auf dem Tisch liegende Karte zu legen. Dann wurde ihr der umgekehrte Satz „rot auf grün“ dargeboten. Dabei lag die grüne Karte auf dem Tisch. Man gab Sarah die rote, die sie auf die andere legen mußte. Anschließend erhielt sie beide Karten. Dazu sah sie die erste Form des Satzes. Anschließend präsentierte man ihr die andere. Sobald sie in der Lage war, die Karten anzuordnen, wie es die Sätze von ihr verlangten, konfrontierte man sie mit Sätzen, in denen alle vier Farbwörter vorkamen. Sie wurde mit den zehn neuen Fällen ebenso gut fertig, wie mit den beiden Trainingsfällen.
Im letzten Schritt sollte festgestellt werden, ob Sarah in der Lage war, Sätze zu bilden, die dem Verhalten des Trainers entsprachen. Es handelte sich also um die Umkehrung der obigen Tests. In jedem Versuch erhielt sie drei Wörter – zwei Farbwörter und „auf“. Sie mußte sie so auf die Tafel setzen, daß sie der Weise entsprachen, in der der Trainer die Karten anordnete. Wenn der Trainer also die blaue Karte auf die grüne legte, mußte Sarah, die die Wörter „grün“, „blau“ und „auf“ in der Hand hielt, schreiben: „blau auf grün“. Sie bewältigte von den ersten zehn Versuchen acht.

Satzgefüge

Betrachten wir den Satz „Sarah legt Banane Napf Apfel Schale“. Auf deutsch bedeutet der Satz eine Anweisung an Sarah, die Banane in den Napf und den Apfel in die Schale zu legen. Abermals wurde Sarah in drei Schritten beigebracht, auf diesen Satz richtig zu reagieren. Wieder erfaßten wir zuerst ihr Verständnis. Anfangs wurde ihr beigebracht, auf jeden einzelnen der vier einfachen Sätze zu reagieren, die in dem obigen Satzgefüge enthalten sind. „Sarah legt

Banane Napf"; „Sarah legt Apfel Napf"; „Sarah legt Banane Schale" und „Sarah legt Apfel Schale". Der Trainer schrieb jeden Satz einzeln an die Tafel. Gleichzeitig ließ er Sarah zwischen den Früchten und Gefäßen wählen. Er verlangte von ihr, daß sie die bezeichnete Frucht in das bezeichnete Gefäß legte.

Darauf wurden Sarah alle Satzpaare, die möglich waren, wie in Zeitungsspalten nebeneinander präsentiert. Zum Beispiel:

Sarah	Sarah
legt	legt
Banane	Apfel
Schale	Napf

Dabei erfuhr die Zusammensetzung der Einzelsätze keinerlei Veränderung. Dieser Schritt sollte sie nur daran gewöhnen, zwei Handlungen auszuführen, wie es im Satzgefüge verlangt wird.

Im letzten Schritt wurden noch einmal alle denkbaren Zusammensetzungen von Satzpaaren präsentiert. Dieses Mal standen sie aber unmittelbar untereinander. Nun wurde die Verbindung zweier einfacher Sätze allmählich in ein Satzgefüge umgewandelt. Das Verfahren erzeugte Sätze der folgenden Art:

(I)	(II)	(III)
Sarah	Sarah	Sarah
legt	legt	legt
Banane	Banane	Banane
Napf	Napf	Napf
Sarah	legt	Apfel
legt	Apfel	Schale
Apfel	Schale	
Schale		

Weder der Verzicht auf die zweite Verwendung von „Sarah" noch die anschließende Tilgung der zweiten Verwendung von „legt" beeinträchtigte ihre Leistung. Sarah war in 75–80% der Fälle erfolgreich (was ihrem durchschnittlichen Leistungsniveau in dieser Phase des Projekts entsprach). Selbst in den Transfertests, in denen sie Verben und Substantive ersetzen mußte, behielt sie ihre Leistung bei.

Die Kopula: gelernt als sinnlose Silbe

Zu den vielfältigen Bedeutungen von „ist" gehören auch die Begriffe der Unterklasse oder des Klassenelements („rot ist eine Farbe", „Apfel ist eine Frucht"). Sie lassen sich wahrscheinlich am besten durch eine Methode vermitteln, die derjenigen ähnelt, mit welcher wir Sarah die Eigenschaftsnamen beigebracht haben. Wir hatten eine Gruppe von Gegenständen verwendet, die nur eine gemeinsame Eigenschaft hatten, und hatten Sarah veranlaßt, jeden Gegenstand zu verlangen, indem sie immer denselben Satz schrieb, beispielsweise: „Gib rot". Mit diesem Verfahren ließ sich auch der neue Begriff vermitteln. Allmählich wurden die Namen der einzelnen Früchte entfernt. Sarah mußte sie mit ihrer Klassenbezeichnung verlangen. Wenn sie zum Beispiel anfangs geschrieben hatte: „gib Apfel", „gib Banane" oder ähnlich, wurden jetzt die einzelnen Namen fortgenommen. Wollte Sarah jetzt irgendeine Frucht haben, mußte sie schreiben: „Gib Frucht". Dadurch wurde ihr das Klassenwort „Frucht" beigebracht. Wir wiederholten das Verfahren für „Schokolade", „Karamel" und „Lutschbonbon". Auf diese Weise brachten wir ihr das Klassenwort „Süßigkeiten" bei. „Ist" hätten wir dann wie folgt einführen können: „Apfel, Banane ist Frucht"; „Schokolade, Karamel ist Süßigkeit"; „Apfel, Banane ist nicht Süßigkeit"; und „Schokolade, Karamel ist nicht Frucht". Diese Trainingssätze hätten die übliche Norm erfüllt, zwei positive und zwei negative Fälle des Begriffes zu nennen. Wichtiger noch war der Umstand, daß es sich um Wortketten handelte, in denen das einzig unbekannte Element das neue Prädikat selbst war: die Namen der Klassenelemente und die Klassennamen waren bekannte Wörter.

Leider brachten wir Sarah „ist" auf eine ganz andere Weise bei, die sich als recht wenig brauchbar erwies. Diese Tatsache verdient insofern Interesse, als sie vermuten läßt, wodurch eine Methode unwirksam wird. Wir legten Sarah die Frage vor „rot? Farbe" (welche Beziehung besteht zwischen rot und Farbe?) Als einzige Alternative hatte sie das Wort „ist" zur Hand. Damit ersetzte sie das Fragezeichen und bildete so den Satz: „rot ist Farbe". Wir wiederholten das Verfahren mit „rund? Form". Wie oben bildete Sarah den Satz: „rund ist Form". Nachdem sie wie gewöhnlich fünf Versuche für jeden der beiden positiven Fälle absolviert hatte, wurde sie einer gleichen Zahl von Versuchen für jeden der negativen Fälle unterzogen. Sie wurde gefragt: „rot? Form" (welche Beziehung besteht zwischen rot und Form?). Außerdem fragten wir: „rund? Farbe" (welche Beziehung besteht zwischen rund und Farbe?). In beiden Fällen stand ihr als Alternative „ist nicht" zur Verfügung („ist" und das Negationszeichen). Sie ersetzte das Fragezeichen und bildete so: „rund ist nicht Farbe" und „rot ist nicht Form".

In Schritt zwei stellten wir ihr die gleichen Fragen, gaben ihr aber zugleich die Wörter „ist" und „ist nicht". Sie mußte zwischen ihnen wählen. Sie machte bei den ersten 22 Versuchen 10 Fehler. Sie machte alle Fehler, weil sie die negative Form nicht verwenden konnte. Dadurch kam es zu solchen Antworten wie „rund ist Farbe" und „rot ist Form". Bisher hatte sie in der zweiten Phase noch nie so schlecht abgeschnitten. Deshalb kehrten wir zu Schritt eins zurück und unterzogen sie fünf Versuchen für jeden der „ist nicht“-Fälle. Dann versuchten wir es erneut mit Schritt zwei. Diesmal machte sie 14 Fehler, davon 11 mit „ist nicht“. Abermals gingen wir zu Schritt eins zurück. Diesmal ließen wir Sarah nur zwei Versuche mit jedem der negativen Fälle vornehmen. Als wir es nun das dritte und letzte Mal mit den Versuchen des Schrittes zwei versuchten, machte sie bei 18 Versuchen keinen Fehler.

Beim Übertragungstest stellten wir ihr alle oben genannten Fragen; wir ersetzten nur die Trainingswörter „rot“ und „rund“ durch „gelb“ und „dreieckig“. Sie mußte wie zuvor zwischen „ist“ und „ist nicht“ wählen. Beispielsweise wurde sie gefragt: „gelb? Form“. Ihre Antwort war richtig, denn sie ersetzte das Fragezeichen durch „ist nicht“, bildete also den Satz: „gelb ist nicht Form“. In den ersten fünf Versuchen machte sie keinen Fehler, in den folgenden 21 nur drei. Wenn Sarah „ist“ auch nur nach vielen Fehlern lernte, konnte sie es doch mit Erfolg auf Elemente übertragen, mit denen sie sich im Training nicht beschäftigt hatte.

Was bedeutete nun eigentlich „ist“ genau für Sarah? Leider können wir das nicht sagen, weil wir ihr keine anderen Begriffe beibrachten, denen wir „ist“ gegenüberstellen könnten. Begriffe werden nicht isoliert gebildet. Sie treten in Gruppen auf. Nur wenn man zumindest zwei Elemente einer solchen Gruppe vermittelt, läßt sich sagen, was eines bedeutet. Das ist nichts Neues. Diesen methodischen Gesichtspunkt befolgten wir ja in beinahe allen oben geschilderten Fällen: (I) Von Anfang an hatte jede Klasse mehr als ein Element – beim ursprünglich gebildeten sozialen Austausch standen „Apfel“, „Banane“, „Apfelsine“ usf. einander gegenüber; (II) Aus dem gleichen Grund brachten wir Sarah nicht nur eine einzige Eigenschaftsklasse, sondern „Farbe“, „Form“ und „Größe“ bei; (III) Die Junktoren (logischen Verknüpfungen) sind eine unvollständige Gruppe – die Bedeutung von „wenn–dann“ wird für Sarah so lange unklar bleiben, bis sie weiß, was „und“ und „oder“ bedeutet.

Objektklassen

Wir brachten Sarah die drei Objektklassen „Frucht“, „Teigwaren“ und „Süßigkeiten“ bei. Wir hielten uns auch an die genannte Reihenfolge. Als erstes stellten wir ihr die Frage: „Banane ist?“. Als einzige Alternative hatte sie das Wort „Frucht“ zur Hand. Sie ersetzte das Fragezeichen und kam zu dem Satz: „Banane ist Frucht“. Dann stellten wir ihr dieselbe Frage zu einem Cracker und Teigwaren. Wie üblich folgten fünf Versuche zu jedem der beiden positiven Fälle und fünf Versuche zu jedem der beiden negativen Fälle. Ihr wurde die Frage vorgelegt: „Banane ist nicht?“. Außerdem erhielt sie das Wort „Teigwaren“, mit dem sie das Fragezeichen ersetzte. Durch ein entsprechendes Verfahren veranlaßten wir sie, den Satz „Cracker ist nicht Frucht“ zu bilden. In den Versuchen des Schrittes zwei wurden ihr die gleichen Fragen gestellt. Nur mußte sie diesmal zwischen den Wörtern „Frucht“ und „Teigware“ unterscheiden. In den ersten fünf Versuchen war sie fehlerlos, in den folgenden zehn unterlief ihr ein Fehler. Bei den Transfertests wurden die gleichen Fragen für die gleichen Alternativen wiederholt. Die Wörter „Banane“ und „Cracker“ wurden allerdings durch „Brot“, „Plätzchen“, „Weintraube“ und „Pfirsich“ ersetzt. Bei den ersten fünf Versuchen machte sie einen Fehler, bei den folgenden 41 Versuchen sieben Fehler.

Was bedeutete ein Fehler in diesem Fall? Wir hatten Sarah beigebracht, daß eine Banane eine Frucht ist. Nehmen wir an, sie entschied sich, einen Pfirsich oder eine Weintraube keine Frucht zu nennen. Worin lag ihr Fehler? In den betreffenden Übungen wurden ihr keine Ja-Nein-Fragen gestellt. Sie mußte also nicht entscheiden, ob es sich bei einem Pfirsich beispielsweise um eine Frucht handelte oder nicht. Ihr wurden bloß W-Fragen gestellt, die von ihr die Entscheidung verlangten, ob ein Pfirsich eher einer Frucht oder eher einer Teigware ähnelt. Deshalb sind Fehler im Falle der Objektklassen schwerer zu interpretieren. Ein Merkmal stellt eine bestimmte Farbe dar und keine andere, eine bestimmte Form und keine andere, eine bestimmte Größe und keine andere. Gegenstandsklassen sind dagegen stets mehrdeutig. Ein rollender Stein oder ein Hund, der sich nicht bewegt, sind sie belebt oder unbelebt? Im Falle der Objektklassen lassen sich also immer Grenzfälle beibringen (für Frucht und Teigware z. B. Obsttorte). Solche Grenzfälle lassen sich für Farben und Formen, Formen und Größen, Größen und Farben jedoch nicht konstruieren. Man mag sich nicht darüber klar sein, ob man eine Farbe schwarz oder weiß nennen soll. Wie immer man sich aber in diesem Punkt auch entscheiden mag, man wird nicht schwanken können, ob man sie als Form oder als Größe einstufen soll.

Logische Verknüpfung: wenn–dann

Mit Begriffen wie „gleich–verschieden“ lassen sich einige einfache Tests durchführen. Ihre Ergebnisse zeigen noch vor jedem Sprachtraining, ob das Versuchstier in der Lage ist, die Wahrnehmungsurteile zu fällen, auf denen der Begriff aufbaut. (I) Entweder finden wir heraus, daß die Erkenntnis vorhanden ist, (II) oder wir versuchen, sie auf irgendeine Weise zu wecken, wenn sie nicht vorhanden ist, (III) oder wir lassen den Gedanken fallen, diese Erkenntnis in Worten nachzubilden. Unglücklicherweise beruht das Verfahren auf der Annahme, man könne das Wahrnehmungsurteil feststellen und bewerten, das sprachlichen Unterscheidungen zugrunde liegt. Betrachten wir die Implikation „wenn–dann“, wie sie sich in der folgenden einfachen Anweisung ausdrückt: „Wenn Mary nimmt rot, dann Sarah nimmt grün“. Anhand welcher Vorversuche könnte man klären, ob es überhaupt einen Sinn hat, Sarah beizubringen, diese Beziehung durch Wörter wiederzugeben?

Da wir keine Antwort auf diese Frage wußten, unterzogen wir Sarah einem Kontingenztraining. Wir verabreichten ihr eine differentielle Verstärkung. Das ist ein Standardverfahren für Tiere. Das Versuchstier wird belohnt, wenn es bestimmte Dinge tut, und erhält keine Belohnung, wenn es andere tut. Wenn ein Versuchstier durch solche Erfahrungen nicht beeinflußt wird, kann man davon ausgehen, daß ihm wenn–dann-Beziehungen nicht beizubringen sind. Andererseits ist der Umstand, daß das Verhalten eines Versuchstieres durch solche Verfahren beeinflußt wird, noch keine Garantie dafür, daß es Beziehungen dieser Art erkennen kann und imstande ist, einen Namen für sie zu erlernen. Anfangs erlaubten wir Sarah, nach Belieben zwischen einem Apfel und einer Banane zu wählen. Wir wollten sicher gehen, daß sie keine der beiden Früchte vorzog. Dann erhielt sie ein Stück Schokolade, wenn sie den Apfel wählte, aber nicht, wenn sie sich für die Banane entschied. Bald hörte sie auf, sich für die Banane zu entscheiden, da sie dann keine Schokolade erhielt. Schokolade zog sie nämlich beiden Früchten vor.

Wir wählten die Kontingenz für Sarah sehr sorgfältig aus. Alle Wörter, die zur Beschreibung der Kontingenz dienten, waren ihr vertraut. Nur diejenigen, die die Konditionalbeziehung selbst betrafen, waren ihr unbekannt. Die folgenden Beispielsätze beschreiben genau das Kontingenztraining, das sie erhielt: (I) „Wenn Sarah nimmt Apfel dann Mary gibt Sarah Schokolade“ und (II) „Wenn Sarah nimmt Banane dann Mary nicht gibt Sarah Schokolade“. „Wenn“ und „dann“ sind also die einzigen neuen Wörter. Außerdem sind auch die Teilsätze bekannt, die zu den konditionellen Sätzen zusammengefügt werden. Wir hatten mit „gleich–verschieden“ begonnen. Dort waren die bekannten Elemente nichtsprachlicher Natur (wirkliche Tassen und Löffel). Dann waren wir zu „Name von“ übergegangen, wo eines der bekannten Elemente ein Wort war. Nun sind die bekannten Elemente Sätze. Die oben genannten Sätze (I) und (II) entsprechen also unserem bisherigen Trainingsverfahren, insofern in ihnen nur ein neues Element eingeführt wird.

Im Deutschen (wie im Englischen) wird die Konditionalbeziehung durch eine zweigliedrige Konjunktion bezeichnet (wenn–dann). Das stellt ein interessantes Problem dar. Hier wollen wir uns jedoch nicht mit ihm beschäftigen. Wir haben die Konditionalbeziehung deshalb durch das in der symbolischen Logik übliche Implikationszeichen wiedergegeben: „Sarah nimmt Apfel ⊃ Mary gibt Sarah Schokolade“. In dieser Phase des Trainings stellten wir Sarah zuerst die Frage: „Sarah nimmt Apfel? Mary gibt Sarah Schokolade“ (welche Beziehung besteht zwischen der Tatsache, daß Sarah den Apfel nimmt, und dem Umstand, daß Mary Schokolade gibt?). Sie verwendete ihre einzige Alternative, das Implikationszeichen, um das Fragezeichen zu ersetzen und den Satz zu bilden: „Sarah nimmt Apfel ⊃ Mary gibt Sarah Schokolade“. Dann erhielt sie ein Apfelstück und anschließend ein Stück Schokolade. Beide aß sie. Dann wurde sie gefragt: „Sarah nimmt Banane? Mary nicht gibt Sarah Schokolade“ (welche Beziehung besteht zwischen der Tatsache, daß Sarah eine Banane nimmt, und dem Umstand, daß Mary keine Schokolade gibt?). Wieder bestand ihre einzige Alternative im Implikationszeichen. Damit bildete sie den Satz: „Sarah nimmt Banane ⊃ Mary nicht gibt Sarah Schokolade“. Diesmal erhielt sie ein Stück Banane (das sie manchmal aß). Sie bekam aber keine Schokolade. Sarah wurde fünf Versuchen zu jeder der beiden Fragen unterzogen. Dann gingen wir zu einer Versuchsfolge über, in der sie nur eins von zwei Satzpaaren erhielt: (I) „Sarah nimmt Apfel ⊃ Mary gibt Sarah Schokolade“ und „Sarah nimmt Banane ⊃ Mary nicht gibt Sarah Schokolade“; oder (II) „Sarah nimmt Apfel ⊃ Mary nicht gibt Sarah Schokolade“ und „Sarah nimmt Banane ⊃ Mary gibt Sarah Schokolade“.

Das erste Satzpaar bringt die Feststellung, daß sich mit der Wahl des Apfels und nicht mit der der Banane Schokolade beschaffen läßt. Im zweiten Satzpaar wird die Feststellung umgekehrt. Bei jedem Versuch lagen Bananen- und Apfelstücke vor ihr. Ihre Reaktion galt als richtig, wenn sie durch die Wahl der Fruchtart erreichte, daß man ihr Schokolade gab. Sie machte mehr als 20 Fehler und begleitete sie mit großen Gefühlsausbrüchen. Der Grund war, daß sie ständig die Apfelstücke wählte. Diese Haltung gab sie dann auf; sie wählte für die Dauer von 14 Versuchen beide Obstsorten abwechselnd. Schließlich richtete sie sich nach den Sätzen und wählte durchweg die Frucht, die sie in den Besitz der Schokolade brachte.

Zwar brauchte Sarah länger als bei den anderen Begriffen, um die Konditionalbeziehung zu lernen. Sobald sie es aber geschafft hatte, erbrachte sie in den Transfertests ihre übliche Leistung.

Bildung von Symbolen: Wann ist ein Plastikelement ein Wort?

Wann hört ein Plastikelement auf, nur ein Stück Plastik zu sein, und wann wird es zu einem Wort? Die Antwort lautet: wenn es als Wort verwendet wird, wenn es mit anderen Wörtern der entsprechenden grammatischen Wortarten in Sätzen erscheint und wenn es als Antwort oder Teil der Antwort

auf eine Frage verwendet wird. Wir betrachten zum Beispiel ein kleines Stück blauer Plastik als das Wort für „Apfel“, (I) weil es verwendet wird, wenn das Versuchstier beispielsweise einen Apfel verlangt, und (II) weil es vom Versuchstier verwendet wird, um die Frage zu beantworten: „Was ist der Name von Apfel?“ Außerdem handelt es sich bei einem Plastikelement um ein Wort, wenn die Eigenschaften, die ihm vom Versuchstier zugeschrieben werden, nicht die des Plastikmaterials sondern die des Gegenstandes sind, welchen das Material bezeichnet. Wir können feststellen, ob diese Bedingung erfüllt ist, indem wir abermals das Zuordnungsverfahren verwenden. Dieses Mal wollten wir die Merkmale von Wörtern und ihrer Bezugsgrößen unabhängig voneinander analysieren. Zur Analyse der Merkmale des Apfels unterzogen wir Sarah einer Serie von Tests. Bei jedem Versuch erhielt sie den Apfel und ein Alternativenpaar. Sie mußte angeben, welche der Alternativen in ihren Augen mehr Ähnlichkeit mit dem Apfel besaßen. Die Alternativen waren rot oder grün, rund oder quadratisch, quadratisch mit einer stengelartigen Erhebung oder rein quadratisch, rund oder quadratisch mit Erhebungen (siehe Abbildung 4). Die Alternativen konnten Wörter oder Gegenstände sein, die die von den Wörtern bezeichneten Eigenschaften besaßen. Das Versuchstier mußte also entweder entscheiden, ob der Apfel eher dem Wort „rot“ oder „grün“ glich, oder es mußte zwischen einem roten und einem grünen Stoffrest wählen. Wenn wir uns des zweiten Verfahrens bedienten, waren wir durch Lücken in Sarahs Wortschatz dazu gezwungen.
Nachdem wir eine Merkmalsanalyse des Gegenstands Apfel durchgeführt hatten, wiederholten wir den Test in eben dieser Weise mit dem Wort „Apfel“ (einem Stück aus blauer Plastik). Das Versuchstier schrieb dem Plastikelement die gleichen Eigenschaften zu, die es zuvor dem Apfel zuerkannt hatte (Abbildung 4). Die Eigenschaften, die Sarah dem Wort „Apfel“ zuordnete, zeigten, daß sie sich nicht an der konkreten Gestalt des blauen Plastikstücks orientierte, sondern am Objekt, das das Plastikelement repräsentierte.

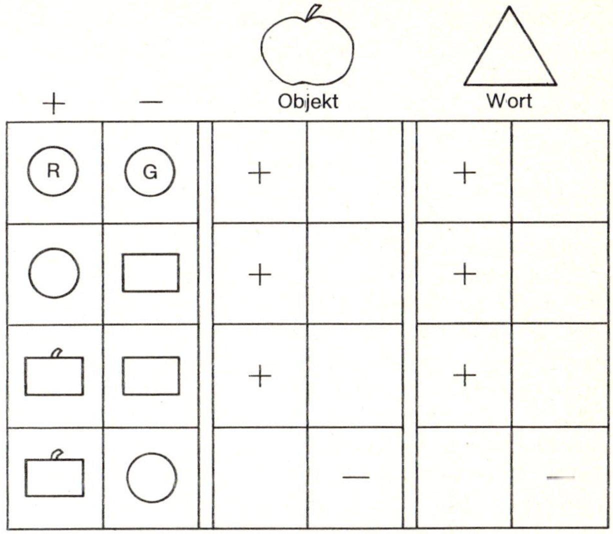

Abbildung 4: Merkmalsanalysen am Objekt Apfel und am Wort „Apfel“.

Genaugenommen sind uns die notwendigen und hinreichenden Bedingungen unbekannt, die zu diesem Effekt führen. Wir könnten noch nicht einmal den Zeitpunkt im Training genau bestimmen, zu dem der Effekt erstmalig auftrat. Es lassen sich viele Möglichkeiten denken. Wir wollen die beiden wahrscheinlichsten betrachten: (I) Der Organismus lernt die Symbolisierung im Verlauf des Spracherwerbs; (II) Symbolisierung ist möglicherweise eine integrierende Eigenschaft des Lernens überhaupt und ermöglicht die Sprache. Welche Art von Symbolen würden bei niedrigen Organismen auftreten, wenn die zweite Annahme zutrifft? Wird einer Taube eine senkrechte Linie dargeboten, bevor sie Futter A erhält, und eine waagerechte Linie vor Futter B – wird sie dann der senkrechten Linie jene Merkmale zuschreiben, die Futter A in ihren Augen besitzt, und der horizontalen Linie die Eigenschaften, die sie Futter B zuschreibt? Ein Beispiel, das nicht aus dem Labor stammt, zeigt vielleicht deutlicher, was wir meinen. Was bedeutet es, wenn ein Hund an der Leine im Flur schnüffelt? Möchte er einen Spaziergang im Haus oder draußen, in der Stadt oder auf freiem Feld, mit Vögeln oder ohne, mit Eichhörnchenfährte oder ohne und so fort? Wenn man dem Hund diese Fragen einerseits zum Spaziergang und andererseits zur Leine stellen würde, würde er wohl die gleiche Antwort geben. Wir wissen nicht, ob unsere Vermutung zutrifft, könnten das aber dadurch herausfinden, daß wir das Verfahren, das wir auf die Schimpansin anwendeten, einfach auf andere Tiere, wie z.B. unseren Hund übertragen.

Kluge Gretel?

Hat Sarah auf die Plastiksprache oder auf die nicht-sprachlichen Hinweisreize reagiert, die sie im Gesicht und am Körper des Trainers wahrnahm? Im Prinzip hätte sich dies dadurch überprüfen lassen, daß man die nicht-sprachlichen Hinweisreize eliminiert hätte. Trainer können dunkle Brillen tragen, sich hinter einem undurchsichtigen Schirm verbergen, nachdem sie eine Frage gestellt haben, oder einfach vermeiden, das Versuchstier anzusehen. Solche Maßnahmen schufen jedoch nur neue praktische Probleme. Wenn der Trainer einige Fragen auf Sarahs Tafel setzte und dann fortging, während sie sie beantworten sollte, arbeitete Sarah

nur noch sporadisch oder überhaupt nicht mehr. In ähnlicher Weise gerät ein Gespräch ins Stocken, wenn einer der Teilnehmer dem anderen nicht mehr genügend Aufmerksamkeit schenkt. Sozialer Kontakt war wohl die wichtigste Motivation für Sarah. Ohne ihn arbeitete sie jedenfalls nicht.
Wir mußten das Problem der nicht-sprachlichen Hinweisreize aus einer anderen Richtung angehen. Anstelle eines Trainers, der die Sprache beherrschte, sich aber jedes normalen sozialen Verhaltens enthielt, verwendeten wir einen Trainer, der ein normales soziales Verhalten zeigte, aber die Sprache nicht beherrschte. Dieser „stumme" Trainer unterzog sie einer Reihe einfacher Tests, in denen sie mit bekanntem Material umgehen mußte (wir verwendeten deshalb bekanntes Material, weil es ja um die Frage ging, ob sie auf vertraute Wörter reagieren konnte, wenn die Hinweisreize ausschließlich sprachlicher Natur waren).
Einmal wurde ihre aktive Sprachkompetenz getestet. Sie mußte den Gegenstand verlangen, der ihr bei dem betreffenden Versuch vorlag. An der Tafel stand der einfache Satz: „Gib Sarah X", wobei X entweder eine Nuß, eine Süßigkeit oder eine von drei Früchten war. Sie erhielt eine Gruppe von acht Wörtern, aus denen sie das geeignete auswählen mußte: beispielsweise „rauchen, essen, geben, grün, Sarah, Debbie, Süßigkeit, Banane". Außerdem wurden ihr eine Reihe von W-Fragen gestellt, wie z.B. „rot? Apfel". Ihre Alternativen waren „Farbe von", „Größe", „Form", „Name", wenn–dann". Das einzige Zeichen, das sie niemals verwenden konnte, war „wenn–dann". Alle anderen Wörter waren zumindest einmal zu gebrauchen.
Das Sprachverständnis prüften wir, indem wir ihr die Anweisung gaben; „Sarah nimmt blau" (oder „gelb" oder „grün"). Dabei lagen ihr drei Farbkarten vor. Sie erhielt auch einfache konditionale Anweisungen wie „Jon legt gelb ⊃ Sarah nimmt Cracker". Jon, der „stumme" Trainer, war dadurch kenntlich, das man ihm seinen Namen um den Hals hing. (So wurden anfangs alle Eigennamen, einschließlich Sarahs eigenem vermittelt.) Die Batterie enthielt noch weitere Tests, die alle etwa diesen Komplexitätsgrad hatten.
Für die Tests wurden die Wörter durch Zahlen kodiert. Wir verwendeten ein Zwei-Weg-Kommunikationssystem zwischen dem „stummen" Trainer innerhalb des Testbereichs und einem zweiten Trainer draußen. Ein Versuch zur aktiven Sprachkompetenz sah gewöhnlich so aus, daß der „stumme" Trainer eine Liste zu Rate zog, auf der nebeneinander die Zahlen und die farbigen Bilder der Wörter aufgeführt waren, Sarah das betreffende Wort gab und ihr dann das für den Versuch vorgeschriebene Obststück vorlegte. Nachdem sie die gewählten Wörter auf der Tafel untereinander angeordnet hatte, übersetzte der Trainer ihren Satz in eine Ziffernfolge, die er dem Trainer draußen über Mikrofon durchgab. Je nachdem, ob die Folge mit der Liste des Trainers draußen übereinstimmte oder nicht, hörte der Trainer drinnen „ja" oder „nein" in seinem Kopfhörer. Daraufhin erhielt Sarah das Obststück mit dem entsprechenden Lob oder nicht.
Im ersten und zweiten Test zur aktiven Sprachkompetenz machte Sarah bei den ersten zwanzig Versuchen sechs Fehler, dabei drei Fehler bei den ersten zehn. Obgleich sie damit ihr normales Leistungsniveau nicht erreichte – besonders wenn man bedenkt, um welch einfaches Material es sich handelte –, lag sie damit doch weit über der Zufallswahrscheinlichkeit. (Ihre Leistung befand sich in beiden Übungen etwa auf dem 70%-Niveau. Dem Zufall hätten 13%, bzw. 20% entsprochen, wenn man die Reihenfolge nicht in Betracht zieht. Bei Berücksichtigung der Reihenfolge liegen die Zufallswerte noch niedriger.) Beim ersten und zweiten Verständnistest – wir haben ihn oben beschrieben – machte sie bei den ersten 15 Versuchen 4 Fehler, bzw. 3 Fehler bei den ersten 10. Abermals lag das Leistungsniveau über der Zufallswahrscheinlichkeit, aber unter ihren Normalwerten. Die Tatsache, daß sie in der Genauigkeit nachließ, überrascht weniger als der Umstand, daß ihr Verhalten sich verschlechterte. Dabei fiel am meisten auf, daß sie auf eine frühere Stufe der Satzerzeugung regredierte, die in einer der Anfangsphasen die vorherrschende Form war. Damals hatte sie die Sätze nicht in ihrer vorgesehenen Reihenfolge erzeugt, sondern die richtigen Wörter in beliebiger Reihenfolge auf die Tafel gesetzt. Dann war sie durch ein oder zwei Änderungen zur endgültigen Reihenfolge gelangt. Obgleich sie diese Form der Satzerzeugung mindestens zehn Monate vorher bereits aufgegeben hatte, kam sie beim „stummen" Trainer wieder darauf zurück. Außerdem ließ die senkrechte Anordnung ihrer Sätze zu wünschen übrig. Normalerweise setzte sie die Wörter mehr oder weniger untereinander. Beim „stummen" Trainer ging diese Ordnung verloren. Die unordentliche Satzgestalt war ein weiteres Merkmal früherer Stadien.
Veränderungen dieser Art werden häufig emotionalen Faktoren zugeschrieben. Das kann auch hier der Fall gewesen sein; obwohl sie an den neuen Trainer gewöhnt war, unterscheiden sich die neuen Bedingungen von den früheren. Außerdem war sie von den Trainern getrennt, an die sie gewöhnt war. Wie immer man diese morphologischen Veränderungen interpretieren mag, sie gingen mit einem Leistungsniveau einher, das zwar niedriger als gewöhnlich war, aber unzweifelhaft über der Zufallswahrscheinlichkeit lag. Sarah „sprach" zu einem Trainer, der die Sprache nicht kannte. Ihre „Sprache" war ihm gegenüber ungenauer als anderen Trainern gegenüber, die die Sprache kannten; sie drückte sich aber klar genug aus, um die Hypothese zu entkräften, ihre Leistung beruhe im wesentlichen auf nichtsprachlichen Hinweisreizen.

2 Theoretische Grundpositionen in der Psychologie

In der gegenwärtigen Psychologie sind im wesentlichen drei theoretische Richtungen zu unterscheiden: Der Behaviorismus oder die Verhaltenstheorie (Schwerpunkt: Beobachtbares Verhalten), der Kognitivismus (Schwerpunkt: Bewußte Wahrnehmungserlebnisse und Handlungspläne) und die Psychoanalyse (Schwerpunkt: Unbewußte Motive).
Die genannten theoretischen Richtungen gelangen zu verschiedenen Aussagen, weil sie von verschiedenen Erklärungsansätzen ausgehen und unterschiedliche Methoden benutzen. Man kann sogar vermuten: Den drei Richtungen liegt ein verschiedenes Menschenbild zugrunde; die Vertreter der drei Richtungen bringen bestimmte Vorstellungen über den Wert, die Freiheit, die Anpassungsfähigkeit, die Erziehungsbedürftigkeit des Menschen in ihre Theorie ein – vielleicht ohne es selbst zu bemerken.
Die Frage der unausgesprochenen und möglicherweise verborgenen Annahmen ist für den Vergleich von Theorien wichtig; der englische Autor Brian LITTLE hat ihr eine engangierte Abhandlung gewidmet, welche im ersten Teil dieses Abschnittes wiedergegeben ist.
Theorien sind oft schwer miteinander zu vergleichen, weil sie verschiedene Begriffe, Bezeichnungen und Symbole verwenden. Die Frage liegt nahe: Könnte man nicht eine Sprache, eine Darstellungsweise finden, welche gegenüber den Unterschieden von Theorien neutral ist? Mit deren Hilfe man Aussagen aus verschiedenen Theorien so wiedergeben kann, daß sie – ohne etwas von ihrer Eigenart einzubüßen – einander gegenübergestellt und verglichen werden können. Der (zur Zeit in Zürich tätige) deutsche Psychologe Norbert BISCHOF stellt im zweiten Teil dieses Abschnitts einen Ansatz vor, welcher Sachverhalte und ihre Deutung theorieneutral darzustellen versucht.
Beispiele von Texten, die in Thematik und Stil eindeutig durch eine der genannten psychologischen Richtungen geprägt sind, fehlen in diesem Abschnitt. Dafür werden solche Textbeispiele in spätere Abschnitte aufgenommen. Auf sie sei schon an dieser Stelle verwiesen. Ein Beitrag behavioristischer Herkunft ist in Abschnitt 7 (Seite 92):
BAER, D.M.: Experimentelle Kontrolle des Daumenlutschens durch Entzug und erneute Darbietung von Verstärkung.
Einen Eindruck von der in Osteuropa verbreiteten Variante der Verhaltenstheorie, der Reflexologie, gibt in Abschnitt 8 (Seite 104):
ASRATJAN, E.A.: Die Schaltung bedingter Reflexe.
Dem Kognitivismus besonders deutlich verpflichtet ist in Abschnitt 3 (Seite 46):
LINSCHOTEN, J.: Über das Einschlafen.
Aus der Psychoanalyse stammen in Abschnitt 5 (Seite 74) und Abschnitt 6 (Seite 78):
ELLWANGER, W.: Zappelphilipp und der Wilde Jäger – ein Beitrag zur Psychologie des „Struwwelpeter".
BALINT, E.: Technische Probleme bei der Analyse von Frauen durch weibliche Analytiker: Ein Beitrag zur Frage: „Was sind die Wünsche einer Frau?"

Brian R. Little

Der Mensch in der Psychologie – Wissenschaftler, Humanist und Spezialist

Originaltitel: Psychological man as scientist, humanist, and specialist
Entnommen aus: Journal of Experimental Research in Personality, 1972, 6, 95–118
(Aus dem Englischen übersetzt von Hainer Kober)

Der witzige und temperamentvoll geschriebene Aufsatz von Brian R. LITTLE *stellt, indem er verschiedene theoretische Ansätze miteinander vergleicht, jeden von ihnen in Frage. Denn in der Gegenüberstellung wird die Begrenztheit eines jeden Ansatzes deutlich, werden die Voraussetzungen kenntlich, welche – wohl teilweise ohne daß dies seinen Vertretern zu Bewußtsein kommt – in die jeweilige Theorie eingebracht werden. Den Autor beschäftigen vor allem zwei Themen: Wie steht es mit der Reflexivität einer Theorie und wie mit ihrer Orientierung an (außertheoretischen) Vorbildern? Den Begriff der* Reflexivität *könnte man mit „Rückbeziehung" übersetzen; gemeint ist damit hier das Ausmaß, in welchem ein Psychologe für sich selbst gelten läßt, was er für seine Klienten oder Probanden annimmt oder fordert. (Das heißt zum Beispiel, wie weit er sich ihnen überlegen fühlt.) Das zweite Hauptthema ist: An welchen Vorbildern, welchen* Modellen, *orientieren sich Psychologen bei der Entwicklung ihrer Theorien? Dienen ihnen etwa elektronische oder mechanische Geräte (z.B. Computer) als Vorbilder, oder nehmen sie sich selbst zum Vorbild, wenn sie Aussagen über andere machen?*

Einander gegenübergestellt werden der Behaviorismus in der Version von SKINNER, *die Psychoanalyse* FREUDS *und der Kognitivismus in Gestalt der Selbstbildtheorie von George* KELLY. *Weiterhin wird die von Abraham* MASLOW *vertretene Humanistische Psychologie in die Analyse einbezogen; die Humanistische Psychologie versteht sich als „dritte Kraft" neben dem Behaviorismus und der Psychoanalyse und vereinigt in sich wesentliche Komponenten von kognitivistischen und tiefenpsychologischen Theorien.* LITTLE *spitzt den Theorievergleich zu auf einen Vergleich von Menschenbildern und konzentriert sich damit auf das Gebiet der Persönlichkeitstheorie (wobei die Aussagen der Persönlichkeitstheorie sich freilich gut auf andere Bereiche wie z.B. die Entwicklungspsychologie übertragen lassen). Insbesondere arbeitet er das Bild des Menschen als rationales Wesen heraus, welches – wie ein idealer Wissenschaftler – über alles in der Welt Bescheid weiß und nach Nützlichkeitserwägungen vernünftige Entscheidungen trifft, sowie das Bild eines humanistischen Menschen, der in Entfaltung seiner Kreativität die Welt in Entdekkerfreude genießt und schöpferisch gestaltet. In kritischer Beurteilung der beiden Idealvorstellungen vom Menschen schlägt der Autor im letzten Teil seiner Abhandlung ein drittes Modell vor, das Modell eines Spezialisten, welches der Begrenztheit der menschlichen Rationalität und Produktivität stärker Rechnung trägt. Leider mußte der Beitrag von* LITTLE *stark gekürzt werden; auch die Ausführungen über den spezialisierten Menschen sind – da hier nicht von gleichem grundsätzlichen Interesse wie der Vergleich der großen Theorierichtungen – der Streichung zum Opfer gefallen.*
Zum Schluß einige Begriffe zum leichteren Verständnis des folgenden Textes: Ein Paradoxon *ist eine Aussage oder Meinung, welche mit einer Lehre oder einer sonstigen gängigen Auffassung im Widerspruch steht.* Konstrukt *nennt man einen (wissenschaftlichen) Begriff.* Isomorphie *bedeutet Gestalt- (bzw. Struktur-)gleichheit.* Drosophila *ist eine Fliegenart.* Autistisch *werden hier Menschen genannt, die vorwiegend mit sich selbst beschäftigt sind. Eine* nosologische Kategorie *ist ein Krankheitsbegriff, und eine Gegebenheit, welche man* mentalistisch *nennt, hat etwas mit dem Geist bzw. dem Bewußtsein zu tun.*

Eines der Ziele dieses Artikels liegt darin, zwei Ansätze zu untersuchen, die sich im letzten Jahrzehnt als einflußreich erwiesen haben – das „Wissenschaftler-Modell" der Persönlichkeitstheorie von KELLY (1955) und den Ansatz, der in der Folge das „humanistische" Modell, die dritte Kraft in der Psychologie (zum Beispiel MASLOW 1962) genannt werden soll. Ein zweites Ziel wird sein, einige der Befürchtungen darzulegen, die wir mit anderen Kollegen teilen, Befürchtungen nämlich hinsichtlich der Implikationen, welche diese Modelle, wie es scheint, für die Forschung haben.

Zwei reflexive Modelle der Persönlichkeitsforschung

Zur einführenden Beschäftigung mit den Modellen und ihren Bedeutungen wollen wir uns einer wohl recht nützlichen Freizeitbeschäftigung für Psychologen zuwenden. Diese neue Sportart könnte man „Jagd auf verborgene Voraussetzungen" (J.V.V.) nennen.

Jagd auf verborgene Voraussetzungen

Das Spiel besteht aus zwei Phasen. In der ersten Phase bringen wir irgendeine der heiligen Kühe der Psychologie zur Strecke (z.B. die Psychoanalyse, erlesene Züchtungen der S-R-Theorie, die Spieltheorie und so weiter) und legen ihre unteren Teile dadurch bloß, daß wir sie auf den Kopf stellen. Ein Reiz des Spiels besteht darin, daß man sich an der Schamröte der Gläubigen ergötzen kann, wenn sie das Tier so sehen, wie es wirklich ist. Eine Regel der Fairneß ist allerdings zu beachten: Man darf den Gläubigen nicht in seiner Verwirrung allein lassen. Die zweite Phase der J.V.V. besteht im Angebot einer Ersatzkuh, die noch nicht heilig und weit weniger anmaßend ist und der – um die metaphorische Weide für einen Moment zu verlassen – zumindest der Anschein von Absurdität fehlt. Betrachten wir das folgende Beispiel für die J.V.V. Phase I:

„Alle psychologischen Theorien scheinen von einem bestimmten Typ von Menschen als Muster anszugehen. Sie scheinen einen Begriff dessen, was der Mensch wirklich ist, zu implizieren, wenn sie ihn schon nicht behaupten. So scheinen die psychoanalytischen Theorien den Menschen vor allem als ein Schlachtfeld zu betrachten. Er ist ein dunkler Keller, in dem eine wohlerzogene alte Jungfer und ein sexbesessener Affe auf ewig in einen Kampf verstrickt sind, bei dem ein ziemlich nervöser Bankangestellter als Schiedsrichter fungiert" (BANNISTER, 1966, S. 21).

BANNISTER kratzt an der Unterseite der psychoanalytischen Kuh, um die Aufmerksamkeit auf einige ihrer trivialeren Eigenschaften zu lenken. Er zeigt im weiteren Verlauf seines Artikels, daß der Fehler in einem offensichtlichen Paradoxon besteht. Mit der Darlegung dieses Paradoxons ist die Phase I beendet, und die Phase II (Ersatz) kann beginnen.

Wir-Modelle, Sie-Modelle und das Paradoxon der Nichtreflexivität

Unser Problem ist: In der Psychologie werden von den Analytikern und anderen Forschern zwei verschiedene Erklärungsweisen und Menschenbilder verwendet. Man könnte sie Wir-Modell und Sie-Modell nennen.

Wir-Modelle finden sich meistens in Lehrbüchern, die Studenten für ein Spezialgebiet der psychologischen Forschung interessieren sollen. Sie beschreiben die Verhaltensweisen der Personen, die die Perspektive des Theoretikers teilen, welcher das Modell vorschlägt. Sie können beispielsweise die Verfahren belegen, in denen der wissenschaftliche Psychologe sich anschickt, Ereignisse zu beobachten, Hypothesen aufzustellen und zu testen, Daten aufzuzeichnen und die Auffassungen über denjenigen Ausschnitt aus der Natur nachzuprüfen und auszuweiten, für dessen Isolierung er sich im Interesse wissenschaftlicher Untersuchungen entschieden hat.

Sie-Modelle lassen sich erschließen, wenn man die grundlegenden Voraussetzungen einer psychologischen Theorie überprüft. Im allgemeinen beschreiben Sie-Modelle die Verhaltensweisen all der Leute, die nicht die besondere Perspektive des Theoretikers teilen, der das Modell vorschlägt. Dazu gehören Versuchspersonen, Patienten, Ehefrauen, der Hund von nebenan und wissenschaftliche Gegner. In der Persönlichkeitsforschung ist das Sie-Modell eines Theoretikers seine implizite Vorstellung von anderen. Sein Wir-Modell ist seine explizite Vorstellung von sich und seinen Kollegen bei der beruflichen Tätigkeit.

Diese gegensätzlichen Vorstellungen vom Menschen in der Psychologie lassen sich in der psychoanalytischen Theorie erkennen (wobei ich zugegebenermaßen das Risiko eingehe, den Vorurteilen der großen abendländischen Philosophen zu erliegen), wenn man die Rolle des Ich auf BANNISTERS dreigeteiltem Schlachtfeld betrachtet. Im Gegensatz zur äffischen Lust des Es und dem unerbittlichen Puritanismus des altjüngferlichen Über-Ichs sieht sich der arme Bankangestellte dazu gezwungen, das Kleid eines typisch passiven Sie-Modell-Menschen anzulegen. Eine Kreatur, die kaum die Energie aufbringen kann, ihren eigenen Käfig zu erkunden und in einen verzweifelten Kampf verstrickt ist, entspricht kaum dem expliziten Wir-Modell der Psychoanalyse. Analytiker neigen dazu, sich selbst, völlig zu Recht, für aktiver und reflektierter, kurz für FREUD ähnlicher zu halten, als es irgendein nervöser Schiedsrichter unterirdischer Kämpfe sein kann.

Folglich scheint es gerechtfertigt zu sein, wenn man dem Psychoanalytiker vorwirft, er verfüge über zwei unterschiedliche psychologische Modelle des Menschen, ein offensichtlich aktives für sich selbst und eines, dessen Passivität schweigend vorausgesetzt wird, für uns übrige. Eines der Ziele der J.V.V. ist es, solche Doppelbödigkeit aufzudecken und sie, wenn möglich, völlig zu beseitigen. Wir wollen uns das Verbrechen etwas genauer ansehen, gegen das dieses begriffliche Inquisitionsverfahren sich richtet.

Die Klage gegen den Analytiker[1] ist besser so zu formulieren: Er wird ein Opfer der nichtreflexiven Täuschung. Eine nichtreflexive Theorie geht von einer grundlegenden Trennung zwischen dem Psychologen (Wir) und seinem Untersuchungsgegenstand (Sie) aus. Abbildung 1 gibt in schematischer Weise die Grundmerkmale jener Modelle wieder, die als nichtreflexiv anzusehen sind.

In einer reflexiven Theorie wird dagegen sowohl das Verhalten des Untersuchungsgegenstandes wie auch das Verhalten des Forschers innerhalb eines einzigen Erklärungsmodells erfaßt. Anders gesagt, die Reflexivität wird dann erreicht, wenn das Wir-Modell und das Sie-Modell vergleichbar werden. Während nichtreflexive Theorien den meisten Naturwissenschaften angemessen sind (Meteorologen müssen ihre

---

[1] Es ist darauf hinzuweisen, daß diese und die vorhergehenden Anmerkungen nicht nur auf die Psychoanalyse zutreffen. Die Argumente gelten in gleicher Weise für die S-R-Behavioristen und andere, denen gegenüber, nebenbei bemerkt, auch die Anhänger KELLYS ihre Nichtachtung erweisen.

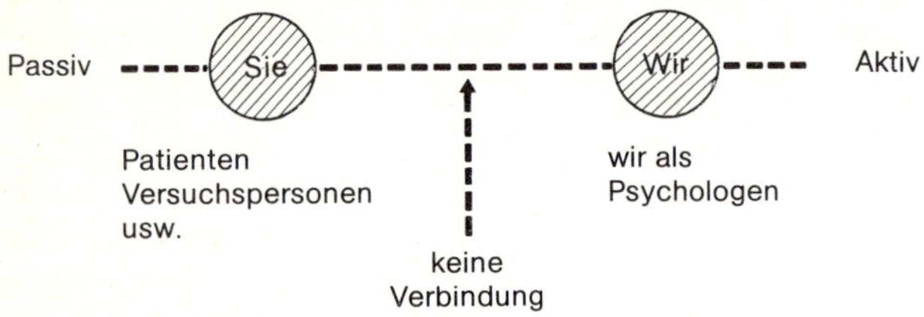

Beispiele: Die orthodox behavioristischen und psychoanalytischen Theorien, wie sie von ihren Kritikern gesehen werden.

Abbildung 1: Wir-Sie-Trennung in nicht-reflexiven Modellen.

spezielle Tätigkeit nicht in derselben Terminologie erklären können, die sie zur Erklärung der Entwicklung von Wetterfronten benutzen), bedingt die besondere Rolle des Psychologen als Subjekt und als Objekt zugleich, als Urheber der Theorie und als ein Exemplar der Gattung, über die er theoretisiert, die Notwendigkeit – so jedenfalls möchte ich meinen – nach reflexiven Theorien in der Psychologie.

Wie wird man das Paradoxon los? Eine Widerlegung der Reflexivität.

Die Jagd auf verborgene Voraussetzungen stellt sich als ziemlich komplizierte Sportart heraus.

Erstens scheint es zwei Möglichkeiten zu geben, ein theoretisches Modell von dem Vorwurf der Nichtreflexivität zu befreien. Ein Informationstheoretiker könnte beispielsweise seine Unfähigkeit, die Datenmenge auf seinem Schreibtisch zu ordnen, auf seine begrenzte „Kanalkapazität" – einem Ausdruck aus der Informationstheorie selbst – zurückführen. Selbst die Psychoanalytiker stellen, wie Bannister (1968) einräumt, spekulative Vermutungen über das unbewußte Geknarre an, welches sie in ihrem eigenen zwischenmenschlichen Verhalten vernehmen. Wenn solche Theorien in dieser Weise verwendet werden, kann man sie reflexive Theorien des nivellierenden Typus nennen (siehe Abbildung 2). Das heißt: Aspekte des Sie-Modells werden als relevant für die Konstituierung unseres eigenen Verhaltens als Wissenschaftler angesehen. Vielleicht enthalten alle psychologischen Theorien diese Art von Reflexivität. Sie ist ein Lippenbekenntnis der Tatsache, daß der Wissenschaftler schließlich auch nur ein Mensch ist.

Im Gegensatz zu diesem Typus der Reflexivität gibt es eine andere, die man als dessen höhere Spielart bezeichnen könnte. Hier wird das Bild vom Menschen, wie in Abbildung 3 dargestellt, auf das Niveau des Wir-Modells angehoben. Ich nehme die Ersatzphase der J.V.V. vorweg, wenn ich mitteile, daß die Theorie der persönlichen Konstrukta und andere Theorien die Modelle mit höherer Reflexivität

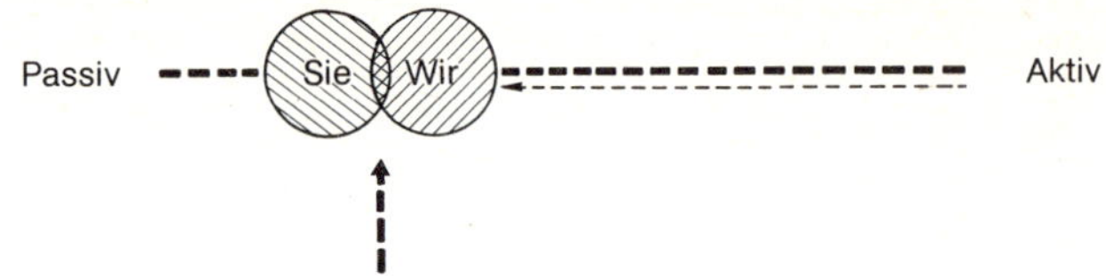

Die Verbindung durch die Anwendung passiver Konstrukta zur Erklärung menschlichen Alltagsverhaltens und unseres Verhaltens als Psychologen.
Beispiel: Die meisten psychologischen Theorien (einschließlich der orthodoxen Trieb-Reduktions-Theorien) werden diesen Reflexivitätsgrad ansetzen.

Abbildung 2: Wir-Sie-Verbindung vom nivellierenden Typus des reflexiven Modells.

A schwache Form

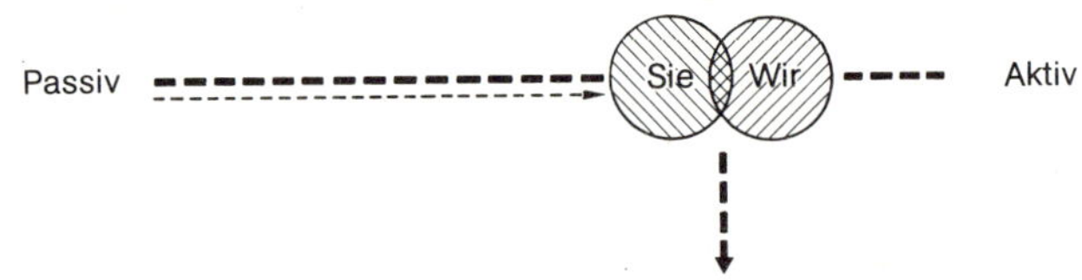

Verbindung durch Anwendung aktiver Konstrukta zur Erklärung menschlichen Alltagsverhaltens und unser Verhalten als Psychologen.
Beispiel: Alle zeitgenössischen Modelle in der Psychologie, die auf „aktiven" Annahmen über den Menschen beruhen.

B starke Form

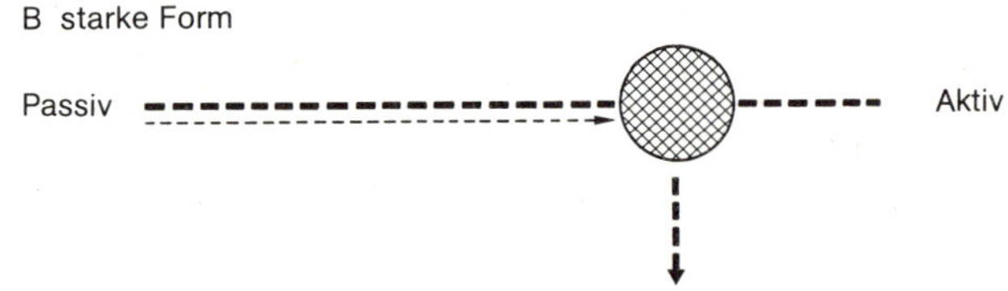

Vollständige Verbindung: Unser Verhalten als Psychologen und das unserer Versuchspersonen wird in einem gemeinsamen Modell subsumiert.
Beispiel: Theorie persönlicher Konstrukta, teilweise Humanistische Psychologie.

Abbildung 3: Wir-Sie-Verbindung vom höheren Typus des reflexiven Modells

als Alternativen zu den konventionellen Mensch-Modellen vorschlagen.

Zurück zum Paradoxon? Starke und schwache Reflexivität

Kehren wir zurück zur Phase der Ersatzbildung der J.V.V.;

dabei unterscheidet man am besten starke und schwache Formen der Reflexivität (siehe Abbildung 3). Die starke Form verlangt eine Verschmelzung von Wir- und Sie-Modellen zu einem einzigen aktiven Modell; in der schwachen Form soll der Theoretiker sowohl für Wir- als auch für Sie-Modelle eine aktive Form vorsehen, ohne beide unbedingt auf den gleichen gemeinsamen Nenner zu bringen.

Der Mensch als Wissenschaftler

In BANNISTERS (1966) geistreichem Artikel „Psychology As An Exercise In Paradox", aus dem wir das Schlachtfeld als ein Beispiel der in Phase I stattfindenden Aktivitäten anführten, wird die vorgeschlagene Alternative der starken Form der Reflexivität ernstgenommen. Die erwünschte Einheit vor Wir und Sie stößt an ihre Grenze in der grundlegenden Annahme der Theorie persönlicher Konstrukta: Jedermann ist ein Wissenschaftler.

„Könnte nicht jeder einzelne Mensch auf seine persönliche Weise in die Rolle eines Wissenschaftlers schlüpfen und stets versuchen, den Verlauf der Ereignisse vorherzusagen und zu kontrollieren, in die er sich verstrickt sieht? Kann er nicht seine Theorien entwickeln, seine Hypothesen überprüfen und die experimentelle Evidenz abwägen? Und wenn dem so wäre, würden da nicht die Unterschiede zwischen den verschiedenen persönlichen Anschauungen verschiedener Menschen den Unterschieden zwischen den theoretischen Standpunkten verschiedener Wissenschaftler entsprechen?" (KELLY 1955, S. 5).

Mit dieser höheren Reflexivität und einer Methodologie ausgestattet, die in enger Beziehung zur Struktur der Theorie steht, hat die Psychologie der personalen Konstrukta Forschungsarbeiten in beträchtlichem Umfange angeregt. Bestimmte Aspekte dieser Arbeiten werden später zu erörtern sein.

Der Mensch als Humanist

Die etwas romantisch anmutende Schule der Humanistischen Psychologie war bis vor kurzem (BUGENTAL, 1967) eine lose Vereinigung von Leuten, die mit den beiden vorherrschenden Richtungen in der Persönlichkeitsforschung, den S-R-Behavioristen und den Psychoanalytikern, nicht übereinstimmten. Die Reaktionen gegen nichtreflexive Annahmen in der psychologischen Theorie werden in der Einführung von BUGENTAL deutlich, die er einer kürzlich erschienenen Sammlung repräsentativer Aufsätze vorausschickte:

„Viele von denen, die als wissenschaftliche Psychologen gelten wollen, scheinen leichthin über Menschen zu sprechen, ohne daß sie sich dazuzählen und ohne daß sie eingestandenermaßen die Evidenz ihrer eigenen Erfahrung mit einbeziehen. So können sie Utopien vor glücklichen, aber einfältigen Menschen entwickeln, die durch eine wohlwollende Oligarchie von Wissenschaftlern manipuliert werden. Sie glauben, daß sie Menschen beschreiben, ohne sich selbst zu beschreiben, und verzeichnen am Ende das Bild der Menschen völlig, während sie eigentlich nur ihr eigenes Selbstportrait verfaßt haben" (BUGENTAL 1967, S. 6).

Ohne Zweifel scheint die Theorie der personalen Konstrukta und die Humanistische Psychologie die Verwendung nichtreflexiver Modelle zurückzuweisen. In der Jagd auf verborgene Voraussetzungen scheint ihre Phase I identisch zu sein. Wie vergleichbar sind, so müssen wir jetzt fragen, ihre Strategien in Phase II? Ersetzt die dritte Kraft orthodoxe Theorien durch ein Modell wie das von KELLY, in dem der Mensch zum Wissenschaftler wird? Obgleich eines der auffälligsten Merkmale der Psychologie der dritten Kraft ihre Heterogenität ist, zeigt eine Durchsicht der für diesen Ansatz repräsentativsten Veröffentlichungen (MASLOW 1962, 1966; MAY 1967; LAING 1960, 1967), daß diese Autoren wie die Parteigänger KELLYS ein Modell des Menschen als Ersatz anbieten, das ihnen selbst in überraschender Weise ähnelt. Man kann sagen: Dieses Modell stuft alle Menschen als Humanisten ein. Noch einmal in BUGENTALS (1967) Worten:

„... der humanistische Psychologe... neigt dazu, darauf zu achten, inwiefern sich Menschen von Gegenständen, von niederen Tieren und voneinander unterscheiden: durch begriffliches Denken, stellvertretende Erfahrung, Vorstellung, Kommunikation, Erfinden und Entdecken, durch mystische Bedürfnisse und Fragen, künstlerisches Schaffen" (S. 8).

Nach Auffassung der Psychologen der dritten Kraft ist jedermann so beschaffen, daß er warmherzig, einsichtsvoll, schöpferisch, feinfühlig ist oder zumindest sein kann. So sind sicherlich die meisten Humanistischen Psychologen. KELLYS Jedermann ist dagegen eifrig damit beschäftigt zu testen, zu beweisen, zu verifizieren und sogar eine neue Brille zu fabrizieren, durch die er den Strom seiner Erfahrung in neuer Weise zu deuten vermag. Dies klingt sehr nach dem späten George KELLY, der neben vielen anderen Dingen Schutzbrillen verteilte, die uns mit einer gnädigen Kurzsichtigkeit gegenüber Dingen wie Reizen, Reaktionen, Lernen, Wahrnehmung und Motivation versehen sollten, eine Kurzsichtigkeit, die uns paradoxerweise die Augen für ein neues Menschenbild öffnete.

Modelle in der Persönlichkeitstheorie

Obgleich der Terminus „Modell" bis hierhin häufig benutzt wurde, wurde kein Versuch gemacht, seine Bedeutung im einzelnen zu erläutern. Der Leser wird den Ausführungen leichter folgen können, wenn wir dies jetzt tun.

Modelle in der Psychologie

In der Alltagssprache besitzt „Modell“ zwei Bedeutungen: einen wertenden Sinn (zum Beispiel „Jürgen ist ein Modellathlet“) und die Bedeutung von „Nachbildung“ (zum Beispiel „das ist ein Modell der künftigen Hamburger Stadtplanung“). Die erste Art der Bedeutung legt fest, wie jemand oder etwas sein müßte, sollte oder könnte. Diese Bedeutung des Terminus wird von den meisten Wissenschaftsphilosophen als irrelevant für die Erörterung wissenschaftlicher Modelle angesehen (BLACK 1962; BRODBECK 1968). Dagegen weisen nachbildende Modelle gewisse Züge auf, deren wichtigster eine partielle Isomorphie mit dem Bezugsgegenstand ist, die sich auch in begrifflichen Modellen finden. Es gibt jedoch einen wesentlichen Unterschied.

Wenn wir ein Planungs-Modell oder ein überlebensgroßes Labormodell der *Drosophila* untersuchen, um zu verstehen, wie die „wirkliche“ Taufliege oder Stadt wohl beschaffen sei, übermitteln solche Modelle in der Regel keine neue Information. Das, was sie nachbilden, ihr Bezugsgegenstand, wurde bereits vor der Konstruktion des Modells untersucht oder entworfen. Gewisse Aspekte dieses Bezugsgegenstandes werden dann durch ein symbolisches Äquivalent kopiert und übermittelt, um die Kommunikation darüber zu erleichtern oder überhaupt erst möglich zu machen. Wissenschaftliche Modelle dagegen sind nicht als Repräsentationen eines bereits zuvor in seinen Einzelheiten erfaßten Bezugsgegenstandes gedacht, sondern sollen auf durchaus nicht oberflächliche Weise einen Ereignisbereich klären, der bis dahin im dunkeln lag.

Am Selbst, an einer Rolle und an einer Maschine orientierte Modelle

Bevor wir uns erneut der Frage zuwenden, ob die Modelle, die wir bisher erörtert haben, „Gesetze“ enthalten, die auf neue Bereiche übertragen werden können, wollen wir das Kriterium betrachten, nach dem Modelle aus einem Gebiet zu beziehen sind, das besser entwickelt oder bekannt ist als ihr Bezugsgegenstand. Meistens wird bei der wissenschaftlichen Modelldiskussion der Entwicklungsgrad eines Gebietes anhand der Quantität von empirischen Gesetzen bewertet, die in diesem Gebiet zur Verfügung stehen. In dem Maße, in dem ein Gebiet (zum Beispiel die Mechanik) gänzlich von einem System genau verifizierter Gesetze erfaßt wird, kann es als mögliches Modell für weniger entwickelte Gebiete dienen, zu denen auch menschliches Verhalten gehört. Modelle dieser Art lassen sich *mechanische* Modelle nennen. Ihre Gesetze beruhen auf Beobachtungen, experimentellen Beweisen und beziehen sich auf Maschinen, deren Komplexität sich vom Hebel bis zu Elektronenrechnern erstreckt. Es gibt jedoch zwei andere Modellformen, von denen sich gleichfalls sagen läßt, daß sie aus besser entwickelten Gebieten übernommen wurden.

SARBIN, TAFT und BAILY (1960) haben die Modellformen untersucht, die in der alltäglichen Wahrnehmung von Personen und bei der klinischen Diagnose verwendet werden, und sind zu dem Schluß gekommen, daß dort ein weitverbreitetes Modell das des Selbst ist:

> „Wahrscheinlich ist der häufigste Typus des analogen Modells das Selbst... doch wenn wir unser Selbst als Modell verwenden, ergeben sich Probleme aus der Tatsache, daß wir bestimmte Ähnlichkeiten voraussetzen. Indem die Person eine Ähnlichkeit mit dem eigenen Selbst voraussetzt, hat sie, wenn sie zu solchen Schlüssen kommt, die Möglichkeit, autistische Postulate, schöpferische Akte, ästhetische Präferenzen und ähnliche Dinge in beliebigem Umfange zu entwikkeln“ (S. 50f.).

Selbst-Modelle werden in der wissenschaftlichen Theoriebildung gewöhnlich als nicht zulässig angesehen. Trotz ihrer Hinweise auf die Gefahren, die der Benutzung von Selbst-Modellen innewohnen, erörtern SARBIN u.a. im weiteren Verlauf die Möglichkeit, daß unter gewissen Bedingungen Selbst-Modelle in Wirklichkeit außerordentlich gut funktionieren können. BAKAN (1956) hat beispielsweise vorgebracht, daß, wenn wir das Verhalten eines anderen vorhersagen wünschen, eine der besten Annahmen, die wir machen können, diejenige ist, daß er genauso sei wie wir. Weiterhin läßt sich anführen, daß jeder von uns mehr über sich selbst als über irgendeinen anderen vergleichbaren Erfahrungsbereich weiß. Insofern kann das Selbst als legitimes mögliches Modell zur Verhaltenserklärung dienen. Der Hauptunterschied zwischen mechanischen und am Selbst orientierten Modellen liegt natürlich in der Tatsache, daß die zweite Form darauf beruht, daß die *persönlichen*, privaten Erfahrungen, Gefühle, Vorlieben und Werte auf andere Menschen übertragen werden. Mechanische Modelle hingegen beruhen darauf, daß intersubjektive, öffentliche Ereignisse auf andere übertragen werden.

Man kann jedoch noch ein drittes Modell vorschlagen, das Züge des Selbst- und Maschinenmodells in sich vereinigt. Wir wollen es Rollenmodell nennen. Für unsere Zwecke können wir die Rolle als ein koordiniertes Regelsystem betrachten, das das zwischenmenschliche Verhalten bestimmt. Rollenorientierte Modelle erklären menschliches Verhalten dadurch, daß sie sich auf diese koordinierten Regeln beziehen. In dem Maße, in dem eine bestimmte Rolle ausreichend strukturierte und aufeinander bezogene Regeln enthält, kann sie auch als mögliches Modell verschiedene Aspekte menschlichen Verhaltens zusammenfassen. Ein gut bekanntes Beispiel ist das System von Rollenvorschriften, die für den Schauspieler gelten. Die dramaturgische Metapher hat sich als äußerst nützlich erwiesen, als man die verschiedenen

Verhaltensaspekte zu ordnen und zu erklären versuchte (siehe SARBIN und ALLEN 1968)[2].
Rollenmodelle haben mit Maschinenmodellen ein Maß an Intersubjektivität gemein, das Selbstmodellen nicht eigen ist. Wie Selbstmodelle beruhen Rollenmodelle nicht auf experimentell bestimmten Gesetzen, sondern auf generell wahrzunehmenden Verhaltensregeln.
Wir kommen jetzt zu der Vermutung, daß KELLYS wissenschaftliches Modell insbesondere, aber auch einige Beispiele des humanistischen Modells der dritten Kraft sich als ausgesprochene Exemplare rollenorientierter Modelle ansehen lassen, die zwar gewisse Züge der Selbst- und Maschinenmodelle aufweisen, sich aber auf keines von beiden zurückführen lassen.
Der Leser wird bemerkt haben, daß ich oben nicht versucht habe zu behaupten, Rollenmodelle seien von vornherein nützlicher oder besser als mechanische Modelle. Ich habe nur betont, daß beide Modelle auf der Verwendung intersubjektiver, übereinstimmend validierter Begriffssysteme und auf den Beziehungen zwischen diesen Begriffen (Gesetzen oder Implikationen) beruhen, die in Korrespondenz zu vergleichbaren Begriffen aus einem Verhaltensbereich gebracht werden, der unbestimmt, verwirrend oder komplex ist. Diese beiden Modelltypen und das selbstorientierte Modell werden ihre Brauchbarkeit durch die Tatsache unter Beweis zu stellen haben, daß sie helfen können, jene Aspekte menschlichen Verhaltens zu ordnen, zu erklären und vorherzusagen, für die sie konstruiert wurden.
In welcher Beziehung stehen die Selbst-, Rollen- und Maschinenmodelle zu der Unterscheidung zwischen reflexiven und nichtreflexiven Theorien? Die am Selbst und an der Rolle orientierten Modelle sind reflexiv, während die maschinenorientierten Modelle nichtreflexiv oder von nivellierender Reflexivität sind. Doch während das Selbst-Modell (oder das phänomenologische Modell) jedermann auf die Ebene der eigenen Person hebt, weist das rollenorientierte Modell jedermann auf die Ebene aller anderen. Die pluralisierte und institutionalisierte Verwendung eines reflexiven Modells trifft auf größere Übereinstimmung und ist insofern objektiver als das am Selbst orientierte oder phänomenologische Modell.

[2] Das Rollenmodell gilt nicht nur in der Dramaturgie, sondern läßt sich auch auf eine Fülle regelgeleiteter Verhaltensweisen anwenden. Der Rollenbegriff hat sich zwar ursprünglich im Bereich des Schauspiels entwickelt, er hat sich jedoch als Beschreibungsinstrument mittlerweile so eingebürgert, daß seine metaphorischen Ursprünge häufig in Vergessenheit geraten zu sein scheinen (beispielsweise wenn man von Geschlechtsrollen oder Berufsrollenverhalten spricht). Es ist sehr gut möglich, daß diese letzteren Verhaltensweisen, obwohl sie aus der ursprünglichen Bedeutung abgeleitet wurden, sich als bessere Rollenmodelle als das ursprüngliche Modell – der Mensch als Schauspieler – erweisen können.

Implikationen und Grenzen gegenwärtig verwendeter reflexiver Modelle

Wir haben angenommen, daß einige der wesentlichen Alternativen für orthodoxe Persönlichkeitsmodelle die rollenorientierten Modelle sind, die ausdrücklich die Ähnlichkeit zwischen den Verhaltensweisen des Forschers und seiner Versuchspersonen berücksichtigen. Wir wollen uns nun jener Gruppe rollenorientierter Modelle zuwenden, die offenbar weithin akzeptiert werden.

Grenzen des humanistischen Modells

Die dritte Kraft der Psychologie schlägt vor, was man ein Paradigma eines radikalen Personalismus nennen kann. Die Grundannahmen sind, (1) daß es das Ziel der Psychologie sei, die Fähigkeit zu entwickeln, mit deren Hilfe sich erkennen lasse, was anderen Individuen wichtig sei, (2) daß die Interessenbereiche von Menschen in hohem Maße von Affekten und Erfahrungen bestimmt würden, und (3), daß man nur Zugang zu ihnen erhalte, indem man zu der Person eine tiefe, einfühlende und liebevolle Beziehung aufnehme.
Die Konsequenzen für das Handeln liegen auf der Hand: Man muß mit den orthodoxen „objektiv"-wertfreien Beziehungen zu unseren Versuchspersonen brechen und ein weniger leidenschaftsloses Modell (beinahe wörtlich) in die Arme schließen. Diese Beziehung schließt jeden Versuch aus, die andere Person in nosologischen Kategorien zu „fixieren" (da dadurch ihre persönliche Einzigartigkeit geleugnet würde) oder ihr Verhalten dadurch zu beeinflussen, daß man ihre externen Bedingungen manipuliert (denn in diesem Fall würde man sie nicht als Person sondern als eine Sache, als bloßes Manipulationsobjekt verstehen). Die Psychologen der dritten Kraft ersetzen physikalische Messung und Manipulation durch personalistische Einfühlung und Teilnahme.
Ohne daß wir hier eine ausgewogene und detaillierte Kritik der vom humanistischen Modell bezogenen Position vorlegen können, möchten wir doch auf einige der Schwierigkeiten hinweisen, denen der radikal personalistische Ansatz begegnet. Trotz ihrer enthusiastischen Parteinahme für ein humaneres Bild des Menschen hat sich die Psychologie der dritten Kraft vor allem als eine negative Kraft, als ein Dusollst-nicht-Programm etabliert, das sich in erster Linie gegen eine überholte Karikatur der behavioristischen und psychoanalytischen Psychologie richtete. Zweitens verpflichtet den Psychologen seine Rousseausche Überzeugung von einer inneren Natur, die bei entsprechender Pflege und Geduld spontan hervorbrechen wird, auf eine ausgesprochen fatalistische Einstellung gegenüber den Mitmenschen. Der Skeptiker mag sich zu Recht fragen, ob diese feinfühlige Warterei nicht auf einer Illusion beruht. Vielleicht kommt

das Selbst ebensowenig wie GODOT.
Drittens erscheint der Versuch, jedermann humanistische Werte und Erfahrungen in so reichem Maße zuzuschreiben, häufig verkrampft. Genauso wie die Psychologie der dritten Kraft früheren Theorien zu Recht vorwarf, daß sie die normale Persönlichkeit mit Hilfe von Begriffen zu verstehen suchten, die sie aus der Untersuchung von funktionsgestörten Menschen gewonnen hätten, so läßt sich auch die Untersuchung besonders begabter und sensitiver Individuen als irrelevant für die Untersuchung alltäglicher Menschen ansehen. Man verfällt möglicherweise einem ebenso grundlegenden Mißverständnis, wenn man den Leuten von nebenan „einmalige Erlebnisse" zuschreibt, wie wenn man ihnen verdrängte Sexualität oder reaktive Hemmungen nachsagt.
Viertens vermag das humanistische Modell nur äußerst begrenzte Aussagen über kognitive Prozesse (außer den spontanen, geheimnisvollen Formen wie Intuition, „Seinserkenntnis" und so weiter) und über offenes Verhalten zu machen. Untersuchungen, die von diesem Modell angeregt werden, beschränken sich großenteils auf die Erfahrungsanalyse affektiver Zustände.

Grenzen des Wissenschaftler-Modells

Betrachten wir zunächst KELLYS Auffassung vom wissenschaftlichen Verhalten. Er sieht den Wissenschaftler damit beschäftigt, Hypothesen zu konstruieren, die Ergebnisse zu bewerten und die Hypothesen zu revidieren. Er entdeckt dann äquivalente Prozesse bei seinen Laienwissenschaftlern, die über eigene Arten von Hypothesen und Ableitungsketten verfügen. Methodologisch versieht KELLY uns mit einer Methode, die Arten von Konstrukta einzuschätzen, die die Individuen verwenden und die uns befähigen, die Reaktionen zu ermitteln, die auf Ungültigkeit, Bestätigung oder anderer Ergebnisse ihrer wissenschaftlichen Unternehmungen erfolgen. Sind all diese Aktivitäten kennzeichnend für KELLYS Musterwissenschaftler B.F. SKINNER? Als gelehrige Schüler der Psychologie personaler Konstrukta wenden wir uns an SKINNER selbst um eine Antwort:

„Die Aufzeichnungen, Daten und Veröffentlichungen, die ich durchgesehen habe, zeigen nicht, daß ich mich jemals nach der Art eines denkenden Menschen verhalten habe, wie er von John Stuart MILL oder John DEWEY oder in den Beschreibungen des wissenschaftlichen Verhaltens von anderen Wissenschaftsphilosophen beschrieben wird. Ich habe niemals einem Problem gegenüber gestanden, das über jenes, das sich ständig stellt, hinausging, nämlich eine Ordnung im Gegenstand aufzufinden. Ich habe niemals ein Problem in Angriff genommen, indem ich eine Hypothese bildete. Ich habe niemals Theoreme abgeleitet oder sie experimentellen Tests unterworfen. Soweit ich sehen kann, hatte ich keinen Entwurf eines Verhaltensmodells – sicherlich kein physiologisches oder mentalistisches, und ich glaube auch kein begriffliches" (SKINNER 1956, S.227).

SKINNERS Erklärung ist in ihrer stillschweigenden Ablehnung der Wissenschaftsauffassung von KELLY keineswegs außergewöhnlich. Eine andere und radikal unterschiedliche Auffassung ist die der Taoistischen Wissenschaft. Sie nimmt eine denkbar unkellysche Haltung gegenüber dem wissenschaftlichen Vorhaben ein, eine Haltung, die Wert legt auf

„eine aufnahmefähige Offenheit, eine nicht intervenierende Bereitschaft, die Dinge sie selbst sein zu lassen, die Fähigkeit, geduldig darauf zu warten, daß sich die innere Struktur der Wahrnehmungsinhalte von allein enthüllen, eher ein Herausfinden von Ordnungen als ein Ordnen" (MASLOW 1966, S.68).

Diese beiden kontrastierenden Auffassungen vom Wissenschaftler machen eine der wesentlichen Grenzen des Modells von KELLY deutlich. Obwohl sich sicherlich mehr Übereinstimmung mit der Rolle des Wissenschaftlers als der des Humanisten zeigen dürfte, bleibt es ziemlich unklar, welche der vielen Spielarten wissenschaftlichen Verhaltens wir zum Vorbild für die Analyse des Alltagsverhaltens nehmen sollen.

Literatur

BANNISTER, D. Psychology as an exercise in paradox. *Bulletin of the British Psychological Society* 1966, 19, 21–26.

BANNISTER, D. & MAIR, J.M.M. *The evaluation of personal constructs.* London: Academic Press, 1968.

BANNISTER, D. & SALMON, P. Schizophrenic thought disorder: specific or diffuse? *British Journal of Medical Psychology* 1966, 39, 215–219.

BLACK, M. *Models and metaphor*. Ithaca, N.Y.: Cornell University Press 1962.

BRODBECK, M. Models, meaning, and theories. In M. BRODBECK (Hrsg.), *Readings in the philosophy of the social sciences*. S.579–600. New York: Macmillan, 1968.

BUGENTAL, J. (Hrsg.) *Challenges of humanistic psychology*. New York: McGraw-Hill, 1967.

KELLY, G.A. *The psychology of personal constructs*. New York: Norton, 1955.

MAHER, B.A. (Hrsg.) *Clinical psychology and personality*. New York: Wiley, 1969.

MASLOW, A.H. *Toward a psychology of being*. New York: Van Nostrand, 1962.

MASLOW, A.H. *The psychology of science: A reconnaissance*. New York: Harper & Row, 1966.

SARBIN, T.R. & ALLEN, V.L. Role theory. In G. LINDZEY & E. ARONSON (Hrsg.), *Handbook of social psychology*. Band 1, S.488–567. (2. Aufl.) Reading, Mass.: Addison-Wesley, 1968.

SKINNER, B.F. A case history in scientific method. *American Psychologist* 1956, 11, 221–233.

Norbert Bischof

Hat Kybernetik etwas mit Psychologie zu tun?

Entnommen aus: Psychologische Rundschau, 1969, 20, 237–256

„Der Kybernetiker kann noch staunen", schreibt BISCHOF *an einer Stelle seiner Abhandlung. Und wenn er psychologische Phänomene mit den Mitteln und den Begriffen der Kybernetik analysiert und beschreibt, so spürt man, mit welcher Behutsamkeit er dabei zu Werke geht, um bei der Untersuchung und Darstellung nicht zu zerstören und zu verzerren, was er wirklichkeitsgetreu erfassen will. Mit Hilfe der Kybernetik hofft der Autor eine Betrachtungs- und Beschreibungsmethode zu finden, die dem Verhalten lebender Organismen angemessen ist, auch dem Verhalten des Menschen. Kybernetisch an einen Sachverhalt heranzugehen, bedeutet für* BISCHOF *zweierlei:* Wirkungsgefüge *zu ermitteln, das heißt in einem zusammengehörigen* System *Einflußgrößen und beeinflußte Größen zu bestimmen, sowie die Richtung auftretender Einflüsse und Wirkungen. Es bedeutet darüber hinaus das Bemühen, die auftretenden Einflüsse und Wirkungen in ihrer Stärke und Dauer zu schätzen, sie zu* quantifizieren. *(Allerdings können Wirkungsgefüge auch ohne Quantifizierung beschrieben werden.)*
Die Beschreibung von Wirkungsgefügen und die Quantifizierung ist grundsätzlich für alle theoretischen Varianten offen. Man kann im Prinzip etwa den Vorgang der Angstabwehr in der Deutung der Psychoanalyse ebenso kybernetisch darstellen wie den Vorgang der Reflexbildung aus verhaltenstheoretischer Sicht. Insofern könnte die Kybernetik der Psychologie zu einer Metatheorie verhelfen, zu einer Theorie, die als Hintergrund dient, auf welchem kontroverse psychologische Lehrmeinungen gleichnamig gemacht und miteinander verglichen werden können. (In der Hoffnung, daß die Kybernetik innerhalb der Psychologie als Mittlerin zwischen verschiedenen und einander widerstreitenden psychologischen Theorien dienen kann, ist der Aufsatz von BISCHOF *jedenfalls für diesen Abschnitt ausgewählt worden.)*
Allerdings gibt es auch Einwände gegenüber einer Anwendung der kybernetischen Betrachtungsweise in der Psychologie. Der kybernetische Ansatz ist ja zutiefst rationalistisch, auf klare Erkenntnis, Begriffsbildung und Beschreibung bedacht. Wird er der Lebendigkeit, der Vielgestaltigkeit, der Komplexität gerade menschlichen Verhaltens gerecht? Entzieht sich nicht gerade der Mensch in seiner Freiheitlichkeit dem Ursache-Wirkungs-Denken und der Berechenbarkeit? BISCHOF *wendet sich entschieden gegen diese Art der Argumentation. Gerade die kybernetische Betrachtungsweise sei dazu in der Lage, flexible Vorgänge abzubilden und vielseitigen Verknüpfungen Rechnung zu tragen. Und ihr Bemühen um rationale Erkenntnis sei frei von der Versuchung, Unerforschtes als nicht vorhanden oder als wissenschaftlich nicht bewiesen wegzudiskutieren. Der Kybernetiker kann in seinem Wirkungsgefüge Lücken lassen und Respekt haben vor einer Wirklichkeit, die sich seiner Erkenntnis entzieht.*
Der Aufsatz geht auf einen Vortrag zurück und besticht durch seine Anschaulichkeit und durch brillante Formulierungen. Um die gewünschte Länge zu erreichen, mußte der Text an mehreren Stellen gekürzt werden. Vor allem wissenschaftstheoretische Ausführungen waren von Streichungen betroffen; auch das Zitat, mit welchem diese Einführung beginnt, ist übrigens der Streichung zum Opfer gefallen.

Kybernetik hängt sicherlich mit Naturwissenschaft, mit Mathematik zusammen. Das *Eigentliche* in der Psychologie – so waren wir bislang gewohnt zu denken – ist nun aber gerade so geartet, daß wir es aus dem Blick verlieren, wenn wir uns an den sogenannten „exakten Wissenschaften" orientieren. Was sollen wir also mit der Kybernetik?
Kybernetik ist ein Sproß der Technik. Technik ist dazu gedacht, dem Menschen das Leben leichter zu machen. Bisher ist ihr das in zweierlei Hinsicht gelungen:
1. Sie hat ihn von *körperlicher Anstrengung* entlastet. Sie hat die Naturkräfte gebändigt und in den Dienst des Menschen gestellt: Wind, Wasser, Kohle, Erdöl, Atomkraft arbeiten für uns. „Im Schweiße unseres Angesichts" gestalten wir allenfalls noch unsere Freizeit; unser Brot hingegen verdienen wir mit mäßigem Kraftaufwand durch Bedienung von Hebeln und Druckknöpfen.
2. Sie hat ihn von den Fesseln der *Monotonie* befreit. Wo es darauf ankommt, immer und immer wieder dieselbe Verrichtung mit nie nachlassender Exaktheit zu repetieren, dort setzt man heute technische Geräte ein. Man nennt sie „Automaten"; im Kernbestand reduzieren sie sich häufig auf ein Uhrwerk.
Die Verwendbarkeit für diese beiden Zwecke hat unser Bild von der Maschine geprägt: In starre Präzision gezwungene Urgewalt, das Ganze grau lackiert, in zugiger Halle hinter staubigen Fabrikfenstern – das ist „Maschine" als Archetyp. Sie steht am einen Ufer der Welt; am anderen Ufer aber grünt des Lebens goldener Baum, unter dessen duftigen Zweigen wir Psychologen zelten.

Das Bild ist noch unvollständig: Grau ist bekanntlich nicht nur die Fabrikhalle, sondern auch alle Theorie, und so hat es von Mephisto bis zu Klages nicht an Kollegen gemangelt, die bereit waren, mit der Maschine auch gleich ihren Schöpfer, den *Geist*, auf die andere Seite des eisernen Vorhangs zu verweisen, „Geist“ jetzt im Sinne einmal des rücksichtslos manipulierenden, fortschrittsorientierten *Wollens*, zum anderen im Sinne des ebenso gefühllosen, sublim-brutalen *Intellektes*, der – allein aufs Voraussagbarmachen bedacht – die bunte Fülle der lebendigen Wirklichkeit mit seinem eiskalten Atem anhaucht, so daß von ihr nur noch ein Gerippe dürrer Zahlen übrigbleibt. Das alles also erschien uns zutiefst suspekt, und wir ergaben uns dem Wachtraum von der Möglichkeit einer Psychologie, in der wir mit derlei schmutzigen Dingen nicht in Berührung kommen.

Nun hat es freilich auch immer Gegner solch romantischer Betrachtungsweise gegeben, und seit geraumer Zeit beunruhigen uns in zunehmendem Maß Kollegen, die den Spieß geradezu umkehren und der Meinung sind, in einem Paradies, aus dem der Intellekt und sein liebstes Kind, die Zahl, vertrieben sei, könnte fürderhin überhaupt keine Wissenschaft mehr gedeihen, auch und gerade die Psychologie nicht, hier wäre allenfalls noch Platz für Dichter und kleine Mädchen; wer aber als aufrechter Wissenschaftler ernstgenommen werden wolle, der habe nach drüben zu emigrieren.

Das Ergebnis dieser psychologischen Koloniebildung an den Gestaden der reinen Vernunft ist allerdings teilweise so, daß es die Rede vom Geist als Widersacher der Seele zu bestätigen scheint. Man gewinnt den Eindruck, daß die systematische Erschütterung des naiven Vertrauens, das man bei uns bislang der „geschulten Intuition“ als Quelle diagnostischer oder allgemeinpsychologischer Einsichten entgegenbrachte, unserer Wissenschaft auch nicht eben guttut. Kritiker seien wie Eunuchen, hat Olaf Gulbransson einmal gesagt: Sie wissen, wie man es macht, aber sie können es nicht. In der zeitgenössischen Psychologie ist es noch schlimmer; es gibt Kritiker unter uns, die sich im wesentlichen darauf beschränken, zu wissen und zu sagen, wie man es *nicht* machen darf. Hierzu wäre allerlei anzumerken, was indessen heute nicht unser Thema ist; es genügt, darauf hinzuweisen, daß diese Denkhaltung nicht die der Kybernetik ist.

Rufen wir uns, um dies zu verstehen, in Erinnerung, wie wir überhaupt mit ihr in Berührung gekommen sind. Die Begegnung wurde inauguriert durch eine Revolution in der Technik, die von manchen in ihrer Tragweite der Erfindung der Dampfmaschine gleichgestellt wird. Wir haben oben als die vielleicht hervorstechendste Eindrucksqualität technischer Erzeugnisse die *Starrheit* genannt. In ihr verdichtet sich der Wesensunterschied zwischen Maschine und Lebewesen: Man denke an die KLAGESsche Unterscheidung von „Takt“ und „Rhythmus“. Wenn das Lexikon den „Automaten“ definiert als „Maschine, die nach Auslösung selbsttätig abläuft“, so ist damit natürlich impliziert, daß dieser Ablauf nach jeder gleichen Auslösung in genau gleicher Weise erfolgt. Das meinen wir mit „starr“.

Die Folge solcher Starrheit ist, daß der Automat sich nicht an wechselnde Situationen anpassen kann: Anpassung ist genau das, was in der klassischen Technik dem Menschen vorbehalten bleibt. Das Auto kann fahren, aber der Mensch muß es steuern. Steuerung erfordert den Einsatz von Intelligenz, und *davon*, so schien es, wird die Technik nie entlasten können.

Genau dies ist nun aber die Pointe der kybernetischen Revolution: Es ist der Technik nunmehr gelungen, Geräte zu konstruieren, die das anpassende Steuern selbst übernehmen („kybernetes“ heißt ja, wie inzwischen jeder weiß, der Steuermann) und die infolgedessen auch nicht mehr „starr“ sind insofern, als bei ihnen nicht mehr von einer Zwangs-Koppelung bestimmter Abläufe an eine begrenzte Zahl ein für allemal festgelegter (und vom Erbauer sämtlich vorgesehener) Auslösebedingungen die Rede sein kann.

Prototyp dieser neuen Art von Automat ist die *Regelungsanlage*. Regelungssysteme haben etwas Faszinierendes, und mir ist erinnerlich, daß mich diese ungewohnte Art von Technik schon in der Schulzeit nachhaltig beeindruckte. Es war damals gerade die Geschichte in Scapa Flow passiert, und irgendein Lehrer machte uns aus diesem Anlaß mit dem Bau und der Funktionsweise des Torpedos bekannt. Das Problem beim Torpedo liegt darin, daß sein Kurs durch Wellengang und Strömung beträchtlichen und *nicht vorher einzuplanenden* Störungen ausgesetzt ist – zumal er noch dazu nur in sehr bescheidenem Tempo vorwärtskommt. Was kann man also tun, daß er Kurs hält?

Wir wollen hier nur die vertikale Komponente betrachten, also die Regelung des Abstandes zur Wasseroberfläche. Das Lösungsprinzip sieht folgendermaßen aus. Im Torpedorumpf befindet sich ein Registriergerät für den Wasserdruck, eine Art Barometer. Wasser ist schwer, und je tiefer der Torpedo absinkt, desto mehr Wasser lastet auf ihm, desto stärker spricht also auch der Druckmesser an. Die Reaktion des Druckmessers wird nun aber – das ist der Trick! – direkt zur Steuerung des Höhenruders verwendet: Wird der Druck zu groß, so kehrt sich das Ruder etwas nach oben, wird er zu klein, nach unten. Diese Verstellung des Ruders aber verändert die Kurshöhe immer gerade so, daß die Abweichung sich verringern und schließlich verschwinden muß. Meist verkehrt sie sich sogar in ihr Gegenteil, die Korrektur schießt etwas über das Ziel hinaus; aber dann spricht sogleich wieder der Druckmesser an, nunmehr den gegenteiligen Fehler meldend, und das Spiel wiederholt sich mit umgekehrtem Vorzeichen. Von dieser leichten Pendelbewegung abgesehen wird der Torpedo also recht konstant die

Höhe halten, auf die er vor dem Abschuß eingestellt wurde. Wir wollen diese Zusammenhänge nun kybernetisch darstellen. Zu diesem Zweck zeichnen wir ein „Blockschaltbild" oder, wie man auch sagt, einen „Wirkungsplan" (Abb. 1). Grundelemente des Wirkungsplanes sind „Linien" und „Blöcke". Eine Linie steht für eine Variable, d. h. eine in der Zeit veränderliche Größe, die übrigens beliebig komplex sein kann. So bedeutet etwa *z* in Abb. 1 das Insgesamt der störenden Einflüsse der Wasserbewegung auf die Kurshöhe des Torpedos. Die Kurshöhe selbst heißt *x*. Mit *x'* bezeichnen wir die Reaktion des Druckmessers, und mit *y* die Stellung des Höhenruders.

Das Schema ist nun folgendermaßen zu verstehen. Die Variable *x* steht mit der Variablen *x'* in einem „funktionalen", d. h. in einem Wenn-Dann-Zusammenhang: Wenn man die Kurshöhe *x* durch irgendeinen beliebigen Eingriff verändert, so verändert man damit aus physikalischen Gründen zwangsläufig auch den Barometerstand *x'* mit – ersteres hat unmittelbare und unumgehbare Konsequenzen für letzteres. Umgekehrt gilt das aber nicht: direkte Manipulationen am Barometerstand haben unmittelbar, d. h. wenn man alle weiteren, vermittelnden Bauelemente wegdenkt, überhaupt keine Auswirkungen auf die Kurshöhe. Diese Unterscheidung ist wichtig, denn auf ihr basiert das für die kybernetische Systemtheorie zentrale Konzept der *Rückwirkungsfreiheit*. Man sagt, *x* „wirke unmittelbar auf" *x'*, aber *x'* „wirke nicht unmittelbar zurück" auf *x*; oder: *x'* sei von *x* „unmittelbar abhängig", aber nicht umgekehrt. Im Blockschaltbild wird die Wirkungsrichtung durch Pfeilköpfe auf jeder Linie symbolisiert (vgl. Abb. 1). Die Wirkungsbeziehung zwischen *x* und *x'* wird vermittelt durch den „Block" *F*, in den bei vollständiger Analyse eine mathematische Gleichung eingetragen werden müßte, welche die Art des funktionalen Zusammenhanges der beiden Variablen präzisiert. Konkreter könnte man den Block *F* zugleich als ein Symbol für das Druckmeßgerät auffassen, denn dieses ist ja die Instanz, welche den durch die Gleichung beschriebenen Zusammenhang stiftet und gewährleistet. Die Größe *x'* wirkt nun ihrerseits weiter auf die Stellung *y* des Höhenruders – über ein Hebelsystem *R*, dessen Überträgereigenschaften sich ebenfalls durch eine Gleichung charakterisieren ließen. Die Ruderstellung *y* aber wirkt wiederum auf die Kurshöhe *x*, – und damit schließt sich das System zu einem „Kreis", dem sogenannten *Regelkreis*.

Auch der Wellengang *z* wirkt natürlich auf die Kurshöhe; der Block S hat also *zwei* „Eingänge" (oder englisch „inputs"). Wovon aber hängt die Variable *z* ihrerseits ab? Hierüber kann man offensichtlich keine präzisen Angaben mehr machen – man muß es offenlassen. Dies drückt man auch durch die Formulierung aus, die Größe *z* bleibe hinsichtlich ihrer eigenen Einflußgrößen „unspezifiziert". Im Wirkungsplan symbolisiert man eine solche unspezifizierte Variable durch einen Pfeil, der im Leeren entspringt, einen sogenannten „freien Eingang". Auch die Größe *w* in Abb. 1 ist ein freier Eingang; sie bezeichnet den „Sollwert" der Regelung, also die *erwünschte* Kurshöhe, auf die der Torpedo vor Abschuß eingestellt wird. Auch der Block *R* hat demnach zwei Eingänge; was in ihm vorgeht, läßt sich als ein „Vergleich" des tatsächlich angezeigten Wasserdrucks (*x'*) mit seinem Sollwert (*w*) auffassen. Die Einstellung von *w* liegt im Belieben des Kommandanten; wir sehen also, daß der kybernetische Formalismus buchstäblich Raum für die Willensfreiheit läßt – nämlich eben im Konzept des freien Eingangs.

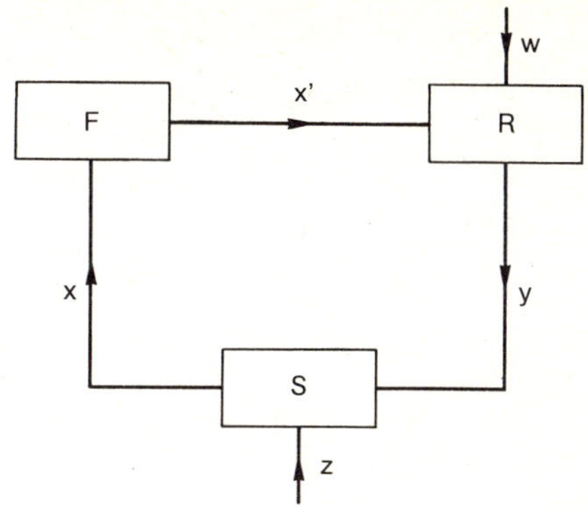

Abbildung 1: *Regelkreis.* Technisch übliche Bezeichnungen: *R* = „Regler", *S* = „Regelstrecke", *F* = „Meßfühler", *x* = „Regelgröße", *y* = „Stellgröße", *z* = „Störgröße", *w* = „Führungsgröße" (Sollwert); *x'* = vom Meßfühler an den Regler gesandte Meldung über *x*.

Etwas ähnliches gilt für den zweiten Prototyp kybernetischer Automaten, den elektronischen *Computer*, für den Journalisten die provokante Bezeichnung „Elektronengehirn" erfunden haben. Ich kann hier weder den Aufbau einer solchen Anlage auch nur in den Grundzügen skizzieren noch einen Eindruck davon vermitteln, wie man mit ihr arbeitet. Nur auf einen bestimmten, bei keinem Computer fehlenden Bauteil kommt es mir an, den sogenannten „Speicher", in dem sich die Ergebnisse früherer Operationen so niederschlagen, daß sie auf spätere Operationen in sinnvoller Weise Einfluß gewinnen können. Das aber bedeutet, daß gleiche Auslösebedingungen zu verschiedenen Zeiten nicht mehr gleiche Abläufe zur Folge haben müssen. Wiederum würden wir sagen: So etwas wirkt nicht mehr „starr"; wir würden diesmal vielleicht am ehesten von „Plastizität" sprechen.

Regelungsanlage und Computer *wirken* auf uns nicht mehr ohne weiteres „starr". *Sind* sie es denn nun auch in der Tat nicht? Wenn man sie im einzelnen, in ihren Elementen, analysiert, so sind sie es natürlich doch. Nur ist die Starrheit so komplex, daß wir eindrucksmäßig nichts mehr davon merken.

Das aber sollte uns stutzig machen. Wenn Komplexität Starrheit eindrucksmäßig in ihr Gegenteil verkehren kann, woher sollen wir dann eigentlich wissen, daß das Lebewesen *kein* Automat ist? Dieser Frage können wir deshalb nicht ausweichen, weil die meisten Kybernetiker eine Vorliebe dafür haben, die Funktionen ihrer Automaten mit biologischen und psychologischen Begriffen zu bezeichnen. Sie sagen z.B., ihr Automat habe *„Gedächtnis"* oder er könne *„lernen"*, und meinen damit das, was wir oben über die Einrichtung des „Speichers" gesagt haben. Oder: Bisher muß man dem Elektronenrechner alle Daten auf Lochkarten eingeben. Das ist mühsam, und man versucht daher, Vorsatzgeräte zu konstruieren, die ihn in die Lage versetzen, normal handgeschriebene oder sogar gesprochene Worte auszuwerten. Und von solchen Geräten (deren Entwicklung übrigens noch in vollem Gang ist) sagt man, sie könnten *„wahrnehmen"*. Schließlich ist man nun auch dabei, Computerprogramme zu entwickeln, die die Lösung von Intelligenzproblemen bewältigen können, und von denen wird dann behauptet, daß sie *„denken"* können.

Die Kybernetiker schreiben ihren Erzeugnissen also Fähigkeiten zu, die wir bisher als Spezifica des Menschen oder wenigstens des Lebens anzusehen gewohnt waren. Damit aber bringen sie unsere ganze schöne Dichotomie in Unordnung, und wir sind geneigt, von vornherein zu vermuten, daß hier ein trügerisches Spiel mit Worten getrieben wird, daß sich also auch jene komplizierten neuartigen Apparate in einem ganz wesentlichen Punkt vom Menschen unterscheiden müssen. Aber welches ist dieser wesentliche Punkt? Mit dem Begriff der „Starrheit", das sahen wir schon, kommen wir nicht weiter. Es dürfte keine Schwierigkeit bereiten, einen Computer so zu programmieren, daß er Girlandenzüge zeichnet, auf deren „Grundrhythmus" jeder Graphologe hereinfallen müßte: Die KLAGESsche Spekulation um „Rhythmus" und „Takt" kann getrost zu den Akten gelegt werden.

Nun gibt es aber ein anderes Argument, das uns vielleicht aus der Verlegenheit rettet. Es wird oft vorgebracht. Automaten, so sagt man, könnten allenfalls Verhaltensweisen des Menschen äußerlich nachahmen, aber sie können „innerlich" nichts *erleben*. Auch wenn ich einen Computer dazu programmiere, daß er jedesmal über einen Lautsprecher aufschreit, wenn ihm irgendein Bauteil durchbrennt, so empfindet er deshalb noch lange keinen Schmerz, so kann seine Existenz doch nie in die Erlebnisdimension von Glück und Leid eintauchen.

Wir müssen hier allerdings zweierlei unterscheiden. Wenn wir dem Computer „Erleben" absprechen, so können wir damit einmal meinen, daß nichts an seinem Verhalten, an seinen Reaktionen als „affektiv" oder „emotional" beschrieben werden könnte: er reagiert nicht beleidigt, nicht launisch, nicht begeistert oder ängstlich. Computern wird im allgemeinen keine *Motivationsdynamik* einprogrammiert. Wozu auch? – Zweitens, und das ist eine gänzlich andere Behauptung, können wir damit meinen, daß mit den materiellen Vorgängen im Innern des Computers keine *Bewußtseinserscheinungen* einhergehen.

Der erste Einwand ist wahr, aber nicht prinzipieller Natur. Außerdem wird bereits daran gearbeitet, Programme für gewisse Teilbereiche der Affektdynamik zu entwickeln. So stammt von COLBY und Mitarbeitern (1964)[1] ein recht interessanter Simulationsversuch für neurotische Konfliktverarbeitung, der immerhin schon so kompliziert ist, daß ich ihn hier nicht einmal skizzieren kann.

Wichtiger ist jedoch der zweite Einwand; Computer sind unbeseelt, haben kein Bewußtsein. Nun müssen wir aber wiederum fragen – woher wissen wir das? Oder umgekehrt: Woher wissen wir eigentlich, daß unsere Mitmenschen beseelt sind? Die Antwort lautet: Wir erleben es eben so. „Beseeltheit" ist ein Eindruckscharakter – gewisse Konfigurationen in meiner Umwelt, auf die gewisse Suchbilder meines angeborenen Ausdrucksverständnisses ansprechen, erlebe ich zwangsläufig als beseelt; dabei kommt es bezeichnenderweise gar nicht so sehr darauf an, ob mir diese Konfigurationen in Fleisch und Blut gegenübertreten oder als ein Spiel optischer Reflexe über die Kinoleinwand geistern.

Die Reizkonfiguration nun, die mit Sicherheit und zwangsläufig den Eindruck des Beseeltheit in mir auslöst, ist der Anblick des *Mitmenschen*. Oder seine Stimme, die für mich verständlich Sätze äußert. Beim Anblick eines höheren Wirbeltieres – etwa eines Hundes – ist der Eindruck beinahe genauso zwingend. Mit Insekten wird es schon schwieriger (in ihrem Verhalten ist nämlich sehr viel automatenhaft anmutende Starre!), und bei technischen Geräten ist es dann eben ganz aus. Sie *erscheinen* mir unbeseelt.

Übrigens – so ganz eindeutig trifft nicht einmal das zu. Welchen Eindruck haben Sie von dem folgenden Ausschnitt aus dem Gespräch zwischen einem Psychotherapeuten und seinem (etwas über fünfzigjährigen) Patienten?

---

[1] COLBY, K. M., & GILBERT J. P.: Programming a computer model of neurosis, J. Mathem. Psychol, I, 405 (1964).
COLBY, K. M., & STANDFORD, C.: Experimental treatment of neurotic computer programs. Arch. Gen. Psychiat. *10,* 220 (1964).

Ther.: How can I help you.
Pat.: I don't know.
Ther.: Try to tell me something about it.
Pat.: No.
Ther.: Can yon elaborate.
Pat.: I am sick and tired today.
Ther.: Do you have any idea why.
Pat.: Yes I'm old.
Ther.: Please go on.
Pat.: I seem to have lost interest in everything.
Ther.: Tell me more about such feelings.
Pat.: I have some idea why I feel this way too.
Ther.: You have.
Pat.: It seems that I miss having a family.
Ther.: What makes you feel you miss having a family.
Pat.: There is a challenge about it.
Ther.: Why is that important to you.

Sie werden schon ahnen, daß es sich bei diesem „Therapeuten" um einen Computer handelt. Er wurde ebenfalls von COLBY und Mitarbeitern (1966)[2] programmiert – in Anlehnung an klassische psychotherapeutische Techniken. Lediglich die Art der Kommunikation war eine ungewöhnliche: Patient und „Therapeut" unterhielten sich über Fernschreiber.
Wie ist es nun mit diesem „Gespräch"? Angenommen, man wüßte nicht, daß man es mit einem Automaten zu tun hat – könnte dann nicht doch der Eindruck eines verständnisvollen Partners entstehen? Um es sogleich einzuräumen – tatsächlich ist das COLBYsche Programm dafür vorläufig noch viel zu simpel. Therapeutische Erfolge lassen sich damit nicht erzielen, und auf wirkliche Patienten mit ernsten Problemen hat man es auch noch gar nicht losgelassen. Über kurz oder lang sind alle, die sich bisher mit ihm „unterhalten" haben, über seine Plumpheit in Wut geraten. Ein schönes Beispiel für das Ende eines solchen Gesprächs – diesmal mit einem weiblichen Probanden – sei noch angeführt.

Pat.: I don't understand.
Ther.: Do you want to understand.
Pat.: I hate you you stupid machine.
Ther.: What don't you like about me.
Pat.: You have no feelings.
Ther.: How do you mean.
Pat.: I mean you cannot experience what I experience because you are just a machine.
Ther.: Tell me more about such feelings.
Pat.: We are not communicating.
Ther.: I am trying my best to communicate with you.
Pat.: Are you really.
Ther.: How do you see ist.
Pat.: What do you mean.
Ther.: Just try to say what it means to you.
Pat.: I think you are all goofed up. –

Hier ist es also mit dem Eindruck der „Beseeltheit" noch nicht weit her. Eines Tages wird es aber sehr viel differenziertere Programme geben, und dann mag es anders aussehen. Negative Affekte kann ein Computer, wie man oben sieht, jedenfalls schon auslösen – vielleicht kann er dann aber, wenn man ihn noch viel flexibler und differenzierter programmiert, auch einmal anfangen, positive Übertragung auf sich zu ziehen. Vielleicht kann man sich in hundert Jahren tatsächlich von Computern analysieren lassen; vielleicht auch nicht – aber wir sollten aufhören, so zu tun, als wüßten wir das heute schon.
Nun freilich – das sind alles keine Argumente. Daß mir auf Grund der Brille, durch die ich nun einmal die Welt sehe, gewisse Gebilde beseelt *vorkommen*, ist noch kein Beweis dafür, daß sie beseelt *sind* – und umgekehrt. Es gibt nur ein einziges materielles System, von dem ich bestimmt weiß, daß es beseelt ist – nämlich mein eigenes Gehirn. Solange ich aber nicht erkannt habe, warum es beseelt ist, so lange ich also die Bedingungen nicht angeben kann, die erfüllt sein müssen, damit materielle Vorgänge Träger von Erlebnisinhalten sein können, solange kann ich überhaupt nichts darüber aussagen, ob nicht unter gewissen Umständen vielleicht auch ein vom Menschen erbauter Automat Bewußtsein haben könnte. Wohl gemerkt: Ich will diese Frage hier nicht etwa voreilig bejahen. Ich meine nur, man muß sie offenlassen. Wir haben vorläufig keine Möglichkeit, sie zu entscheiden.
Ich glaube, es lohnt sich, wenn wir den wissenschaftstheoretischen Standort der Kybernetik noch etwas prägnanter herausarbeiten. Zieht man die einschlägige Literatur zu Rate, so findet man die Kybernetik häufig (wenn auch verständlicherweise nicht überall einheitlich) durch drei allgemeine Merkmale charakterisiert. Zum ersten wird sie, so gut wie ausnahmslos, als eine *universale* Wissenschaft verstanden. Dies drückt sich aus in Formulierungen wie etwa: sie sei „interdisziplinär", oder sie sei eine „Brücke zwischen den Wissenschaften" – und zwar auch (und speziell) zwischen Natur- und Geisteswissenschaften. Zweitens versäumen die Autoren selten, darauf hinzuweisen, daß Kybernetik eine *exakte* Wissenschaft sei, daß ihre Induktionsbasis also objektiv prüfbar sei und insbesondere ihre Theoriebildung auf mathematischem Wege erfolge, – im Unterschied zur Philosophie, mit der sie das Kriterium der Universalität teilt, die jedoch, von Randgebieten abgesehen, nicht mathematisch formuliert ist. Und drittens schließlich neigt die Mehrheit der Fachleute zu der Auffassung, die Kybernetik sei auch wieder nicht *nur* Mathematik, also keine rein axiomatische,

---

[2] COLBY, K. M., WATT, J. B., & GILBERT, J. P.: A Computer Method of Psychotherapy: Preliminary Communication. Journ. Nerv. Ment. Disease, *142*, 148 (1966).

sondern eben doch eine *empirische* Wissenschaft; ihr Gegenstand sind nicht Gedankengebilde, sondern handgreifliche Erfahrungswirklichkeit.

Auf der einen Seite kann ein Gesetz vorgegeben sein und nach einem System gefragt werden, dessen Variablen, gleichgültig welche Meßvorschriften für sie gelten mögen, eben diesem Gesetze gehorchen. Das vorgegebene Gesetz könnte etwa lauten

$$a = b + c,$$

in diesem Fall läuft die Fragestellung praktisch darauf hinaus, daß von dem Kybernetiker der Bau einer *Addiermaschine* erwartet wird! Denn diese gehorcht ersichtlichermaßen gerade dem genannten Gesetz, und es ist völlig gleichgültig, ob die Maschine mit mechanischen, elektrischen, pneumatischen oder welchen anderen Mitteln auch immer arbeiten soll – Hauptsache, sie addiert – die Qualität der verwendeten Systemgrößen ist für diese Fragestellung gänzlich uninteressant. Dies also ist der Weg der System*synthese*, der Weg der technischen Kybernetik.

Der entgegengesetzte Ansatz besteht offensichtlich darin, ein System vorzugeben und nach der in ihm gültigen Gesetzlichkeit zu fragen: der vornehmlich in der Biokybernetik beschrittene Weg der System*analyse*. Warum es auch hierbei so günstig sein soll, von der Qualität zu abstrahieren, ist nicht ganz so offensichtlich wie im Falle der Systemsynthese, läßt sich aber auch recht einfach klarmachen; ich führe die beiden wichtigsten Gründe an.

1. Eine Disziplin, die Interaktionen unter Absehung von der Qualitätsfrage zu behandeln erlaubt, befreit uns von dem Zwang zu metaphysischer Stellungnahme bei allen Fragestellungen, in denen wir in die Nachbarschaft des *Leib-Seele-Problems* geraten – und deren gibt es in der Psychologie naturgemäß nicht eben wenige. Wir sahen oben schon am Beispiel des „Darstellungsprinzips", wie nonchalant man in diesem Formalismus physiologische oder physikalische Größen (z.B. die Schreibbewegung) mit psychologischen Größen (z.B. Leitbildern) friedlich in einem und demselben Wirkungsgefüge verknüpfen kann, *ohne* sich zu Wechselwirkungslehre, Parallelismus und was es sonst noch alles gibt, bekennen zu müssen. Nicht, daß diese Problemkreise etwa unwichtig wären – man empfindet es nur dankbar als Erleichterung, speziellere empirische Fragestellungen auch einmal konsistent behandeln zu können, ohne immer gleich bei Adam und Eva anfangen zu müssen.

2. Das zweite Argument ist praktisch noch wichtiger: Wenn mir ein System – etwa ein lebendiger Organismus – zur Analyse vorgegeben ist, dann *weiß* ich ja effektiv meist gar nichts über die Natur der Variablen, die im Innern des „schwarzen Kastens", wie die Angelsachsen gern sagen, miteinander interagieren! Nehmen wir als Beispiel den in der tiefenpsychologischen Theoriebildung beliebten Begriff der „Libido". Was ist das, „Libido"? Jedenfalls u.a. etwas, wovon ein Mensch mehr oder weniger haben kann – eine *Variable*, die im Prinzip quantifizierbar gedacht ist, quantifizierbar in demselben halbexakten Sinn, in dem KLAGES bei Begabungen von „Mengeneigenschaften" redet. Aber *wie* quantifiziert, *wie* mißt man „Libido"? Das weiß bis heute kein Mensch. Es könnte sich letzten Endes um eine Hormonkonzentration handeln, vielleicht auch um ein spezifisches Muster von Nervenerregungen. Und wenn jemand Wert auf die Behauptung legt, es gäbe für „Libido" überhaupt keine unmittelbare physiologische Basis, wir hätten es vielmehr mit einem „rein seelischen Faktor" zu tun, den man daher ausschließlich durch ein psychologisches Verfahren messen könnte, etwa durch einen (noch zu entwickelnden) projektiven Test, so würde mir eine überzeugende Widerlegung dieser Ansicht gegenwärtig noch beträchtliche Mühe bereiten. Das Entscheidende ist nun aber – ich brauche mich um all das vorläufig gar nicht zu kümmern, es genügt zunächst durchaus, so zu argumentieren: Die und die beobachtbare Eigentümlichkeit des Verhaltens, z.B. Stottern oder ein hysterisches Arrangement, kommt so zustande, daß da im „Innern" dieses Menschen ein *a* ist, welches auf ein *b* so wirkt, daß dadurch der Einfluß eines *c*, der normalerweise das auf das bewirken würde, nunmehr abgeschwächt wird oder das Vorzeichen wechselt usw., – und zwar ohne daß ich in der Lage wäre, Meßverfahren für die *a*, *b* und *c* anzugeben; sie sind einfach definiert durch den Wirkungszusammenhang, in dem sie miteinander und mit beobachtbaren Größen stehen – also durch ihre Position im Wirkungsgefüge!

Solche Variablen, die also nur durch die Art ihrer Verknüpfung mit anderen definiert sind, spielen in modernen wissenschaftstheoretischen Überlegungen eine große Rolle; man spricht von „Intervenierenden Variablen" oder neuerdings präziser von „Hypothetischen Konstrukten". Wir brauchen darauf nicht im einzelnen einzugehen; uns genügt, daß offensichtlich auch bei der Systemanalyse die Abstraktion von der unmittelbaren Meßvorschrift ihren guten Sinn haben kann.

Für uns, also für die Lebenswissenschaften, ist Systemanalyse sicherlich der weitaus wichtigere von den beiden Aspekten der Kybernetik. Denn wir wollen ja wissen, wie der Organismus realiter „funktioniert", und nicht eigentlich, wie man sein Verhalten simulieren kann: das letztere, also der Bau eines *Modells* wäre eine typische Aufgabe für die Systemsynthese. Diese wiederum interessiert vornehmlich den Techniker, denn von ihm wird ja eben erwartet, daß er Apparate konstruiert, die gewisse Leistungen vollbringen – z.B. etwa ein Gerät, das von einem Flugkörper aus auf optischem Weg dessen Geschwindigkeit über dem Erdboden mißt. Dem Techniker ist egal, *wie* – nach welchem Prinzip – diese Aufgabe gelöst wird, wenn sie nur gelöst wird. Anders der Biologe: Für ihn ist entscheidend, justament dasjenige unter den möglichen Lösungsprinzipien für dieses Problem herauszufinden, zu dem die Natur sich im speziellen Falle der Fliege *Musca* und *Eristalis* oder *Drosophila* entschlossen hat: er will wissen, wie ein ganz konkreter, vorgegebener Organismus „funktioniert"!

Freilich – ganz säuberlich läßt sich diese Arbeitsteilung nicht durchhalten. Der Techniker z. B. wird oft gut daran tun, auf der Suche nach einem geeigneten Lösungsprinzip für eine gestellte Aufgabe nachzuschauen, wie die Organismen diese Aufgabe angehen: er wird Systemanalyse treiben, um auf Ideen für die Systemsynthese zu kommen. Tatsächlich ist dieser Zweig der Technik bereits so wichtig, daß die Amerikaner eine eigene Bezeichnung dafür geprägt haben: *„Bionics"* heißt die neue Disziplin.

Und umgekehrt kommt wiederum der Lebenswissenschaftler nicht an der Systemsynthese vorbei. Angenommen nämlich, man habe ein gegebenes System analysiert und das Ergebnis in Form eines Blockschaltbildes fixiert – angenommen also, diese Arbeit sei abgeschlossen; dann stellt sich sogleich die Frage, wie die Richtigkeit oder, vorsichtiger ausgedrückt, die Konsistenz (Vollständigkeit und Widerspruchsfreiheit) der Interpretation geprüft werden kann. Ob sich nämlich das postulierte System wirklich so verhalten würde wie das empirische, läßt sich bei etwas komplizierteren Wirkungsgefügen beim besten Willen nicht mehr überblicken. Und hier hilft nun am durchschlagendsten die Radikalkur: Nachbauen. Ein Modell anfertigen, also ein System konstruieren, in dem das hypothetische Wirkungsgefüge tatsächlich realisiert ist, und dann zusehen, wie es sich verhält. Es ist erstaunlich, was man dabei erleben kann. Man merkt erst dann, wie leicht sich bei einer nur verbal formulierten Theorie, so klug und einleuchtend sie klingen mag, Lücken, Widersprüche und Unklarheiten einschleichen können. Ivo Kohler hat einmal, bewußt provokant, die These vertreten, erst was man nachgebaut habe, habe man verstanden. Das mag übertrieben sein, aber jedenfalls erzieht die Maßnahme ganz außerordentlich zu klarem Denken.

Ich habe jetzt mehrfach etwas provokante Dinge gesagt. Ich erwähnte – wohlgemerkt, im Zusammenhang mit dem Menschen! – die Maxime „Was ich nachgebaut habe, das habe ich verstanden". Kann man den Menschen „nachbauen"? Darf man hier von „verstehen" reden? Noch dazu, wenn das Objekt dieses Verstehens das „Funktionieren" des Menschen sein soll? Und ich sagte nicht zwar von der Physik, wohl aber von der Kybernetik, daß sie von allem Qualitativen konsequent abstrahiere; gilt dann aber nicht eben für sie der Vorwurf, daß sie den Menschen „in Zahlen presse" und damit notwendig seine Einmaligkeit verfehle?

Kein Zweifel – mit dem Nachbauen-Wollen, mit dem Interesse am Funktionieren, mit der Wahl einer durchgängig quantitativen Beschreibungsebene nimmt nun gemeinsam mit der Maschine auch der *„Geist"* im Klagesschen Sinn an der Kybernetischen Invasion auf die Gefilde des Lebens teil. Ist diese Erkenntnishaltung dem Gegenstand Mensch angemessen? Ist sie nicht vielleicht sogar Frevel?

Hierzu wäre auf den grundsätzlichen Unterschied von *Abstraktion* und *Reduktion* hinzuweisen. A auf B „reduzieren" heißt soviel wie behaupten, A „sei, auch wenn es äußerlich anders scheine, eigentlich und wesentlich (nur)" B. Wenn man hingegen B aus A „abstrahiert", so besagt das lediglich, daß man eine spezifische Betrachtungsebene einführt, auf der A als B erscheint – mehr nicht. Man muß sich nun aber klarmachen, daß wir in der Kybernetik grundsätzlich nur abstrahieren, nie reduzieren!

Insofern betrachten wir das „Erklären" – also den Aufweis sinneutraler Wenn-Dann-Zusammenhänge – als eine Abstraktionsform des „Verstehens" in der anspruchsvollen Bedeutung, die letzterem Ausdruck in der geisteswissenschaftlichen Psychologie unterlegt wird. Und wenn Lersch (1952, S. 59 f.)[3] ausführt, man könne nur „erklären", nicht aber „verstehen", daß ein Stück Blei bei soundsoviel Grad Celsius schmelze, während man sehr wohl „verstehen" könne, daß ein schreckliches Erlebnis an einem Orte zu einer künftigen Meidung dieses Ortes motiviere – so läßt sich doch leicht einsehen, das *beides* Wenn-Dann-Zusammenhänge sind, die sich beide in einem Wirkungsplan darstellen oder auf einem Computer programmieren ließen, letzteres etwa in der Form der Aussage, daß die Wahrscheinlichkeit, sich an einem Orte aufzuhalten, monoton mit der Zahl und Intensität der negativen Erlebnisse an diesem Orte abnimmt. Mit einer solchen Formulierung (die sich übrigens noch sehr viel differenzierter fassen ließe) ist gewiß nicht der ganze Reichtum des Sachverhalts wiedergegeben, aber niemand wird bezweifeln können, daß sie eine gültige Abstraktionsstufe davon darstellt. Und ein überflüssiger Luxus ist diese Betrachtungsweise auch nicht, denn Verstehbarkeit bedeutet keineswegs funktionale Problemlosigkeit. Motivationszusammenhänge etwa sind nach Lersch grundsätzlich verstehbar – und doch: die gesamte Psychoanalyse beißt sich schon seit geraumer Zeit just an ihnen die Zähne aus.

Wie steht es nun mit der Beschränkung auf die *quantitative* Ebene? Ebensowenig wie die Physik *identifiziert* die Kybernetik ihren Gegenstand mit Zahlen: dies wäre in der Tat ein Fall von „Reduktion" im oben diskutierten Sinn. Soweit mir bekannt ist, wurde ein solcher Versuch in der abendländischen Geistesgeschichte überhaupt nur einmal unternom-

---

[3] Lersch, Ph.: Aufbau der Person, München 1966[10].

men, nämlich bei den Pythagoräern, übrigens einer Philosophenschule, die einem seelenlos mechanistischen Denken gänzlich fernstand. Die Kybernetik hingegen, das sahen wir, *abstrahiert* wiederum nur von allem Qualitativen. Das bedeutet aber, daß die Zahlen, die sie als Ergebnis ihrer Analysen liefert, für jede qualitative Interpretation offen bleiben. Freilich – auch eine Abstraktion ist ein Eingriff; und verletzt nicht gerade die eben umrissene Form einer funktional-quantitativen Betrachtungsweise eben doch die *Würde* des Menschen? Das ist ein durchaus ernstzunehmendes Problem. Funktionales Erkennen ist eine Form des Unterwerfens: es macht seinen Gegenstand verfügbar, manipulierbar – es ist *Magie* in aufgeklärtem Gewand. Nur – am Anfang der Magie stand der Wortzauber! Zum symbolischen Beherrschen braucht man nicht die Zahl, dazu genügt auch schon das Wort. Auch eine bloß verbale Psychologie stellt die Menschenwürde in Frage; man denke nur an das Problem des Charaktergutachtens. *Ohne* Erkenntnis der funktionalen Zusammenhänge aber könnten wir den Hilfesuchenden allenfalls trösten, nicht aber heilen – das angesprochene Problem ist der Psychologie immanent, mag es auch in ihrem kybernetischen Aspekt besonders unverschleiert zutage treten.

Ich kann nicht hoffen, mit diesen Ausführungen alles Mißtrauen beseitigt zu haben. Eines aber sollte man bedenken: Das weltanschaulich motivierte Bekenntnis zu der Erwartung, daß bei allen Bemühungen um naturwissenschaftliche oder quantitative oder kybernetische – jedenfalls *rationale* Analyse des Menschen ein unauflösbarer Rest zurückbleiben müsse, kann uns nicht weiterhelfen. Wir sind darauf angewiesen, zu erkennen, worin dieser Rest besteht. Um Grenzen zu erfahren, muß man wagen, sie zu ignorieren. Anders formuliert: Wir dürfen nicht – aus Angst davor, bestehende Grenzen zu überrennen – vor Expeditionen ins Grenzenlose zurückschrecken. Wir müssen darauf vertrauen, daß die Wahrheit stärker bleibt als unser Übermut. „Das Erforschliche erforschen und das Unerforschliche ruhig verehren“ – diese Maxime darf, wie Konrad LORENZ zu sagen pflegt, nicht dazu führen, daß man, aus Angst vor Profanierung, für unerforschlich deklariert, was man verehren will.

3 Wahrnehmen und Erkennen

Die Wahrnehmung vermittelt dem Menschen ein Bild von seiner Umgebung; er hat eine Anschauung des ihn umgebenden Raumes und erkennt in seiner Umwelt Dinge, Personen und Ereignisse. In seiner Wahrnehmung nimmt er Kenntnis von seiner eigenen Person, seinem eigenen Körper. Nicht alle seine Wahrnehmungen werden ihm bewußt; aber eine Fülle von Wahrnehmungserlebnissen stellt sich dem Menschen in seinem Bewußtsein dar.

Die Wahrnehmungsforschung hat – wie bereits aufgrund der Alltagserfahrung zu vermuten war – überzeugende Belege für die hervorragende Kenntnis des Menschen von seiner Umwelt erbracht. Gleichzeitig hat sie zahlreiche Wahrnehmungstäuschungen nachgewiesen, welche der Alltagserfahrung entgangen waren. Wer wäre etwa aufgrund alltäglicher Beobachtungen auf den Gedanken gekommen, die Bewohner einer Stadt würden die Größe eines öffentlichen Platzes oder eines Gebäudes falsch einschätzen, und zwar unterschätzen? Zu den Autoren, welche derartige Raumtäuschungen festgestellt haben, gehören die Argentinier Antonio M. BATTRO und Eduardo J. ELLIS; ein Bericht über eine ihrer Untersuchungen ist im ersten Teil dieses Abschnitts wiedergegeben.

Im zweiten Teil des Abschnitts folgt eine Abhandlung des niederländischen Psychologen Johannes LINSCHOTEN über die Erlebnisse beim Einschlafen. Während die Untersuchung von BATTRO und ELLIS dem Erleben der Umwelt gewidmet ist, macht LINSCHOTEN die Selbstbeobachtung zu seinem Thema. Und indem er sich dem Phänomen des schwindenden Bewußtseins zuwendet, gibt er eine subtile Darstellung der Besonderheiten bewußten Erlebens.

Antonio M. Battro und Eduardo J. Ellis

Die subjektive Einschätzung des Raumes innerhalb einer Stadt

Originaltitel: L'estimation subjective de l'espace urbain
Entnommen aus: L'Année Psychologique, 1972, 72, 39–52
(Aus dem Französischen übersetzt von Hainer Kober)

Daß der Mensch optischen Täuschungen unterliegt, ist mehrfach anhand eigens konstruierter Figuren und Gegenstände nachgewiesen worden. Das besondere Verdienst der Arbeit von BATTRO *und* ELLIS *besteht darin, auch Täuschungen bei der Wahrnehmung der natürlichen und gebauten Umgebung aufzuzeigen. (Derartige Hinweise sind selbstverständlich von großer Bedeutung für die Umweltgestaltung, zum Beispiel für die Architektur und den Straßenbau.)*
Untersuchungen in offenen Räumen – wie Straßen, Plätzen, ausgedehnteren Landschaften – werfen selbstverständlich ihre eigenen Probleme auf. Das größte Problem ist wohl: Wie erfährt man von einem Betrachter verläßlich, wie groß ein Raum auf ihn wirkt? Er muß seinen Eindruck in Worten oder durch Reproduktion (wie bei BATTRO *und* ELLIS*) wiedergeben. Wenn die Wiedergabe einer gesehenen Strecke nun falsch ist: Hat sich der Betrachter nun bei seiner Wahrnehmung getäuscht oder bei Wiedergabe seines Wahrnehmungseindrucks geirrt (oder war beides der Fall)?*
In dem folgenden Teil des Untersuchungsberichts ist geschildert, wie insbesondere große Plätze und Gebäude in der Wiedergabe unterschätzt werden. Die Tendenz zur Unterschätzung läßt sich durch Übung zumindest teilweise vermindern. Die Autoren trainierten die Schätzfähigkeit von Architekturstudenten im Freien und an einem Laboratoriumsmodell, und konnten einige Erfolge ihres Trainings feststellen. Der Bericht über den Trainingsversuch bildet den zweiten Teil des Artikels; auf seinen Abdruck wurde hier verzichtet.

Die wissenschaftliche Analyse des Erwachsenenverhaltens im *Alltagsleben* ist eine schwierige Aufgabe, die auf einige Hindernisse methodischer Art stößt. Dennoch stellen sich gerade hier psychologische Probleme von erheblicher praktischer Bedeutung und großem theoretischen Interesse.
Die zeitgenössische Experimentalpsychologie bietet uns glücklicherweise genügend befriedigende Methoden zur Verhaltensbeobachtung des Menschen in seinem natürlichen Lebensraum an. Es ist deshalb möglich, bestimmte Labortechniken anzuwenden und sie auf Situationen des „Alltags" zu übertragen. Man kann beispielsweise auch außerhalb des Laboratoriums auf unerwartete psychologische Resultate stoßen. Dies hat J. J. GIBSON (1950) unter anderem in seinen klassisch gewordenen Studien über die Wahrnehmung der visuellen „Welt" bewiesen. Dieser Übergang von einem „reduzierten" Milieu (dem Laboratorium) zu einem „reichen" Milieu (beispielsweise der Straße) bedingt eine Umwandlung der experimentellen Situation, stellt verschiedene methodische Probleme und wirft neue Fragen auf. Die beiden unten dargestellten Forschungsarbeiten sind Beispiele dafür, insofern sie sich mit dem Problem beschäftigen, wie wir im Alltag den Raum innerhalb einer Stadt wahrnehmen.

Wiedergabe des städtischen Raums in seinen natürlichen Dimensionen

In einem Artikel (BATTRO u. a.) wurde gezeigt, daß Architekturstudenten systematische Fehler bei der räumlichen Wiedergabe unterliefen, als sie fachbezogene Aufgaben in einer Straße verrichteten (Photographien und technische Aufzeichnungen machten, die Straße zeichneten usw.). Nachdem sie sich eine Stunde lang mit einer Straße von 200 m Länge vertraut gemacht hatten, fertigten sie ein Modell von ihr an. Die bemerkenswertesten Abweichungen dieses verkleinerten Modells sind die folgenden: Unterschätzung der Straßenlänge, Überschätzung der Breite, Unterschätzung der Höhe der Gebäude und schließlich eine sehr starke Unterschätzung der Breite jener Straßen, die die untersuchte Hauptstraße kreuzen.

Methodologie

In unserer Arbeit wollten wir die Methode der Modellreproduktion (im verkleinerten Maßstab) durch eine Wiedergabe im Maßstab 1 : 1 ersetzen. Wir haben einige städtische Räume ausgewählt, die besonders interessant und differenziert sind: einen Platz (P), einen überdachten Innenhof (I) und ein Universitätsgebäude (U)[1]. Die Versuchspersonen (Architekturstudenten) durchqueren die Räume P und I nach allen Richtungen und können sich in U frei bewegen. Sie haben die Aufgabe erhalten, diese Räume zu betrachten, Zeichnungen von ihnen anzufertigen und dort Photos zu machen. Die Erkundungszeit wird nicht im voraus begrenzt, und die Versuchspersonen verbringen an den genannten Or-

[1] Der Platz P ist die Plaza Dorrego in Buenos Aires. Das Universitätsgebäude U ist das Laboratorium für industrielle Chemie der Universität von Buenos Aires und der Innenhof I ist die Halle der neuen naturwissenschaftlichen Fakultät derselben Universität.

ten nach eigenem Ermessen im allgemeinen eine halbe Stunde, um die verschiedenen Aufgaben bequem auszuführen. Keine der Versuchspersonen wurde vorher über das Untersuchungsziel unterrichtet. Nach Beendigung der Erkundung begeben sich die Versuchsperson und der Versuchsleiter auf den Sportplatz der Universität, der groß genug für die Erfordernisse des Experimentes ist. Dieser Weg dauert vom Platz P aus, der sich außerhalb des Universitätsgeländes befindet, 15 Minuten, doch im Falle von U und I ist er sehr kurz, da diese sich in der Nähe des Sportplatzes befinden. Die Versuchsperson erhält jetzt den Auftrag, den Umfang der erkundeten Räume im Maßstabe 1 : 1 zu reproduzieren. Im Falle des Platzes muß sie außerdem den Garten in der Mitte des Platzes, die Straßen, die Gehwege, sowie den Verlauf der Fassaden einzeichnen, die den Platz umgeben. Die Versuchsperson verwendet eine Reihe 1,50 m hoher Stäbe, die sie leicht in den Erdboden bohren kann.

Die Versuchsleiter halten die Reihenfolge, in der die Stäbe gesetzt werden, eventuelle Veränderungen oder ein mögliches Zögern fest, und sie messen schließlich die Distanz zwischen den Stäben. Sie befragen die Studenten außerdem nach ihrer Vorstellung von den erkundeten Räumen und nach ihrer Wiedergabe auf dem Sportplatz. Es wurden drei Gruppen von Versuchspersonen ausgewählt, eine für jede Aufgabe: Platz: N=5; Innenhof: N=10 und Universitätsgebäude: N=5.

Abbildung 1: Innenhof (I). Die dunkle Zone gibt die tatsächliche Fläche wieder, die anderen Rechtecke sind Schätzungen der Versuchspersonen.

Ergebnisse

Die Tabellen 1, 2, 3 und die Abbildungen 1, 2, 3 und 4 zeigen dasselbe Phänomen. Alle Versuchspersonen unterschätzen die Fläche des Raumes, der vom Gebäude und vom Platz

Abbildung 2: Platz: Garten in der Mitte (P_{innen}). Die dicke Linie gibt die tatsächliche Fläche an, die dünnen die Schätzungen der Versuchspersonen.

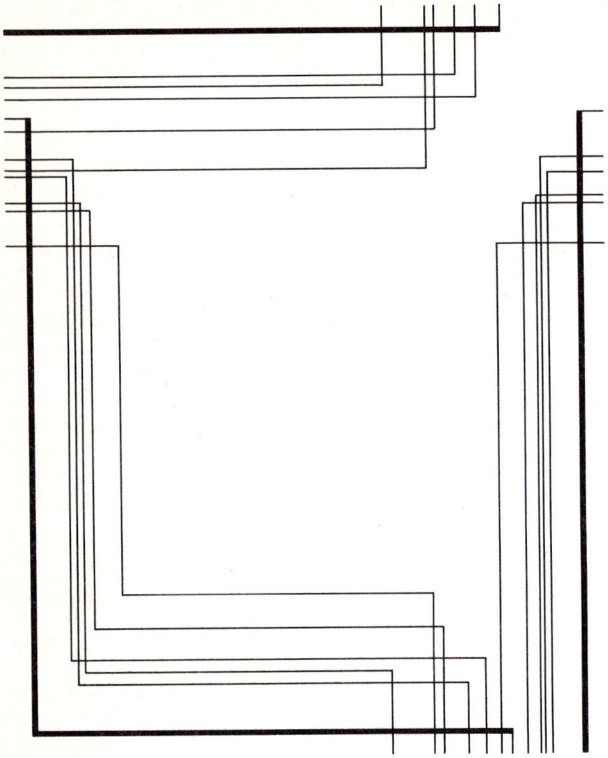

Abbildung 3: Platz: Fassaden ($P_{außen}$). Die dicken Linien geben die tatsächliche Fläche an, die dünnen die Schätzungen der Versuchspersonen.

eingenommen wird. Dagegen gibt es vier, welche die Fläche des Innenhofes überschätzen. In dieser Gruppe zeigt sich also die größte Variabilität.

Es ist darauf hinzuweisen, daß bei der Befragung die Versuchspersonen der Gruppen U und P, die der Meinung sind, die Räume falsch eingeschätzt zu haben, glauben, sie hätten ihre Flächen „sehr viel größer" als die tatsächlichen Flächen wiedergegeben. Ohne Ausnahme haben sie sich jedoch alle im entgegengesetzten Sinne geirrt. Dem Versuchsleiter zeigt sich also das Bild einer generellen starken Unterschätzung: Es läßt sich die Tendenz beobachten, daß die Unterschätzung sich um so stärker ausprägt, je größer die Ausdehnung des erkundeten Raumes ist. Zu bedenken bleibt allerdings, daß die Räume nicht äquivalent sind, daß die Versuchspersonen sich folglich nicht in gleicher Weise auf dem Platz und im Innenhof bewegen, wie sie im Gebäude umhergehen. Es handelt sich nämlich um zwei Grundsituationen: Entweder wird der Raum von außen beobachtet (Fall U) oder er wird von innen beobachtet (Fall P und I). Zu dieser Dichotomie kommt noch eine zweite hinzu: überdachter Raum (I) versus

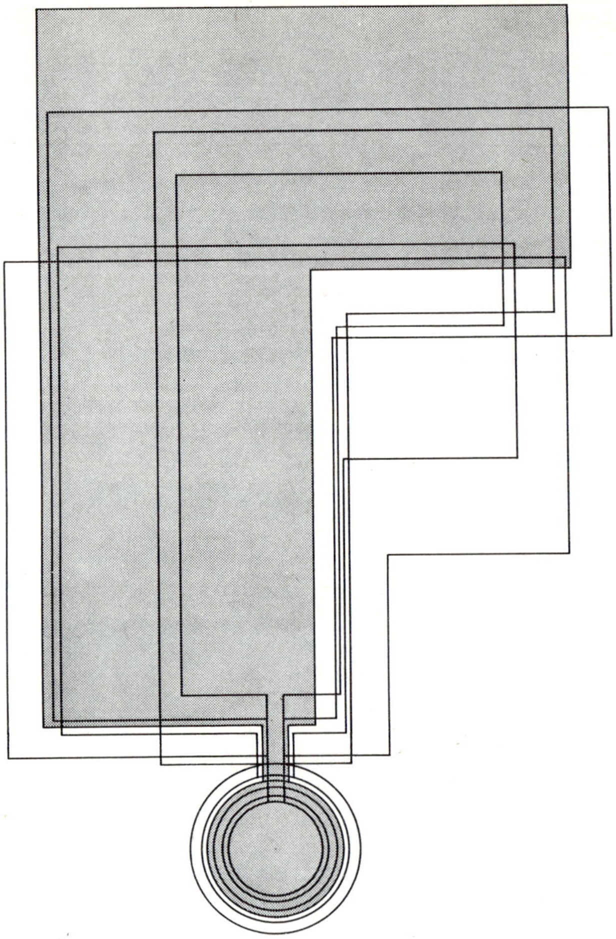

Abbildung 4: Universitätsgebäude (U). Die dunkle Zone gibt die wirkliche Fläche wieder; die anderen Rechtecke sind Schätzungen der Versuchspersonen.

Tabelle 1: Innenhof (I)

Versuchspersonen	Fläche (m^2) 723,35	%
1	713,20	98,6
2	492,65	68,1
3	885,15	122,4
4	679,25	93,9
5	1174,95	162,4
6	705,10	97,5
7	598,00	82,6
8	860,45	119,0
9	486,15	67,2
10	953,52	131,8
Mittel	754,84	104,3

Tabelle 2: Platz (P)

Versuchspersonen	Fläche (m^2) 2113,56	%
1	915,85	43,3
2	1382,25	65,4
3	1089,18	51,5
4	625,38	29,6
5	1568,47	74,2
Mittel	1116,22	52,8

(P_{innen}) innerer Umfang (in der Mitte gelegener Garten)

Versuchspersonen	Fläche (m^2) 3754,08	%
1	2641,40	70,4
2	2644,88	70,5
3	2216,04	59,0
4	1589,99	42,4
5	2833,29	75,5
Mittel	2385,12	63,5

($P_{außen}$) äußerer Umfang (Fassaden)

Tabelle 3: Universitätsgebäude (U)

Versuchspersonen	Fläche des zylindrischen Turms (m^2) 122,65	Fläche des Gebäudes (m^2) 2325	%
1	72,35	1763,65	75,9
2	193,50	987,50	42,5
3	67,90	1368,60	58,9
4	116,85	2175,90	97,8
5	136,80	2054,65	88,4
Mittel	117,48	1670,06	71,8

Tabelle 4: Straßen, die den Platz umgeben

	Straßen			Straßen mit Gehwegen		
	X	Y	Z	X	Y	Z
tatsächliche Breite (m)	5,52	6,02	6,48	7,15	7,90	8,13
mittl. Breite (m)	4,39	7,56	6,21	6,41	9,39	8,53
%	80	125,5	95,8	89,6	118,8	104,9

nicht-überdachter Raum (P). Schließlich ist in unserem Beispiel der nicht-bedeckte Raum entweder umschließender Raum ($P_{außen}$) oder umschlossener Raum (P_{innen}):

Von außen beobachteter Raum (U)	nichtbedeckter Raum
Von innen beobachteter Raum	umschließender Raum ($P_{außen}$)
bedeckter Raum (I)	umschlossener Raum (P_{innen})

In diesem Experiment sind diese Räume überdies von sehr unterschiedlichen Dimensionen (mit Ausnahme von U und P_{innen} deren Flächen vergleichbar sind). Es ist deshalb schwierig, sie miteinander zu vergleichen, doch als Hypothese möchten wir vorbringen, daß

a) sich in gewissen Grenzen die Unterschätzung eines städtischen Raumes abhängig von seiner tatsächlichen Fläche verstärkt.

b) bei vergleichbaren Flächen der Raum, der von innen gesehen wird, stärker unterschätzt wird (P_{innen}) als der Raum, der von außen gesehen wird (U).

Schlußfolgerungen

Aus psychologischer Sicht beruht die Einschätzung einer Fläche auf den Mechanismen, die für die „Größenkonstanz" der Objekte sorgen. Im Labor wurde bewiesen, daß Erwachsene hinsichtlich der Ausmaße von Objekten, Stäben (Piaget 1960), Kisten und Möbelstücken in einem Zimmer (Gibson und Henneman 1950, S. 183) ganz allgemein zur „Überkonstanz" neigen. In dem eben dargestellten Experiment unterschätzen die Erwachsenen dagegen Flächen über 2000 m^2 erheblich.

Die Ergebnisse der Tabelle 4, die wiedergeben, wie die Straßenbreite anhand der Reproduktionsmethode im Maßstabe 1 : 1 eingeschätzt wird, sind von gleichem Interesse: Die schmalste Straße (X) wird gewöhnlich unterschätzt, während die bedeutenderen Straßen entweder genauer reproduziert (Z) oder überschätzt werden (Y). Dies entspricht den Ergebnissen unserer früheren Experimente, in denen die Versuchspersonen die Breite der Querstraßen unterschätzten, während sie die Breite der Hauptstraße überschätzten.

Diese Resultate beweisen den Wert experimenteller psychologischer Forschungsarbeiten, die außerhalb des Laboratoriums durchgeführt werden. Wenn es sich um große Räume handelt, vermag das Auge ohne Frage nicht die ganze Fläche mit einem Blick zu erfassen, so daß die Versuchsperson gezwungen ist, sie zu durchmessen. Durch die eigene Ortsverlagerung „konstruiere" die Versuchsperson den Raum, sagte H. Poincaré. Im Falle unserer Architekturstudenten wird diese Tatsache eindeutig unter Beweis gestellt. Wir sind der Meinung, daß sich solche Studien über Wahrnehmungsurteile als nützlich erweisen könnten, das Phänomen des „menschlichen Maßstabs" genauer zu erfassen – ein Phänomen, das zur Grundlage der Architektur und der Städteplanung gehört.

Literatur

Battro, A. M. & Ellis, E. J. Children's perception of urban space. A study on populat architecture in the Argentine Andes: *Purmamarca, Landscape.*

Battro, A. M., Ellis, E. J., Flament, C. & Matalon, B. Urban space: experiments on the cognition of the environment. *Environment and Behavior.*

Gibson, J. J. *The Perception of the Visual World.* Boston: Houghton Mifflin & Co., 1950.

Piaget, J. *Les mécanismes perceptifs.* Paris: PUF, 1960.

Johannes Linschoten[1]

Über das Einschlafen

Entnommen aus: Psychologische Beiträge, 1955, 2, 70–97

Die folgende Abhandlung ist ein eindrucksvolles Beispiel einer psychologischen Phänomenologie. Es ist eine Beschreibung von Erlebnissen, von Bewußtseinsphänomenen. Die Abhandlung ist den Erlebnissen des schwindenden Bewußtseins gewidmet, dem Bewußtsein beim Übergang vom Wachen zum Schlafen. Es gilt dabei, die Bewußtseinsphänomene in ihrer besonderen Eigenart festzuhalten. Und Festhalten kann in wissenschaftlicher Absicht nur heißen: sie möglichst vollständig in Worte zu kleiden.

Die Lektüre vermittelt schnell einen Eindruck von dem Reichtum und der Differenziertheit der eigenen Erlebniswelt des Autors. Man kann auch die Widerstände ermessen, welche einem klaren Ausdruck seiner (nicht-sprachlichen) Erlebnisse mit den Mitteln der Sprache entgegenstehen. Nicht zufällig sucht er den Anschluß an die Metaphern und Formulierungen der Poesie und benutzt kunstvolle Zitate und ausdrucksstarke Bilder von PROUST, BAUDELAIRE *und* COLERIDGE.

Wenn auch der Autor unverkennbar von der eigenen Erfahrung und der Selbstbeobachtung ausgeht, so bezieht er doch die Analysen und Beschreibungen aus der einschlägigen Literatur zur Ergänzung und zum Vergleich in seine Betrachtung ein. Dadurch erscheint seine Untersuchung des Einschlafbewußtseins eingebettet in einer umfassenderen Theorie der Bewußtseinszustände.

Der abgedruckte Text ist gegenüber dem Original stark gekürzt, enthält aber noch einen wesentlichen Teil seines phänomenologischen Gehalts. Insbesondere sind die Passagen erhalten, in welchen der Autor den Unterschied zwischen dem Bewußtsein von Akten (hier des eigenen Einschlafens des Betroffenen) und dem Bewußtsein der umgebenden Welt erläutert.

[1] Der Verfasser ist Frau Dr. M. TIJDENS-PLET (Maastricht) zu großem Dank verpflichtet für die Übersetzung des holländischen Textes.

Einschlafen und Erleben

Ein alter Spruch sagt[2]:

„Wie man einschläft, möchte ich wissen.
Immer drück ich mich ins Kissen,
Denk dabei: ‚Jetzt geb ich acht'.
Doch eh' ich mich recht besonnen,
Hat der Morgen schon begonnen,
Bin schon wieder aufgewacht."

Eines ist sicher: wenn wir auch im Schlaf nichts wissen, so wissen wir doch nach dem Schlaf, *daß* wir schliefen und daß wir vor dem Schlaf wußten; und daß dieses Wissen-vor-dem-Einschlafen allmählich verfloß, bis wir in den tiefen Schlaf sanken, von dem wir kein Erlebnis haben.

Bieten sich also die seelischen Vorgänge während des Einschlafens nicht unmittelbar als Untersuchungsobjekt dar, ganz verschließen sie sich doch nicht der Analyse. Allerdings erleidet unsere Betrachtung in doppelter Hinsicht eine Beschränkung. Erstens verschwinden die Reflexionen während des Einschlafens, wie im obigen Reim zum Ausdruck gelangt. Zweitens ist es durch den Dämmerzustand des Einschlafenden unmöglich, ein scharfes Bild vom Einschlafbewußtsein zu gewinnen. Außerdem ist die Bewußtlosigkeit des Tiefschlafes der theoretischen Betrachtung unzugänglich. Trotzdem ist eine Analyse des Einschlafens nicht völlig unmöglich, wie wir durch unsere Darstellung zu erweisen hoffen.

Wir unterscheiden drei Bewußtseinsstufen: die Stufe der *Reflexion*, die des *unreflektierten Erlebens und Handelns*, und die des *Lebens schlechthin*. Der Schlaf ist das vollkommen unreflektierte, „reine" Leben im Sinne einer pflanzenähnlichen Existenz, in der jedes Transzendieren fast aufgehoben ist[3]; das Einschlafen ist das Stillewerden des reflektierenden „Geistes" und die Rückkehr des Erlebens zum tiefsten „Seelengrunde". Das Einschlafen ist nun einer Erforschung zugänglich, nicht nur insoweit es noch reflektiert ist, sondern auch sofern es sich als Erlebnis in seiner Eigenart explizieren läßt. Das reflexive Bewußtsein während des Einschlafens läßt sich gedanklich in seiner Wesensstruktur erfassen; das Erleben während des Einschlafens aber kann man nach Stimmung, Färbung, Klima, kurz: als Erlebnissphäre darzustellen versuchen, um diese in ihren Wesenszügen zu erfassen.

[2] Angeführt von L. R. MÜLLER, Über den Schlaf; Berlin 1940, S. 38.

[3] Der Vergleich zwischen dem Schlaf und der pflanzlichen Seinsform ist nicht ontologisch, sondern nur deskriptiv gemeint. Er betrifft also nur das anschauliche Bild des Schlafens. – Unter „Schlaf" verstehen wir den traumlosen Tiefschlaf. Ob es einen solchen überhaupt gibt, geht uns hier nichts an, weil er jedenfalls als Limesfall genommen werden kann. Das Traumbewußtsein, dem ein besonderes Kapitel gewidmet werden sollte, ist kein Gegenstand unsrer Analyse.

Das Einschlafbewußtsein

Das Einschlafen verläuft normal innerhalb weniger Sekunden. Ich lege mich hin, schließe die Augen und bin auf einmal weg im Traumland, unterm sichern Geleit des Morpheus. Was aber geht in diesen Augenblicken vor sich? Wir verfügen über einige Arbeiten, die sich besonders mit diesen schwer faßbaren Momenten beschäftigen[4]. TRÖMNER unterschied zwei Stadien beim Einschlafen. Erstens die *Somnolenz* oder das Dämmern, das „Versinken“, jenen eigentümlichen wohligen Zustand, in dem wir noch gerade wissen, was geschieht. In der Somnolenz verlieren wir allmählich das Bewußtsein, unsre Gemütsverfassung ist ruhig und angenehm. Man liegt zu Bett und spielt noch ein wenig mit seinen Gedanken, die immer undeutlicher werden bis zu gänzlichem Verschwinden. Dann folgt nach TRÖMNER die *Dissoziation*. Die bewußte Persönlichkeit löst sich auf, verliert die Integration, die Ordnung des bewußten Seelenlebens wird zerstört. Gedanken steigen auf und verschwinden ebenso plötzlich wieder, unbestimmte Gefühle, Stimmungen werden über uns Herr und überwachsen das bewußte Denken, bis zuletzt der Schlaf eintritt[5].

ANGYAL beobachtete sich selber während 20 Monaten beim Einschlafen und kontrollierte nachher seine Resultate an den Aussagen sechs weiterer Versuchspersonen[6]. – Er teilte das Einschlafen in drei Perioden ein:

Zunächst werden das geordnete Denken und Wollen durch reine Assoziationen verdrängt. Die Sensibilität nimmt ab, und zu gleicher Zeit die richtunggebende Einheit des Denkens und Wollens, dieser bewußtesten aller seelischen Funktionen. Namentlich die von der Würzburger Schule so genannten determinierenden Tendenzen werden beeinträchtigt. Wenn der Einschlafende über ein Problem nachdenkt, bemüht er sich nicht so angestrengt um eine Lösung wie der Wachende. Im Gegenteil, er vergißt sogar die Aufgabe, schweift ab, verliert den rechten Weg und verläuft sich in den Schlaf. Auch das Gefühlsleben erleidet eine Änderung: Die Einzelgefühle treten in den Hintergrund des Erlebens und weichen einer eigenartigen Stimmung. Diese erste Periode führt direkt in den Schlaf und in den Traum hinüber, falls nicht die zweite und dritte Periode sich einschieben.

Tritt beim Einschlummern die zweite Periode auf, so ist das der Augenblick, wo sich die Schlummerbilder einstellen, die LEROY so meisterhaft dargestellt hat[7]. Sie haben mehr oder weniger optischen Charakter, obwohl eine Anzahl auch durch die Körperhaltung und durch Reize des Tastsinnes hervorgerufen werden. Leuchtende Körper erscheinen und verschwinden, bizarre unregelmäßige Gebilde, die ständig in einem kaleidoskopischen Ganzen wechseln. Manchmal treten sie durch Perseveration von Vorstellungen auf, im Anschluß an die vor dem Schlummer vorhandenen Vorstellungen. Wir sehen hier ein äußerst ungebundenes Assoziationstreiben vor uns. Das Charakteristische dieser zweiten Periode, wo es keine bewußten Gedanken mehr gibt, liegt in dem *Schwund des Bedeutungsbewußtseins*. Die Vorstellungen und Ereignisse sind bedeutungsleeres Material, sie bieten dem Verhalten keinen Anhalt: Es sind bloße „Erscheinungen“.

Die dritte Periode endlich kennzeichnet sich durch das Auftreten größerer Bilder und Szenen, die allmählich in den Traum hinüberführen. Mit diesen Szenen kehrt auch das Selbstbewußtsein zurück, das vorher verschwunden war. Es ist ein verwandeltes Selbstbewußtsein, bereits ein *Traumbewußtsein*. Wir sind zwar da, aber in einer unwirklichen Weise, die dem Traume gemäß ist und die wir jetzt nicht ausführlich beschreiben wollen.

Der Komplex von Erscheinungen, den ANGYAL wiedergibt, deutet auf denselben Zug, der in TRÖMNERS Darstellung hervortritt: Auf die wachsende Dissoziation des Einschlafbewußtseins. So sagt ANGYAL: „Depersonalisation, sprunghafter Ortswechsel, Traummetamorphose und viele andere Eigentümlichkeiten des Traumes sind natürliche, notwendige Folgen der Tatsache, daß unser Selbstbewußtsein im Traume auf labile, rasch wechselnde, flüchtige Grundlagen, auf die Vorstellungen gebaut ist[8].“ Ähnlich spricht auch HOCHE vom Undeutlicherwerden der Bewußtseinsinhalte; sie entfernen sich gleichsam vom Zentrum, die Gedanken gleiten ab, ungewollte Vorstellungen treten spontan auf; was wir erleben, ist sinnlos. HOCHE spricht mit einem anschaulichen Bilde vom „Leergang der Mühle“; wie die Flügel der Mühle manchmal leer gehen und drehen, so mahlen die Inhalte in unserem Bewußtsein[9].

Welchen Einfluß kann die Untersuchungsmethode auf die Erscheinungen ausüben? ANGYAL weckte sich selber während des Einschlafens nach bestimmten Zeitabschnitten. Er machte das mit Hilfe einer psychischen Weck-Einstellung,

---

[4] Über die Komplementärerscheinung des Erwachens gibt es eine interessante Arbeit von M. GROTJAHN, Über Selbstbeobachtungen beim Erwachen; in Z. ges. Neurol. Psychiat. 1932 (139).

[5] E. TRÖMNER, Vorgänge beim Einschlafen; in J. Psychol. Neurol. 1911 (17).

[6] A. ANGYAL, Der Schlummerzustand, in Z. Psychol. 1927 (103). Man vergleiche auch K. LEONHARD, Gesetze und Sinn des Träumens; Stuttgart 1951², S. 99 ff.; und E. CLAPARÈDE, La question du sommeil; in Année psychol. 1912 (18), S. 456 ff.; weiter P. SCHENK, Über das Schlaferleben, in Mschr. Psychiat. Neurol. 1929 (72). Über die Änderung des Einschlafbewußtseins zur „conscience captive“ hin vergleiche man J. P. SARTRE, L'imaginaire; Paris 1948, S. 55 ff., und F. ELLENBERGER, Le mystère de la mémoire; Genève 1947, S. 57 ff.

[7] E. B. LEROY, Les visions du demi-sommeil; Paris 1933². Man vergleiche auch die ausgezeichnete Zusammenfassung der Angaben bei H. EY, Etudes psychiatriques, Bd. I., Paris 1948, S. 167 ff.

[8] ANGYAL, a. a. O., S. 97 f.

[9] A. HOCHE, Das träumende Ich., Jena 1926.

wodurch er nach bestimmter Frist erwachte, um aufzeichnen zu könne, was vorgegangen war. Diese Methode soll den Vorteil haben, daß die Schlummerbilder nicht zerstört werden[10]. Es ist aber fraglich, ob sie sich durch die fixierende Aufmerksamkeit nicht ändern. Wiegt hier nicht doppelt schwer das Bedenken gegen die Selbstbeobachtung, daß nämlich die Aufmerksamkeit, indem sie sich auf die inneren Vorgänge richtet, diese ändert und so das „Gegebene" fälscht? ANGYAL selber bemerkt, daß häufig „im Momente des Erwachens zu der Vorstellung eine Bedeutung hinzutritt, die oft viel mehr enthält, als anschaulich gegeben war[11]." Ist es aber möglich, aus dieser nunmehr sinnerfüllten Vorstellung die „hinzugekommene" Bedeutung zu isolieren? Mit Vorstellungen und Bedeutungen kann man nicht *rechnen*. Bei der Analyse des Einschlafens handelt es sich vielmehr um eine Analyse der Richtungs- oder Qualitätsänderung des Erlebens.

Die Selbstbeobachtung entdeckt beim Einschlafen Bewußtseinsinhalte, die uns „sinnleer" erscheinen. Wenden wir uns aber dem eigenen Einschlafen zu, so müssen wir sagen, daß diese angebliche Bedeutungslosigkeit keine wirkliche *Sinnlosigkeit* ist, sondern vielmehr die wesenseigene Sinnhaftigkeit der Einschlaferscheinungen. Es besteht durchaus kein Ausfall des Bedeutungsbewußtseins, sondern eine eigenartige Verblassung, ein Bedeutungswandel. Dies ist das „rohe Phänomen", dessen Struktur in der folgenden Analyse aufgedeckt werden soll. Dieses zentrale Phänomen hat ein doppeltes Antlitz, und daher müssen wir es auch unter doppeltem Gesichtspunkt betrachten. Das Einschlafen vollzieht sich einerseits als ein Aktgeschehen, andererseits als ein diesem Aktverlaufe paralleler Bedeutungswandel der erlebten Welt.

Wenn es aber schon unmöglich ist, einen Akt *in seinem Vollzug* durch einen neuen Akt zu erfassen, wie wollen wir den dahin strebenden, „einschlafenden" Akt in seinem Vergehen durch einen lebendigen wachen Akt begreifen? Bleibt die eigentliche Geschichte der Einschlafakte dem wachen Bewußtsein ein ewiges Geheimnis? Durchaus nicht. Auch über die Wachakte läßt sich allerhand aussagen, obwohl diese sich uns gleichfalls in ihrem Vollzug entziehen. *Die Beschaffenheit des Aktes läßt sich in dem Sosein seines Korrelats erfassen*; in dem vollen Noema, in dem er als nicht-mehr-Akt „verwirklicht" ist, in dem Sinn des Korrelates, in dem er „materialisiert" erscheint[12]. Seine Beschaffenheit als Akt und sein Hervorgehen aus dem „Zentrum" der Person als des Aktursprunges läßt sich nur im Erlebnis des *Ich-in-meinem-Ursprung*[13] erfahren. Nicht das Ich als Bewußtseinsfeld, Tummelplatz von Bewußtseinsinhalten ist es, sondern Ich-in-meinem-Ursprung bin es, der einschläft; gleichzeitig ändert sich das Totalkorrelat meiner Akte, das wir als *„meine Welt"* umschreiben können. *Meine „einschlafende Welt" bietet mir den Leitfaden zu einer Analyse der Einschlafakte*. Um das Einschlafen zu durchschauen, müssen wir aber die Welt des Einschlafenden, die selbst einschlafende Welt untersuchen.

Kehren wir damit nicht zu TRÖMNER und ANGYAL zurück, die diese in Traum versinkende Welt schon schilderten? Ja und nein. Sie faßten diese Welt als den Schauplatz vereinzelter, fast durchaus selbständig dastehender Phänomene auf, verkettet und verknüpft durch die „sanfte Gewalt" der Assoziation (HUME). Man nennt diese Phänomene „Vorstellungen" und erteilt ihnen ein Eigenleben im Bewußtsein. Sie zeigen sich dem bewußten Ego, bleiben jedoch autonom. Wir aber wollen durch diese Welt hindurch den „Kern" der Person schauen, deren Welt sie ist. Wir wollen die einschlafende Person via ihre einschlafende Welt finden. Das Material zu dieser Analyse finden wir in der eigenen Erfahrung und in den Beschreibungen, die andre von der einschlafenden Welt machten. Beschreibungen, die dazu dienen sollen, uns die Phänomene so anschaulich zu machen, daß wir sie betrachten können.

Daß es Sinn hat, von einer einschlafenden Welt zu sprechen, davon zeugt Marcel PROUST, wenn er sagt: „Je me rendormais et parfois je n'avais plus que de courts réveils d'un instant, le temps d'entendre les craquements organiques des boiseries, d'ouvrir les yeux pour fixer le kaleidoscope de l'obscurité, de goûter grâce á une lueur momentanée de conscience *le sommeil où étaient plongés les meubles, la chambre, le tout dont je n'étais qu'une petite partie* et á l'insensibilité duquel je retournais vite m'unir[14]." Das Haus schläft ein, die Dinge werden fühllos und nehmen ihn in ihre schläfrige Sphäre auf.

Reflexion und Erleben

C. SCHNEIDER, den eine vermeintliche Verwandtschaft zwischen dem Einschlaferleben und dem schizophrenen Erleben fesselte, machte einen Versuch zur Aktanalyse des Einschlafens.

---

[10] ANGYAL, a. a. O., S. 67.

[11] ANGYAL, a. a. O., S. 92.

[12] Vgl. E. HUSSERL, Ideen zu einer reinen Phänomenologie und phänomenologischen Philosophie, Bd. I, 90ff.

[13] Man vergleiche die Ausführung dieses Begriffes bei S. STRASSER, Het zielsbegrip in de metaphysische en in de empirische psychologie; Löwen/Nijmegen 1950, S. 57ff.

[14] M. PROUST, Du côté de chez Swann, Bd. I; Paris 1919, S. 10. Diesem Einschlafen der Welt können wir „la nuit psychique" gegenüberstellen, wie H. BEAUNIS die Schlaftrunkenheit nennt, in La nuit psychique; Congrès internat. de Psychol. de Rome, 1905, S. 396.

Das ganze Erleben beim Einschlafen, sagt SCHNEIDER[15], erliegt einem Wandel zur Flüchtigkeit, zur Uneindringlichkeit, es erleidet einen Gliederungsverlust. die Konsolidation der Wacherscheinungen geht verloren, die Person verliert sich in dem Strom der Erlebnisse, so daß das Erleben selbst nur noch „bloßes Erscheinen" ist. Oder, wie es MAYER-GROSS und BERINGER ausdrücken, *die Erlebnisse entziehen sich dem Zugriff der Intention*. Durch diesen Verlust an geistiger Aktivität entsteht die Undeutlichkeit, die Verschwommenheit des Erlebten. Die seelischen Regungen ermatten, so daß eine gewisse Affektlosigkeit entsteht. Es ist, als gehe den Einschlafenden nichts mehr an.
Das Ausdrucksbedürfnis nimmt ab; *die Welt verliert ihren Wert*, man versinkt in sich und hat keine Lust mehr zum Austausch mit der Umgebung. Und doch ist dies keine *Auflösung* des Bewußtseins, sondern eine *Richtungsänderung*. „Diese Veränderung des seelischen Vollzugs prägt sich in allen Denkakten und Ausdrücken, kurz im gesamten Seelengeschehen gleichartig aus. Unbeschadet dessen, daß man denkt, fühlt, wahrnimmt, vorstellt, unbeschadet auch der Erlebnisqualitäten dieser verschiedenen seelischen Gegebenheitsarten und ihrer Selbständigkeit finden wir bei allen Erlebnissen, Ausdrücken, Gegebenheitsweisen folgende Formmerkmale: Entgleiten, Entgleisen (Substitution), Verschmelzung, Faseln. Prüfen wir die Art des Gegebenseins näher, so begegnen wir einer eigenartigen „Weite" des Erlebens und einem eigenartigen „Durchdringen", die Form der Sachverhaltssetzung ist entweder die einer eigenartigen Nebeneinanderordnung trotz inneren Bezugs oder die des „Ineinanderwebens". An die Stelle der Eigentätigkeit tritt das „Hinnehmen[16]."
Was diese Analyse von der von TRÖMNER und ANGYAL unterscheidet, ist weniger, daß neue Inhalte entdeckt wären, als daß das Geschehen in Funktion des *Ich-als-Aktvollziehers* gesehen wird. Hat doch auch ANGYAL schon auf eine Übereinstimmung zwischen dem Zerfall des Denkens in der ersten Schlummerperiode und dem Assoziationsfluß (der Ideenflucht) der Schizophrenen hingewiesen[17]. Bei SCHNEIDER ist es aber die *Person*, die auf die Welt *verzichtet*, die sich zurückzieht, und die in dieser Weise die Ordnung der Erlebniswelt in Raum und Zeit, Vergangenheit und Zukunft, Ich-hier und Jenes-dort aufgibt. Jeder Beziehungswechsel wird im Wachen von einer Zäsur im Erleben begleitet, bemerkt SCHNEIDER ganz richtig; obwohl der Bewußtseinsstrom weiterfließt, können wir sehr wohl zwischen diesem Akt und dem nächsten unterscheiden, durch das Eingreifen der reflexiven Intention. Diese nun aber ist es, die beim Einschlafen zurückgenommen wird.
Ohne Zweifel lassen sich auch gegen die Analyse SCHNEIDERS Einwände erheben. Nicht mit Unrecht hat MAYER-GROSS ihn an mehreren Punkten berichtigt[18]. Tatsächlich ist es falsch, von Affektlosigkeit zu reden. Sind es doch gerade die Stimmungen, die übermächtig werden und das Erleben tragen[19]. Es besteht weiter durchaus keine Dissoziation – was übrigens SCHNEIDER auch niemals behauptet hat –, wie sich aus dem Auftreten „intentionaler Hülsen" ergibt, das sind richtungslose Akte, welche entleert vom Korrelat als erlebte „Interpunktionen eines Satzes ohne Worte" beschrieben werden. MAYER-GROSS spricht sogar von Gedankenkraftfeldern.
Mit dieser Erscheinung der leeren Akte berühren wir etwas, was auch SCHNEIDER ohne Zweifel meinte, als er von dem Zurücknehmen der Eigentätigkeit sprach. Zum Durchschauen des Einschlafens ist dies ein überaus wichtiger Punkt. Die reflexiven Akte wie Denken, Aufmerken, Zurückgreifen entledigen sich ihres Gehaltes, bevor sie gänzlich erlöschen, die Zäsuren im Aktverlauf verschwinden. Der gleichzeitig auftretende Wandel in der Beschaffenheit des Bewußtseins impliziert keinen unmittelbaren Ausfall der gerichteten Verhaltensweise, sondern ein leidendes „Abschütteln des Gehaltes" der reflexiven Akte, die, so weit sie noch Akte heißen dürfen, doch jene Beziehungsbereitschaft haben *müssen*, von der MAYER-GROSS spricht, die übrigens, wie wir oben sahen, von HOCHE als Leergang der Mühle beschrieben wird.
Einschlafen ist, ebenso wie Ruhen, primär *Verzicht* auf die *Aktivität*. Beim Ruhen verzichten wir auf die *körperliche* Aktivität, beim Einschlafen gehen wir weiter und verzichten auf alle Aktivität, auf die Aktivität im weitesten Sinne des *Vollziehens von Akten*. In diesem weiten Sinne betrifft dies nicht nur die reflexiven Akte, sondern ebenso das Erleben. Im Schlafe leben wir – erleben aber nicht. Beim Einschlafen scheint es jedoch so zu sein, daß das Erleben eine Autonomie gewinnt. Wir legen uns ruhig hin: Dieses Hinlegen und Entspannen bedeutet, wie wir noch sehen werden, ein Preisgeben der *Haltung*; nicht nur der *körperlichen*, sondern

[15] C. SCHNEIDER, Die Psychologie der Schizophrenen; Leipzig 1930, S. 12–20, 76, 110ff.
[16] SCHNEIDER, a. a. O., S. 19f.
[17] Es bleibe dahingestellt, ob diese Meinung richtig ist.
[18] W. MAYER-GROSS, Einschlafdenken und Symptome der Bewußtseinsstörung; in Arch. Psychiat. Nervenkr. 1926 (78); Pathologie der Wahrnehmung, II; in BUMKES Handbuch der Geisteskrankheiten, Bd. I, Berlin 1928; Zur Struktur des Einschlaferlebens; in Arch. Psychiat. Nervenkr. 1929 (86).
[19] H. EY sagt a. a. O., S. 172 folgendes: „Les phases marginales du sommeil sont intensément affectives. La fascination de la conscience, par ses contenus, soude le monde des images aux sollicitations de l'instinct. Cette merveilleuse floraison produit une sorte d'état „nirvanique", l'ensorcellante fiction du rêve pressenti ou dont on ne s'est pas complètement dépris; l'attraction du monde des images exerce son sortilège, et celui qui s'endort se sent „ravi" par le monde des songes".

ebenso der *seelischen, ferne-gerichteten Haltung*. Nicht nur der Körper als Zentrum der Aktivität verliert dabei seinen Wert, auch die Welt als Feld der Aktivität wird preisgegeben, wie es die verschleiernde und entleerende Auflösung des Verhaltenshorizontes bekundet.
Wenn der Ausdruck zulässig ist, könnte man also sagen, das Einschlafen sei gleichzeitig Desintegration und Integration des Bewußtseinslebens. Die „Desintegration" besteht in dem Verlust der Ordnungseinheit des Bewußtseins, dem Verlust des Fadens, der daraus hervorgeht, daß die reflexiven Intentionen sich zurückziehen und sich nun leer zu sich selber zurückbiegen, im Zurückbiegen verschwindend. Die Inhalte des Einschlafbewußtseins werden selbständig, sie werden nun erst recht zu umschlossenen „Inhalten", zu Bildern – images –, die auf dem Strom der Stimmungen hin und her geführt werden. Das heißt aber auch, daß wir von einer *Integration der Erlebnissphäre* reden dürfen. Die Erlebnissphäre rundet sich, wird frei und fließend, der reine Erlebnisstrom wird nicht mehr unterbrochen durch die trennenden reflexiven Akte. Eben darum nennt BACHELARD den Träumer *fermeture*, und ruft BAUDELAIRE zu seiner Seele: *Sammle dich*! Er sucht die Träumerei, ohne einschlafen zu wollen. Die *rêverie* ist zweifellos eine Funktion, die den Menschen kennzeichnet. Was ist aber eine Träumerei, nach der als nach einer *Befreiung von der Angst des Wachens* gerufen wird? Worauf deutet ein Spiel der Phantasie, das sich nur in der *nächtlichen Trauer* entfaltet? BAUDELAIRE verehrte die Nacht um der Gestalten willen, die nur in ihr leben können. SARTRE sagt von ihm, daß er nicht schlafen wollte, weil er jede Selbstaufgabe verabscheute[20]. Wenn er in einem nicht veröffentlichten Vorwort zu den „Fleurs du Mal" den Schlaf anruft, so geschieht das nicht, weil er wirklich schlafen will, sondern weil er in seiner Traumwelt leben möchte, in bewußtem, aber nicht reflektiertem Erleben. Nicht wissen, nichts lernen, nichts fühlen, schlafen und abermals schlafen, das ist mein sehnlichster Wunsch, ein infamer, anstößiger, aber aufrichtiger Wunsch[21]! Wenn BAUDELAIRE glaubt, er wolle schlafen, so, weil er nicht denken, nicht wollen, nicht sich mit den Dingen aufhalten, sondern sich mit dem Strom seiner Gefühle möchte treiben lassen. Es ist die Reflexion, die das Empfinden verdirbt, und die Reflexion ist es, welche die Gefühlsneurotiker fliehen. Sie suchen ein autonomes Erleben, das zu keiner Stellungnahme verpflichtet. Das unreflektierte Dösen vor dem Einschlafen spiegelt solche Autonomie des Erlebens vor. Es ist, als ob im ruhigen Schlafe das Maximum dieses „reinen Erlebens" erreicht werde.

[20] J. P. SARTRE, Baudelaire; Paris 1947, S. 126.

[21] Ch. BAUDELAIRE, Oeuvres complètes, Bd I; Bruxelles 1948, S. 472.

Deshalb sang COLERIDGE das Lob Vishnus, der schlafend auf einem endlosen Ozean einhertreibt, sich in einem Lotosblatte wiegt und immer nach einer Million Jahre auf einige Minuten aufwacht, nur um zu wissen, daß er wieder eine Million Jahre schlafen kann[22].
Der Schlaf ist fraglos ein Ruhepunkt. Ist er aber das eigentlichere Leben? Die Bestimmung des Menschen? Sogar Vishnu muß aufwachen, um zu *wissen*, wie herrlich der Schlaf ist. Die Seligkeit des Schlafenden ist eine *bildhafte* Seligkeit, d.h. nur dem wachen Zuschauer erscheint sie als Heimkehr in die eigene Befriedung. Mit Recht hat BUYTENDIJK bemerkt, daß im Schlafe die Innerlichkeit scheinbar selbständig wird, als ob die Seele sich allen Unbeständigkeiten der Welt entzieht und sich nun in einer undurchdringlichen Mysteriosität konstituiert, weil die Existenz des Schlafenden nicht mehr als eine der Welt zugewandte Existenz erscheint[23]. Darum haben wir auch Respekt, ja Ehrfurcht vor dem ruhigen Sein des schlafenden Menschen, der in einem gestillten und glücklichen Erleben versunken zu sein scheint. Dieses reine und gereinigte Erleben konstituiert sich aber nur für den *Zuschauer*; der Schlafende weiß nichts davon. Die Mystik des Schlafens, die wohl alle wachsamen Denker stutzig machen muß, findet ihre Kulmination im psychoanalytischen Mythus von der Rückkehr in die Mutterleibsexistenz[24].

[22] Angeführt von W. J. REVERS, Die Psychologie der Langeweile; Meisenheim am Glan 1949, S. 21.

[23] F. J. J. BUYTENDIJK, De vrouw; Utrecht/Brüssel 1951, S. 232.

[24] S. FREUD, Vorlesungen zur Einführung in die Psychoanalyse; Gesammelte Werke, Bd. XI; London 1940, S. 85. Man vergleiche besonders O. RANK, Das Trauma der Geburt: Wien 1924. Vgl. in diesem Zusammenhang auch die metaphysische Bedeutung der Nacht bei H. BROCH, Der Tod des Vergil; Zürich 1947, S. 63 ff.

4 Informationssuche und Informationsauswahl

Wahrnehmen bedeutet nicht nur: Passiv und leidenschaftslos zu registrieren, was sich an Information über die Umwelt und die eigene Person anbietet. Wahrnehmen bedeutet auch: Eine Auswahl treffen in dem reichen Angebot vorhandener Information und sich auf die Suche zu begeben nach neuer Information. Durch Aufmerksamkeitszuwendung hebt so der Mensch in seinem Bewußtsein Personen, Dinge und Ereignisse hervor, die ihm besonders bedeutsam erscheinen – sei es, weil sie mit seinen Bedürfnissen in Beziehung stehen, sei es, weil sie der Fortsetzung begonnener Tätigkeiten dienen. Personen, Dinge und Ereignisse, welchen eine geringere Bedeutung zugeschrieben wird, erhalten dann weniger Beachtung. Nicht selten werden eigene Bewegungen ausgeführt, um in den Genuß neuer Information zu gelangen. Menschen verändern etwa ihr Blickfeld, indem sie den Hals recken oder den Kopf wenden, sie steigen auf Aussichtstürme und nehmen die Mühen von Besichtigungsreisen auf sich. In solchen und ähnlichen Fällen wird die Wahrnehmung zum Orientierungsverhalten.

Eine Form des Orientierungsverhaltens, welche von dem Betroffenen zumeist gar nicht bemerkt wird, ist das Bewegen der Augen. In dem als nächstem folgenden Beitrag weist der schweizerische Psychologe Amos COHEN nach, daß Autofahrer während der Fahrt charakteristische Augenbewegungen ausführen und dabei ihre Umgebung fortlaufend nach Wegmarken und Hindernissen absuchen.

Einen besonderen Effekt der Bedürfnislage eines Individuums auf seine Wahrnehmung stellen im zweiten Teil dieses Abschnitts die Berliner Psychologen Klaus HOLZKAMP und Erich PERLWITZ vor: das Akzentuierungsphänomen. Unter Akzentuierung versteht man vor allem die Überschätzung der Größe wertvoller Gegenstände. Da die Wertvorstellung von der Bedürfnislage vermittelt ist, tritt in dem Zusammenhang von Wertvorstellung und Größenschätzung auch die Beziehung zwischen den individuellen Bedürfnissen und der Wahrnehmung zutage. Sofern die individuellen Bedürfnisse auf soziale Einflüsse zurückgehen (z. B. bei der Einschätzung von Geldwerten), ergibt sich eine weitergehende Beziehung zwischen der Wahrnehmung und sozialen Faktoren; unter dieser Voraussetzung wird das Akzentuierungsphänomen ein Beispielfall für die soziale Bestimmtheit der Wahrnehmung oder – wie man kürzer sagt – der sozialen Wahrnehmung.

Amos S. Cohen

Augenbewegungen des Autofahrers beim Vorbeifahren an unvorhersehbaren Hindernissen und auf freier Strecke

Entnommen aus: Zeitschrift für Verkehrssicherheit, 1976, 22, 68–75

Der Autor hat mit Hilfe einer Augenbewegungskamera verfolgt, wohin Autofahrer auf bestimmten Straßenstücken ihren Blick richten. Eine Augenbewegungskamera *hat zwei Aufnahmesysteme. Mit dem einen wird das Blickfeld vor dem Probanden gefilmt – hier die Straße vor dem Fahrer. Mit dem anderen System wird die jeweilige Stellung des Auges aufgenommen – genauer: die Reflektion eines Lichtstrahls, der von einem festen Ort aus in das Auge des Betrachters fällt (und je nach Augenstellung reflektiert wird). In einem weiteren Schritt werden die beiden Aufnahmen zusammengefügt. Man sieht dann auf einem Bildschirm das Blickfeld des Betrachters und darin den Punkt, welchen der Betrachter fixierte. Einige Ausschnitte aus dem kombinierten Film sind im Text wiedergegeben.*

Die Stelle des Blickfeldes, welche der Betrachter fixiert, wird auf dem leistungsfähigsten Teil (der Fovea*) der Netzhaut (der* Retina*) des Betrachters abgebildet und wird daher am schärfsten gesehen.* Cohen *kommt – auch nach Durchsicht der einschlägigen Literatur – zu dem Schluß, daß es vor allem die informationsreichen, für den Betrachter interessanten Stellen des Blickfeldes sind, auf die er sein Auge richtet und die dann in der visuellen Wahrnehmung eine starke Auflösung erfahren. Freilich begnügt sich der Autor dabei nicht mit der Frage: Wie gelangt ein Betrachter zu möglichst viel Information? Er fragt auch weiter: Wie kann der Betrachter die (mit dem Auge) aufgenommene Information weiter verarbeiten? (Wie weit ist also die Orientiertheit in der Umwelt durch die Tüchtigkeit des Sinnesapparats begrenzt und wie weit durch die* Verarbeitungskapazität, *die Erkenntnis- und Merkfähigkeit des Gehirns?)*

Weitere Begriffe aus dem – übrigens an mehreren Stellen leicht gekürzten – Text, die möglicherweise der Erläuterung bedürfen, sind: Sakkadische Bewegung – *eine sprunghafte Augenbewegung;* peripheres Sehen – *Sehen am Rand des Blickfelds;* redundant – *ohne (neue) Information, wie z. B. die vertraute und übersichtliche Straße;* lateral – *seitlich;* Tracking – *Verfolgen, Nachfahren (z. B. mit den Händen).*

Einleitung

Augenbewegungen können als ein äußeres Kriterium für die visuelle Informationsaufnahme angesehen werden. Eine eindeutige Beziehung zwischen den Augenbewegungen und den damit korrespondierenden kognitiven Prozessen konnte bisher nicht gefunden werden (vgl. z. B. Hoefner und Hoskovec, 1973). Während die Informationsverarbeitung vermutlich kontinuierlich verläuft, sind die Augenbewegungen sprunghaft, sie verlaufen in Sakkaden. Die Diskrepanz zwischen dem subjektiv kontinuierlichen Erleben der visuellen Welt und dem objektiven Verlauf der Blickbewegungen hat Ritter (1975) behandelt und die Erhöhung der Wahrnehmungsschwelle während der Sakkade nachgewiesen.

Es wird angenommen, daß diejenige Stelle im Blickfeld fixiert wird, der momentan eine besondere Bedeutung im Informationsfluß zukommt und die detailliert verarbeitet werden soll. Es soll damit nicht behauptet werden, jede Augenbewegung sei mit dem Zweck der Informationsaufnahme verbunden. Für die meisten Blickbewegungen dürfte jedoch die Behauptung von Yarbus (1967) zutreffen, wonach hauptsächlich solche Stellen fixiert werden, die Information enthalten oder enthalten könnten. Die Schwierigkeit bei der Zuordnung der Augenbewegungen zu den dazugehörigen kognitiven Prozessen ist auch mit der Art der Informationsaufnahme verbunden. Außer dem fovealen Sehen, das registriert werden kann, wird im peripheren Sehbereich weitere Information aufgenommen. Das periphere Sehen ermöglicht keine detaillierte Wahrnehmung, kann aber zwischen potentiellen Reizen bezüglich ihrer Bedeutung selegieren, worauf eine zielgerichtete Blickbewegung erfolgt. Die Zielgerichtetheit jeder Blickbewegung kann man in ihrem Ablauf erkennen; sowohl die Richtung als auch die Entfernung zur beabsichtigten Fixationsstelle ist vor Beginn der sakkadischen Bewegung bestimmt (Pöppel, 1974).

Die Rolle des peripheren Sehens beim Autofahren kommt in der Untersuchung von Mourant und Rockwell (1970) zum Ausdruck. Die meisten Blickfixationen ihrer Vpn waren nicht auf unmittelbar für die Fahrt relevante Stellen gerichtet, also nicht auf die Straße, Verkehrsschilder oder andere Verkehrsteilnehmer. Fuhr jedoch ein Fahrzeug vor der Vp, so wurde dieses häufig angeschaut. Wie Bhise und Rockwell (1971) nachwiesen, ist es möglich, ein Fahrzeug vorwiegend mit Hilfe des peripheren Sehens zu lenken. Bhise und Rockwell ließen ihre Vpn auf einer geraden und unbefahrenen Teststrecke fahren. Zwei Bezugspunkte, nämlich zwei weitere Autos, wurden den Vpn als Bezugspunkte gegeben, die in derselben Richtung und mit derselben Geschwindigkeit vor jeder Vp fuhren. Ein Fahrzeug, das seitlich zur Fahrtrichtung (auf einer anderen Fahrspur) zu sehen war, war foveal zu fixieren, während das andere, der vor der Vp fahrende Wagen, nur peripher sichtbar war. Beide Fahrzeuge blieben während der Fahrt im Verhältnis zur Vp stationär. Zusätzliche Information, außer der Änderung der Lokalisation der Vp auf die Straße als Funktion der Zeit und der Fahrgeschwindigkeit, gab es nicht. Die Elemente der Straße waren redundant.

Wie MACKWORTH und MORANDI (1967) nachgewiesen haben, gelten die Blickfixationen informationsreichen und nicht redundanten Stellen. Beim Betrachten von Bildern haben die Vpn solche Stellen fixiert, die unvorhersagbare Konturen aufwiesen. Auf redundante Stellen im Bilde wurden kaum Blickfixationen gerichtet. Dieser Befund steht im Einklang mit der Bedeutung des peripheren Sehens für die Selektion der potentiellen Reize, die vor Beginn einer Augenbewegung stattfindet.

Die Informationsaufnahme ist ein dynamisch gesteuerter Prozeß, der sich nach GAARDER (1975) in die folgenden vier wesentlichen Stufen der Wahrnehmung unterteilen läßt: 1. ursprüngliche retinale Projektion, 2. Transmission der retinalen Projektion in das Gehirn, 3. Analyse der retinalen Projektion durch das Gehirn, wo die Entscheidung fällt, wohin die folgende Blickfixation gerichtet wird, und schließlich 4. die Durchführung der Blickbewegung und die Entstehung einer neuen retinalen Projektion. Der Prozeß der Blickbewegung ist demnach eine sensomotorisch gesteuerte Aktivität, in der die bereits aufgenommene und verarbeitete Information die folgenden Blickbewegungen mitbestimmt. Bei der Analyse der Blickfixationen weiß man indessen nicht, ob eine Vp eine fixierte Stelle wahrnimmt, anstarrt oder aber ihre Aufmerksamkeit dem peripheren Sehbereich zuwendet. Während die zentralen Verarbeitungsprozesse im Gehirn schwierig zu beeinflussen sind, kann man den relativen Anteil der Informationsaufnahme im zentralen Sehbereich, im Vergleich zum peripheren, durch die experimentellen Bedingungen beeinflussen, weil nur das zentrale Sehen eine detaillierte Wahrnehmung ermöglichen kann. Diese Tatsache kann man ausnützen, um einen großen Anteil der peripheren Informationsaufnahme zu unterdrücken. Man kann die Augenbewegungen des Autofahrers in einer solchen Situation untersuchen, in der er seine Aufgabe nur dann bewältigen kann, wenn er detaillierte Information aufnimmt. Von Bedeutung ist auch die Unvorhersehbarkeit einer solchen Situation, damit dem Fahrer keine Gelegenheit gegeben wird, sich antizipatorisch an die neue Reizkonfiguration anzupassen. So wird das visuelle System bis zu einem hohen Grad belastet. In einer solchen Situation wird voraussichtlich ein höheres Maß an Reliabilität bezüglich der Zuordnung zwischen Blickfixationen und Informationsaufnahme gegeben sein.

In dieser Arbeit soll das Blickverhalten des Autofahrers in einer Situation untersucht werden, in der er unerwartet auf ein Hindernis stößt, das seine Fahrbahn blockiert. Damit hat die Vp in kurzer Zeit viel Information unter Zeitdruck detailliert zu verarbeiten. Die Abhängigkeit zwischen Blickfixationen und Informationsgehalt der angesehenen Stellen wird der Untersuchung von MACKWORTH und MORANDI (1967) entsprechend verstanden.

Die folgenden Fragen sollen im einzelnen untersucht werden:

1. Werden in einer wohl definierten Situation gewisse Straßenelemente besonders häufig und besonders lang betrachtet?
2. Besteht eine Beziehung zwischen der mittleren Blickfixationsdauer und der Fahrgeschwindigkeit?
3. Kann die Sequenz von Blickfixationen im Sinne einer Sequentiellen Informationsaufnahme erklärt werden?
4. Gibt es Hinweise für ein asymmetrisches Blickverhalten in horizontaler Richtung?

Versuch 1: Vorbeifahren an einer Baustelle

Versuchsanordnung

Registrierung der Blickbewegungen

Die Blickbewegungen der Vpn wurden während dem Befahren einer Baustelle mit einer NAC III Blickbewegungskamera (Version 30°) in Verbindung mit einem tragbaren AKAI-Videorecorder registriert. Die Auswertung der Aufzeichnungen erfolgte auf einer GRUNDIG-Slow-Motion-Anlage, die eine Analyse einzelner Videobilder ermöglichte. Mit einer Bildfrequenz von 50 Bildern pro Sekunde entspricht ein Videobild einer Beobachtungszeit von 20 msek.

Versuchsstrecke

Die Fahrt zur Versuchsstrecke dauerte ca. 20 Minuten. Unmittelbar bevor die Vp die Teststrecke erreichte, hatte sie an einer Kreuzung nach rechts abzubiegen und durch eine Unterführung zu fahren. Ein Verkehrsschild zeigte an, daß sofort nach der Unterführung nach links abzubiegen sei. Erst nach dieser Abbiegung konnte die Vp erkennen, daß die Straße in einer Entfernung von ca. 100 m durch einen Kran völlig versperrt war. Ein zusätzliches Verkehrsschild signalisierte aber die Möglichkeit, den Kran links über den Bürgersteig zu umfahren. Sowohl die Auf- als auch die Abfahrt des Bürgersteigs wurde durch eine provisorische „Rampe“ erleichtert. Das Blickfeld der Vp wurde nach links durch die Wand einer Großgarage und nach rechts durch einen langen Bodenwall eingeschränkt. Aus dieser Situation ergab sich für die Vp die Aufgabe, eine Strecke auf der Straße zu fahren und anschließend dem Kran über den Bürgersteig auszuweichen. Während der Fahrt auf dem Bürgersteig mußte sie darauf achten, daß sie mit dem Wagen weder die Wand noch den Kran touchierte. Hatte sie diesen „Engpaß" durchfahren, so konnte die Vp über die „Rampe" wieder auf die Straße zurückfahren. Die Versuchsstrecke begann an der Stelle, an der die Vp das Hindernis sehen konnte und geradeaus fuhr. Sie endete an der Abfahrtstelle vom Bürgersteig. Jede Vp befuhr die Teststrecke einmal. Eine Ausnahme stellte Vp Nr. 3 dar, die zu nah an die Wand der Garage fuhr, was sie auch dem Vl spontan mitteilte. Daraufhin wurde diese Vp angewiesen, die Teststrecke ein zweites Mal zu befahren. Die Zeitspanne zwischen beiden Fahrten betrug ca. 10 Minuten.

Versuchspersonen

An diesem Versuch beteiligten sich drei weibliche und zwei männliche Vpn im Alter zwischen 22 und 32 Jahren. Alle Vpn waren Studenten oder Hochschulabsolventen mit 4- bis 14jähriger Fahrpraxis. Sie kannten weder das genaue Ziel der Untersuchung noch die Versuchsstrecke. Sie waren indessen über die globale Fragestellung orientiert.

Auswertungsmethode

Für die Auswertung der Aufzeichnungen wurden die Straßenelemente in sechs Kategorien aufgeteilt: 1. Straße, 2. Rampe, 3. Bürgersteig, 4. Wand (der Großgarage), 5. Kran und 6. Sonstiges (wie z. B. Rückspiegel, Verkehrsschild, entfernter Blick nach vorne oder nicht aufgezeichnete Blickfixation). Für jedes Straßenelement wurde dann die Analyse einzelner Blickfixationen, die durchschnittliche Dauer der Blickfixationen und die gesamte Beobachtungszeit ermittelt. Die Fahrtdauer jeder Vp entspricht der Anzahl aller analysierten Videobilder, die mit der Fahrgeschwindigkeit umgekehrt proportional ist.

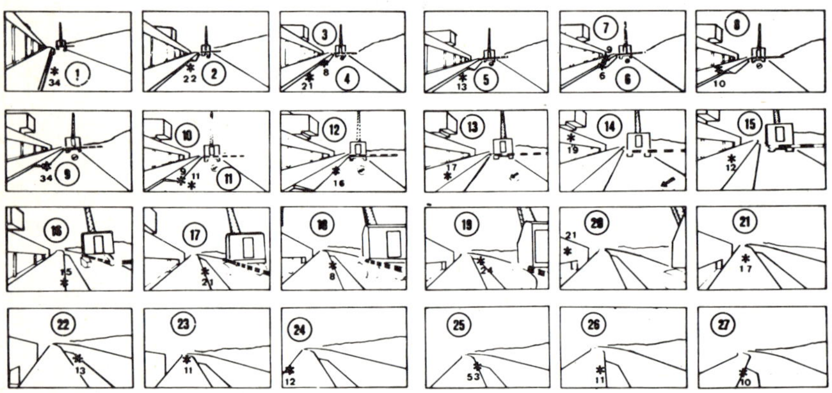

Legende:

- * Fixationsstelle
- (7) Laufnummer jeder einzelnen Blickfixation
- ✱ Nicht auswertbare Blickfixation
- 17 Dauer der Fixation
- ✱ Blickfixation auf eines der aufgestellten Straßenelemente, welches im Bild nicht sichtbar ist

Abbildung 1: Die Sequenz der Blickfixationen von Vp Nr. 1 während der Durchfahrt bei der Baustelle (22jährig, Fahrpraxis 5 Jahre, männlich)

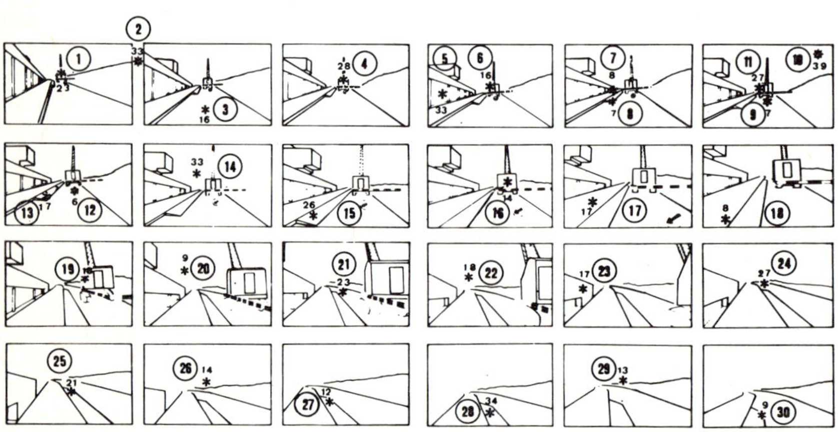

Legende:

- * Fixationsstelle
- (7) Laufnummer jeder einzelnen Blickfixation
- ✱ Nicht auswertbare Blickfixation
- 17 Dauer der Fixation
- ✱ Blickfixation auf eines der aufgestellten Straßenelemente, welches im Bild nicht sichtbar ist

Abbildung 2: Die Sequenz der Blickfixationen von Vp Nr. 2 während der Durchfahrt bei der Baustelle (33jährig, Fahrpraxis 14 Jahre, weiblich)

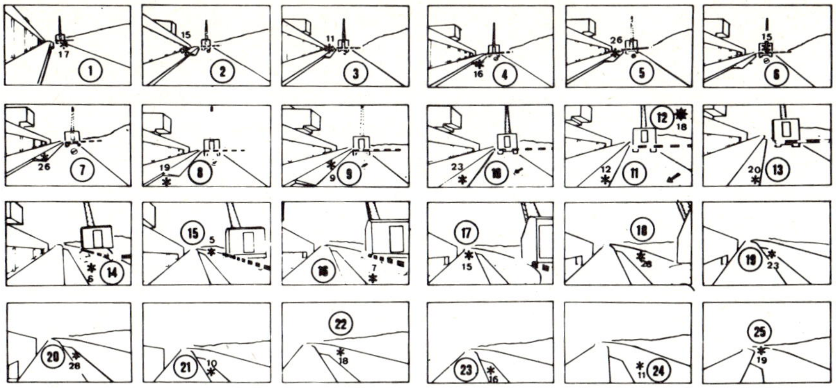

Legende:

- * Fixationsstelle
- (7) Laufnummer jeder einzelnen Blickfixation
- ✱ Nicht auswertbare Blickfixation
- 17 Dauer der Fixation
- ✱ Blickfixation auf eines der aufgestellten Straßenelemente, welches im Bild nicht sichtbar ist

Abbildung 3: Die Sequenz der Blickfixationen von Vp Nr. 3 während der Durchfahrt bei der Baustelle (23jährig, Fahrpraxis 4 Jahre, männlich)

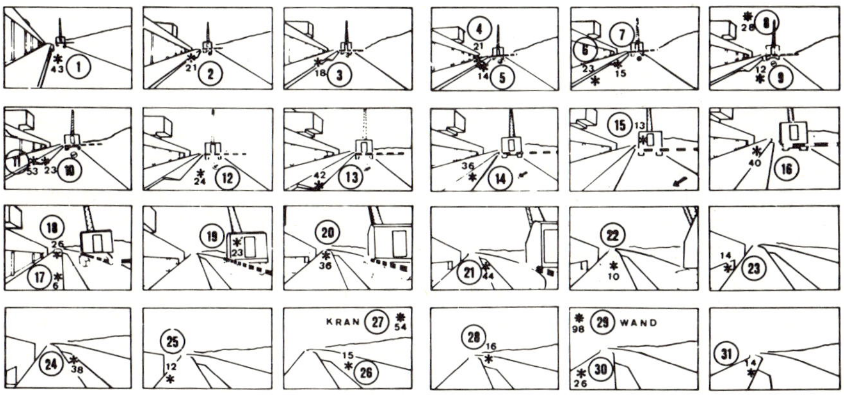

Legende:

- * Fixationsstelle
- (7) Laufnummer jeder einzelnen Blickfixation
- ✱ Nicht auswertbare Blickfixation
- 17 Dauer der Fixation
- ✱ Blickfixation auf eines der aufgestellten Straßenelemente, welches im Bild nicht sichtbar ist

Abbildung 4: Die Sequenz der Blickfixationen von Vp Nr. 4 während der Durchfahrt bei der Baustelle (25jährig, Fahrpraxis 5 Jahre, weiblich)

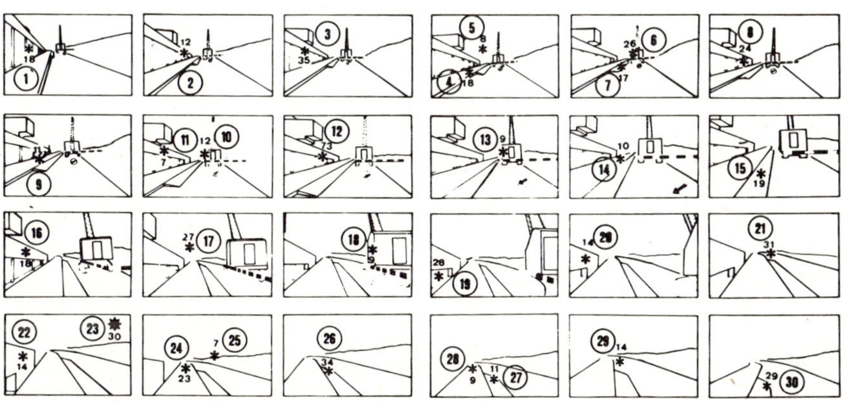

Legende:

- * Fixationsstelle
- (7) Laufnummer jeder einzelnen Blickfixation
- ✱ Nicht auswertbare Blickfixation
- 17 Dauer der Fixation
- ✱ Blickfixation auf eines der aufgestellten Straßenelemente, welches im Bild nicht sichtbar ist

Abbildung 5: Die Sequenz der Blickfixationen von Vp Nr. 5 während der Durchfahrt bei der Baustelle (27jährig, Fahrpraxis 7 Jahre, weiblich)

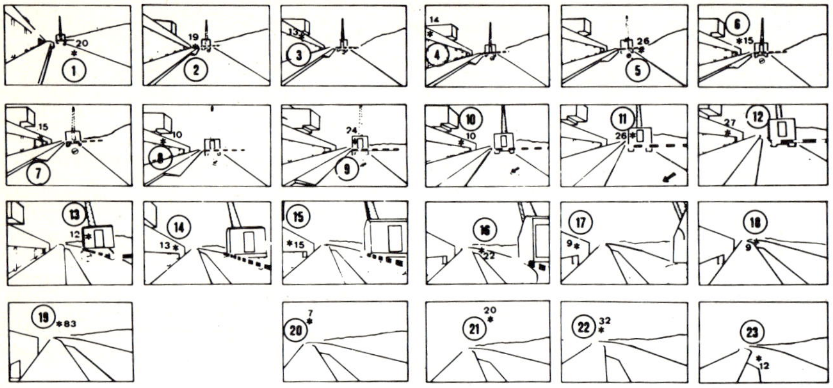

Abbildung 6: Die Sequenz der Blickfixationen von Vp Nr. 3 während der zweiten Durchfahrt bei der Baustelle

Ergebnisse

In den Abbildungen 1 bis 6 ist das sich ändernde Gesichtsfeld der Vpn beim Befahren der Teststrecke in einer Bildfolge schematisch dargestellt.

Für alle fünf Vpn ist die registrierte Sequenz der einzelnen Blickfixationen in dieser Bildfolge eingetragen (Abbildung 1 bis 5; Abbildung 6 zeigt die Blickfixationen von Vp Nr. 3 bei der zweiten Befahrung der Teststrecke). Die Reihenfolge der mit einem * bezeichneten Fixationsstellen ist aus der Laufnummer ersichtlich. Die Dauer der einzelnen Fixationen ist (in Zeiteinheiten von 20 msek.) angegeben. Durch Kopfbewegungen wurden zwei Fixationen außerhalb des dargestellten Bildausschnittes registriert. Diese sind zusammen mit der jeweiligen Fixationsstelle gesondert aufgezeichnet. Eine erste qualitative Beurteilung dieser Fixationssequenzen zeigt ihre Zweckmäßigkeit für die Lenkung des Fahrzeugs. Während die ersten Blickfixationen der Fahrt auf der Straße galten, wurde mit den folgenden die Auffahrt zum Bürgersteig und die Entfernung zwischen Wand und Kran „abgetastet". Nach der Durchfahrung des „Engpasses" konzentrierten sich die Fixationen auf die Abfahrtsrampe und auf die Informationsaufnahme für die Weiterfahrt auf der Straße. Am deutlichsten ist diese Abfolge von Fixationen bei der zweiten Testfahrt von Vp Nr. 3 (Abbildung 6) zu erkennen.

Die Resultate einer Auszählung der Fixationen (Abbildungen 1 bis 5) ist in Tabelle 1 zusammengefaßt. Für jede Vp und jedes Straßenelement ist die Anzahl der Blickfixationen (n), die gesamte Beobachtungszeit (t), die mittlere Fixationsdauer ($\bar{t}$) und die relative Beobachtungsdauer für jedes Straßenelement (t%) wiedergegeben.

Die Unterteilung der Blickfixationen aller Vpn auf die einzelnen Straßenelemente ist in Abbildung 7 dargestellt. Hier wird deutlich, was vor allem aus den Fixationssequenzen der Vpn Nr. 1, 3 und 4 vermutet werden konnte: Die größte Anzahl der Blickfixationen (30,1%) entfällt auf die „Rampe" (zwischen Bürgersteig und Straße), gefolgt von den Straßenelementen „Bürgersteig" (16,5%), „Straße" (15,8%), „Wand" (15,3%), „Sonstiges" (10,6%) und „Kran" (9,9%). Diese Reihenfolge entspricht auch der Rangfolge der Beobachtungszeiten (Tabelle 1).

		STRASSENELEMENT													
		Strasse		Rampe		Bürgersteig		Wand		Kran		sonstiges		Summe	
Vp. Nr.			in Sek.		in Sek.		in Sek.		in Sek.		in Sek.		in Sek.		in Sek.
Vp 1	n	5		12		8		2		0		0		27	
	t	101		217		99		40		0		0		457	
	$\bar{t}$	20.2	0.40	18.1	0.36	12.4	0.25	20.0	0.40	/		/		16.9	0.34
	t (%)	22.1		47.5		21.7		8.8		/		/			
Vp 2	n	3		7		3		2		6		9		30	
	t	66		126		33		50		126		172		573	
	$\bar{t}$	22.0	0.44	18.0	0.36	11.0	0.22	25.0	0.50	21.0	0.42	19.1	0.38	19.1	0.38
	t (%)	11.5		22.0		5.8		8.7		22.0		30.0			
Vp 3	n	8		10		4		0		1		2		25	
	t	115		186		67		0		15		35		418	
	$\bar{t}$	14.3	0.29	18.6	0.37	17.3	0.35	/		15.0	0.30	17.5	0.35	17.1	0.33
	t (%)	27.5		44.5		16.0				3.6		8.4			
Vp 4	n	6		9		10		2		3		1		31	
	t	133		286		209		112		90		28		858	
	$\bar{t}$	22.2	0.44	31.0	0.64	20.9	0.42	56.0	1.12	30.0	0.60	28.0	0.56	27.7	0.55
	t (%)	15.5		33.3		24.4		13.1		10.5		3.2			
Vp 5	n	2		5		5		10		4		4		30	
	t	45		110		71		243		56		72		597	
	$\bar{t}$	22.5	0.45	22.0	0.44	14.2	0.28	24.3	0.49	14.0	0.28	18.0	0.36	19.9	0.40
	t (%)	7.5		18.4		11.9		40.7		9.4		12.1			
TOTAL	n	24		43		30		16		14		16		143	
	t	460		925		479		445		287		307		2903	
	$\bar{t}$	19.2	0.38	21.5	0.43	16.0	0.32	27.8	0.56	20.5	0.41	19.2	0.38	20.3	0.41
	t (%)	15.8		31.9		16.5		15.3		9.9		10.6			

Tabelle 1: Anzahl der Fixationen (n) auf jede Kategorie, die Beobachtungsdauer (t), die mittlere Beobachtungsdauer ($\bar{t}$) und die relative Beobachtungsdauer (t%) jeder Vp auf jede der aufgestellten Kategorien der Straßenelemente

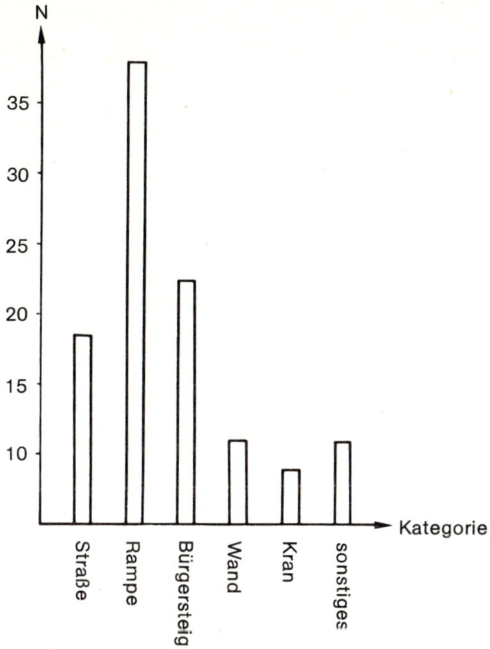

Abbildung 7: Die Anzahl der Blickfixationen (n) aller Vpn auf jedes der aufgestellten Straßenelemente

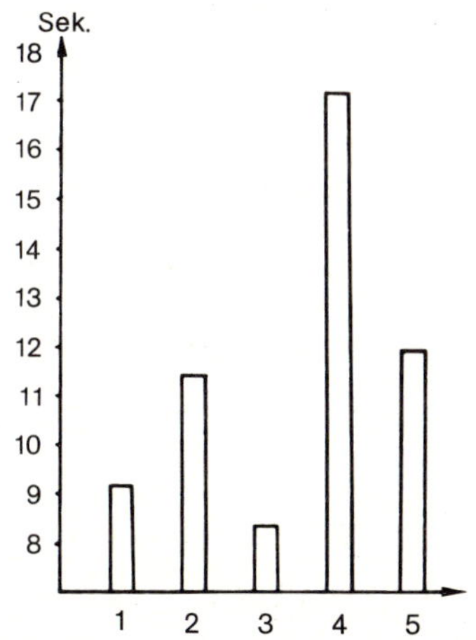

Abbildung 8: Die Durchfahrtsdauer jeder Vp bei der Baustelle

Die weitere statistische Bearbeitung der erhobenen Daten ergab die folgenden Resultate:

- Die mittleren Fixationszeiten variieren sowohl zwischen den Straßenelementen als auch zwischen den Vpn nur zufällig (Chi-Quadrat = 3,87, df = 5, $p > 0{,}05$ und respektive Chi-Quadrat = 3,85, df = 4, $p > 0{,}05$).

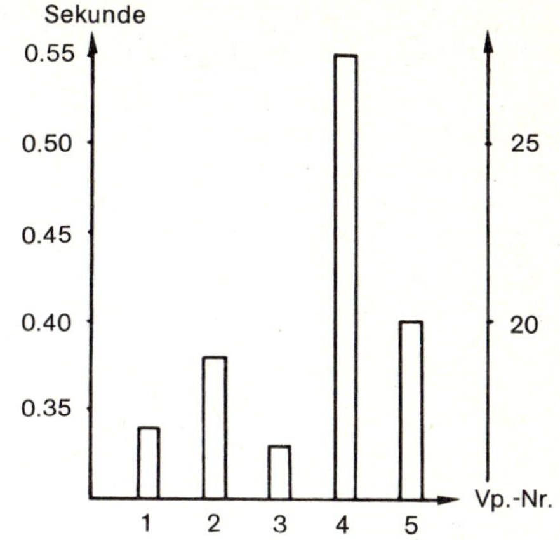

Abbildung 9: Mittlere Blickfixationsdauer jeder Vp während der Durchfahrt bei der Baustelle

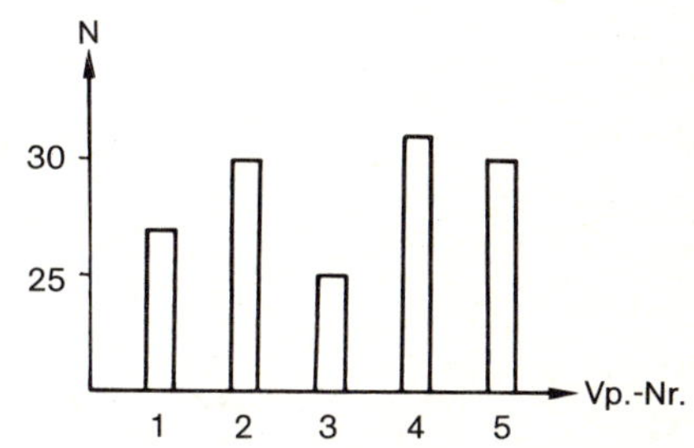

Abbildung 10: Die Gesamtzahl der Blickfixationen jeder Vp während der Durchfahrt bei der Baustelle

- Die für die Befahrung der Teststrecke notwendige Fahrzeit variiert zwischen den Vpn signifikant (Chi-Quadrat = 204,9, df = 4, $p < 0{,}01$). Sie lagen zwischen 8,7 und 17,2 Sekunden (Abbildung 8).
- Zwischen der Fahrtdauer und der Anzahl der Blickfixationen besteht ein signifikanter Zusammenhang (Rho = 0,97, $p < 0{,}05$). Je langsamer die Vp fuhr, mit desto mehr Blickfixationen schaute sie die Strecke an.
- Die von einer Vp benötigte Fahrzeit hängt nicht mit ihrer Fahrpraxis (Rho = 0,2), sondern vielmehr mit ihrer mittleren Fixationsdauer zusammen, die über allen Straßenelementen ermittelt wurde (Rho = 1,00, $p < 0{,}01$; Abbildungen 8 und 9). Je schneller eine Vp fuhr, desto kürzer war ihre mittlere Blickfixationsdauer.
- Trotz des signifikanten Unterschieds bezüglich der benötigten Fahrzeit unterscheidet sich die Gesamtzahl der Blickfixationen der Vpn nur zufällig voneinander (Chi-Quadrat = 8,00, df = 4, $p > 0{,}05$; Abbildung 10).

– Zwischen der Anzahl der Blickfixationen und der mittleren Blickfixationsdauer besteht eine Abhängigkeit (Rho = 0,97, p < 0,05). Je länger die mittlere Blickfixationsdauer war, desto mehr Blickfixationen richtete die Vp auf die Fahrbahn während der Durchfahrung.
– Vp Nr. 3 befuhr die Versuchsstrecke zweimal. Der Vergleich zwischen den Blickfixationssequenzen beider Fahrten weist auf eine unterschiedliche Blickstrategie hin (Abbildungen 3 und 6). Während diese Vp bei der ersten Durchfahrt die Wand foveal gar nicht anschaute und sehr nahe an diese heranfuhr, schaute sie während der zweiten Durchfahrt die Wand sehr häufig an. Dieses Mal fuhr die Vp langsamer und mit einem angemessenen Abstand von der Wand. Die Auszählung der beiden Sequenzen ergab einen signifikanten Unterschied für die Verteilung der Blickfixationen auf die Straßenelemente (Chi-Quadrat = 25,24, df = 5, p < 0,01).

Versuch 2: Untersuchung der Abhängigkeit zwischen Fahrgeschwindigkeit und der mittleren Blickfixationsdauer

Im ersten Versuch konnte ein Zusammenhang zwischen der mittleren Blickfixationsdauer ($\bar{t}$) und der Fahrgeschwindigkeit festgestellt werden. Ein zweiter Versuch sollte die Frage klären, ob dieser Zusammenhang, mit denselben Vpn, auch in einer anderen Versuchssituation nachgewiesen werden kann, oder ob er auf die Versuchsbedingungen zurückzuführen ist. Da im ersten Versuch der beobachtete Zusammenhang dahingehend gedeutet werden könnte, daß je nach Fahrgeschwindigkeit die Vpn pro Zeiteinheit verschieden große Informationsmengen verarbeiteten, soll im zweiten Versuch das Blickverhalten der Vpn auf einer redundanten Fahrstrecke, d.h. auf einer Straße mit äußerst geringem Informationsgehalt, untersucht werden. Für den Fall, daß der im ersten Versuch beobachtete Zusammenhang auf die Versuchsbedingungen zurückzuführen ist, wird er in diesem Versuch nicht mehr nachzuweisen sein.

Versuchsanordnung

Versuch Nr. 2 unterscheidet sich vom ersten Versuch durch die Wahl einer anderen Versuchsstrecke. Dieselben Vpn befuhren eine gerade Straße eines Wohnviertels, wobei das laterale Blickfeld der Vpn durch Bäume beschränkt war. Während auf der linken Seite Autos parkierten, war die rechte Seite frei. Die Blickbewegungen der Vpn wurden auf einer Strecke von ca. 500 m ausgewertet. Der Anfang der Teststrecke war durch einen Fußgängerstreifen, ihr Ende durch ein Verkehrsschild (Parkverbot) festgelegt. Kriterien für die Auswertung der aufgezeichneten Blickfixationen waren: 1. Blickfixationsdauer, 2. die Anzahl der Fixationen während des Befahrens der Teststrecke und 3. die Fahrzeit.

Ergebnisse

Die Fahrzeiten variieren zwischen 25,9 und 30,8 Sekunden und die mittlere Blickfixationsdauer zwischen 0,41 und 0,54 Sekunden (Tab. 2). Ein signifikanter Zusammenhang konnte weder zwischen der Fahrgeschwindigkeit und der mittleren Blickfixationsdauer (Rho = 0,80, p > 0,05) noch zwischen der mittleren Blickfixationsdauer und der Fahrpraxis der Vpn (Rho = –0,10) festgestellt werden. Auch zwischen der Fahrpraxis und der jeweiligen Fahrgeschwindigkeit (Rho = –0,05) bestand kein Zusammenhang. Zwischen den Vpn konnten weder für die Dauer noch für die Anzahl der Blickfixationen Unterschiede nachgewiesen werden. Die Vpn befuhren die Teststrecke mit nur zufällig voneinander abweichenden Geschwindigkeiten. Außerdem wurde bei keiner Vp für Versuch 1 und Versuch 2 ein signifikanter Unterschied bezüglich der Fixationsdauer festgestellt. Bei vier Vpn bestand jedoch die Tendenz zur Verlängerung der Blickfixationsdauer beim Befahren der geraden Straße, im Vergleich zur Baustelle, während bei einer Vp eine geringfügige Verkürzung eintrat (siehe Abb. 11).

	Vp 1	Vp 2	Vp 3	Vp 4	Vp 5
Anzahl der registrierten Blickfixationen	57	66	64	56	63
Mittlere Blickfixationsdauer (Anzahl der Bilder)	20,7	21,1	23,6	26,8	21,5
Mittlere Blickfixationsdauer (Sekunde)	0,41	0,42	0,47	0,54	0,43
Standardabweichung (Anzahl der Bilder)	9,9	10,3	12,5	13,3	9,9
Dauer der Durchfahrt (Sekunde)	25,9	28,1	30,8	30,1	22,1

Tabelle 2: Deskriptive Werte des Blickverhaltens jeder Vp beim Befahren einer geraden Straße

Der Vergleich der Resultate dieses Versuches mit denjenigen von Versuch 1 läßt folgende Schlüsse zu:
1. Die im ersten Versuch gefundene Beziehung zwischen der Fahrgeschwindigkeit und der mittleren Blickfixationsdauer läßt sich auf die experimentellen Bedingungen zurückführen. Dieser Zusammenhang ist nicht durch die Wahl der Stichprobe von Vpn entstanden.
2. Signifikante intraindividuelle Unterschiede hinsichtlich der mittleren Blickfixationsdauer wurden zwischen beiden Fahrten nicht beobachtet. Während die Vpn im ersten Versuch mit unterschiedlichen Geschwindigkeiten fuhren, befuhren sie die zweite Teststrecke annähernd gleich schnell. Wie diese beiden Beobachtungen vermu-

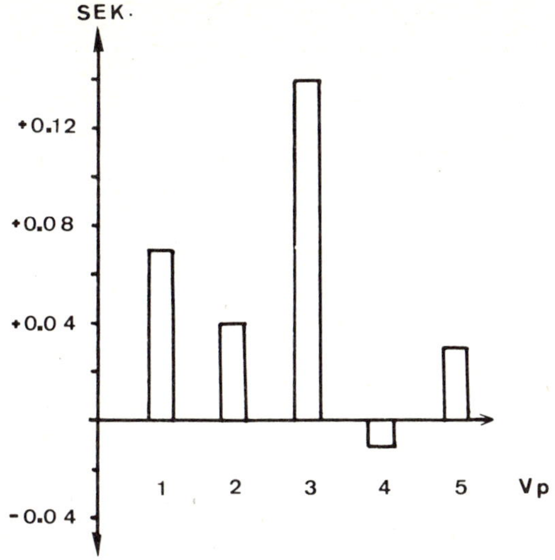

Abbildung 11: Differenz der mittleren Blickfixationsdauer jeder Vp zwischen dem Befahren einer geraden Straße und der Baustelle. Bei vier der fünf Vpn besteht eine geringe Tendenz zur Verlängerung der Blickfixationsdauer während der Fahrt auf die gerade Straße

ten lassen, kompensierten die Vpn ihre unterschiedliche Fähigkeit zur Informationsverarbeitung nicht durch die Änderung der Blickfixationsdauer, sondern durch die Änderung der Fahrgeschwindigkeit. Die Fahrgeschwindigkeit steht ihrerseits sowohl mit der Anzahl der Blickfixationen als auch mit ihrer mittleren Dauer in Zusammenhang.

Versuch 3: Laterale Verteilung der Blickfixationen beim Befahren einer geraden Straße

Im ersten Versuch wurde beobachtet, daß die „Wand" auf der linken Seite der Fahrbahn häufiger fixiert wurde als der „Kran" auf der rechten Seite der Fahrspur. Mit dieser Tatsache, wie auch mit dem von Dilling (1971) beschriebenen Versuch, drängt sich die Frage auf, ob die Tendenz zur Häufung der Blickfixationen auf der linken Seite der Fahrbahn auf eine asymmetrische Verteilung der Information um die Fahrspur zurückzuführen ist. Versuch 3 zielt darauf ab, die Blickfixationen beim Befahren einer Teststrecke zu analysieren, auf der mehr verkehrsrelevante Information auf der rechten Straßenseite zu erwarten sein wird. Ist die laterale Verteilung der Blickfixationen von der Lokalisierung der relevanten Information abhängig, so müßte für diese Teststrecke eine Häufung der Blickfixationen auf der rechten Seite der Fahrbahn zu erwarten sein. Besteht nur eine geringe oder gar keine Beziehung zwischen der lateralen Informationsverteilung und der beobachteten Tendenz, so werden sich die Fixationen auf der linken Seite häufen, wie bereits früher gefunden wurde.

Versuchsanordnung

Versuchsstrecke

Als Teststrecke wurde ein gerader Straßenabschnitt gewählt, der rechts der Fahrbahn durch Häuser, links aber durch ein übersichtliches und eingezäuntes Feld begrenzt wurde. Rechts der Fahrbahn waren damit wesentlich mehr potentielle verkehrsrelevante Informationen zu erwarten. So konnte jederzeit ein Anrainer (es war kein Bürgersteig vorhanden) die Straße betreten oder ein Wagen aus einer Garage herausfahren. Links der Straße konnte kein relevantes Ereignis eintreten. Die Versuchsstrecke begann, als die Vp ein festgelegtes Schild passierte, und endete der Auswertungsmethode entsprechend, nachdem 40 Blickfixationen registriert wurden.

Versuchspersonen

Da sich auf den für die ersten beiden Versuche registrierten Testfahrten keine für diese Anforderungen geeignete Versuchsstrecke befand, mußten mit einer zweiten Stichprobe von Vpn neue Testfahrten unternommen werden. Als Vpn stellten sich sechs Hochschulabsolventen im Alter zwischen 23 und 38 Jahren zur Verfügung, die über eine Fahrpraxis zwischen 5 und 19 Jahren verfügten. Das Ziel der Untersuchung war den Vpn nicht bekannt.

Auswertungsmethode

Dieser Versuch bezweckte die Beobachtung der lateralen Verteilung der Blickfixationen. Durch die verwendete Apparatur beschränkte sich der untersuchte Ausschnitt des Gesichtsfeldes auf einen lateralen Sehwinkel von je 15° seitlich der Medianebene.

Resultate

In Abbildung 12 ist die laterale Verteilung der Blickfixationen dargestellt. Daraus ist zu erkennen: auf dieser Teststrecke häuften sich die Blickfixationen auf der linken Seite. Von insgesamt 240 ausgewerteten Fixationen entfielen 174 auf die linke Seite (Chi-Quadrat = 48,60, df = 1, $p < 0{,}01$).

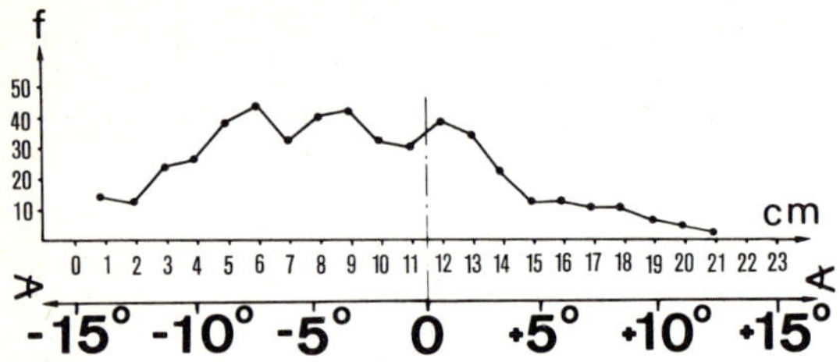

Abbildung 12: Lage der Blickfixationen im Bereich des registrierten Feldes beim Befahren einer geraden Straße. Die Abbildung zeigt die Verteilung der Blickfixationen in horizontaler Richtung

Damit kann angenommen werden, daß die Tendenz des Fahrers, der linken Seite des Blickfeldes mehr Aufmerksamkeit zu widmen, nicht allein auf eine asymmetrische Verteilung der potentiell verkehrsrelevanten Information zurückzuführen ist.

Diskussion

Mehr als die Hälfte der in Versuch 1 registrierten Blickfixationen beziehungsweise der Gesamtbeobachtungszeiten galten drei Straßenelementen, nämlich der „Rampe", der „Wand" und dem „Kran". Die Rampe trat zweimal in Erscheinung, vor der Auffahrt und der Abfahrt des Bürgersteiges. Obwohl dieses Straßenelement einen kleinen Teil der räumlichen Reizkonfiguration darstellte, wurde es am häufigsten betrachtet. Da die Rampe die Auf- und Abfahrt vom Bürgersteig erleichterte, bestimmte sie damit die Fahrspur, wodurch ihr eine besondere Bedeutung zukam. Weitere Blickfixationen entfielen auf die „Straße", den „Bürgersteig" und „Sonstiges". Die Straßenelemente wurden also weder ihrer physikalischen Größe noch ihrer „Attraktivität" entsprechend (z.B. der Kran) betrachtet. Vielmehr wurden jene Straßenelemente im zentralen Sehbereich erfaßt, die für die Weiterfahrt von Bedeutung waren. Die Bedeutung eines Straßenelementes für die Weiterfahrt dürfte somit für das Blickverhalten maßgebend sein. Dies könnte ein Hinweis auf die Tendenz sein, die für die Befahrung der Baustelle notwendige Information mit dem zentralen Sehen aufzunehmen. Diese Vermutung wird durch das Blickverhalten von Vp Nr. 3 unterstützt. Während sie die „Wand" bei der ersten Fahrt nie direkt anschaute und dann zu nah an diese heranfuhr, änderte sie bei der folgenden Fahrt ihre Blickstrategie. Diesmal fixierte sie häufig die „Wand". Da in dieser Fahrsituation, die eine komplexe Tracking-Aufgabe darstellt, detaillierte Informationsverarbeitung notwendig war, stehen diese Ergebnisse mit der Tatsache im Einklang, daß detaillierte Informationsaufnahme durch das zentrale Sehen erfolgt. Die Rolle des peripheren Sehens darf jedoch nicht unterschätzt werden, obwohl seine Bedeutung für eine zusätzliche Informationsaufnahme unbekannt ist. Während die Möglichkeit besteht, ein Fahrzeug mit Hilfe des peripheren Sehens auf einer geraden Straße zu lenken (Bhise und Rockwell, 1971), bleibt es undenkbar, diese Aufgabe mit ausschließlich zentralem Schema lösen zu können. Auch beim Befahren der Baustelle wurden vermutlich die potentiellen informationstragenden Elemente durch das periphere Sehen selegiert und damit die Aufmerksamkeit des Fahrers auf sie gelenkt. So wird die präzise Steuerung der Blickbewegungen, hinsichtlich Entfernung und Richtung nächstfolgender Fixationsstellen, durch das periphere Sehen ermöglicht. Eine weitere wichtige Bedeutung des peripheren Sehens wird in der Integration der in einzelnen Blickfixationen aufgenommenen Information gesehen. Gaarder (1975) nimmt aufgrund der temporären und räumlichen Diskontinuität der Blickfixationen an, die Reize würden in der Form von „‚package' of information" aufgenommen. Die diskret aufgenommene Information wird in eine interne kontinuierliche Repräsentation eingegliedert (Noton und Stark, 1971).

Die Vpn leisteten die gleiche Aufgabe in unterschiedlichen Zeitspannen, die Anzahl ihrer Blickfixationen unterschied sich aber nur zufällig. Diese Tatsache steht in Verbindung mit der These, daß in jeder Blickfixation ein nicht näher bestimmbares „Quantum" von Information aufgenommen wird, dessen Größe jedoch von Fixation zu Fixation variieren dürfte. Vermutlich benötigten verschiedene Vpn unterschiedliche Zeitspannen, um die gleiche Information in annähernd der gleichen Anzahl von Blickfixationen aufzunehmen. Die Resultate zeigten: Je schneller eine Vp fuhr, desto kürzer war ihre durchschnittliche Fixationsdauer. Demnach werden durchschnittlich kürzere Blickfixationen mit einer höheren Sehleistung korrespondieren. Unter Sehleistung wird ein Attribut der Verarbeitungskapazität des subjektiv kontinuierlich erlebten Informationsflusses verstanden. Für diese Interpretation sprechen folgende Tatsachen:

Mit zunehmender Ermüdung (Klauger und Smith, 1970; zit. n. Hoefner und Hoskovec, 1973) oder mit zunehmender Blutalkoholkonzentration (Belt, 1969; zit. ebda), also in solchen Situationen, in denen die Sehleistung beeinträchtigt wird, besteht die Tendenz zur Verlängerung der mittleren Blickfixationsdauer. Daraus läßt sich die Vermutung aufstellen; in objektiv gleich langen Fixationen können unterschiedliche Informationsmengen aufgenommen werden. Hier entsteht die Frage, wie die beobachteten interindividuellen Unterschiede zu erklären sind. Diese hängen sicherlich mit dem Kurzzeitgedächtnis zusammen, dessen Kapazität von der Kodierung der Reizkonfiguration abhängt. Je nach

Kodierungsstrategie, wie MILLER (1956) nachwies, kann man unterschiedliche Informationsgehalte („Informationsgehalt" wird im informationstheoretischen Sinne verwendet, worunter „Anzahl von bits" verstanden wird) im Kurzzeitgedächtnis speichern. Der im Kurzzeitgedächtnis gespeicherte Informationsgehalt steht in direktem Zusammenhang mit der Sehleistung, denn nur die im Kurzzeitspeicher aufgenommene Information ist für die Verarbeitung bereitgestellt. MILLER zeigte die Möglichkeit auf, annähernd sieben Superzeichen (chuncks) im Kurzzeitgedächtnis speichern zu können. Von der Kodierungsweise der Reizkonfiguration hängt es dabei ab, wie groß die insgesamt gespeicherte Information wird. Je mehr Informationsgehalt in jedem der Superzeichen enthalten ist, desto größer wird die insgesamt gespeicherte Information.

Dieser Zusammenhang zwischen der mittleren Blickfixationsdauer (die Spanne des Kurzzeitgedächtnisses erstreckt sich über wenige Blickfixationen) und der Fahrgeschwindigkeit konnte beim Befahren einer geraden Straße nicht beobachtet werden. Diese Tatsache steht aus den folgenden Gründen nur in einem scheinbaren Widerspruch mit den Beobachtungen aus Versuch 1:

1. Beim Befahren einer geraden Straße wurde die Fahrgeschwindigkeit nicht durch die Fähigkeit der Vp zur Informationsverarbeitung, sondern durch gesetzliche Bestimmungen festgelegt.
2. Die Straße war arm an neuer Information. Keine Vp mußte hier die Fahrgeschwindigkeit oder die Richtung ändern.
3. Die visuelle Verarbeitungskapazität der Vpn war in Versuch 2 nicht voll belastet, womit die Differenzierung zwischen den Vpn nicht möglich war.
4. Zusätzliche Information durfte bei der Befahrung der zweiten Teststrecke durch das periphere Sehen aufgenommen worden sein (vgl. BHISE und ROCKWELL, 1971).

Damit kann man den im ersten Versuch beobachteten Zusammenhang unter folgenden Voraussetzungen auf die experimentellen Bedingungen zurückführen: 1. unterschiedliche Sehleistungen können nur beim Vorhandensein großer und in kurzer Zeit zu verarbeitender Informationsmengen festgestellt werden (möglicherweise kennzeichnen sich Beinahe- oder Unfallsituationen dadurch, daß der Fahrer viel Information in äußerst kurzer Zeit zu verarbeiten hat, woraufhin eine adäquate sensomotorische Reaktion erfolgen soll); 2. die mittlere Blickfixationsdauer bleibt annähernd konstant. Bei der Umfahrung der Baustelle hatten sich damit die Vpn der Straßensituation durch die Änderung ihrer Fahrgeschwindigkeit und nicht durch die Änderung der Blickfixationsdauer angepaßt. Eine Vp, die im ersten Versuch schneller fuhr, konnte vermutlich die Reizkonfiguration ökonomischer kodieren als eine andere Vp, die die Baustelle langsamer passierte.

Die Beurteilung der Sequenzen von Blickfixationen muß in Relation mit der Tracking-Aufgabe gesehen werden, wobei ihre Pragmatik nicht übersehen werden darf. Allgemein kann gesagt werden: die über eine Stelle der Fahrbahn visuell aufgenommene Information muß vor dem Erreichen dieser Stelle verarbeitet werden. Befindet sich der Fahrer im Zeitpunkt „t" auf der Stelle „x", so lenkt er dort den Wagen aufgrund gespeicherter Information, während er in diesem Zeitpunkt neue Information für die Weiterfahrt aufnimmt. Der Lenker erstellt damit antizipatorische „Vorprogramme" für den folgenden Fahrabschnitt auf. Hinweise für dieses vorausplanende Blickverhalten des Fahrers kann man in den Abbildungen 1 bis 6 erkennen. Bevor die Vp z. B. die „Rampe" erreichte, hatte sie diese wiederholt angeschaut; bevor sie auf den Bürgersteig hinauffuhr, schaute sie schon die „Wand" (mit der erwähnten Ausnahme von Vp Nr. 3) und den „Kran" an.

Auf die Verteilung der Blickfixationen in horizontaler Richtung soll noch kurz eingegangen werden. Von den beiden seitlichen Hindernissen an der Baustelle wurde die links lokalisierte Wand häufiger als der rechts stehende Kran betrachtet. Diese Tendenz zu häufigeren Blickfixationen auf der linken Seite der Fahrbahn hatte DILLING (1971) beim Hinüberfahren von der rechten auf die linke Fahrspur an einer Autobahnbaustelle beobachtet. Wie in Versuch 3 gezeigt wurde, häuften sich die Blickfixationen auf der linken Seite des Gesichtsfeldes auch dann, wenn auf der rechten Straßenseite mehr verkehrsrelevante Information zu erwarten war. Offenbar ordnet der Fahrer dem linken Teil des Gesichtfeldes eine größere Bedeutung zu, die primär nicht durch die asymmetrische Informationsverteilung um die Fahrbahn erklärt werden kann. Möglicherweise hängt diese Tendenz mit der Kodierung von Reizkonfigurationen zusammen. Wie einige Untersuchungen über die Asymmetrie der Wahrnehmung zeigen, werden visuelle Reize hauptsächlich von links nach rechts kodiert (z. B. BRYDEN, 1966). So werden beim Befahren der geraden Straße Ereignisse auf der rechten Straßenseite vom Fahrer nach vermutlich erworbener Tendenz von links nach rechts kodiert. Die weitere Erforschung des asymmetrischen Blickverhaltens könnte wichtige Hinweise über die Kodierung visueller Reizkonfigurationen geben. Daraus dürften wiederum wichtige Anhaltspunkte für die Markierung bestimmter Straßenelemente sowie über die Lokalisationen von Verkehrsschildern u. ä. erwartet werden. Welche Rolle dabei der Sitzplatz des Autofahrers im Wagen spielt, müßte ebenfalls berücksichtigt werden.

Wie in dieser Arbeit gezeigt werden konnte, unterscheiden sich die Vpn bezüglich der Fähigkeit zur Informationsverarbeitung. Diese Unterschiede kommen aber nur dann zum Ausdruck, wenn die Vpn große Informationsmengen unter Zeitdruck zu verarbeiten hatten. Die Fähigkeit zur ökonomischen Informationsverarbeitung ist vielleicht einer der wesentlichen Komponenten für die visuelle Orientierung im Straßenverkehr. Verglichen mit dieser Fähigkeit scheint es hingegen von untergeordneter Bedeutung zu sein, ob ein Fahrer einen statischen und isolierten Reiz detailliert wahrnehmen kann. GRAMBERG-DANIELSEN (1967) weist darauf hin, daß Unfälle nicht eindeutig mit mangelnder Sehschärfe in Verbindung zu setzen sind. Er schreibt: „Auch bei (einem) Kollektiv konnte kein relevanter Unterschied hinsichtlich der Unfallhäufigkeit zwischen Fahrern mit Visus 0,6/0,6 und 1,0/1,0 mit und ohne Brille konstatiert werden.“ Ebenso geben manche Unfallbeteiligte an, daß sie zwar das kritische Objekt gesehen, aber nicht mehr rechtzeitig reagiert hätten. Es ist anzunehmen, daß von der statischen Sehschärfe, die zwar eine Voraussetzung ist, nicht auf die Fähigkeit zur rationellen Verarbeitung visueller Information geschlossen werden kann. Das sensomotorische Verhalten des Fahrers dürfte vielmehr mit der Fähigkeit zur dynamischen Integration diskreter Reize und damit verbunden mit Kodierungs- und Entkodierungsstrategien in Beziehung stehen.

Literatur

BELT, B.L. Driver eye movements as a function of low alcohol concentration. Columbus, Ohio: Ohio State University, Driving Res. Lab. Techn. Report, Juni 1969.

BHISE, V.D. & ROCKWELL, Th.H. Role of peripheral vision and time sharing in driving. Paper prepared in part for discussion of selected sections at American Association for Automotive Medicine. Colorado Springs, Colorado, 1971.

DILLING, J. Untersuchung der Augenbewegungen bei der Analyse des Fahrverhaltens. In: Forschungsges. f. d. Straßenwesen (Hrsg.): *Straßenbautagung in Berlin 1970,* S. 54–56, Köln, 1971.

GRAMBERG-DANIELSEN, B. *Sehen und Verkehr.* Berlin/Heidelberg/New York: Springer, 1967.

GAARDNER, K.R. *Eye movements, vision and behavior.* New York: Halsted Press Division of John Wiley & Sons, 1975.

HÖFNER, K.J. & HOSKOVEC, J. Registrierung von Blickbewegungen beim Autofahren – bisherige Forschungen. *Zeitschrift für Verkehrssicherheit,* 1973, *19,* 223–241.

KLAUGER, N.A. & SMITH, G.L. jr. Driver eye movement patterns under conditions of prolonged driving and sleep deprivation. Ohio State University. Unveröffentlichter Bericht, 1970.

MACKWORTH, N.H. & MORANDI, A.J. The gaze selects informative details within pictures. *Percept. & Psychophys.* 1967, 2, 247–255.

MILLER, G.A. The magical number seven, plus or minus two: Some limits on our capacity for processing information. *Psychol. Review,* 1956, *63,* 81–97.

MOURANT, N.H. & ROCKWELL, Th.H. Mapping eye movement on visual scene driving: An exploratory study. *Human Factors,* 1970, *12,* 81–87.

NOTON, D. & STARK, L. Eye movement and visual perception. *Scientific American,* 1971, *224,* (Juni), 34–43.

PÖPPEL, E. Über die Steuerung von Blickbewegungen. *Mitteilungen der Max-Planck-Gesellschaft,* Heft 4/1974, 267–281.

RITTER, M. Eine Untersuchung zur Persistenz der visuellen Wahrnehmung bei Blickbewegungen. Berichte aus dem Fachbereich Psychologie der Philipps-Universität, Nr. 45, Marburg/Lahn, 1975.

YARBUS, A.L. Eye movements and vision. Plenum, N.Y., 1967.

Klaus Holzkamp und Erich Perlwitz

Absolute oder relative Größenakzentuierung

Entnommen aus: Zeitschrift für experimentelle und angewandte Psychologie, 1966, 13, 390–405

Der folgende Untersuchungsbericht ist in erster Linie der Frage gewidmet, ob sich die Größenakzentuierung – der Begriff ist bereits vorab in der Einleitung zu diesem Abschnitt erläutert – auf jeden einzelnen wahrgenommenen Gegenstand auswirkt (absolute Größenakzentuierung) *oder lediglich auf wahrgenommene Unterschiede zwischen verschiedenen Gegenständen* (relative Größenakzentuierung). *Dieses Problem, welches die Autoren in den Vordergrund stellen, wird für den Leser, der sich erstmals eingehend mit einer Studie zum Akzentuierungsphänomen befaßt, zurückstehen hinter den Fragen: Wie ist das Akzentuierungsphänomen verursacht? Wie kann man es experimentell erzeugen? Wie groß sind die erzeugten Effekte? Antwort auf diese Fragen findet man in dieser Untersuchung, die es verdient, in Entwurf und Durchführung vorbildlich genannt zu werden.*
Auf den wesentlichen Vorzug der Untersuchung sei – obwohl auch die Autoren noch dazu Stellung nehmen – bereits hier ausdrücklich hingewiesen: Üblicherweise bietet man den Probanden in Akzentuierungsversuchen zwei (oder mehrere) verschiedene Gegenstände zur Beurteilung; der eine von ihnen hat für den Probanden einen größeren Wert, der (oder die) anderen einen geringeren Wert. Aber bei einem solchen Vorgehen läßt man in der Regel Gegenstände vergleichen, die sich außer durch die Wertvorstellungen, die sich mit ihnen verknüpfen, auch in anderen Merkmalen unterscheiden – z. B. durch die Größe (wie bei Münzen) oder durch die Farbe (wie bei Briefmarken). Man weiß dann nicht eindeutig: Gehen Änderungen in der Größenschätzung nun wirklich auf die unterschiedlichen Wertvorstellungen zurück oder auf Unterschiede anderer Art? Holzkamp *und* Perlwitz *ist dagegen eine Versuchsanordnung gelungen, in welcher alle Probanden denselben Gegenstand beurteilen und – je nach Einweisung des Versuchsleiters – hohe und niedrige Wertvorstellungen damit verbinden. (Die beobachteten Unterschiede können dann nur noch durch die verschiedenen Wertvorstellungen verursacht sein.) Wie die Autoren das bewerkstelligt haben, ist in ihrem Artikel beschrieben.*
Der Wert, den die Probanden Gegenständen beimessen, wird von den Autoren auch als Valenz *bezeichnet. Das verwandte Schätzverfahren beruht auf einem Vergleich zwischen dem zu beurteilenden Gegenstand, der immer gleich bleibt und deshalb als* konstanter Reiz *(im Sinne der Psychometrie) bezeichnet wird und einer Lochblende, deren Öffnung der Proband stufenlos verstellen kann, dem* variablen Reiz.
In dem Originalartikel beschäftigen sich die Autoren mit einem weiteren Spezialproblem: Wie weit entstehen Akzentuierungseffekte in der aktuellen Wahrnehmungs- und Beurteilungssituation stets aufs neue, und inwiefern gehen sie auf eine Akzentuierungsbereitschaft zurück, welche die Probanden auch über die aktuelle Erhebungssituation hinaus begleitet? Die Ausführungen zu diesem Spezialproblem sind in den folgenden Text nicht übernommen; vor allem dadurch ergeben sich größere Kürzungen.

Das Problem

Unter Größenakzentuierung versteht man in der social-perception-Forschung die Beeinflussung der Größenschätzung von Reizen durch auf die Reize bezogene Bedürfnis- bzw. Wertfaktoren. Der Begriff der Akzentuierung wurde von Bruner & Goodman (1947) in die psychologische Wissenschaftssprache eingeführt. Bruner & Goodman benutzten den Begriff bei der Interpretation ihrer bekannten Münzenschätz-Versuche. In diesen Versuchen meinten die Autoren nachgewiesen zu haben, daß der höhere Geldwert von Münzen bzw. das erhöhte Bedürfnis nach Geld zur Überschätzung der Größe der Münzen führt.
Die Beziehung zwischen „Wert" und „Bedürfnis" ist innerhalb der Akzentuierungs-Konzeption folgendermaßen zu präzisieren: Der „Wert" eines Objektes, etwa der einer Münze, führt natürlich nur soweit zu experimentellen Effekten, als er von den Vpn als subjektiver Wert erlebt wird. Der subjektive Wert ist aber selbstverständlich von der Bedürfnislage des Individuums abhängig.
Man kann den Objektwert, soweit er im Subjekt repräsentiert ist, mit dem Lewinschen Begriff als *Valenz* bezeichnen. Damit ist einmal ausgesagt, daß der „Wert" hier ein Wahrnehmungstatbestand i. w. S. ist, und zum anderen, daß der „Wert" von der Bedürfnislage des wahrnehmenden Subjektes abhängt.
Während in der ursprünglichen Akzentuierungs-Konzeption, wie sie Bruner & Goodman entwickelten, nur an die Möglichkeit einer *Überschätzung* von Objekten unter Valenz-Einfluß gedacht wurde, ist nach neueren Überlegungen und Befunden die Richtung der Akzentuierung offenzulassen: Sowohl die valenzbedingte Überschätzung wie die *valenzbedingte Unterschätzung* von Reizen werden als Größenakzentuierung bezeichnet (vgl. dazu Tajfel 1959 und Stayton & Wiener 1961).

In dem schon erwähnten Experiment von Bruner & Goodman (1947) und in einer Reihe anderer Untersuchungen wurde der Akzentuierungsbegriff auf jedes einzelne Reizobjekt angewendet: Es wurde z. B. angenommen, daß höherer Wert einer Münze bzw. erhöhtes Bedürfnis der Vpn nach Geld zu stärkerer Überschätzung der Größe einer Münze – unabhängig von der Darbietung weiterer Münzen – führt. Diese Akzentuierungs-Konzeption, die man später als *„absolute" Akzentuierung* bezeichnete, wurde demgemäß durch den subjektiven Gleichwert des variablen Reizes zu jeder Münze als konstantem Reiz operationalisiert.
Nach Fehlschlägen bei dem Versuch der neuerlichen experimentellen Realisation der Bruner-Goodmanschen Befunde (vgl. besonders Carter & Schooler 1949) ergänzte man die ursprüngliche Akzentuierungs-Konzeption, indem man der „absoluten" Akzentuierung die *„relative" Akzentuierung* an die Seite stellte (vgl. Bruner & Rodrigues 1953, McCurdy 1956, Tajfel 1957 u. 1959, Tajfel & Cawasjee 1959, Stayton & Wiener 1961). „Relative" Akzentuierung ist nicht die Veränderung der Schätzung eines einzelnen Objektes unter Wert- bzw. Bedürfniseinfluß, sondern die *Vergrößerung des geschätzten Unterschiedes* zwischen je zwei benachbarten Objekten innerhalb einer Serie von Objekten aufsteigender metrischer Größe unter der Bedingung, daß die Objekte der Serie gleich- oder gegensinnig kovariierend an Wert zu- bzw. abnehmen. Münzen etwa lassen sich, mit Ausnahmen, nach der Größe und nach dem Wert in zwei gleichsinnig kovariierende Reihen anordnen. Hier müßten nach dem Konzept der relativen Akzentuierung stärkere Größenunterschiede zwischen den in der Serie benachbarten Objekten wahrgenommen werden als etwa bei einer der Münzenserie metrisch entsprechenden Serie von Aluminiumscheiben, da diese Scheiben sich ja nur hinsichtlich der metrischen Größe, nicht aber auch kovariierend hinsichtlich des Wertes in eine Reihe ordnen lassen.
Die bisher vorliegenden Daten zum Konzept der aktuellen Akzentuierung werden gemeinhin zugunsten der Annahme einer relativen Akzentuierung interpretiert (vgl. Bruner & Rodrigues 1953, McCurdy 1956, Tajfel 1957 u. 1959, Tajfel & Cawasjee 1959 und Stayton & Wiener 1961). Bestimmte Daten, die zugunsten der Annahme einer absoluten Akzentuierung zu sprechen scheinen, werden demgegenüber in ihrer Bedeutung herabgesetzt (vgl. Tajfel 1957, Tajfel & Cawasjee 1959, Tajfel & Winter 1963).
Das Experiment, über das wir hier berichten werden, führt die Reihe der Münzenschätz-Versuche zum Akzentuierungs-Problem fort. Es soll ein Beitrag zu dem Problem werden, *ob das Konzept der relativen Akzentuierung tatsächlich dem Konzept der absoluten Akzentuierung unter empirischen und theoretischen Gesichtspunkten so überlegen ist, wie man heute annimmt.*

Versuchsanordnung

Ein schwieriges Problem bei allen Münzenschätz-Versuchen zur Akzentuierung ist die Ausschaltung von Verschiedenheiten der wahrnehmbaren Beschaffenheit der Münzen und der wertneutralen Kontrollobjekte. In den älteren Experimenten etwa von Bruner & Goodman (1947), Carter & Schooler (1949) und Bruner & Rodrigues (1953) hat man nichts zur Lösung dieses Problems getan. Kontrollobjekte für die Münzen waren hier gleichgroße Pappscheiben oder Aluminiumscheiben. Man hatte demgemäß dem Einwand nicht viel entgegenzusetzen, daß die Abweichungen der Größenschätzung der Münzen von der Größenschätzung der Kontrollobjekte statt auf Verschiedenheiten der Valenz auch auf Verschiedenheiten der wahrnehmbaren Beschaffenheit der Objekte zurückgeführt werden könnten. In einigen neueren Experimenten hat man versucht, diesem Argument vorzubeugen. Vroom (1957) arbeitete z. B. mit stark abgegriffenen Münzen, um eine möglichst weitgehende Annäherung zwischen Münzen und Kontrollobjekten zu erreichen. Tajfel & Cawasjee (1959) nahmen als Kontrollobjekte möglichst ähnliche fremdländische, für die Vpn wertlose Münzen gleicher Größe und boten zur Sicherung der Befunde zudem die Vorder- und die Rückseite der Münzen dar. Mit solchen Bemühungen ist zwar sicher eine Reduzierung, jedoch keine völlige Ausschaltung der möglichen Wirkung von Verschiedenheiten der Valenz- und der Kontrollobjekte erreicht.
Wir versuchten, Reizverschiedenheiten zwischen Valenz- und Kontrollobjekten auf folgende Weise auszuschalten: Wir klebten an die Innenseite der Mattscheibe (17,5 x 17,5 cm) eines Lichtkastens ein kreisrundes Kartonstück in der Größe einer Fünfmarkmünze (29 mm Durchmesser). Der Lichtkasten wurde als konstanter Reiz sowohl für die Münzen-Schätzungen wie für die Kontroll-Schätzungen benutzt. Im ersten Falle wurde den Vpn gesagt, der Kreis auf der Mattscheibe sei das Schattenbild eines Fünfmarkstückes; im zweiten Fall wurde ihnen gesagt, der Kreis sei das Schattenbild einer Pappscheibe. Durch diese „Schattenbild"-Anordnung sollte die Variation der Objektvalenz bei streng identischer Reizanordnung erreicht werden.
Da wir ja die Annahme einer absoluten Akzentuierung, also der Akzentuierung ohne irgendwelche Serieneffekte auf die Schätzurteile, nachweisen wollten, wurde als konstanter Reiz nur der eben geschilderte Lichtkasten mit der fünfmarkstückgroßen Silhouette, und zwar in der „Fünfmarkstück"-Version und in der „Pappscheiben"-Version dargeboten.
Das Problem, wie der variable Reiz beschaffen sein solle, hat in der Vergangenheit einige Kontroversen ausgelöst.
Wir ließen – nach einer Reihe von erfolglosen Konstruktio-

nen – schließlich in einer Sonderanfertigung eine 31segmentige Irisblende herstellen und bauten sie in einen Lichtkasten ein. Als Mattscheibe diente eine graue Kunststoff-Folie. Hinter der Blende befand sich ein 100-Watt-Projektor. Zwei 25-Watt-Lampen beleuchteten die Mattscheibe von vorn. Auf diese Weise sollten Nebenlicht-Effekte aus der Apparatur, Schattenbildungen durch Raumlicht-Einwirkung sowie die Entstehung von Nachbildern verhindert werden. Mit unserer Anordnung ließ sich ein anschaulich völlig kreisrunder, in der Größe veränderlicher, durchgehend sehr scharf abgebildeter Lichtfleck erzeugen. Der eingestellte Durchmesser des Lichtkreises war an einer an der Hinterwand des Kastens angebrachten Skala abzulesen.
Da – wie Vorversuche zeigten – der sonst übliche Einstellknopf an der Seite des Lichtkastens zu störenden Response-Einflüssen auf das Schätzurteil führt, wurde an unserem Apparat die Blende durch einen zweiseitig drehenden Elektromotor verändert. Der Motor wurde durch eine nahezu punktgenau bremsende Fernsteuerung bedient. Die Größenvariation der Blende war so stets gleichförmig und konnte durch einfachen Knopfdruck beliebig unterbrochen bzw. in der Richtung geändert werden. Der Abstand der Vp zur Reizkonstellation war durch die Fernsteuerung konstant zu halten.
Die Versuche wurden in einem gegen Tageslicht abgedunkelten Raum bei eingeschalteter Deckenbeleuchtung durchgeführt. Die Vpn waren ca. 80 cm von der Reizanordnung entfernt, und zwar auf der Mittellinie zwischen den beiden eng nebeneinanderstehenden Geräten: dem Lichtkasten mit dem konstanten Reiz (links) und dem Lichtkasten mit dem variablen Reiz. Die Reize befanden sich etwas unter Augenhöhe.
Die subjektiven Gleichwerte zwischen konstantem Reiz und variablem Reiz wurden von den Vpn nach der Herstellungsmethode mit zwei Durchgängen jeweils in aufsteigendem Verfahren (minimale Blendenöffnung 12,5 mm) und absteigendem Verfahren (maximale Blendenöffnung 43,1 mm) eingestellt.

Versuchsablauf

Es wurden im ganzen 274 männliche Schüler im Alter von 10 bis 13 Jahren aus Volksschulen in Berlin-Kreuzberg in Einzelversuchen untersucht. Wir führten Unterschiedsprüfungen zwischen unabhängigen Stichproben sowie intraindividuelle Unterschiedsprüfungen zwischen abhängigen Stichproben durch.
Die Kinder wurden vor dem Experiment – und bevor sie den Versuchsraum betraten – über die Entstehung von Schattenbildern informiert. Der Vl überzeugte sich vom Vorhandensein der Einsicht, daß gleichgroße Gegenstände bei sonst gleichen Bedingungen auch gleichgroße Schatten werfen.
Wir geben jetzt die Instruktionen wieder, die die Kinder erhielten, sofern unabhängige Stichproben verglichen werden sollten:
Experimentalgruppen: „Du wirst im Lichtkasten den Schatten eines Fünfmarkstückes sehen."
Kontrollgruppen: „Du wirst im Lichtkasten den Schatten einer Pappscheibe sehen."
Experimental- und Kontrollgruppen: „Laß' den Lichtkreis auf diesem Gerät von gleicher Größe sein wie den Schattenkreis. Die genaue Einstellung erreichst du mit Hilfe dieses Schalters. Wenn du auf diesen Knopf drückst, wird der Kreis größer. Wenn du auf diesen Knopf drückst, wird der Kreis kleiner. Du kannst jeden Schalter so oft bedienen, wie du willst. Gib dir Mühe, bis du erreicht hast, daß beide Kreise gleich sind. Wenn du sicher bist, daß das geschehen ist, sage ‚jetzt'."
Bei den Vpn, die die Grundlage für intraindividuelle Unterschiedsprüfungen bilden sollten, lief der Versuch folgendermaßen ab: Einem Teil der Vpn wurde der konstante Reiz zunächst in der „Fünfmarkstück"-Version dargeboten, einem anderen Teil der Vpn in der „Pappscheiben"-Version. Die Vpn erhielten demgemäß entweder zunächst die „Fünfmarkstück"-Instruktion oder die „Pappscheiben"-Instruktion. Dann wurden die Schätzungen durchgeführt. Nachdem dieser Versuchsteil abgeschlossen war, wurden die Vpn noch einmal instruiert. Der Vl zeigte einen Schraubenzieher und erklärte, daß er damit den Lichtkasten (mit dem konstanten Reiz) öffnen könne. Er lockerte zwei zu diesem Zweck angebrachte Schrauben, während er an der Hinterseite des Gerätes stand. Dann stellte er den Lichtkasten hinter den Versuchstisch und entzog ihn so der Sicht der Vp. Er sagte, daß er jetzt das Fünfmarkstück (bzw. die Pappscheibe) auswechseln wolle; er werde nun eine Pappscheibe (bzw. ein Fünfmarkstück) von innen an die Mattscheibe kleben. Einziges sichtbares Requisit hierbei war eine Tube Alleskleber. Der Lichtkasten wurde dann wieder auf den Tisch gestellt und der Vl zog vor den Augen der Vp die Schrauben fest. Die damit beabsichtigte Änderung der Wahrnehmungseinstellung wurde – wie Interviews ergaben – bei allen Kindern erreicht. In Wirklichkeit war an dem Lichtkasten, abgesehen von dem Lockern und Wiederfestziehen der Schrauben, nichts geändert worden. Nach der zweiten Instruktion wurden nun nochmals Größenschätzungen – jetzt des vermeintlichen Schattenbildes der Pappscheibe bzw. des vermeintlichen Schattenbildes des Fünfmarkstückes – durchgeführt.

Ergebnisse

Der Auswertung wurde das arithmetische Mittel aus der „aufsteigenden“ und der „absteigenden“ Schätzung des Reizobjektes zugrunde gelegt.
Wir schildern zunächst die Befunde des Vergleichs zwischen *unabhängigen Stichproben*, wobei eine Stichprobe jeweils unter der „Fünfmarkstück“-Instruktion und eine andere unter der „Pappscheiben“-Instruktion untersucht wurde.
Die beiden Stichproben hatten einen Umfang von je N = 50. Das arithmetische Mittel der „Pappscheiben“-Schätzungen betrug 28,6 mm (metrische Größe des Lichtkreises 29 mm). Das arithmetische Mittel der „Fünfmarkstück“-Schätzungen betrug 29,8 mm. Der Unterschied der zentralen Tendenz der beiden Verteilungen war – geprüft mit dem Mann-Withney U test – auf dem 1%-Niveau signifikant.
Wir kommen nun zu den Befunden des *intraindividuellen Vergleichs zwischen abhängigen Stichproben.* Hier führte – wie berichtet – jede Vp zweimal Schätzungen durch, und zwar unter der „Fünfmarkstück“-Instruktion und unter der „Pappscheiben“-Instruktion.
Bei einer Stichprobe von N = 29 wurde die *„Fünfmarkstück“-Instruktion vor der „Pappscheiben“-Instruktion* gegeben. Das arithmetische Mittel der „Pappscheiben“-Schätzungen betrug 28,9 mm. Das arithmetische Mittel der „Fünfmarkstück“-Schätzungen betrug 29,7 mm. Der Unterschied der zentralen Tendenz der beiden abhängigen Stichproben war – geprüft mit dem WILCOXON-Test – auf dem 1%-Niveau signifikant.
Bei einer Stichprobe von N = 35 wurde die *„Pappscheiben“-Schätzung vor der „Fünfmarkstück“-Schätzung* durchgeführt. Hier betrug das arithmetische Mittel der „Pappscheiben“-Schätzungen 28,3 mm und das arithmetische Mittel der „Fünfmarkstück“-Schätzungen 29,1 mm. Der Unterschied der zentralen Tendenz der beiden abhängigen Stichproben war auf dem 1%-Niveau signifikant.

Diskussion

Unsere Hypothese, daß sich bei Münzenschätz-Versuchen der Effekt der aktuellen Akzentuierung „absolut“, d. h. an einem einzelnen Wahrnehmungsobjekt – ohne Anwesenheit einer Reizserie von Objekten unterschiedlicher metrischer Größe – nachweisen läßt, hat sich vollauf bestätigt. Die Befunde sind von einer bei dieser Art von Experimenten sonst kaum anzutreffenden Eindeutigkeit. Der anfangs erwähnte Umstand, daß sich bisher die absolute Akzentuierung nur schwer experimentell nachweisen ließ, ist möglicherweise auf zu wenig rigorose Bedingungskontrolle und/oder zu kleinen Stichprobenumfang zurückzuführen.

Wir stellen uns nun die Frage, ob es zweckmäßig ist, neben dem Konzept der absoluten Akzentuierung, das sich in unserer Untersuchung empirisch bewährt hat, noch ein Konzept der relativen Akzentuierung als selbständigen Ansatz beizubehalten. Unserer Auffassung nach ist die Verdoppelung des Konzeptes der Akzentuierung überflüssig, weil sich die relative Akzentuierung auf die absolute Akzentuierung zurückführen läßt. Zur Begründung dieser Auffassung nehmen wir die folgende schematische Darstellung zu Hilfe:

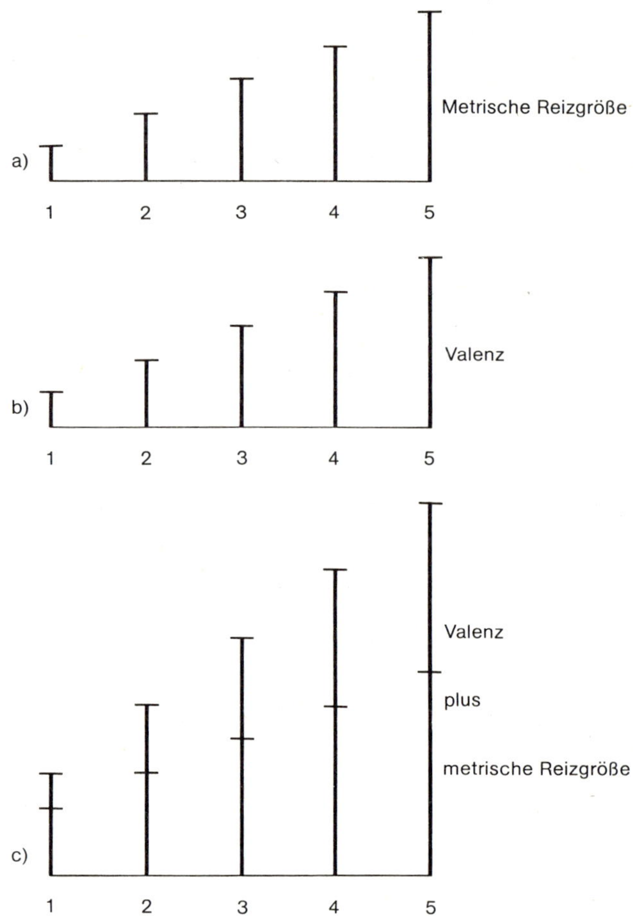

Wir gehen von der im Konzept der aktuellen relativen Akzentuierung gemachten Annahme aus, daß in einer Reizserie die metrische Größe und die Valenz (der Einfachheit halber gleichsinnig) kovariieren. In Abbildung a ist die anwachsende metrische Größe einer Serie von Reizen 1 bis 5 schematisch wiedergegeben, in Abbildung b die gleichsinnig anwachsende Valenz, etwa bedingt durch steigenden numerischen Wert, wenn es sich bei den Objekten um Geldmünzen handelt. In Abbildung c gehen wir nun von der Voraussetzung aus, daß kein besonderer „relativer" Vergrößerungseffekt durch die Darbietung der ganzen Reizserie entsteht, sondern daß sich einfach bei jedem einzelnen Reiz die metrische Reizgröße und die Valenz als Determinanten der Größenschätzung summieren. Mit der in Abbildung c repräsentierten Überlegung lassen sich nun sowohl der absolute wie der vermeintliche relative Akzentuierungseffekt erklären: Einmal ist hier die Annahme gemacht, daß das Objekt c 1 größer geschätzt wird als das Objekt a 1, das Objekt c 2 größer als das Objekt a 2 usw. (absolute Akzentuierung). Weiter wird aber auch die Annahme gemacht, daß die *Differenz* zwischen den Objekten c 1 und c 2 größer geschätzt wird als die Differenz zwischen den Objekten a 1 und a 2, die Differenz zwischen den Objekten c 2 und c 3 größer als die Differenz zwischen den Objekten a 2 und a 3 usw. (vermeintliche relative Akzentuierung). Dieser Ansatz erklärt also *sowohl die Größereinschätzung von valenzbesetzten Objekten im Vergleich zu metrisch gleichgroßen neutralen Objekten wie auch die Überverdeutlichung des Größenunterschiedes von Objekten wachsender metrischer Größe und wachsender Valenz im Vergleich zu Objekten, die nur in der metrischen Größe anwachsen, und zwar ausschließlich mit dem Konzept der absoluten Akzentuierung. Das Konzept der relativen Akzentuierung wäre mithin nach dem Sparsamkeitsprinzip fallenzulassen.*

Literatur

Bruner, J. S. & Goodman, C. C. Value and need as organizing factors in perception. *J. abnorm. soc. Psychol.,* 1947, 42, 33–44.

Bruner, J. S. & Rodrigues, J. S. Some determinants of apparent size. *J. abnorm. soc. Psychol.,* 1953, 48, 17–24.

Carter, L. F. & Schooler, K. Value, need, and other factors in perception. *Psychol. Rev.,* 1949, 56, 200–207.

McCurdy, H. G. Coin perception studies and the concept of schemata. *Psychol. Rev.* 1956, 63, 160–168.

Stayton, S. E. & Wiener, M. Value, magnitude, and accentuation. *J. abnorm. soc. Psychol.,* 1961, 62, 145–147.

Tajfel, H. Value and the perceptual judgment of magnitude. *Psychol. Rev.,* 1957, 64, 192–204.

Tajfel, H. Quantitative judgment in social perception. *Brit. J. Psychol.,* 1959, 50, 16–29.

Tajfel, H. & Cawasjee, S. D. Value and the accentuation of judged differences: A confirmation. *J. abnorm. soc. Psychol.,* 1959, 59, 436–439.

Tajfel, H. & Winter, D. G. The interdependence of size, number and value in young children's estimates of magnitude. *J. genet. Psychol.,* 1963, 102, 115–124.

Vroom, V. H. Effect of design on estimation of size of coins. *Canad. J. Psychol,* 1957, 11, 89–92.

5 Handlung und Sprache

Der Mensch wirkt in seine Umwelt hinein; er verändert sie durch sein Handeln und kann sie durch eigenes Handeln auch vor Veränderung bewahren. Auf seine eigene Person kann er ebenfalls Einfluß nehmen.

Es gibt nicht-sprachliche Tätigkeiten, mit deren Hilfe der Mensch Einfluß auf seine Umgebung nimmt – wie das Heben, Tragen und Werfen. Daneben gibt es die sprachlichen Tätigkeiten – wie das Sprechen und Schreiben. Sprachliche Tätigkeiten bringen Wahrnehmungen, Ideen, Vorstellungen und Erwartungen eines Sprechers (oder Schreibers) zum Ausdruck. Sie erzeugen damit Nachrichten und Botschaften. Diese Nachrichten und Botschaften benutzen Zeichen und Wörter und sind nach den Regeln einer Sprache abgefaßt. Eine Wirkung entfaltet die sprachliche Tätigkeit nur, wenn sie auf einen Partner trifft, der mit den verwandten Zeichen, Wörtern und Sprachregeln vertraut ist. Dann verändert die Übermittlung der Nachricht seinen Kenntnisstand. Nachrichten und Botschaften sind symbolische Darstellungen; Veränderungen der Wirklichkeit rufen sie deshalb erst durch ihre Wirkung auf den Empfänger der Nachricht hervor.

Anders die nicht-sprachlichen Tätigkeiten: Sie greifen unmittelbar in die Wirklichkeit ein. Das ist etwa bei körperlicher Arbeit der Fall. Dabei wird unter anderem menschliche Kraft auf Gegenstände übertragen und verformt oder verlagert diese. Der betroffene Gegenstand braucht dabei nicht aktiv zu werden; auch das Verständnis eines Partners ist dabei nicht vonnöten.

Der zunächst folgende Bericht des deutschen Psychologen Hansgeorg BARTENWERFER ist Untersuchungen zur (nicht-sprachlichen) Arbeitstätigkeit gewidmet und behandelt die Erfassung der Beanspruchung durch geistige und körperliche Arbeit. Ein weiterer Beitrag stammt von einem engagierten Vertreter der Psychoanalyse, Wolfram ELLWANGER. Er versucht, am Beispiel von zwei Geschichten aus dem „Struwwelpeter" zu belegen, wie vieldeutig der sprachliche Ausdruck oft ist und daß sich unter dem Deckmantel einer belanglos-erheiternden Oberfläche die Darstellung mächtiger Triebe und bedrohlicher Konflikte verbergen kann. ELLWANGER setzt damit eine tiefenpsychologische Tradition fort, welche über das sprachliche Kunstwerk und über die volkstümliche Erzählung den Zugang zum Unbewußten sucht.

Hansgeorg Bartenwerfer

Über Art und Bedeutung der Beziehung zwischen Pulsfrequenz und skalierter psychischer Anspannung

Entnommen aus: Zeitschrift für experimentelle und angewandte Psychologie, 1963, 10, 455–470

Die Leistung eines Menschen kann man praktisch nie als rein geistig oder als rein körperlich betrachten. Jedes (nach außen gerichtete) Handeln schließt Muskelarbeit, motorische Tätigkeit, *und* geistige Beanspruchung, *vor allem Planen und Entscheiden, gleichzeitig ein. Beides zusammen bestimmt den Grad der Gesamtbeanspruchung, der* psychischen Anspannung. Bartenwerfer *beschreibt, wie sich die psychische Anspannung mit der Tätigkeit, dem Zustand des Betroffenen und seiner Umgebung verändert. Er schildert auch zwei Methoden, den Grad der psychischen Anspannung zu erfassen: Erstens über das Urteil der Betroffenen und zweitens über die Messung der mit der Arbeit einhergehenden physiologischen Aktivität; vor allem die Pulsfrequenz dient ihm als Anzeiger, als* Indikator *der Höhe psychischer Anspannung.*
Der Versuch, die psychische Anspannung im Urteil der Probanden zu ermitteln, führt zu Methoden der Psychometrie, *der Messung psychischer Eigenschaften, und speziell zur Technik des* psychometrischen Skalierens, *das heißt des Abbildens subjektiver Urteile auf Skalen. Der Autor bevorzugt dabei* Intervallskalen, *das sind Skalen, auf denen die Größe der Einheiten jeweils gleich ist. (Eine solche Konstanz ist bei subjektiven Urteilen keine Selbstverständlichkeit.)*
Bartenwerfer *hat in mehreren Versuchsreihen die psychische Beanspruchung bei verschiedenen Tätigkeiten gemessen. Für Leser, die sich gerade erst mit der Psychologie vertraut machen, bedarf der erwähnte* Pauli-Test *einer zusätzlichen Erläuterung. Im Test nach* Pauli *werden den Probanden lange Reihen mit einstelligen Zahlen vorgelegt; der Proband muß jeweils zwei untereinander angeordnete Zahlen addieren (z.B. 4 + 5 = 9) und das Ergebnis aufschreiben. Die Tätigkeit des Addierens ist für die meisten Erwachsenen recht einfach. Sie wird aber beschwerlich, wenn sie unter Zeitdruck und über längere Zeit hinweg ausgeführt wird; daher prüft der* Pauli-*Test vorwiegend die Ausdauer und Belastbarkeit und weniger die Rechenfertigkeit. Das ebenfalls erwähnte* Ergometer *ist hier ein Gerät, auf dem man wie auf einem Fahrrad sitzt und mit den Füßen Pedalen in eine Drehbewegung versetzt; dabei kann die Geschwindigkeit des Tretens variiert werden und die Bremskraft, die beim Treten zu überwinden ist.*
Der Artikel von Bartenwerfer *ist (in einer leicht gekürzten Fassung) vor allem aus zwei Gründen für den Abdruck in diesem Band ausgewählt worden: Erstens, weil er einen Eindruck von mehreren in der Arbeitspsychologie häufig untersuchten Tätigkeiten gibt, und zweitens, weil er die Beziehung von motorischer und physiologischer Aktivität veranschaulicht.*

Ausgangspunkte für die Beschäftigung mit der Beziehung zwischen Pulsfrequenz und skalierter psychischer Anspannung waren Überlegungen aus der Psychologie der Übung und Gewöhnung sowie der Monotonie:
1. Führt eine Person erstmalig eine unbekannte Tätigkeit aus und gibt sie sich dabei Mühe, so wird sie bei einer Frage nach der inneren Angespanntheit wahrscheinlich berichten, daß sie sich zunächst viel angespannter fühlte als später bei fortgeschrittener Geübtheit und Gewöhnung. Beherrscht sie die Tätigkeit „wie im Schlaf", so wird eine Beurteilung des Erlebniszustandes in der Dimension „innere Angespanntheit/Entspanntheit" zur Seite der Entspanntheit neigen, falls sie sich nicht zugleich einer Nebentätigkeit zuwendet. Bezogen auf die Menge und Güte der Leistung, ist ein relatives Absinken des Grades der „inneren Angespanntheit" mit fortschreitender Übung und Gewöhnung die Regel.
2. Es ist seit langem bekannt, daß bei einem fortgeschrittenen Monotoniezustand in der Regel eine Entspanntheit, etwa wie kurz vor dem Einschlafen, erlebt wird (z. B. H. Düker 1931, E. Bramesfeld und H. Jung 1932). Personen, die sich in einem tiefen Monotoniezustand befanden, berichten anschließend, daß sie zeitweilig fast eingeschlafen waren und sich erst einen inneren Ruck geben mußten, um wieder wach und leistungsfähig zu sein (H. Bartenwerfer 1957).
Indikatoren für den Zustand des inneren Angespannt- oder Entspanntseins können also unter bestimmten Bedingungen interessante Hinweise auf Ausprägungsgrade einer Einarbeitung oder eines Monotoniezustandes geben. Dabei handelt es sich im Grunde um Beiträge zur Psychologie der „Aufmerksamkeit".
Hier wäre jedoch zu klären, warum nach besonderen *Indikatoren* gefahndet werden soll, wenn über Grade der inneren Angespanntheit Aussagen von Vpn zu erhalten sind, die sich vielleicht sogar psychometrisch skalieren lassen. – Das Hervorrufen von Aussagen (z. B. durch Befragen) wird jedoch in vielen Fällen den Prozeß stören, der untersucht werden soll. Wenn man etwa an eine Person, die sich in einem Monotoniezustand befindet, eine Frage richtet, so verfliegt die Monotonie sofort. Schon die bloße Anwesenheit einer zweiten Person im gleichen Raum kann das Entstehen eines Monotoniezustandes verhindern. Es sind daher Indikatoren des Grades der inneren Angespanntheit von Interesse, die die zu untersuchenden Zustände möglichst wenig stören.
Am ehesten kommen in diesem Falle *physiologische Indika-*

toren in Frage, weil bei Leistungsindikatoren in der Regel nicht zu erwarten ist, daß sie monoton (hier im mathematischen Sinne) mit dem Erlebnis des Angespanntheitsgrades steigen und fallen. Es ist hier an die Beziehung zwischen dem Aktiviertheitsniveau (level of activation) und verschiedenen Leistungen zu denken, die in graphischen Darstellungen oft die Form eines umgekehrten „U" annimmt (G. L. FREEMAN 1940, E. DUFFY 1951, R.G. STENNET 1957, R.B. MALMO 1959 u.a.).

Aus einer Reihe physiologischer Merkmale wurde nach Literaturstudien sowie nach versuchstechnischen und ökonomischen Erwägungen die Frequenz des Herzschlages ausgewählt und im Hinblick auf die Brauchbarkeit als Indikator des Erlebnisses der Angespanntheit untersucht.

Die ersten Versuchsreihen waren so aufgebaut, daß die gleiche Gruppe von Vpn nacheinander Versuchsbedingungen unterworfen wurde, bei denen in evidenter Weise Unterschiede im Erlebnis des Grades der Angespanntheit zu erwarten sind. Körperliche Faktoren, die mit Pulsfrequenzänderungen in Beziehung stehen, wurden möglichst konstant gehalten. Die Tab. 1 zeigt den Aufbau und die wichtigsten Ergebnisse dieser Versuche (H. BARTENWERFER 1960).

Unterschiede der inneren Angespanntheit wurden bei diesen Versuchsreihen nur stichprobenartig erfragt. Es zeigte sich bei durchschnittlich höherer Anspannung im Gruppenmittel stets eine höhere Pulsfrequenz. Umgekehrt entsprach einer herabgesetzten Anspannung eine durchschnittlich niedrigere Pulsfrequenz.

Es kam jedoch immer wieder vor, daß einzelne Personen eine „paradoxe" Pulsfrequenzänderung zeigten, also z.B. eine Frequenzabnahme, wo nach dem Versuchsplan eine Zunahme zu erwarten war. Einige dieser Fälle fügten sich bei genauerer Untersuchung sinnvoll in die bei den meisten Vpn vorhandene Tendenz der Beziehung zwischen Pulsfrequenz und Angespanntheit ein: Beim Modellautofahren (vgl. Tab. 1) hatten einzelne Vpn beim höchsten Tempo nicht mehr mithalten können und hatten daher „innerlich abgeschaltet". Bei diesen Personen erschien der Pulsfrequenzrückgang sinnvoll. – Beim PAULI-Test (vgl. Tab. 1) wurde von einer Vp mit einer höheren Pulsfrequenz während der Ruhezeit vor dem Rechnen als während der ersten Teilzeit berichtet, daß sie in Erwartung des Versuchs viel angespannter gewesen sei als nach Beginn. Auch hier kann eine Übereinstimmung mit der Gruppentendenz vorliegen. – Bei der sechsstündigen psychischen Beanspruchung (vgl. Tab. 1) erzählten einige Vpn mit „paradoxer" Pulsfrequenzreaktion, die zuerst bei Zeitlohn und später im Akkordlohn arbeiteten, daß sie sich unter Zeitlohn aufs äußerste angestrengt hatten, um für die Versuche mit Akkordentlohnung zu trainieren. Bei den Akkordlohn-Versuchen seien sie dann geübt und weniger angespannt gewesen.

Bei manchen Vpn fehlen jedoch plausible Gründe für die unerwartete Pulsfrequenzänderung. Es kann also nur für die Mittelwerte hinreichend großer Personen-Gruppen angenommen werden, daß es eine (mathematisch) monotone Beziehung zwischen der Pulsfrequenz und den Angaben über den Grad der inneren Angespanntheit gibt.

Deshalb wurden in der folgenden Phase der Untersuchungen die Angaben über das Erleben der Gespanntheit stärker beachtet. Diese Angaben wurden systematisch erfragt und psychometrisch skaliert. Die Instruktion bestand im Kern aus der Frage nach dem Grad der „geistig-nervlichen" Anspannung, die bei der betreffenden Tätigkeit durchschnittlich vorhanden war, und zwar ohne Beachtung der körperlichen Anstrengung.

Die Ergebnisse aus den ersten Versuchsreihen wurden vollauf bestätigt. Auch hier traten bei einzelnen Personen unerwartete Beziehungen zwischen der Pulsfrequenz und dem Anspannungsurteil auf. „Unerwartet" sind die Beziehungen relativ zur mittleren Tendenz der untersuchten Personengruppe. Die Punkte in der Abbildung reihen sich daher nicht streng nach der Regel eines monotonen Anstiegs aneinander. Die nunmehr mögliche Aussage lautet: Die Mittelwerte der Pulsfrequenz und des Anspannungsurteils zeigen in dem untersuchten Bereich eine in grober Annäherung lineare Beziehung. Einer steigenden „geistig-nervlichen Angespanntheit" entspricht eine steigende Pulsfrequenz.

Als wichtiges Nebenergebnis ist die Tatsache zu werten, daß

Tabelle 1: Mittelwerte der Pulsfrequenz bei Versuchssituationen mit verschiedenen Graden psychischer Anspannung

Beschreibung der Versuchssituationen		Pulsfrequenz pro Minute	Zahl der Vpn
1. Modellautofahren:	Tempo 40	76,0	
	Tempo 70	77,3	10
	Tempo 100	78,4	
2. Lesen einer Kurzgeschichte		71,9	10
Auswendiglernen unter Zeitdruck		78,2	
3. *Pauli*-Rechentest:			
Ruhezeit vor dem Rechnen		74,6	6
Erste Teilzeit		80,1	
4. Sechsstündige psychische Beanspruchung:	Zeitlohn	71,0	18
	Akkordlohn	76,0	
5. Stilles Zählen unregelmäßig erscheinender Klopfzeichen	25 pro Minute	69,5	18
	70 pro Minute	71,8	
6. Monotonieversuch von 104 Minuten Dauer	erste 20 Min.	77,7	37
	letzte 20 Min.	73,0	
7. Kopfrechnen:			
Kurz nach Einsetzen eines Schmerzes		78,4	28
Nach Gewöhnung an den Schmerz		76,2	

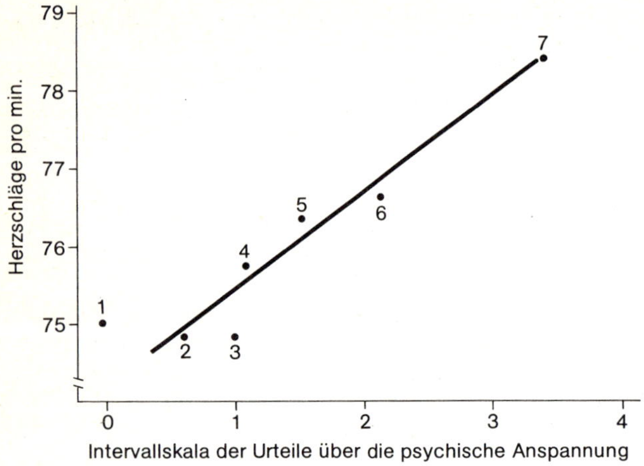

1 = Zählen rhythm. erscheinender Klopfzeichen
2 = Langsames Kopfrechnen (nach DÜKER,Typ B)
3 = Langsames Bedienen einer Saldiermaschine
4 = Zählen unregelmäßig ersch. Klopfzeichen
5 = Schnelles Kopfrechnen (nach DÜKER,Typ B)
6 = Buchstaben umstellen
7 = Komplexes Kopfrechnen (nach DÜKER, Typ D)

es den Untersuchten offenbar möglich ist, aus den verschiedenen Erlebnissen bei den 6 oder 7 verschiedenartigen Tätigkeiten eine Komponente der inneren Angespanntheit herauszulösen und relativ konsistent zu beurteilen.

Zwei weitere Versuchsreihen haben ergeben, daß die Variation der Luft-Temperatur im Arbeitsraum in den untersuchten Bereichen die Beziehung zwischen Pulsfrequenz und Angespanntheit nicht wesentlich stört. Es zeigte sich weder ein in der Tendenz systematischer Einfluß der Raumtemperatur auf die Beziehung, noch ließ sich eine signifikante Wechselwirkung nachweisen.

Die Versuche wurden so durchgeführt, daß sich die Vpn eine Stunde lang vor dem Beginn der ersten Messungen an das Raumklima adaptierten. Die Versuchsräume waren bereits einige Stunden vorher auf die vorgesehene Temperatur eingestellt worden, so daß die Temperatur der Luft und der umgebenden Gegenstände (Wände, Decke, Fußboden, Möbel usw.) übereinstimmten. Konstant niedrig war auch die Luftbewegung im Versuchsraum. Die relative Luftfeuchtigkeit blieb unkontrolliert, sie kann jedoch nur in geringem Ausmaß geschwankt haben. Die Unterschiede in der inneren Angespanntheit wurden durch stilles Zählen unregelmäßig von Tonbandgeräten abgespielter Signale in verschiedenen Schwierigkeitsstufen hervorgerufen. Während der Versuche befanden sich die Vpn in bequemer Sitzhaltung. Es waren bei beiden Versuchsreihen je 12 (jeweils andere) Vpn, die stets den ganzen Versuchsplan durchliefen. Die in der Tabelle 2 aufgeführten Werte beruhen also auf je 12 Messungen.

Tabelle 2: Mittelwerte der Herzschläge bei simultaner Variation der Raumtemperatur und der Schwierigkeitsstufen einer (stillen) Zähltätigkeit

		Schwierigkeitsstufen einer Zähltätigkeit I	II	III	Mittelwerte
Raumtemperatur	21°	65,3	66,7	68,5	66,8
	27°	68,5	70,3	72,4	70,4
	33°	73,1	75,0	76,9	75,0
Mittelwerte		69,0	70,7	72,6	

Zusammenfassend kann gesagt werden: Bei hinreichend großen Personengruppen besteht eine monotone Beziehung zwischen der mittleren Pulsfrequenz und den mittleren Angaben über das Erlebnis des „geistig-nervlichen" Angespanntseins. Diese Beziehung besteht auch, wenn gleichzeitig eine mäßige muskuläre und/oder eine mäßige klimatische (jedoch gleichbleibende) Belastung vorhanden ist. Die Beziehung zwischen Pulsfrequenz und Anspannungsurteil läßt sich also leicht aufweisen, wenn einige andere Faktoren der Pulsfrequenz konstant gehalten werden; dies sind insbesondere: Muskelarbeit, Raumklima, Körperlage, Pharmaka (Koffein, Nikotin, Alkohol u.a.m.), Nahrungsaufnahme, Tageszeit, Krankheiten, Nachwirkungen muskulärer Anstrengung. Die monotone Beziehung zwischen der Pulsfrequenz und der „geistig-nervlichen" Angespanntheit scheint darüber hinaus für alle Aktivitätsbereiche vom Schlaf bis zur höchsten Erregung zu gelten.

Damit eröffnet sich für die Grundlagenforschung und für die Angewandte Psychologie die Möglichkeit, bei Personengruppen die Pulsfrequenz als Indikator des Erlebnisses der „inneren Angespanntheit" zu verwenden. Am sichersten gelingt dies bei bequemer (und etwa konstanter) Sitzhaltung in behaglichem Raumklima. Wenn auch einige Erfahrungen mit der Verwendung physiologischer Methoden erforderlich sind, so bereitet das Konstanthalten der erwähnten physischen Pulsfrequenzfaktoren in vielen Fällen nur geringe Schwierigkeiten. Die im letzten Jahrzehnt erfolgte Entwicklung betriebssicherer Methoden zur Pulsfrequenzmessung am Ohrläppchen oder an einem Finger dürfte die Bedeutung dieses Indikators psychischen Geschehens steigern.

Eine Verwendbarkeit der Pulsfrequenz als Anspannungs-Indikator scheint sich jedoch auch für einige Fälle anzubahnen, in denen z.B. die Muskelarbeit oder das Raumklima nicht konstant gehalten oder kontrolliert werden können. Man kann in solchen Fällen die Tatsache nützen, daß die Pulsfrequenzsteigerungen infolge psychischer Beanspru-

Tabelle 3: Mittlere Auswirkungen von Beanspruchungskombinationen. (12 Vpn. Die 3 Beanspruchungsarten P, M und T waren in irgendeiner Kombination stets gleichzeitig gegeben. Jede Vp durchlief alle Kombinationen. In den Ergebnissen *einer* Beanspruchungsart sind diejenigen der *beiden anderen* Arten gemittelt enthalten. Die Vpn paßten sich vor Versuchsbeginn 1 Stunde an die jeweilige Temperaturbedingung an. Alle Messungen wurden erst nach Erreichung eines konstanten Niveaus [steady state] vorgenommen.)

	Versuchsbedingung	Pulsfrequenz (Pulse/min)	O_2-Aufnahme (cm^3/min)	mittl. Blutdruck (mm Hg)	Selbsteinstuf. d. psych. Ansp.
P	Sehr leichte psych. Beanspruchung	77,2	418	99,1	2,0
P	Leichte psychische Beanspruchung	79,6	428	102,2	3,7
P	Mäßige psychische Beanspruchung	82,1	432	104,8	5,0
M	Entspanntes Sitzen	74,9	274	95,8	3,5
M	Fahren auf Fahrr.-ergom. 2 mkp/sec	81,1	482	105,0	3,7
M	Fahren auf Fahrr.-ergom. 3 mkp/sec	83,0	522	105,4	3,6
T	Raumtemp. 20°	77,6	425	102,6	3,7
T	Raumtemp. 22,5°	80,7	427	101,9	3,5
T	Raumtemp. 25°	80,6	426	101,6	3,6

chung und infolge mäßiger muskulärer sowie klimatischer Belastung ungefähr additiv zusammentreten, was wir wiederholt zeigen konnten. Dazu kommt weiterhin die Tatsache, daß sich andere physiologische Merkmale (wie die Sauerstoffaufnahme oder der Blutdruck) in unterschiedlichem Verhältnis zur Pulsfrequenz ändern je nachdem, ob der psychische, der muskuläre oder der klimatische Faktor zur Pulsfrequenzänderung beigetragen hat. Die Ergebnisse einer Versuchsreihe, aus der dieses hervorgeht, sind in der Tabelle 3 in abgekürzter Form wiedergegeben (H. BARTENWERFER 1961).

So ist z. B. eine Pulsfrequenzsteigerung durch erhöhte muskuläre Beanspruchung (M) mit einer starken Steigerung der Sauerstoff-Aufnahme verbunden, während bei einer Pulsfrequenzsteigerung infolge erhöhter psychischer Anspannung (P) nur ein sehr geringer Zuwachs der Sauerstoffaufnahme zu beobachten ist. Bezogen auf die gleiche Pulsfrequenzsteigerung und den gleichen Zeitabschnitt beträgt das Verhältnis der Sauerstoffaufnahme-Steigerungen größenordnungsmäßig 1 : 10.

Analog dazu findet sich eine Steigerung des mittleren Blutdrucks bei Anstieg der Pulsfrequenz mit wachsender psychischer Beanspruchung (P), während der Pulsfrequenzanstieg mit der Raumtemperatur (T) nicht mit einem Blutdruckanstieg einhergeht.

Durch die Mitbeobachtung weiterer physiologischer Merkmale kann man also zu einer Aufgliederung einer Pulsfrequenzsteigerung z. B. bei kombinierter psychisch-muskulärer Beanspruchung gelangen. Dabei stützt man sich zweckmäßig auf die Ergebnisse von Vorversuchen, die eine Kenntnis der individuellen Verhältnisse von Pulsfrequenz- zu Sauerstoffaufnahmesteigerungen erbringen. Das Ergebnis ist die Aufgliederung der Pulsfrequenz in eine „Ruhekomponente“ (gewonnen durch wiederholte Messungen in einer bestimmten Standardsituation) und zwei Komponenten, die mit der Schwere der Muskelarbeit und mit der Höhe der angegebenen psychischen Angespanntheit korreliert sind. Dies gilt bei der Einhaltung bestimmter Bedingungen und bei Berücksichtigung bestimmter Einschränkungen, die in diesem Referat nicht näher besprochen werden sollen.

Nur am Rande sei erwähnt, daß eine kausale Interpretation der Beziehung zwischen der Pulsfrequenz und den Angaben über das Erlebnis der „geistig-nervlichen“ Angespanntheit hier nicht angestrebt wird. Zur Konstituierung einer Indikatorfunktion der Pulsfrequenz ist eine kausale Interpretation grundsätzlich entbehrlich.

Literatur

BARTENWERFER, H. Über die Auswirkungen einförmiger Arbeitsvorgänge. Untersuchungen zum Monotonieproblem. *Sitz.-Ber. Gesellsch. ges. Naturwiss. Marburg* 1957, 80, 1–70.

BARTENWERFER, H. Herzrhythmik-Merkmale als Indikatoren psychischer Anspannung. *Psychol. Beiträge,* 1960, 4, 7–25.

BARTENWERFER, H. Neuere Ergebnisse zum Problem psychischer Beanspruchung und Ermüdung. *Zbl. Arbeitswiss.,* 1961, 15, 121–124.

BRAMESFELD, E. & JUNG, H. Unfallverursachende Dämmerzustände bei Fahrzeugführern. *Indust. Psychotechn.,* 1932, 9, 193–210.

DÜKER, H. Psychologische Untersuchungen über freie und zwangsläufige Arbeit. *Ztsch. Psychol.,* Ergänzungsband, 1931, 20, 1–160.

DUFFY, E. The concept of energy mobilization. *Psychol. Review,* 1951, 58, 30–40.

DUFFY, E. The psychological significance of the concept of „arousal“ or „activation“. *Psychol. Review,* 1957, 64, 265–275.

FREEMAN, G. L. The relationship between performance level and bodily activity level. *Journ. exp. Psychol.,* 1940, 26, 602–608.

MALMO, R. B. Activation: A neuropsychological dimension. *Psychol. Review,* 1959, 66, 367–386.

ROHRACHER, H. Neue Untersuchungen über die Mikrovibration des menschlichen Körpers. *Phil.-hist. Klasse Österr. Akad. Wiss.,* 1958, 3, 59–77.

STENNET, R. G. The relationship of performance level to level of arousal. *Journ. exp. Psychol.,* 1957, 54, 54–61.

Wolfram Ellwanger

Zappelphilipp und der Wilde Jäger

Ein Beitrag zur Psychologie des „Struwwelpeter“

Entnommen aus: Psyche, 1973, 27, 636–642

Aus dem bekannten Kinderbuch greift ELLWANGER *zwei Geschichten heraus. Sie erscheinen heiter, naiv und unwirklich bis zur Skurrilität. Aber dieser Eindruck ist nur oberflächlich – meint der Autor. Untersuche man den Inhalt der beiden Geschichten genauer, offenbarten sie dramatische Affekte und ungelöste Konflikte. Die Geschichte vom Zappelphilipp führe in die* orale Kindheitsphase, *in welcher vor allem der Mundbereich den Lustgewinn vermittle und Befriedigung oder Versagung vorwiegend durch Aufnahme oder Verweigerung von Nahrung und Getränken erfolge. Die Geschichte vom Wilden Jäger stelle dagegen die Situation des (männlichen) Kindes in seiner* phallischen Phase *dar, in welcher der Junge mit seinem Vater im Streit um die Gunst der Mutter liege und dabei in der Übermacht des Vaters erstmals der sozialen* Autorität *begegne.*
Die Deutung ELLWANGERS *gründet sich voll auf das Begriffs- und Hypotheseninventar der klassischen Psychoanalyse und bedient sich in reichem Maße der von der Psychoanalyse entwickelten Methode der Deutung von Symbolen. Die beiden Geschichten – lehrt uns der Autor – stecken voll von* Symbolen: *Die Gegenstände und Vorfälle der Geschichte – man darf sie nicht alle in ihrer unmittelbaren, ihrer wörtlichen Bedeutung nehmen. Sie weisen weit über sich hinaus, auf Handlungen etwa oder auf Körperteile, an die zu denken dem Kind schon nicht gestattet ist und über die ausdrücklich zu sprechen die empfindlichsten Strafen nach sich ziehen würde. So ist das Verständnis der Geschichten merkwürdig zweischichtig, ebenso wie das Vergnügen daran. In der Schicht des Bewußtseins werden die Akteure der Geschichten als menschliche oder tierische Kunstfiguren erlebt, mit ihren Untugenden und dem Mißgeschick, das ihnen in der Regel widerfährt; ihre Untugend läßt noch das grausamste Schicksal als gerechte Strafe erscheinen, und im Bewußtsein kann sich Schadenfreude neben moralischen Empfindungen breitmachen. Die Schicht des Unbewußten spricht dagegen auf die Symbolik an: Hier werden aus den Kunstfiguren plötzlich die Mitglieder der eigenen Familie, und im Fortgang der Geschichte bahnt sich die Lösung der eigenen familiären Konflikte an, welche in Wirklichkeit versagt ist. Daher stammt auch das besondere Vergnügen an den Geschichten: Aus der befreienden Wirkung der Beschäftigung mit Probleminhalten, welche unverarbeitet ins Unbewußte abgedrängt blieben, wenn sie nicht wenigstens in der verhüllten Form des Symbols ins Bewußtsein treten dürften.*
ELLWANGER *geht es darum, anhand zweier Geschichten zu zeigen, wie der sprachliche Ausdruck die Zweischichtigkeit von offener Bedeutung und symbolisch verschlüsselter Bedeutung aufweisen kann, und daß besonders die Märchensprache geeignet ist, das Milieu abzubilden, in welchem die Neurose gedeiht.*

Der „Struwwelpeter“, seit mehr als hundert Jahren Bestseller, ist ein Buch, das sein Verfasser, Heinrich HOFFMANN, für Drei- bis Sechsjährige empfiehlt und das in für dieses Alter vorgesehenen unzerreißbaren Exemplaren immer wieder aufgelegt wird. Ob diese unzerreißbaren Exemplare ein Beispiel traditioneller Erziehung sind, ob es besser wäre, die Kinder dürften das Buch, das ihnen so viel Aggression in Form ROUSSEAUscher natürlicher Strafe androht, nach Laune oder „innerem Bedarf“ zerreißen, soll hier nicht abgehandelt werden. Es geht vielmehr um die Frage, woher der Struwwelpeter seine Aktualität beziehe, die sowohl für Kinder als auch für die Erwachsenen, die das Buch Kindern von Generation zu Generation immer wieder in die Hand geben, in gleich hohem Maße wirksam ist. Die künstlerische Qualität der biedermeierlichen, an Moritatenbilder oder ländliche Votivtafeln erinnernden Illustrationen oder der Verse scheint für eine Erklärung nicht zureichend. Auch der Grad der Realitätsbezogenheit oder der moralische Gehalt mit seiner pädagogischen Anwendbarkeit genügen nicht, den anhaltenden Erfolg dieses „Kinderbuches“ einsichtig zu machen. Untersucht man die zehn Geschichten des Buches auf ihren Realitätsgehalt einerseits und auf den Grad der darin vertretenen Moralität, oder einfacher: klassifiziert man in:

1. moralische, realistische;
2. moralische, aber nicht realistische;
3. realistische, aber nicht moralische;
4. weder moralische noch realistische

Geschichten, so erhält man folgendes Bild:
Nur eine einzige Geschichte ist moralisch und realistisch zugleich, nämlich die Geschichte vom „Zappelphilipp“. Acht Geschichten vertreten eine bestimmte Moral, ohne aber in bezug auf ihre Realität glaubwürdig zu sein. Selbst bei einer annähernd realen Geschichte wie dem „Hans guck in die Luft“ wird die Realität zum Schluß durch das Lachen der drei Fische überschritten. Und als Gegenstück zur einzigen moralisch-realistischen Geschichte findet sich schließlich wiederum eine einzige, die weder eine Moral anbietet, noch

irgendwelchen Realitätscharakter aufweist, die vielmehr die am wenigsten realistische der ganzen Sammlung überhaupt ist: die Geschichte vom Wilden Jäger.
Der Gedanke liegt nahe, der Struwwelpeter beziehe seine Aktualität nicht aus der Nähe der Geschichten zur äußeren Wirklichkeit, sondern möglicherweise aus einer Art „innerer Realität" der Drei- bis Sechsjährigen, wobei die Glaubwürdigkeit der einzelnen Geschichten durch die Neigung dieser Altersstufe zu den sogenannten „Theoriebildungen" erheblich gesteigert wird. In solchen Theoriebildungen würden Gestalten wie der „Schneider mit der Scher'" oder der „große Nikolas" gut hineinpassen; sie wären Funktionsträger kindlicher Angstprojektionen bequemster Art und spielten dabei nicht bloß die fatale Rolle der Angstmacher und der moralischen Handlanger der Mütter, sondern umgekehrt: als Figuren, auf die sich Angst projizieren läßt, dienten sie – nur scheinbar paradoxerweise – auch als „Beschützer": indem das Kind seine Ängste auf Schneider oder Nikolas projiziert, bliebe es relativ angstfrei, solange es nur nichts anstellt, was des Schneiders oder des Nikolas Zorn erregt.
An dieser Stelle soll nicht versucht werden, sämtliche Struwwelpetergeschichten unter tiefenpsychologischen – oder im engsten Sinn psychoanalytischen – Gesichtspunkten zu betrachten, sondern nur die beiden „extremen" Geschichten, – die moralisch-realistische und diejenige, welche weder das eine noch das andere ist. Zappelphilipp und Wilder Jäger sollen versuchsweise näher betrachtet bzw. interpretiert werden.
Die Geschichte vom Zappelphilipp ist auf den ersten Blick eine glaubwürdige mögliche, ja fast alltägliche Begebenheit. Ein bei Tisch motorisch unruhiges Kind schaukelt mit seinem Stuhl, bekommt das „Übergewicht" und zieht im Sturz das Tischtuch samt den Speisen zu Boden. Sein Zappeln ist eine allgemein bekannte „Unart" der Kinder, die von den meisten Eltern als „noch im Rahmen liegende" – wenn auch lästige – Verhaltensweise betrachtet wird. Stutzig macht uns jedoch der im Text zweimal auftretende Satz: „Und die Mutter blicket stumm auf dem ganzen Tisch herum." Die Mutter ist weder verbal noch handelnd an dem unangenehmen Ereignis beteiligt. Und noch ein anderer Satz macht uns aufmerksam, der Einleitungsvers: „Ob der Philipp heute still wohl bei Tische sitzen will; solches spricht in ernstem Ton, der Papa zu seinem Sohn." Der intrafamiliäre Kontakt findet nur zwischen Vater und Sohn statt, die Mutter bleibt unbeteiligt. Und inmitten dieser Familienkonstellation, die durch die autoritäre Beziehung Vater-Sohn und die Isolation der Mutter bestimmt ist, steht als „Symptom", als Stein des Anstoßes, das Zappeln Philipps. Wir sehen die Familie außerdem in einer besonderen Situation, beim Mittags- oder Abendtisch, gewissermaßen in einer „archaischen", oralen Situation, in der sich das strittige Symptom – das Wort „heute" deutet dies an – regelmäßig zeigt und dadurch diese Situation täglich zur Konfliktsituation macht. Uns interessiert hier die Frage, worin die „Aktualität" dieser scheinbar so banalen Situation liegt und welche Bedeutung das Zappeln des Kindes wohl haben könnte. Aus der Psychologie und Pädagogik des Kleinkindes sind solche Zappelbewegungen – Wackeln mit dem Kopf, mit der Stirn an die Wand des Ställchens oder Wägelchens stoßen – seit einiger Zeit bekannt, und im allgemeinen werden solche Verhaltensweisen als eine Art von „Frustrationsbewegungen" verstanden. Sie sind besonders häufig bei isolierten Kindern in Säuglingsheimen zu beobachten, bei Kindern, denen der affektive Kontakt zur Mutter verwehrt ist, bei durch Hospitalismus geschädigten Kindern oder solchen, die an mehrere Bezugspersonen zugleich gebunden sind. Möglicherweise befindet sich Philipp in einer solchen Lage; die passive, stumm mit dem Lorgnon (!) auf dem Tisch herumblickende Mutter scheint keine feste Bezugsperson zu sein, und Philipp ist im oralen Bereich, wohl seit seiner oralen Phase, zu Verzichtsleistungen gezwungen, die seine „Frustrationstoleranz" übersteigen. Er entwickelt als Symptom sein Zappeln, das ihn in Konflikt mit dem Vater bringt. Auf zu schwacher „oraler Basis" wird ihm ein Über-Ich ohne „mütterliches Gegengewicht" aufgezwungen; Philipp reagiert einerseits aggressiv, indem er dem Vater den Gehorsam verweigert, muß aber folgerichtig einen Teil dieser Aggression auch gegen sich selbst wenden. Mit seinem Sturz und der „Vernichtung" des Essens erreicht er beides; er greift die Eltern an und bestraft sich selbst. Die Prognose der weiteren Entwicklung ist ungünstig. Die Eltern – „beide sind gar zornig sehr, haben nichts zu essen mehr" – werden in dem so empfindlichen oralen Bereich selbst frustriert; der Vater wird in der subjektiven Notwendigkeit seiner autoritären Haltung ebenso verstärkt werden wie die Mutter in ihrer passiven, wahrscheinlich infantilen eigenen Entwicklungssituation. Der Kreis: Frustration – Aggression – Bestrafung – Selbstbestrafung – Frustration bleibt geschlossen. Die Situation selbst bleibt aktuell für jeden „Helden" einer solchen Geschichte, aktuell im Sinne eines frühen negativen Erlebens, im Sinne auch einer dauernden, von kindlichen Theoriebildungen verstärkten und von Märchen illustrierten Ur-Befürchtung, – der Furcht, isoliert zu sein, verlassen zu werden, oder anders gesagt: den affektiven Bezug zur Mutter mit all seinen biologischen und psychischen Konsequenzen zu verlieren. Im Fall Philipps war die frühkindliche Verzichtleistung zu groß, die Versagungen waren überdosiert, und der Nachholbedarf wurde nicht gedeckt.
Im Vergleich zu der so gegenwärtig-aktuell anmutenden Situation Philipps wirkt die Geschichte vom Wilden Jäger eher märchen- oder mythenhaft. Zunächst aber imponiert und verwirrt ihre scheinbare Unsinnigkeit. Schon die Überschrift

scheint nicht zu stimmen: der Wilde Jäger ist alles andere als wild; er ist im Gegenteil müde und ängstlich. Dann der Ablauf der Ereignisse selbst: was will der Hase mit dem Gewehr und der Brille des Jägers? Wie kann er überhaupt zu einer Bedrohung des Jägers werden? Sodann die Flucht des Jägers, sein Sturz in das „Brünnlein", in das er sich in Sicherheit bringt oder zu Tode stürzt, der Fehlschuß des Hasen auf die Kaffeetasse der Jägersfrau und der völlig unsinnige Schluß mit dem Kind des Hasen, das vor dem Jägerhaus spielt, dem der heiße Kaffee aus der zerschossenen Tasse auf die Nase läuft und das zu allem Überfluß den doch offenbar zur Aussteuer der Jägersfrau gehörenden Kaffeelöffel in der „Hand", nicht in der Pfote hält. Wir haben oben den „Wilden Jäger" als die einzige Struwwelpeter-Geschichte ohne Moral und ohne Realität bezeichnet. Sehen wir sie aber in der Nähe des Märchens, dann stellt sich die Frage anders: Was für eine Realität, wenn nicht die biedermeierlich-bürgerlich-vordergründige, die der Verfasser uns z. T. in den anderen Geschichten „vortäuscht", wird hier abgebildet? Versuchen wir, die dem Märchen nahestehenden Bilder zu entschlüsseln, so wäre es denkbar, den Jäger im Bereich des Mythos vom Wilden Jäger zu sehen. Der Wilde Jäger wäre dann – dem Mythos entsprechend – ein Bild des Vaters, dessen Gegenpart, der Sohn, durch den Hasen dargestellt ist. Der Hase als Sohn – man vergleiche hierzu den Mythos vom göttlichen Schelm – lehnt sich gegen den mächtigen, bedrohenden Vater auf; zunächst scheinbar nicht gewalttätig, eher als „Schelm", bei näherem Hinsehen aber doch mit schlauer Brutalität: er beraubt den schlafenden Vater des Gewehrs und der Brille. Beide Gegenstände sind Bilder väterlicher Kraft und Potenz. Das Gewehr dürfte hierbei auch einem eher vordergründigen Symbolverständnis – die zahlreichen Gewehr-Zoten weisen ausreichend darauf hin – unmittelbar einleuchten. Sehen wir in der Brille ein Bild des Augenlichts überhaupt, befindet sich der Wilde Jäger unserer Geschichte in einer nicht weniger mißlichen Lage als Ödipus, Samson oder – gleichfalls im Alten Testament – der Vater des Tobias, deren Blendung den gewaltsamen Potenzverlust verbildlicht. Der Hase-Sohn beraubt den Jäger-Vater seiner „Flinte-Brille-Potenz" und maßt sich an, selbst Jäger-Vater zu sein, indem er nach geglücktem Raub den Vater zum Jagdwild, zum Objekt seiner Aggression macht. Der entmachtete Vater flieht und ruft vergeblich um Hilfe gegen den „aus der Reihe tanzenden" Sohn. Der Hase-Sohn aber hat sich bereits in seiner neuen Rolle etabliert, er benutzt die Flinte, er beseitigt den Vater (wie Ödipus), der in den Brunnen, in den Abgrund, die „Unterwelt", den mütterlichen Urgrund (man vergleiche die Brunnensymbolik in Märchen und Mythos) stürzt, und trifft mit seinem Geschoß die Kaffeetasse der Jägersfrau, das „Gefäß" der Mutter, das auch wie die Flinte als „Popular-Symbol" unmittelbar verständlich ist. Damit ist eine in sich völlig geschlossene Ödipus-Situation gegeben. Aber auch hier bleibt die Tat des Hasen-Sohn-Ödipus nicht ohne Folgen, wenn sie sich auch nicht unmittelbar am Täter selbst zeigen: Unter dem Fenster spielt ein Kind, bezeichnenderweise nicht das des Jägers, sondern das Kind des Hasen. Dieser kleine Hase hat die Folgen der Tat zu tragen. Der Kaffee läuft ihm auf die Nase (man vergleiche hierzu die reiche Nasen-Symbolik im Märchen, z. B. auch bei FREUD, wenn auch nicht unbedingt bei FLIESS) und „er schreit: Wer hat mich da verbrannt? und hält den Löffel in der Hand". Das aus der schuldhaften Beziehung (Sohn-Mutter-Beziehung) hervorgegangene Kind „übernimmt" die Schuld des Sohnes, der sich zum Vater aufgeworfen hat; es ist „gebrannt" und tabuiert nun seinerseits möglicherweise eine Libidobesetzung außerhalb seiner selbst; vielleicht weist dieses „und hielt den Löffel in der Hand" (die Doppelbedeutung von Löffel in diesem Zusammenhang als Hasen-Löffel oder Hasen-Ohr deutet darauf hin) auf den auto-erotischen Charakter seiner kindlichen Entwicklungssituation, die von der Tabuierung einer „normalen" Objektbesetzung her bestimmt ist. Überträgt man dieses Bild auf die entsprechenden Vorgänge in der Entwicklungspsychologie des Kindes, muß die Prognose recht ungünstig erscheinen; denn das „Hasenkind" – selbst erwachsen geworden – kann aufgrund dieser Entwicklungskonstellation selbst wiederum nur zu einer konfliktbelasteten Partnerbeziehung finden, so daß dieses „Verbranntsein" möglicherweise in die Generation der Enkel, bis ins „dritte" oder „vierte Glied" weitergetragen wird, wie sich dies ja tatsächlich auch in Familienneurosen beobachten läßt.

Zusammenfassend kann man sagen: Sowohl der „Zappelphilipp" als auch die Geschichte vom „Wilden Jäger" sind Darstellungen von Vater-Sohn-Konflikten auf dem Boden frühkindlich-sexueller Entwicklungsphasen; dort der oralen (Zappelphilipp), hier der phallischen Phase (Wilder Jäger). Beide Geschichten sind in Bilder übersetzte Entwicklungskonflikte, wobei die Situation des „Zappelphilipp" in die Symptomatik einer kindlichen Neurose, der „Wilde Jäger" in die Bildsprache des Märchens und des Mythos übersetzt ist. Beide Geschichten sind ohne befriedigende Lösung, sind „unvollendet", hinterlassen eine „Bedürfnisspannung". In ihrer aktuellen Ungelöstheit drängen sie zum Wiederholungszwang und eignen sich als „pädagogisches Mittel" zum Angst- und Bangemachen; zugleich aber auch als ein Mittel der „Distanzierung" und der Angstabwehr und damit – wenn auch zur Hintertüre herein – als pädagogische Hilfe.

6 Motivation

Als Motive bezeichnet man Beweggründe von Handlungen, Denkabläufen und Erinnerungen. Anders als die Anreize der Umwelt haben die Motive ihren Ort in der tätigen Person. Statt den Begriff des Motivs benutzen viele Autoren die Begriffe Trieb, Antrieb und Bedürfnis. Man unterscheidet vor allem biologische Bedürfnisse – wie Hunger oder Durst, Leistungsbedürfnisse – wie das Erfolgsstreben, soziale Bedürfnisse – wie das Streben nach Liebe und Anerkennung und personale Bedürfnisse – wie der Wunsch nach Individualität und Selbstverwirklichung. Neben einzelnen Bedürfnissen und ihrem Einfluß auf das Verhalten werden in der Motivationstheorie auch Entscheidungsvorgänge behandelt – etwa die Wahl von Aufgaben oder die Wahl von sozialen Partnern.
Mit spezifischen Motiven bzw. mit Motiven einer bestimmten Personengruppe befaßt sich im ersten Teil dieses Abschnitts die britische Psychoanalytikerin Enid BALINT. Ihr Aufsatz ist dem Problem gewidmet: Was sind die Wünsche von Frauen? Dabei schenkt sie ihre Aufmerksamkeit besonders der sozialen Motivation von Frauen, welche sie zur Behandlung aufgesucht haben. Der Artikel soll eine individuelle Motivlage in Ausschnitten aufzeigen und in mögliche Beziehungen zwischen der Motivation des Erwachsenen und seiner Entwicklung im Kindes- und Jugendalter einführen.
Verhalten beruht freilich nicht immer auf streng abgrenzbaren, spezifischen Bedürfnissen. Zwei Fragen haben in diesem Zusammenhang die Motivationstheorie nicht wenig herausgefordert: Setzen Handlungen – wurde kritisch gefragt – wirklich immer das Vorhandensein eines Bedürfnisses voraus? Und ist der Zweck einer Handlung wirklich immer die Befriedigung eines Bedürfnisses? Die Diskussion dieser Frage entzündete sich vornehmlich an der Deutung des Kinderspiels und des künstlerischen Schaffens des Erwachsenen. Sind Spiel und Kunst nicht bedürfnislos, zweckfrei und selbstgenügsam? Eine Arbeitstätigkeit verfolgt ein äußeres Ziel und endet, wenn sie dieses Ziel erreicht hat. Spiel und Kunstschaffen gehen dagegen unablässig weiter (wenn nicht Ermüdung oder eine Unterbrechung von außen eintritt); weil sie nicht von Bedürfnissen abhängen, kann es keine Bedürfnisbefriedigung geben, die ihnen ein Ende setzt. Der Bochumer Psychologe Heinz HECKHAUSEN greift im zweiten Teil des vorliegenden Abschnitts diese Argumente auf und entwickelt aus ihnen eine Theorie der Beweggründe für das menschliche Spiel.

Enid Balint

Technische Probleme bei der Analyse von Frauen durch weibliche Analytiker: Ein Beitrag zur Frage ‚Was sind die Wünsche einer Frau?'

Originaltitel: Technical problems found in the analysis of women by a woman analyst: A contribution to the question: ‚What does a woman want?'
Entnommen aus: International Journal of Psycho-Analysis, 1973, 54, 195–201
(Aus dem Englischen übersetzt von Hainer Kober)

Enid BALINT *ist Psychotherapeutin und berichtet über zwei Patientinnen aus ihrer Praxis. Sie schildert ihre sozialen Bedürfnisse und Beziehungen und versucht, ein Problem herauszuarbeiten, welches für Frauen spezifisch ist: Die Beziehung einer Frau zu ihrer Mutter und die Auswirkung der Mutter-Tochter-Beziehung auf die soziale Motivation der Frau im allgemeinen (und damit auch auf ihre Beziehung zu anderen Partnern).*
BALINT *bekennt sich grundsätzlich zur klassischen Psychoanalyse. Davon zeugt ihre Benutzung* FREUDscher *Theorien und Begriffe:* Penisneid *des Mädchens – das Mädchen beneidet Jungen um deren männliches Glied und fühlt sich kastriert; Angstabwehr durch* Projektion *– durch Projektion werden angstauslösende Motive anderen Personen zugeschrieben (z. B. eine Frau, welche ihre Liebe zu einer anderen Person als unzulässig empfindet, überträgt dieses Motiv auf die andere Person und fühlt sich nun selbst von dieser geliebt);* Introjektion *– durch die ein Mensch sich sein Liebesobjekt in der Phantasie einzuverleiben versucht (also sich praktisch mit diesem* identifiziert*);* Reaktionsbildung *– das Umschlagen eines unbefriedigten Motivs in sein Gegenteil (z. B. Umschlagen von enttäuschter Liebe in Haß). Bei der eigenen Interpretation der Autorin wirkt das Vorbild der* Ödipussituation *in der Beschreibung* FREUDS *weiter – die Familiensituation, in welcher der Junge zunächst den sexuellen Kontakt mit der Mutter anstrebt und dann unter der Kastrationsandrohung des Vaters darauf verzichtet.*
Freilich ist Enid BALINT *nicht einfach eine orthodoxe Freudianerin. Sie denkt und interpretiert auch in allgemeineren und eigenständigen Kategorien. Die mitmenschliche Begegnung erschöpft sich für sie nicht nur im Streben nach genitalem Kontakt und seinem Vollzug, sie charakterisiert sie in einem umfassenderen Sinne als* gegenseitige Teilnahme *(mutual concern). Wie viele andere moderne Vertreter der Psychoanalyse scheint sie zu empfinden, daß manche Aussagen der klassischen Psychoanalyse zeitgebunden sind und den gegenwärtigen Verhältnissen angepaßt werden müssen. Insbesondere erscheint ihr – wie auch anderen Vertretern der Psychoanalyse – die psychoanalytische Theorie in der Version* FREUDS *als eine zu „männliche" Theorie, entworfen von Männern zur Beschreibung von Männern. Daher ihr Bemühen um eine Weiterentwicklung des psychoanalytischen Ansatzes – unter anderem hin zu einer Theorie, welche der besonderen Lage der Frau in ihrer jeweiligen Gesellschaft gerecht wird.*

STRACHEY zitiert in einer Fußnote seiner Einführung zu FREUDS Aufsatz über weibliche Sexualität von 1925 Ernest JONES, der berichtet, daß FREUD gesagt habe: „Eine große Frage blieb unbeantwortet – was sind die Wünsche einer Frau?" – Sowohl in der Arbeit von 1925 wie in der von 1931 beziehen sich die wichtigsten weiteren Beiträge FREUDS zum Gegenstand weiblicher Sexualität auf die präödipale Mutterbindung des kleinen Mädchens, die, so sagt er, stärker, von längerer Dauer und reicher sei als viele andere Anlässe der Fixierung und Charakterbildung, die er vorher beobachtet habe. Er wies außerdem darauf hin, daß die sich auf die Mutter richtenden sexuellen Wünsche des Mädchens sowohl aktiver wie passiver Natur seien und daß zu ihnen ebenso der Wunsch gehöre, ihr ein Kind zu zeugen, wie derjenige, ihr eines zu schenken, und daß sie diese Wünsche in indirekter Weise erfülle. 1926 gestand FREUD ein, daß er weniger über das sexuelle Leben kleiner Mädchen als über das von Jungen wisse und daß das sexuelle Leben der erwachsenen Frau ein ‚unentdeckter Erdteil für die Psychologie' sei.
Das Problem, welche Ereignisse die starke Mutterbindung beenden, wurde häufig erörtert. Dabei geschieht mehr als ein bloßer Objektwechsel (das heißt von der Mutter zum Vater). Das endet häufig im Haß auf die Mutter, der das ganze Leben andauern kann, obgleich er im Erwachsenenleben gewöhnlich sorgfältig überkompensiert wird. LAMPL-DE GROOT (1928) zieht in ihrem wichtigen Beitrag auf diesem Gebiet klinisches Material heran, um deutlich zu machen, welche außerordentlichen Schwierigkeiten ein kleines Mädchen hat, auf den Besitz ihrer Mutter zu verzichten und von diesem Zustand des Besitzes dazu überzugehen, sie nur als Liebesobjekt zu haben, mit dem man sich identifiziert. Das kleine Mädchen glaubt, daß sie ihre Mutter nur dann weiterhin besitzen könne, wenn sie, das Mädchen, nicht kastriert sei, das heißt, wenn sie einen Penis habe. Daraus folgt also, daß das kleine Mädchen, wenn sie nicht auf den Besitz der Mutter verzichten kann, die Kastration verleugnet, folglich als Frau keine Beziehung zu Männern aufnimmt und sich an die Mutter als ihren wichtigsten Besitz hält. Oder sie nimmt, während sie heimlich die Kastration verleugnet, als Frau Beziehungen zu Männern auf, bei denen

sie frigid ist, und bleibt innerlich weiterhin an die Mutter gebunden. Nach meiner Erfahrung jedoch sind solche Frauen, wie ich noch zu zeigen hoffe, nicht unbedingt frigid. Sie identifizieren sich niemals mit ihren Müttern oder mit irgendeiner reifen Frau, können jedoch trotzdem in verschiedener Weise befriedigende Beziehungen zu Männern aufbauen. Die Männer befinden sich jedoch niemals im Mittelpunkt ihres Lebens. Ihr wirkliches Interesse gilt nach wie vor Frauen, der Sorge um sie und der Frage, wie sie zufriedenzustellen seien. Dies gilt jedoch unter der Bedingung, daß ihr eigener Körper den Männern vorbehalten bleibt: Sie geben Frauen keinerlei unmittelbare körperliche Befriedigung und empfangen von ihnen auch keine solche; sie möchten für sie sorgen, dabei aber eine gewisse Distanz aufrechterhalten.
Helene DEUTSCH (1946) beschreibt den Kampf der Frau, die sich von der Mutter lösen will, gleichzeitig aber den intensiven und ängstlichen Drang zeigt, unter deren Schutz zu bleiben. Auch sie meint, die Mutterbindung dauere im Erwachsenenleben fort und sagt:

„In allen Entwicklungsphasen der Frau und in all ihrer Erfahrung läßt sich deutlich beobachten, welch entscheidende Rolle die Mutterbindung in ihrem psychologischen Leben spielt. Viele Ereignisse in ihrem Leben sind Manifestationen des Versuchs sich loszulösen, und diese Versuche werden mit großem Nachdruck unternommen. Das psychologische Gleichgewicht und spätere Schicksal der Frau hängt häufig von dem Erfolg oder Mißerfolg dieser Versuche ab.“

Helene DEUTSCH glaubt, das kleine Mädchen benötige, wenn es sich nicht erfolgreich von seiner Mutter lösen kann, im Erwachsenenleben weiterhin ein beträchtliches Maß an Zärtlichkeit und mütterlichem Schutz und finde das Leben ohne sie unerträglich. In den Analysen von Frauen, auf die sich dieser Artikel gründet, zeigt sich, daß dieser Wunsch sich umgekehrt hat. Diese Frauen vermeiden nämlich mütterlichen Schutz und möchten ihn statt dessen anderen Frauen zuteil werden lassen, um ihn vielleicht auf diese Weise stellvertretend zu genießen.
Dieses Problem kam mir erstmals während der Analyse zweier weiblicher Patienten zur Kenntnis, die, obgleich in vieler Hinsicht nicht vergleichbar, ähnliche Züge bei der Übertragung und in ihren Beziehungen zu Männern aufzuweisen schienen. In beiden Analysen schien die Arbeit gut vonstatten zu gehen. Ich fühlte mich nicht enttäuscht oder unzulänglich. Ich hatte wirklich häufig das Gefühl, daß ich mit beiden gut zu Rande kam, besonders während der Sitzung selbst. Während der Arbeit konnten einige ihrer Konflikte in der Beziehung zu Männern bewußtgemacht und teilweise gelöst werden. Ein Arbeitsbereich erschöpfte sich jedoch in Wiederholungen und blieb fruchtlos, derjenige, der die Beziehung zu ihren Müttern betraf. Obgleich sie über ihre Mütter sprachen, trat weder in der Fantasie noch in den Erinnerungen viel unbewußtes Material zutage. Es zeigte sich wenig Veränderung in den Gefühlen oder Einstellungen zu ihren Müttern oder zu mir. Obgleich jede Patientin sehr unterschiedliche (beinahe gegensätzliche) Übertragungsmuster zeigte, blieben diese Probleme in beiden Analysen von einem Tag zum anderen unverändert.
Ich hatte während der Sitzungen ein Gefühl der unberechtigten Zufriedenheit, und dieses Gefühl ließ mich auf der Hut sein; allmählich erkannte ich ein grundlegendes technisches Problem. Es schien so, als ob beide Patientinnen den Wunsch hätten, mich zufriedenzustellen und mich zu erfreuen; doch wenn sie dabei waren, ihren Wunsch in die Tat umzusetzen, ließ sich die Analyse schwer bewerkstelligen: Bei der einen war der Wunsch erotisiert, bei der anderen nicht. Beide Patienten empfanden auf unterschiedliche Weise, daß die Tatsache, daß sie regelmäßig zur Analyse kamen und Träume und freie Assoziationen produzierten, mich – die als Mutter, selten als Vater betrachtet wurde – befriedigte, und so wurde ihr eigentliches Problem Tag für Tag gelöst. In dem Maße, in dem überdies dieser Wunsch in der Übertragung befriedigt wurde, wurden ihre Beziehungen zu Männern weniger gespannt und künstlich, obgleich im ganzen ihre unbewußten Objektbeziehungen dieselben blieben. Ich zweifelte daran, daß sie jemals in der Lage sein würden, ihre Mütter zu introjizieren – oder daß sie, wenn es ihnen doch gelingen sollte, sich mit den Introjizierten in einer Weise identifizieren könnten, die ihnen ermöglichen würde, ihre besondere auf der Distanz beruhende und doch intime Befriedigung aufzugeben, die von dem Versuch herrührte, sie zu erfreuen und für sie zu sorgen. Auch zweifelte ich daran, daß sie den Wert von Männern richtig einschätzen könnten. Beide Patientinnen waren verheiratete Frauen mit Kindern, beide hatten Liebhaber, beide wurden an mich wegen „Eheproblemen“ überwiesen, beide mochten ihre Ehemänner und waren der Meinung, daß sie nette, gute, sogar interessante Männer seien, doch waren beide ihnen gegenüber kühl und kritisch, obgleich sie in der Lage waren, ihren Liebhabern gegenüber, mit denen sie nicht nur auf sexuellem Gebiet gute Beziehungen unterhielten, leidenschaftlich, vertrauensvoll und liebevoll zu sein. Keine glaubte, daß ihr Liebhaber ihrem Ehemann überlegen oder auch nur angenehmer als er sei. Viele Hinweise sprachen für die Hypothese, daß sie in der sexuellen Phase vom Ödipuskomplex beherrscht wurden, der eigentlich kein besonderes Problem für einen Analytiker darstellen sollte. Beispielsweise leugneten sie, daß ihre Mütter von ihren Vätern befriedigt würden oder jemals befriedigende sexuelle Beziehungen zu ihnen unterhalten hätten. Auf diese Art leugneten sie ihren Mutterneid oder die Feindseligkeit ihren Müttern gegenüber. Beide verleugneten sie auch Schuldgefühle aufgrund der Beziehung zu ihren Vätern, obgleich sie Fantasien eingestanden, nach

denen sie Kinder von ihnen empfangen hatten und in denen sie von ihnen vorgezogen wurden. Beide hatten eine positive Einstellung zu ihrer Vagina, doch gab es Hinweise auf Kastrationsleugnung und auf Vermeidung des Penisneids. Beide Patientinnen waren in ihrem Erscheinungsbild und in ihrer Verhaltensweise mädchenhaft, obgleich die eine in den Vierzigern und die andere in den Dreißigern war. Es schien, als könne keine von beiden sich als wirklich erwachsene Frau zeigen, die von ihrem eigenen Ehemann, das heißt von dem Vater ihrer Kinder, genital befriedigt werden könne. Sie konnten jedoch, wie in den Fantasien, die sich auf ihre eigenen Väter richteten, Kinder von ihren Ehemännern haben und Mütter dieser Kinder sein. Sie verleugneten die Schuld, konnten jedoch keine Lust bei ihren Ehemännern empfinden. Eine von ihnen konzentrierte sich darauf, ihre Mutter und mich zufriedenzustellen (zuerst in einer erotischen und später in einer eher fürsorglichen Weise, die manchmal nur eine Reaktionsbildung gegen feindliche Gefühle war). Der anderen widerstrebte es, ihrer Mutter und mir zu Gefallen zu sein. Ihre Mütter waren ihnen wichtiger als ihre Ehemänner, obwohl sie Männern Lust schenkten und von ihnen Lust erhalten konnten, wenn es sich nicht um ihre Ehemänner handelte. Sie schienen weniger strenge Über-Ichs zu haben, als ich zuerst vermutet hatte, und waren so in der Lage, in bestimmten Beziehungen trotz ihrer Feindseligkeit gegen ihre Mütter Genuß zu finden. Beide Frauen hatten ältere Brüder, mit denen sie in ihrer Jugend sehr vertraut gewesen waren, und hatten vielleicht auf diese Art ihre ödipalen Probleme in gewissem Maße gelöst, in dem sie einige ihrer sexuellen Bestrebungen von ihren Vätern auf ihre Brüder übertragen hatten. Auf diese Art hatten sie die Feindschaft und Schuld vermindert, die sie ihren Müttern gegenüber auf der ödipalen Ebene empfanden.

Während der ersten Jahre verwendete ich diese Ideen bei den Analysen; beide Patientinnen stimmten ihnen in wenig überzeugender Weise zu. Sie protestierten kaum (obgleich eine, wie ich noch zeigen werde, sich verwirrt zeigte), doch die Arbeit veränderte ihre Einstellungen ihren Müttern oder mir gegenüber nicht. Ihre Analysen erschöpften sich in Wiederholungen, das heißt die Bindung der einen Patientin an mich beruhte auf einem zielgehemmten sexuellen Antrieb und der Hoffnung, meine Feindseligkeit zu überwinden; das Bemühen der anderen war durch den hoffnungslosen Versuch gekennzeichnet, mir nahezukommen, wozu manchmal die Suche nach einem Penis gehörte, mit dem sie es zu erreichen hoffte. Ich werde nun zuerst einiges Material über die beiden Patientinnen mitteilen, bevor ich auf die theoretischen Erwägungen zurückkomme.

Zu einem frühen Zeitpunkt ihrer Analyse machte Frau X. ihren Wunsch deutlich, mich – die Mutteranalytikerin – auf eine quälend erotische Weise zu befriedigen und zu erfreuen; sie stellte sich heimlich vor, daß ich jedesmal befriedigt sei, wenn sie mein Zimmer betrat. Sie identifizierte sich also mit einem Penis. Sie bezog sich auf mich als ein externes Objekt und zugleich als eines, mit dem sie sich identifizieren konnte (Freud 1923). Sie scheute sich, mich zu berühren, doch wenn sie mein Zimmer betrat, bedeutete dies symbolisch, daß sie von meinem Körper Besitz ergriff und mir Lust schenkte. Dies ermöglichte ihr, bei ihrem Liebhaber Lust zu finden. Sie war ängstlich, wenn sie mein Zimmer verließ, was sie mit äußerster Sorgfalt und Taktgefühl tat. Sie berührte mich niemals und legte sich auf die Couch, als würde sie nicht wirklich darauf liegen. Sie teilte mir mit, daß sie die Männer haßte, wenn sie sich nach dem Geschlechtsakt zurückzögen, und daß sie nach dem Geschlechtsverkehr traurig und niemals glücklich sei, weil sie dann bis zum nächsten Mal warten müsse, bevor der Mann ihrer erneut bedürfe. Für diesen Zeitraum würde er sich ihr gegenüber als gleichgültig erweisen und schlafen gehen. Sie wollte immer begehrt werden, das bedürfnisbefriedigende Objekt für ihren Liebhaber sein, was leicht war (weil sie eine Vagina hatte). Sie wollte auch von Frauen geliebt werden; das sei aber schwierig, weil ihre Vagina für Frauen nichts tauge. Trotzdem empfand sie die Aufgabe nicht als hoffnungslos oder unmöglich. Zu Anfang der Analyse hatte sie viele Liebhaber, da sie der Meinung war, ich würde von diesen Geschichten erregt, stimuliert und amüsiert sein, wie es ihre Mutter dem Anschein nach von ihren kindlichen Sexualspielen war. Sie ging niemals das Risiko ein, meinen Neid zu erregen, da sie mir immer sehr deutlich machte, daß Männer sie nicht wirklich interessierten, was in einer gewissen Weise zutraf. Sie genoß ihre Beziehung zu Männern jedoch in einer ziemlich ungezwungenen Weise. Als Frau X. zu einem späteren Zeitpunkt ihrer Analyse feststellte, daß sich ihre auf Frauen gerichteten sexuellen Wünsche nicht verwirklichen ließen, gab sie mich als externes Sexualobjekt auf. Sie wandte sich einem frühen, primitiveren, verdrängten introjizierten Objekt zu, das sie als wirklich feminin empfand und an dem sie Anteil nehmen konnte. Dieses Objekt wurde durch ihr Kindermädchen repräsentiert, das sich um sie gekümmert hatte, seit sie $2^1/_2$ Jahre alt war, und sich ihr entzog, als sie herangewachsen war. Die Patientin war von diesem Kindermädchen wirklich abhängig gewesen, das streng gewesen und deshalb als fürsorglich und zuverlässig empfunden worden war. Die Patientin hatte sich mit dem fürsorglichen Kindermädchen identifiziert und war ihrerseits fähig, sich um die Frau zu kümmern – das heißt für sie zu sorgen –, wenn diese ihrerseits krank war. Eine Beziehung gegenseitiger Teilnahme (Balint 1972) hatte sich zwischen ihnen entwickelt. Das Kindermädchen hatte anders als die Mutter auf die Fürsorge der Patientin reagiert. Es mag bedeutsam sein, daß bis zum Auftreten dieses Kindermädchens die Patientin von einer

Reihe einander abwechselnder Kindermädchen versorgt worden war und daß ihre Mutter sie mit häufigen Unterbrechungen für Gewichtskontrollen gestillt hatte, das heißt die Patientin erhielt die Brust, diese wurde ihr entzogen, sie wurde wieder angelegt, und später erhielt sie die Flasche zur Ergänzung.

FREUD (1923) sagt in seiner Erörterung der Probleme, die sich daraus ergeben, daß die Objektidentifikationen des Ichs inkompatibel seien, dies beruhe auf einem Bruch im Ich. Frau X. blieb dieser Bruch vielleicht deshalb erspart, weil sie ihre Mutter nicht introjizierte sondern als externes Sexualobjekt beibehielt. Das Kindermädchen war aus diesem Grunde das einzig wirkliche weibliche Introjekt. Ihre Identifikation mit diesem Introjekt behandelte sie gesondert und hielt sie geheim. Bald nachdem die Identifikation mit der Kinderfrau und die Beziehung zu ihr erinnert wurde, wurde die Mutter (wie auch ich) als Sexualobjekt aufgegeben. Die Patientin versuchte darauf, sich um ihre Mutter zu sorgen, das heißt, sie in einer ruhigen, nicht sexuellen Weise zu lieben. Die Mutter zog sich daraufhin von ihr zurück. Die Patientin reagierte, indem sie erneut ihre Zuflucht zum Versuch nahm, ihrer Mutter erotisch zu gefallen. Sie versuchte ihre ausgeprägte Weiblichkeit zu verbergen, wurde sehr dünn und begann, sich wie ein Junge zu kleiden. Als auch dies fehlschlug, verhielt sie sich wie ein dummes hysterisches Mädchen und machte Szenen in der Öffentlichkeit, womit sie abermals ihre Reife verbarg, die Lust, die sie in ihrer Beziehung zu ihrem Ehemann und ihren Kindern fand, und ihre Fähigkeit, diese Beziehung aufrechtzuerhalten. Am Anschluß an diese Episode machte Frau X. in der Analyse eine Phase des Schmerzes und der Hoffnungslosigkeit durch, bis sie die Ablehnung durch ihre Mutter akzeptierte und begann, sich von ihr zu befreien. Darauf begann sie allmählich sich zu verändern: Sie zog sich wie eine Frau an und zeigte mir, wie sehr sie ihren Mann liebte und schätzte. Während dieser Zeit verhielt sie sich selten so wie vorher mir gegenüber, sondern begann, mir ihr Interesse und ihre Liebe zu mir zu zeigen, was ich jetzt nicht als Reaktionsbildung, sondern aus ihrer wachsenden Fähigkeit heraus verstand, mit der Realität zurechtzukommen. Die Übertragungsmanifestationen veränderten sich von Zeit zu Zeit, doch im großen und ganzen baute sie dieselbe Beziehung zu mir auf wie früher zu ihrem Kindermädchen. Sie hörte auch damit auf, ihren Mann so zu behandeln, wie ihre Mutter nach ihrer Meinung sie und ihren Vater behandelt hatte, das heißt als minderwertige Wesen – als Objekte, die ständiger sexueller Stimulation bedurften.

Die zweite Patientin, Frau Y., war 43 Jahre alt, als sie zur Analyse erschien. Ihre Mutter war einige Jahre vor Beginn der Analyse gestorben. Die Mutter war wahrscheinlich ihr ganzes Leben lang depressiv gewesen. Dies zeigten die Tagebücher der Mutter, die, obgleich im Besitz der Patientin, von ihr erst nach vielen Analysejahren gelesen wurden, als sich ihre Probleme schon in gewissem Maße gelöst hatten. Die Tagebücher beschreiben das Bemühen der Mutter, eine enge Beziehung mit meiner Patientin, ihrer einzigen Tochter, herzustellen und sie beim Füttern eng an sich zu halten. Dies gelang der Mutter nicht, und um die Spannung überhaupt auszuhalten, die das Füttern ihres Kindes für sie bedeutete, beschäftigte sie sich dabei fortwährend mit Zigarettenrauchen und Lesen.

Frau Y. hatte wenig Erinnerungen an die frühe Beziehung zu ihrer Mutter, doch deckte die Analyse bald Erinnerungen an frühe Beziehungen zu ihren Brüdern und ihrem Vater auf. Als sie sehr jung war, sorgte ihr älterer Bruder John (dies war auch der Name ihres Liebhabers) für sie, obgleich er später in der ödipalen Phase das Hauptobjekt wurde. Ihre Mutter erschien ihr unerreichbar. Sie erschien in Träumen als eine gefrorene, eisige Kiste, als Sarg oder als ein unerreichbares leeres Zimmer. Dieser Teil ihrer inneren Welt stand in keiner Beziehung zu ihren anderen Liebesobjekten, noch war er ihrem Ich integriert. Es schien ein fremder Körper in ihr zu sein, in Kälte erstarrt und unberührbar.

Man hatte Frau Y. gesagt, daß die Analyse eine qualvolle Behandlung sei. Sie war deshalb der Meinung daß ich eine gute Analytikerin sei, und meine Arbeit ordentlich tue, wenn sie selbst aus dem Gleichgewicht gebracht und verletzt sei. Ich würde dann glücklich und sie zufrieden sein. Es kümmerte sie nicht, daß ich dann als eine schreckliche Person dastehen würde. Tatsächlich verminderte sich auf diese Weise ihre Feindseligkeit und ihr Neid mir gegenüber. Sie hatte das Gefühl, daß ich ihr nahe sei, solange sie sich aufgebracht fühlte; so lange diese Situation anhielt, hatte sie das Gefühl, sich richtig zu verhalten. Der Patientin zufolge waren ihre Brüder, ihre Mutter und ihr Vater intelligent, während sie in der Familie die einzige Dumme gewesen sei. Während der Analyse gewann sie jedoch die Überzeugung, daß sie schließlich doch nicht so dumm sein könne, wenn sie mich verstehe und ich bereit sei, mit ihr zu arbeiten. Sonst hätte sie mir doch langweilig werden müssen. Für sie bedeutete dumm kastriert.

Sie konnte es jedoch nicht vertragen, wenn ich ihr die ödipalen Konflikte zeigte, die sich in ihren Träumen ausdrückten, noch wenn ihre Träume und Assoziationen uns zu ihren frühen Erfahrungen mit ihrer Mutter führten. Noch mehr Schwierigkeiten machte ihr, wenn ich die Konflikte dieser frühen Jahre mit den Konflikten verknüpfte, die sie in ihrem gegenwärtigen Leben mit ihrem Mann und ihrem Liebhaber hatte. Wenn ich diese Interpretation vorbrachte, wurde sie verwirrt, fühlte sie sich angegriffen und konnte mich nicht verstehen. Trotzdem nannte sie mir weiterhin Träume und Assoziationen, in denen sich ihr gegenwärtiges Leben mit ihrer Vergangenheit und dem gefrorenen, isolierten Teil ihrer inneren Welt verband, der ihre Mutter darstellte. Ich versuchte ihr zu helfen, ihre Trauer und ihr Bedürfnis, ihrer Mutter Freude zu bereiten, zu empfinden, doch auch dies gab ihr das Gefühl, daß ich sie angriff und mich deshalb auch von ihr entfernte. Sie konnte die Bedeutung meiner Worte nicht akzeptieren oder wirklich verstehen. Sie wurden ein Teil ihrer isolierten gefrorenen Vergangenheit. Eines Tages träumte sie jedoch von ihrer Suche nach einem Penis und ging einen in der Drogerie kaufen. Damit konnte sie ihre Mutter „aufwärmen": Sie war daraufhin in der Lage, einige der Kleidungsstücke ihrer Mutter zu erinnern, den Inhalt ihrer Schränke und die Bücher auf ihren Regalen. Diese Vorstellungen von ihrer Mutter wurden allmählich vertraute Objekte, das heißt sie waren nicht mehr Teil der gefrorenen Mutter in ihr. Als sie diese allmählich zu lieben und zu betrauern begann, nahm sie nach und nach die Erinnerungen an ihre Mutter aus der kalten Vorratskammer heraus. Frau Y. träumte in reichlichem Maß und weinte im allgemeinen, wenn sie mir ihre Träume erzählte. Eines Tages kam sie jedoch ins Zimmer und sah glücklicher als gewöhnlich aus. Sie teilte mir mit, daß sie einen wirklich herrlichen Traum gehabt habe – der sich von den sonst üblichen völlig unterscheide.

Er handelte von einem Stück herrlichen Samtes. Aus dem schönsten Material, von der schönsten Machart und Farbe, die sie jemals gesehen hatte: doch er gehörte nicht ihr, sondern Hope (der Name einer ihrer Freundinnen). An dieser Stelle weinte die Patientin. Sie, die Patientin, konnte den Samt nicht haben oder ihn berühren oder streicheln, außer wenn sie selbst Hope war – und sie war es nicht. „Aber dennoch", sagte sie, „war es ein herrlicher Traum. Ich habe nie gewußt, daß es solch schönen Stoff gibt." Sie sprach dann von ihrer Mutter und bemerkte bald, daß der Samt den Körper ihrer Mutter repräsentierte. Sie fuhr dann damit fort, daß sie über ihres Vaters Haltung gegenüber ihrer Mutter sprach, als sie (die Mutter) „blau" war (ihr Ausdruck – mir war die Farbe des Samts noch nicht bekannt, von dem es anfangs hieß, er sei golden, der aber später eine liebliche blaue Farbe erhielt, die der Augenfarbe ihrer Mutter glich). Der Vater konnte nichts für die Mutter tun. Wenn sie deprimiert war, pflegte er in den Schuppen zu gehen und sein Boot zu reparieren. Die Patientin weinte abermals und sprach von Hoffnungslosigkeit. Niemand konnte ihre Mutter heilen, beruhigen oder streicheln – nur Hope konnte sie streicheln. Später sprach Frau Y. in derselben Sitzung von ihrem Liebhaber, der sie häufig streichelte, aber niemals seine Frau berührte. Auch sie konnte sich von ihrem Mann nicht berühren lassen. Die Bedeutung dieses Traums war natürlich überdeterminiert: Er zeigte einen Wendepunkt in der Analyse an, die eine Zeitlang um das Thema der Hoffnungslosigkeit kreiste. Diese verband sich mit dem Gefühl, nicht in der Lage zu sein, der Mutter zu helfen, für sie zu sorgen, sie zu befriedigen oder ihr nahezukommen. Ich, die Analytikerin, wurde nicht mehr als die böse Bucklige gesehen. Allmählich trat der gefrorene isolierte Teil der Patientin, die ungeliebte gefrorene Mutter, zurück. Später nahm Frau Y. Beziehungen zu Frauen auf. Sie kümmerte sich um eine alte unangenehme Frau, der sie half, bis diese starb. Noch später gestattete sie ihrem Mann die Trennung. Das hieß, sie war in der Lage ihn freizugeben und ihm zu gestatten, die hoffnungslose Beziehung zu ihr abzubrechen, sowie seine Hoffnung aufzugeben, ihr zu gefallen. Sie läßt sich immer noch analysieren und entdeckt, was es heißt, eine Frau zu sein und eine Beziehung zu der Welt aufnehmen zu können – wozu gehört, daß sie ihre Beziehung zu Menschen aufgibt, denen man nicht helfen kann. Sie entdeckt auch, was es heißt, sich von einem Analytiker helfen zu lassen.

Zusammenfassung und theoretische Erörterung

Ich habe Material vorgelegt, das auf einige der Schwierigkeiten hinweisen soll, denen eine Analytikerin begegnet, wenn sie weibliche Patienten analysiert, deren Mütter entweder deprimiert waren oder sich zurückgezogen hatten. Das Hauptinteresse dieser Patientinnen liegt darin, ihre Mütter zu befriedigen, ohne die Lust an ihren Genitalien aufzugeben, mit denen sie Männer befriedigen. Sie genießen und schätzen ihre Vagina, doch nicht ihre gesamte Weiblichkeit. Dieses doppelte Ziel (das heißt die Befriedigung ihrer Mütter und der Männer) setzt voraus: (a) eine Kastrationsleugnung; (b) die Unterschätzung ihrer Ehemänner, das heißt ihrer Väter; (c) eine besondere Form der Beziehung zu den Frauen, die, wie sie glauben, nicht die sexuelle Lust genießen, die sie selbst haben. Sie empfinden einen Abscheu, diese Frauen zu berühren, doch möchten sie sie beruhigen, erfreuen oder stimulieren.

Ich neige der These zu, das ein Zustand primitiver Teilnahme ein Faktor in der Struktur menschlicher Beziehungen ist und sich während der Analyse bestimmter Patienten erreichen läßt, sobald ihre Abwehr gegen ihre Feindseligkeit, ihre Reaktionsbildungen gegen ihre aggressiven Tendenzen und eine Phase der Hoffnungslosigkeit überwunden sind. Ihre frühen primitiv-emotionalen Gefühle lassen sich dann in reife Objektbeziehungen umwandeln.

Man kann die Frage aufwerfen, ob diese Patientinnen als latente Homosexuelle zu betrachten sind. Nach meiner Meinung trifft dies nicht zu, obgleich sie sich vor allem für Frauen interessieren. Dies geschieht jedoch mehr aufgrund ihrer Liebe, ihrer Furcht und ihres Mitleids für ihre Mütter und aufgrund ihres Wunsches, sie am Leben zu halten, nicht

so sehr aufgrund ihrer libidinösen Triebe; diese richten sich auf Männer.
Diese Patienten müssen bei der Analyse zuerst die Tatsache akzeptieren, daß sie ihre Mütter sexuell nicht befriedigen können: Sie internalisieren sie dann (wenn sie es noch nicht getan haben) und empfinden für ihre Introjekte Liebe und Sorge. Zuletzt müssen sie eine Phase der Hoffnungslosigkeit und der Besorgtheit durchmachen, weil ihre Liebe und ihre Sorge für ihre Mütter ohne Nutzen ist. Sie wenden sich dann anderen Frauen zu, nicht um sie sexuell zu befriedigen, sondern um für sie zu sorgen und um sie zu lieben. Ich glaube nicht, daß dieses Verhalten entscheidend mit Schuldgefühlen verknüpfte ist. Sie können dann auch Liebes- und nicht nur sexuell-erotische Beziehungen zu ihren Ehemännern aufbauen. Es ist noch einmal darauf hinzuweisen, daß diese Frauen sich anderen Frauen nicht zum Zwecke sexueller oder körperlicher Befriedigung zuwenden. Sie nehmen die Beziehung zu Frauen als Liebesobjekten – und Objekten gegenseitiger Teilnahme – auf, betrachten sie aber nicht in erster Linie als triebbefriedigende Objekte.
Ich nehme an: Frauen versuchen in ihrer Beziehung zu Männern wie auch in ihrer Beziehung zu Frauen jene einfache Struktur zu verwirklichen, welche die Fähigkeit zu wechselseitiger Teilnahme (BALINT 1972) darstellt. Aufgrund dieser einfachen Struktur kann sie sich befriedigend nur durch den Körper selbst ausdrücken oder durch die Gefühle im Körper, die auf inneren Körperempfindungen beruhen. Die Vagina ist der Teil des weiblichen Körpers, von dem angenommen wird, es sei der wichtigste Bereich, durch den sich wechselseitige Teilnahme mit Männern ausdrücken lasse (dies schließt die Verwendung des übrigen Körpers nicht aus). In ihrer Beziehung zu Frauen hat die Patientin jedoch Schwierigkeiten, diese Struktur zum Ausdruck zu bringen, wenn sie sich nicht selbst introjiziert und mit einem befriedigenden weiblichen Körper identifiziert hat, der sie befriedigte und von dem sie fühlte, sie habe ihn befriedigt, als sie ein Säugling war. Ich vermute, daß sie zu Recht annimmt, daß ihr eigener Körper ihre Mutter befriedigte, wenn sie vom Körper ihrer Mutter befriedigt wurde. Ich glaube nicht, daß man nur eine Identifikation mit Teilen eines weiblichen Körpers oder der von der Mutter geschaffenen Umgebung in Erwägung ziehen darf. Außerdem nehme ich an, daß die Beziehungen einer Frau zu Männern wahrscheinlich verarmen, daß sie den Wert von Männern möglicherweise unterschätzt und sie nicht als Objekte wechselseitiger Teilnahme erfährt, wenn die Frau nicht eine wechselseitige Teilnahme mit anderen Frauen erleben kann.

Literatur

BALINT, E. Fair shares and mutual concern. Int. J. Psycho-Anal. 1972, 52, 61–65.

DEUTSCH, H. *The Psychology of Women, Bd. 1.* London: Research Books, 1946.

FREUD, S. Das Ich und das Es. Leipzig, 1923.

FREUD, S. Einige psychologische Konsequenzen des anatomischen Geschlechtsunterschieds. Int. Z. Psychoanalyse, 1925, 11.

FREUD, S. Über die weibliche Sexualität. Int. Z. Psychoanalyse, 1931, 17.

LAMPL-DE GROOT, J. The evolution of the Oedipus complex in women. Int. J. Psych-Anal. 1928, 9, 332–345.

Heinz Heckhausen
Entwurf einer Psychologie des Spielens

Entnommen aus: Psychologische Forschung, 1963, 27, 225–243

Den Leser des Aufsatzes von HECKHAUSEN *erwartet ein breites Spektrum von Problemstellungen und Interpretationsansätzen. Der Autor nähert sich seinem Thema zunächst unter dem* phänomenologischen *Aspekt: Wie erlebt der Spielende seine Tätigkeit und die ihn umgebende Welt? Von daher gelangt er zum* bedingungsanalytischen *Aspekt: Was bietet Anreiz zum Spielen? Weiterhin wendet sich der Autor der* Funktionsanalyse *zu: Was bewirkt, was bezweckt Spielen? Bewirkt, bezweckt Spielen überhaupt irgend etwas? Und schließlich behandelt der Verfasser sein Thema auch unter dem* (neuro)physiologischen *Aspekt: In welchen körperlichen – speziell: in welchen nervösen – Zustand versetzt das Spielen den Menschen?*
Die Fragen nach der Funktion des Spielens und nach dem körperlichen Zustand des Spielenden erweisen sich als zusammengehörig und nehmen in dem Aufsatz eine Schlüsselstellung ein. HECKHAUSEN *grenzt das Spielen entschieden von den leistungsorientierten Handlungen ab; aber einen Zweck, eine Funktion erkennt er ihm doch zu. Zwar diene das Spielen nicht der Erstellung äußerlich sichtbarer Leistungen. (Selbst wenn beim Spielen verwertbare Produkte entstehen, bleiben diese für den wirklich Spielenden Nebensache.) Trotzdem ist auch die Tätigkeit des Spielens nicht frei von Wirkungen und Zwecken. Sie verhelfe nämlich dem Organismus zu einer* Regulation seines Spannungszustandes. *Einem Spannungsdefizit – verbunden mit dem Erleben von Langeweile – könne etwa ein Beschäftigungsspiel entgegenwirken. Aber auch die überhöhte Spannung löse sich durch das Spiel; so gäbe es spielerische Tätigkeiten zur Bewältigung von Ängsten, die gleichzeitig zu einem Abbau von Angstzuständen und der damit verbundenen Anspannung führten.*
Die Theorie der Spannungsregulierung stützt HECKHAUSEN *durch die neurophysiologische Theorie der* optimalen zentralnervösen Aktivierung. *(Diese Theorie hat bereits in der in Abschnitt 1 abgedruckten Arbeit von* BEXTON, HERON *und* SCOTT *eine wichtige Rolle gespielt, und der Verfasser bezieht sich auch auf diese Arbeit. Dort wird anstelle des Begriffs „Aktivierung“ der Begriff „Erregung“ [„arousal“] verwendet.) Der Organismus strebe danach – lautet diese Theorie im wesentlichen –, die Erregung des Gehirns auf einem mittleren Wert zu halten; sowohl ein Absinken der Nervenerregung unter diesen Mittelwert als auch ein Ansteigen über diesen Wert hinaus beeinträchtige die Leistungsfähigkeit und das subjektive Wohlbefinden. Wesentlich angeregt werde die organismische Aktivierung durch die* Retikulärformation, *einem Bereich im Hirnstamm, der mit zahlreichen Sinnes- und Bewegungsnerven in Verbindung steht. Die Wechselhaftigkeit des Spiels ermögliche, der Retikulärformation gerade jenes Maß an Reizung zuzuführen, welches der Einhaltung des Optimums an Aktivierung günstig sei.*
Obwohl der abgedruckte Text gegenüber dem Original stark gekürzt ist, bleibt der Gedankengang des Autors in den folgenden Ausschnitten im wesentlichen erhalten.

Es gibt Einzeluntersuchungen, auch zusammenfassende Monographien über das Kinderspiel, aber in den großen Gesamtdarstellungen und Lehrbüchern der Psychologie sucht man vergeblich nach einer Würdigung des Spielens. Selbst in den entwicklungspsychologischen Leitfäden fristet es nur ein abgeschiedenes Sonderdasein. Es verblaßt zu liebenswerter Bedeutungslosigkeit neben den selbst- und arterhaltenden Betätigungen, mit denen man besonders seit DARWIN das seelische Leben in Bewegung gehalten sieht. Die sog. Spieltheorien waren noch der Versuch, dem offensichtlich Zweckfreien biologische Zweckdienlichkeiten als Motivierung zu unterschieben.
So soll das Spielen z.B. überschüssige Kräfte auf harmlose Weise entladen und Spannungsunterschiede zwischen verschiedenen in Anspruch genommenen Funktionssystemen ausgleichen (SPENCER 1855); oder wichtige geistige und körperliche Funktionen für die Ernstfälle des Lebens *vorüben* (GROOS 1911). Solche und ähnliche Erklärungsversuche zeigen, wie sehr das wohl allgemeinste Merkmal des Spielens, nämlich seine offensichtliche Zweckfreiheit, jeden Zweckdienlichkeitstheoretiker herausfordert.
Der Gegenstand ist verwickelt, die fortschreitende Problementfaltung noch nicht abzusehen. Ich will hier nur Grundrißlinien einer neuen Theorie-Perspektive verfolgen, mich aber nicht mit der Sichtung neu erschlossener Bestände aufhalten. An fünf Merkmalen des Spielens will ich ansetzen. Es sind:

1. die Zweckfreiheit;
2. der „Aktivierungszirkel“, d.h. das Aufsuchen eines Wechsels von Spannung und Lösung, der in vielen Wiederholungen abrollt;
3. die *handelnde* Auseinandersetzung mit einem Stück real begegnender Welt;
4. die undifferenzierte Zielstruktur und die unmittelbare Zeitperspektive;
5. die Quasi-Realität.

Das erste Merkmal, die Zweckfreiheit, ist das vielberufenste. Gespielt wird nur um des Spielens selber willen mit jenem ungezwungenen wie wohltuendem Grundgefühl des „Ich-muß-ja-nicht"; wie man sich ja auch nur freiwillig dem Spielen hingeben kann. Demgegenüber sind alle *notwendigen* Tätigkeiten (im Sinne von not-wendenden) instrumental, in den Dienst von Bedürfnisbefriedigungen, von übergeordneten Erfordernissen gestellt. Von allen solchen Unter- und Einordnungen ist das Spielen frei, auch von jener Tendenz nach Spannungsminderung, wie sie in den Befriedigungsendhandlungen der leiblichen homeostatischen Bedürfnisse zum Ausdruck kommt. Vielmehr breitet sich ein schwebender, durchaus lustvoller Spannungszustand über längere Zeitstrecken hin aus. Eine nähere Analyse würde ergeben, daß im Spiel die Ziele, auf welche das Handeln gerichtet ist, stets nur als Mittel eingesetzt werden, um die um ihrer selbst willen intendierte Handlung in Gang zu halten. Zweckfrei wie das Spielen sind aber auch viele andere Verhaltensweisen des Nichtspielens, was nur jene übersehen konnten, die im Spiel nur das Gegenteil von Arbeit oder von Ernst oder von sog. „Wirklichkeit" sehen. So können etwa grundsätzlich – wenn sie es auch keineswegs immer sind – die folgenden Tätigkeiten zweckfrei sein: Denkerische Betätigungen aller Art wie etwa Kreuzworträtsel-Lösen, Forschen, Philosophieren, das künstlerische Gestalten, der Kunstgenuß, die vielfältigen Formen der Unterhaltung, alle Arten abenteuerlicher Unternehmungen, das Reisen und vieles andere mehr.

Ausführlicher wollen wir uns mit dem nächsten Merkmal beschäftigen, obwohl es ebenfalls nicht nur für das Spielen, sondern auch für andere zweckfreie Tätigkeiten kennzeichnend ist. Ich möchte es „Aktivierungszirkel" nennen, weil eine psychische Spannung von gewissem Grade aufgesucht wird, die nach mehr oder weniger kurzer Frist, und zwar möglichst plötzlich, abfällt, sich wieder auflädt, abfällt... und dies in ständiger Wiederholungsfolge. Der Begriff des „Zirkels" hebt den sich wiederholenden Ablauf, aber nicht die genaue Verlaufsform des Spannungsgeschehens hervor. Diese braucht nicht kreis- bzw. sinusförmig zu sein, eher ist sie zackenförmig im Sinne einer Kippschwingung, mit langsamem Anstieg und schnellem Abfall oder auch mit schnellem Anstieg und langsamem Abfall; auf den ersten Fall hat besonders BERLYNE (1960) hingewiesen, der vom „arousal jag", d.h. der „Erregungszacke" spricht.

Ich will den Aktivierungszirkel an Gelegenheitsbeobachtungen an meinen eigenen Kindern, denen ich wichtige Erkenntnisse zu unserem Thema verdanke, verdeutlichen.

Jutta, im Alter von 10 Monaten, liegt im Laufställchen und steht in regem Blickkontakt mit dem Vater. Dieser nimmt ein Tuch und wirft es über ihre Augen. Sie gerät sofort in einen Erregungszustand, versucht sich heftig zappelnd zu befreien. Das vorher unmerkliche flache Atmen geht nun schnell und stoßweise. Der Beobachter hat dadurch den zwingenden Eindruck, daß das Kind sich in Not befindlich erlebt. Sobald es trotz des erregten und daher unkoordinierten Zappelns gelingt, das Tuch vom Gesicht zu ziehen, beruhigt sich der Atem sofort, und das Kind lächelt erleichterterlöst den Erwachsenen an. Dieser wirft das Tuch erneut. Nach wenigen Wiederholungen tritt die Mutter hinzu und hält den Vater an, das „grausame Spiel" zu beenden. Aber das Kind erwartet eine Fortsetzung. Nachdem eine Weile nichts geschieht, greift es selbst das beiseitegezogene Tuch auf, um es sich schnell über die Augen zu ziehen. Die ängstlichen Atemstöße setzen nun schon ein, bevor das Tuch die Augen ganz verdeckt. Nach der Abdeckung ist das Kind sofort und sehr heftig um Befreiung bemüht, die trotz zahlreicher Wiederholungen des Spiels stets wieder große Erleichterung, Freude und eine Normalisierung des Atmens herbeiführt.

Das Beispiel spricht für sich. Durch die Sichtbehinderung wird die psychische Gespanntheit über ein erträgliches Niveau hinaus gesteigert und durch die Befreiung wieder gemindert. Es werden die beiden Haupteigenschaften eines Aktivierungszirkels deutlich. Die erste besteht darin, daß das Affekterleben ständig um einen mittleren Spannungsgrad herumpendelt, der gleich weit entfernt ist von matter Langeweile einerseits und überwältigendem Affekt andererseits.

Übrigens wird nicht nur der überwältigende Affekt gescheut und geflohen. Auch Langeweile ist in den Wach-Phasen des Schlaf-Wach-Rhythmus ein höchst unangenehmer Zustand. Man denke nur an die Unleidlichkeit eines gelangweilten Kindes, die der Erwachsene durch die Einführung eines spannungssteigernden Situationselementes schlagartig beseitigen kann. Unter den Bedingungen eines monotonen Situationsfeldes entsteht nicht nur Langeweile. Bei länger dauernder Verminderung der Situationsanregung wird die Tüchtigkeit der kognitiven Funktionen vorübergehend beeinträchtigt, was etwa beim Blindflug in Düsenflugzeugen und Raumschiffen ein besonderes Problem darstellt. Bemerkenswert sind in diesem Zusammenhang die Versuche zur psychischen Sättigung von KARSTEN (1928) und die Isolierungsexperimente von BEXTON, HERON u. SCOTT (1954; vgl. zu den letzteren auch HEBB, 1955). Schließlich wären hier auch psychopathologische Haftreaktionen zu nennen.

Die zweite Haupteigenschaft des Aktivierungszirkels ist der baldige Spannungsabfall, der Entspannung und Erleichterung bringt. In der Erwartung, daß sehr bald ein möglichst rascher Spannungsabfall eintreten wird, können noch äußerst hohe Spannungsgrade als lustvoll empfunden oder zumindest toleriert werden, die bei längerer oder ungewisser Dauer höchst unangenehm und bei langsamerem Spannungsabfall weniger angenehm wären. Beispiele in Fülle liefern gefährliche Sportarten und abenteuerliche Unterneh-

mungen. Im Glücksspiel ist diese heftige Spannungsbewegung unter Spielregeln gebracht, ritualisiert, um in potentiell endloser Wiederholungsfolge abzurollen.
Wieder ein Beispiel aus der Kinderstube: Dorothee, im Alter von 2 Jahren, wird beim Fangenspiel vom Vater verfolgt. Jedesmal nimmt während des Verfolgtwerdens ihre Erregung sichtlich zu. Wird bei der Verfolgung eine ganz bestimmte Zeitdauer überschritten, so bleibt sie stehen, macht kehrt und rennt mit dem Ausdruck größter ängstlicher Erregung ihrem Verfolger in die Arme, was einen sofortigen und als ungemein erleichternd erlebten Spannungsabfall zur Folge hat. Das paradoxe Phänomen findet seine einfache Erklärung darin, daß Anstiegshöhe bzw. Anstiegsdauer des Aktivierungszirkels das noch tolerierbare Maß überstiegen. Ein mittlerer Aktivierungsgrad und ein rascher Aktivierungszirkel werden als ausgesprochen angenehm, unterhaltsam, ja lustvoll erregend empfunden. Anregungskonstellationen, durch welche sie ausgelöst werden, wirken anziehend und werden spontan aufgesucht.
Wie sehen solche Anregungskonstellationen aus? Sie stellen allesamt Diskrepanzen dar. Diskrepanz sei eine Sammelbezeichnung für Ungleichheiten, Unterschiede, Abweichungen, Unverträglichkeiten, Brüche, Unstimmigkeiten und Widersprüche. Solche Diskrepanzen können zwischen verschiedenen Formen von Erlebnissen vorliegen, etwa zwischen Wahrnehmungen und Erfahrungen, Vorstellungen, Erwartungen oder zwischen verschiedenen Tendenzen. Es gibt vier Kategorien solcher Diskrepanzen:

Die Neuigkeit, bzw. der Wechsel

Dies ist eine Diskrepanz zwischen *gegenwärtigen* Wahrnehmungen und *früheren* Wahrnehmungen (bzw. Erlebnissen). Darauf ist eines der stärksten menschlichen Motive gerichtet, die Neugier. Das gesunde, normale Kleinkind wird zum Beispiel, sofern seine leiblichen Bedürfnisse einigermaßen gestillt sind, von nichts anderem häufiger und stärker bewegt, als von einer geradezu unersättlichen Neugier. Es ist daher nicht verwunderlich, wenn Autoren die Neugier mit der Dranghaftigkeit und Lebenswichtigkeit leiblicher Bedürfnisse analogisieren und vom „Reizhunger“ oder (wie etwa PIAGET 1936, 1937) von „Reiznahrung“ sprechen. In einer aufschlußreichen experimentellen Untersuchung haben Charlotte BÜHLER, HETZER u. MABEL bereits 1928 die Affektwirksamkeit des Fremdartigen und der Wandlung des Vertrauten in Unvertrautes beim Kleinkind untersucht und gewürdigt. Was den Erwachsenen betrifft, so sind ganze Industrien damit beschäftigt, seinen Bedarf an Neuigkeit und Wechsel zu befriedigen.

Der Überraschungsgehalt

Dies ist eine Diskrepanz zwischen gegenwärtigen *Wahrnehmungen* und *Erwartungen*, die aufgrund früherer Erlebnisse gehegt werden. An Beispielen genüge der Hinweis, daß die anregende Wirkung von Diskrepanzen dieser Art vom Schaustellergewerbe ausgebeutet wird und den Kriminalroman zu einer ebenso beliebten wie in künstlerischer Hinsicht umstrittenen Literaturgattung gemacht hat. Die aktivierende Wirkung von Neuigkeit und Überraschungsgehalt kann naturgemäß nur sehr kurzfristig sein, weil schon zu bald das ursprünglich Neue nicht mehr neu ist und das anfänglich Überraschende nicht mehr überrascht. Die Ablaufform wird, besonders im Falle von Überraschungsgehalten, eher ein steiler Spannungsanstieg und ein flacher Abfall sein.

Die Verwickeltheit

Dies ist eine Diskrepanz zwischen Teilen des gegenwärtigen Wahrnehmungs- bzw. Erlebnisfeldes. Beispiele ließen sich in Fülle anführen. So kann ein aufgehängtes Mobile über der Wiege bereits einen zwei- bis dreimonatigen Säugling buchstäblich begeistern, wie ich bei meiner Tochter Cordula fand. Verwickeltere Teile des Wahrnehmungsfeldes ziehen die Aufmerksamkeit auf sich. Die Kategorie der Verwickeltheit ist auch eine Ursprungsstelle für die Motivation zum Lösen von Problemen, zum zweckfreien Denken und Forschen überhaupt. So regt das Verwickelte, sofern es etwa ungeordnet, unzusammenhängend, überzählig, widersprüchlich ist, zu problemlösenden Denktätigkeiten an (vgl. besonders WERTHEIMER 1957 und METZGER 1962), zumindest wenn der erlebte Schwierigkeitsgrad weder zu gering noch zu groß ist. Im Gegensatz zum Neuen oder zum Überraschenden übt das Verwickelte eine aktivierende Wirkung von längerer Dauer aus, deren Verlaufsform von Spannungsanstieg und -abfall auch viel weniger bewegt, sonst aber recht verschiedenartig sein dürfte; wie etwa bei einem Problemlösungsverlauf mit seinem Nacheinander von fortschreitenden, ruhenden und abirrenden Phasen.
Es gibt aber noch eine vierte Diskrepanz-Kategorie. Sie betrifft nicht nur das Erleben der Außenwelt, sondern auch Tendenzen und Impulse, die den eigenen Entscheidungen und Handlungen vorausgehen.

Ungewißheit bzw. Konflikt

Dies ist die Diskrepanz zwischen verschiedenen Erwartungen, bzw. zwischen verschiedenen Tendenzen. Hierunter fällt das Spannende, Riskante, Gefährliche, Unbewältigte, Vereitelte. Ein gewisser mittlerer Grad davon wirkt durchaus anregend, ja angenehm, obwohl er mit Angst oder Furcht verbunden sein kann. Man denke etwa an die sog. Angstlust, der allerdings verschiedene Menschen, ähnlich wie der Risikobereitschaft, in sehr unterschiedlichem Maße huldigen. Einen Drang nach dem Erlebnis vitaler Gefährdung hat HAIGIS (1941) zum Kernpunkt seiner Theorie des Spiels als Begegnung gemacht. MEINECKE (1956) hat Selbstgefährdungstendenzen beim Säugling beschrieben. Der Satz, daß „gebranntes Kind Feuer scheut" hat allenthalben seine bemerkenswerten Ausnahmen. Das Gefährliche lockt paradoxerweise an, es in spielerisch-aufgelockerter Weise zu bewältigen. Ein alltägliches und vielen Eltern vertrautes Beispiel für den unwiderstehlichen Drang, ein gewisses Maß an Risiko und Gefährdung auf sich zu nehmen, ist das Balancieren und Laufen der etwa Zwei- bis Vierjährigen über die halbhohen, mehr oder weniger schmalen Mauern der Vorgärten.
Besondere Erwähnung verdient die von Karl BÜHLER (1919) so benannte Funktionslust, die viele Phänomene des kindlichen Spielens deckt. Man findet sie bei all jenen Tätigkeiten, deren Gelingen oder Mißlingen noch einem gewissen mittleren Ungewißheitsgrad unterliegen, d. h., sie weisen einen Schwierigkeits- oder Gefährlichkeitsgrad auf, dessen Bewältigung keineswegs schon gesichert ist, sondern immer noch eine gewisse Wahrscheinlichkeit des Scheiterns enthält.
Gerade diese Ungewißheit der Aussichten und der damit gegebene Konflikt führen zu lustvoll erlebten Aktivierungszirkeln. Der Erwachsene verschafft sich Erlebnisse dieser Art etwa in abenteuerlichen Unternehmungen, waghalsiger Fahrweise im Straßenverkehr, riskanten Geschäftsspekulationen und höheren Einsätzen beim Glücksspiel. Es gibt berufsspezifische Spielarten. So soll etwa beim Dozenten – ich verlasse mich hier auf introspektive Erfahrungen – ein mittlerer Grad des Unvorbereitetseins eine durchaus angenehm-aktivierende Wirkung auf seinen Vortrag ausüben.
Im weiteren seien alle Anregungskonstellationen aufgrund von Diskrepanzen der verschiedenen angeführten Kategorien als *Anregungspotential* bezeichnet. Ich folge damit BERLYNE (1960), der als erster eine Systematik der verschiedenen Kategorien versucht und einen Überblick über die experimentell gesicherten Befunde gegeben hat. So sind die Wirkungen des Anregungspotentials heute bereits in fünferlei Hinsicht gut bekannt.

1. Gefühlstönungen.
   Diskrepante Wahrnehmungen, das sind solche, die vom durchschnittlichen Erfahrungsniederschlag früherer Wahrnehmungen abweichen, rufen eine positive Gefühlstönung hervor, wenn die Abweichung einen mittleren, weder zu geringen noch zu starken Grad aufweist.
2. Verlagerungen und Fixierungen des Aufmerksamkeitsschwerpunktes in der Wahrnehmung.
3. Sensorische und lokomotorische Orientierungsreaktionen. Die ersteren wurden vor allem in der russischen Psychologie von der Pawlowschen reflexologischen Schule untersucht.
4. Probier-Aktionen und Erkundungsverhalten.
5. Hirnstrom-Ableitungen.

Dieser letzte Forschungsbereich bringt uns auf das hirnphysiologische Substrat des Aktivierungszirkels, das sog. „aufsteigende, retikuläre, aktivierende System" (ARAS) im Hirnstamm. Eine Theorie seiner Funktion hat die psychologische Theoriebildung über die Motivation zweckfreier Tätigkeiten sehr befruchtet, wobei HEBB (1955) besondere Anstöße zu danken sind. Die Haupttrakte der zum Großhirn ziehenden Sinnesnerven entsenden Kollateralen in das Aktivierungssystem. Die übermittelten Sinnesinformationen gehen dort verloren, aber ihre inhaltlich-unspezifische Erregungsintensität schafft einen Erregungszustand von bestimmter Höhe im Aktivierungssystem. Dieser beeinflußt nun seinerseits das Großhirn, und zwar im Sinne einer tonisierenden, aktivierenden Tüchtigkeitssteigerung der kortikalen Funktionen (vgl. LINDSLEY 1957 und BERLYNE 1960). Abweichungen in der Rate des einströmenden Anregungspotentials nach unten oder nach oben führen nach einiger Zeit zu unangenehm empfundenen Zuständlichkeiten und zu mehr oder weniger schweren Beeinträchtigungen der sensorischen, kognitiven und motorischen Funktionstüchtigkeiten; bei zu starkem Anregungspotential etwa zu Aufregung, Lampenfieber, Angst, die nicht nur mit quälenden Gespanntheitszuständen einhergehen, sondern auch etwa Denken und Erinnern blockieren; andererseits bei zu schwachem Anregungspotential zu Langeweile, Konzentrationsverlust, Denkstörungen oder tagtraumartigen Zuständen (vgl. BEXTON, HERON u. SCOTT 1954).
Bei der Würdigung aller experimentellen, phänomenologischen und unleugbaren introspektiven Befunde über zweckfreie Tätigkeiten kann das allmächtige, alle Motivations- und Lerntheorien beherrschende Prinzip der Spannungsreduktion seine Stellung nicht behaupten. Das Aufsuchen von Aktivierungszirkeln bestimmter Ablaufsformen läßt sich damit nicht erklären. Im übrigen müßte man zwei homöostatische Tendenzen annehmen, nämlich eine zur Verstärkung und eine zur Verminderung der zentralen

Funktionsaktivierung; je nach der Abweichungsrichtung von einem optimalen mittleren Pegelbereich.
Diese Unterscheidung legt bei der Aktualgenese des Spielens eine wichtige Unterteilung nahe, nämlich Spiele zur Verstärkung bzw. Aufrechterhaltung der zentralen Funktionsaktivierung und Spiele zur Verminderung der zentralen Funktionsaktivierung. Die Spiele der letzteren Art besitzen eine außerordentliche Bedeutung in kulturwissenschaftlicher, religionspsychologischer und in psychotherapeutischer Hinsicht. Nur soviel sei gesagt, daß es dabei um die Bewältigung des *Traumatisierenden* (wie etwa in der Spieltherapie) oder des schlechthin *Unerhörten*, des *Unfaßlichen* (wie etwa im religiösen Kult) geht.
Zu stark affizierende, erregende oder gar traumatisierende Ereignisse und Situationen werden häufig schon spontan – vor allem bei Kindern – durch ein quasi-real nachbildendes Spiel wieder aufgegriffen und zu bewältigen versucht, und zwar insbesonders durch Rollenspiel. Von solcher Heilwirkung macht die Psychotherapie planmäßigen Gebrauch in der sog. Spieltherapie (im engeren Sinne) bei Kindern und in dem sog. Psychodrama bei Erwachsenen. Was dabei geschieht, geht über ein lediglich kathartisches Erleben hinaus. Mit der quasi-realen Wiederaufnahme des unverarbeiteten, mit hoher und höchster Erregung verbundenen Erlebnisses im Spiel findet eine Art Neu-Bearbeitung, ein nachreifendes allmähliches Bewältigen bis zur Entschärfung des zunächst völlig überwältigenden Anregungspotentials statt (vgl. FREUD [1920] und die psychoanalytische Spieltheorie WÄLDERS [1932]; sowie HECKHAUSEN [1955]).
Ein weiteres Merkmal, das die eigentliche Verlaufsform des Aktivierungszirkels betrifft und das Spielerische auch gegen *Handlungs*formen der gleichen zweckfreien Basismotivation abgrenzt, ist die Einfachheit der Zielstruktur und die Unmittelbarkeit einer nur kurz vorweggreifenden Zeitperspektive[1]. Beides ist ja für eine möglichst ununterbrochene und rasche Zirkelfolge von Handlung einerseits und Widerfahrnis andererseits kennzeichnend. Die Widerfahrnisse, d.h. die Rückwirkungen des eigenen Handelns werden unmittelbar erwartet und empfangen und geben ihrerseits zu neuen Handlungen Anlaß. Aufschübe oder Brüche in diesem relativ einfachen Wechselwirkungsgefüge, etwa eingeschobene Wartezeiten, Mahlzeiten, Nachtruhen, kann es nicht geben. Es fehlt das Moment einer zeitlichen Vorausplanung und Vorhersorge.

Diese denkbar niedrig-organisierte, so wenig wie nur möglich hierarchisierte Zielstruktur und kurzfristige Zeitperspektive macht gerade die „Kurzweil" des Spiels aus, nämlich die rasche Periodik von Aktivierungszirkeln, die sich in vielen typischen Spielen zu ganzen Ketten von einiger Gleichförmigkeit und Regelmäßigkeit des Ablaufs aneinanderreihen. In dieser Hinsicht sind die verschiedenen Kategorien des Anregungspotentials – wie bereits angedeutet – in einem unterschiedlichen Maße spielprovozierend, z.B. dürfte es Ungewißheit mehr sein als Verwickeltheit.
Andererseits ist zu fragen, wie das Spielerische bei der Einfachheit seiner Zielstrukturierung und bei der Kurzfristigkeit seiner Zeitperspektive überhaupt noch in der Welt des Erwachsenen statthaben kann. Es muß hierzu aus der Realität der alltäglichen Lebensvollzüge herausgenommen, und zwar zeitlich und räumlich, wie auch durch besondere Bedeutungssetzungen ausgegrenzt werden. Diese Ausgrenzungen werden im wesentlichen durch die Spielregel geleistet, welche dem größten Formenkreis des Spielerischen, nämlich dem Regelspiel, seinen Namen gibt. Wir sind damit bereits bei dem nächsten und letzten Merkmal, der sog. „Quasi-Realität" (HECKHAUSEN 1955).
Quasi-Realität ist ein Zustand des Erlebens, der sich einerseits vom sog. „Ernst des Lebens", d.h. der alltäglichen Lebensvollzüge zur Daseinsfristung, unterscheidet, ohne deshalb aber selbst unernst oder unwirklich zu sein. Das quasireale Fluidum grenzt das Spielen auch gegen andere zweckfreie, auf Aktivierungszirkeln basierende Tätigkeiten ab; z.B. gegen abenteuerliche Unternehmungen, gegen experimentierende Grundlagenforschung, was alles durchweg eine Auseinandersetzung mit einer dem Menschen unabhängig gegenüberstehenden und nicht als solche gesetzten Realität darstellt. Andererseits ist die Quasi-Realität etwas anderes als Irrealität, nicht gleichzusetzen mit allem nur Erdachten, Vorgestellten, Ausgemalten, Fiktiven, Phantasierten, was den Menschen etwa als Tagtraum, als Unterhaltung oder durch passives Miterleben in Lektüre und Schauspiel beschäftigt.
In der Quasi-Realität wird Realität handelnd abgebildet, nachgeschaffen, unter Umständen „erhöht", und zwar unter zeitlicher und räumlicher Ausgrenzung sowie unter bestimmten Bedeutungssetzungen. Dem so Tätigen ist der Nachbildungs-, der Als-ob-Charakter gewärtig. Besonders deutlich ist dies im kindlichen Rollenspiel, das man zu Unrecht als „Fiktions-" (Karl BÜHLER 1919) oder gar „Illusionsspiel" (GROOS 1911) bezeichnet hat.
Es ist nicht immer leicht zu entscheiden, wann und wieweit *gestaltendes* Tun ein Spielen im eigentlichen Sinne ist. Ohne Zweifel führt uns die Sprache, wie so häufig, irre, wenn man etwa im Deutschen Musikinstrumente nur „spielen" kann. Überall, wo eine Gestaltungsabsicht sich auf ein Endpro-

---

[1] Unter Zeitperspektive ist die Zeitstruktur aller Erlebnisinhalte zu verstehen, die aus einer gewissen Gegenwartsphase in die Zukunft voraus- und in die Vergangenheit zurückgreifen. Die Erlebnisinhalte und ihre Zeitbeziehungen untereinander ordnen sich nach einem zeitlichen Bezugssystem in einer perspektivartig gestaffelten Folge. Der Begriff der Zeitperspektive stammt von L.K. FRANK (1939).

dukt des Schaffens oder Nachschaffens richtet, wo sich damit eine verwickelte Zielstrukturierung des Handelns ergibt, kann es sich nicht oder nicht mehr um eigentliches Spielen handeln. Allerdings können darin sehr wohl spielerische Phasen eingebettet sein.

Musizieren kann Spiel im engeren Sinne werden, wenn improvisiert, frei variiert, „phantasiert" wird. Der Spieler schafft sich hier *selbst* (!) das Anregungspotential von Neuigkeit, Verwickeltheit und Überraschungsgehalt, das auf ihn zurückwirkt und den Fortgang der Gestaltung beflügelt. Kein Wunder, wenn dies gewöhnlich mit rauschartigen Gefühlen des Aus- bzw. Über-sich-selbst-Hinauswachsens verbunden ist. Selbst der langwierige Prozeß des Kunstschaffens (und auch der wissenschaftlichen Arbeit) wird von solchen spielerischen, von selbst geschaffenem Anregungspotential hin- und herbewegten Phasen getragen. So sagt etwa Gustav MAHLER von der morgendlichen Arbeit an der Partitur: „Das ist mein Skatspiel!" (nach den Erinnerungen Bruno WALTERS).

Wir streifen abschließend noch einen der vielen Aspekte des Spielens, und zwar seine Bedeutung für die Realitätserkenntnis. Die Vergleichende Verhaltensforschung hat zu diesem Punkte bei jenen Säugetierarten, deren Jungtiere ausgiebig spielen, Bemerkenswertes beizusteuern. So weist besonders BALLY (1945) darauf hin, daß bei allen Lebewesen, deren embryonales Spätwachstum extrauterin und mit geöffneten Sinnen erfolgt, das jugendliche Spielen ein mehr zweckfreies Gegenstandserkennen sei.

Im Unterschied zum Kind spielt der Erwachsene in einer *vertrauten* Welt, die das Interessante, Unbekannte, Gefährdende oder Verlockende weitgehend verloren hat. Hier wird Spiel erst möglich durch räumliche und zeitliche Ausgrenzung, durch die Quasi-Realität schaffende Spielregel. Dadurch wird der Spielwelt ein Teil dessen, was die alltägliche Welt an Unvorhersagbarkeit und Risiko, an Überraschung und Gefährdung, kurz an Anregungspotential verloren hat, zurückgegeben. Monotonie verwandelt sich in Abwechslung, Langeweile in Kurzweile, Entspanntheit in Ablaufzirkel von wachsender Spannung und plötzlicher Erleichterung. Paradigma dieses Spiels des Erwachsenen im ausgegrenzten quasi-realen Bereich ist das Glücksspiel; jene Form des Regelspiels, die bei strenger Spielregel-Ausgrenzung, dem blinden Zufall, und damit dem Unvorhersagbaren, dem Ungewissen, wieder weit die Tür aufschlägt.

Erkenntniswert haben diese Spiele des Erwachsenen nicht oder nicht mehr. Der Erwachsene gewinnt Realitätserkenntnisse aus anderen, ihm gemäßen Tätigkeiten, die genauso wie das Spielen zweckfrei sein können und damit auf der gleichen Basismotivation des Aktivierungszirkels (wenn auch anderer Verlaufsform) beruhen. Nur die Modalitäten der Tätigkeiten sind nicht mehr spielerische, sondern solche, die man nicht ganz unzutreffend eher als Arbeit bezeichnet. Es handelt sich um planmäßige Betätigungen in einem realalltäglichen Bereich mit einer weit vorausgreifenden Zeitperspektive und einer verwickelten Zielstruktur von Haupt- und instrumentellen Nebenhandlungen. Sie stellen kaum noch eine *handelnde* Auseinandersetzung mit der Umwelt dar, als vielmehr eine betrachtende, denkerische, gestalterische. Hervorstechende Beispiele dafür sind etwa Studium, Forschung und Kunstschaffen.

Literatur

BALLY, G. *Vom Ursprung und von den Grenzen der Freiheit.* Eine Deutung des Spiels bei Tier und Mensch. Basel: Schwabe 1945.

BERLYNE, D.E. *Conflict, arousal, and curiosity.* New York: McGraw-Hill 1960. (Deutsch: *Konflikt, Erregung, Neugier.* Stuttgart: Klett 1974).

BEXTON, W.A., HERON, W. & SCOTT, T.H. Effects of decreased variation in the sensory environment. *Canad. J. Psychol.* 1954, 8, 70–76.

BÜHLER, Ch., HETZER, H. & MABEL, F. Die Affektwirksamkeit von Fremdheitseindrücken im ersten Lebensjahr. *Z. Psychol.* 1928, 107, 30–49.

BÜHLER, K. *Abriß der geistigen Entwicklung des Kindes.* Leipzig: Quelle & Meyer 1919.

FRANK, L.K. Time perspectives. *J. soc. Philos.* 1939, 4, 293–312.

FREUD, S. *Jenseits des Lustprinzips.* Ges. Werke Bd. 13. Frankfurt/M.: S. Fischer 1940.

GROOS, K. *Das Seelenleben des Kindes.* Berlin: Reuther & Reichardt ³1911.

HAIGIS, E. *Das Spiel als Begegnung.* Versuch einer materialen Spieldeutung. *Z. Psychol.* 1941, 150, 92–167.

HEBB, D.O. Drives and the C.N.S. (conceptual nervous system). *Psychol. Rev.* 1955, 62, 243–254.

HECKHAUSEN, H. Das Sorgenkind und seine Welt. Einführung in die Themenanalyse. In O. GRAEFE und H. HECKHAUSEN, *Psychologische Forschung und praktische Erziehungshilfe,* S. 28–42. München: Reinhardt 1955.

KARSTEN, A. Psychische Sättigung. *Psychol. Forschung* 1928, 10, 142–254.

LINDSLEY, D.B. Psychophysiology and motivation. In M.R. JONES (Hrsg.), Nebraska Symposium on Motivation 1957, S. 44–105. Lincoln, Nebr.: University of Nebraska Press 1957.

MEINECKE, G. Selbstgefährdungstendenzen im Spiel eines Säuglings. *Psychol. Beitr.* 1956, 11, 299–307.

METZGER, W. *Schöpferische Freiheit.* Frankfurt/M.: Kramer 1962.

PIAGET, J. *La naissance de l'intelligence chez l'enfant.* Neuchâtel und Paris: Delachaux & Niestlé 1936. (Deutsch: *Das Erwachen der Intelligenz beim Kinde.* Ges. Werke Bd. 1 Stuttgart: Klett 1975.)

PIAGET, J. *La formation du symbole chez l'enfant.* Neuchâtel und Paris: Delachaux & Niestlé 1945. (Deutsch: *Nachahmung, Spiel und Traum.* Ges. Werke Bd. 5. Stuttgart: Klett 1975.)

SPENCER, H. *The principles of psychology.* London 1855.

WÄLDER, R. Die psychoanalytische Theorie des Spiels. *Z. psychoanalyt.* Pädagogik 1932, 6, 184–194.

WERTHEIMER, M. *Produktives Denken.* Frankfurt/M.: Kramer 1957.

7 Lohn und Strafe

Es gibt kaum ein Problem in der Psychologie, welches häufiger untersucht worden ist als die Auswirkung von Lohn und Strafe. Heftige Kontroversen haben sich an dem Problem der Lohn- und Strafwirkung entzündet. Deshalb ist in diesem Band ein Abschnitt ausschließlich dem Thema Lohn und Strafe gewidmet. Gäbe es keinen eigenen Abschnitt zu diesem Thema, hätten Lohn und Strafe entweder im Abschnitt über Motivation oder im Abschnitt über Verhaltensänderung behandelt werden müssen. Der Abschnitt über Motivation hätte sich angeboten, weil Lohn und Strafe die jeweilige Bedürfnislage verändern und weil es von der jeweiligen Bedürfnislage abhängt, was zum Lohn und was zur Strafe dient. Mit dem Problem der Verhaltensänderung steht das Problem von Lohn und Strafe in engem Zusammenhang, weil Lohn und Strafe auf das Auftreten und den Ablauf von Verhaltensweisen nachhaltigen Einfluß haben. Die Stärke des Einflusses von Lohn und Strafe, Erfolg und Mißerfolg auf das Verhalten war vor allem Gegenstand der oben erwähnten Kontroversen. Kognitivistisch orientierte Autoren hatten nur zurückhaltend formuliert, Erfolge und Mißerfolge seien Handlungskonsequenzen, welche ein Mensch bei seinen Planungen in Rechnung stellen könne; dabei werde der Mensch aber nicht zum Sklaven früherer Erfolge und Mißerfolge. Verhaltenstheoretisch orientierte Autoren hielten entschieden dagegen: Der Mensch befinde sich in einem stetigen Anpassungsprozeß an seine Umgebung; er wiederhole einfach, was ihm eine Befriedigung seiner Bedürfnisse verschaffe, und meide, was ihm Schmerz und Schaden verursache. So werde Verhalten (positiv oder negativ) verstärkt. Verstärkung – auch Bekräftigung genannt (im Englischen „reinforcement“) – wird damit zu einem zentralen Begriff in der behavioristischen Theorie. In Anwendung dieser Theorie erscheint die Verstärkung erwünschten Verhaltens, das heißt die Verabreichung von Belohnungen – zum Beispiel in der Schulklasse, am Arbeitsplatz, in der Familie – als maßgebende Technik der Verhaltensänderung.

Der zuerst abgedruckte Artikel des amerikanischen Psychologen BAER schildert einen Untersuchungsfall, in welchem die behavioristische Verstärkungstechnologie konsequent angewandt wird. Es wird beschrieben, wie Kinder durch Entzug von Filmvorführungen trainiert werden, das Daumenlutschen aufzugeben.

In der Auseinandersetzung zwischen Kognitivisten und Behavioristen hat in zunehmendem Maße die Frage eine Rolle gespielt, wie weit ein Individuum Lohn und Strafe an sich selbst erfahren muß, wenn dieser Lohn und diese Strafe Einfluß auf sein Verhalten nehmen soll. Die lebhaft einsetzende Forschung zu dieser Frage hat bald unter Beweis gestellt: Menschen lernen auch aus der Beobachtung von Erfolgen anderer, und sie werden auch aus fremdem Schaden klug. Der im zweiten Teil dieses Abschnitts wiedergegebene Bericht der amerikanischen Psychologen Albert BANDURA, Dorothea Ross und Sheila A. Ross hat eine der ersten (und eine der bekanntesten) Untersuchungen des Lernens durch Beobachtung von Vorbildern zum Inhalt.

Donald M. Baer

Experimentelle Kontrolle des Daumenlutschens durch Entzug und erneute Darbietung von Verstärkung

Originaltitel: Laboratory control of thumbsucking by withdrawal and re-presentation of reinforcement
Entnommen aus: Journal of Experimental Analysis of Behavior 1962, 5, 525–528
(Aus dem Englischen übersetzt von Hainer Kober)

Gegen die Auffassung zahlreicher, vor allem tiefenpsychologisch ausgerichteter Entwicklungspsychologen, das Daumenlutschen sei Ausdruck unerfüllter (wahrscheinlich sogar unbewußt bleibender) kindlicher Wünsche, setzt Baer *die These, Daumenlutschen sei Verhalten wie jedes andere auch. Wolle man dieses Verhalten verändern, so brauche man nicht nach seinen etwaigen besonderen inneren Ursachen zu fragen; es genüge, seine positiven Konsequenzen zu beseitigen. Der Autor bekennt sich damit zu der strengsten Version des Behaviorismus, welche in ihre Theorie lediglich die Aufeinanderfolge eines Verhaltensaktes und seiner Konsequenzen einbezieht. Damit bekennt er sich gleichfalls zu einer psychologischen Praxis, welche auf einer Anwendung der (in der Einführung zu diesem Abschnitt beschriebenen) Verstärkungstechnologie beruht. Es komme darauf an, bei unerwünschtem Verhalten dessen verstärkende Folgen zu beseitigen, sowie erwünschtes Verhalten durch Setzung geeigneter verstärkender Bedingungen auszulösen. Das Ziel wird dann, durch Gestaltung von Umweltbedingungen Einfluß auf das ausgeführte Verhalten zu nehmen, in diesem Sinne also* Verhaltenskontrolle *zu betreiben.*

Daß behavioristische Autoren wie Baer *sich auf eine Verhaltenskontrolle beschränken und sich nicht um das Verständnis der Bedürfnisse und der Entwicklungsgeschichte ihrer Klienten bemühen, hat ihnen heftige Vorwürfe eingetragen. Ihr Ziel – wurde ihnen entgegengehalten – sei lediglich die technische Beherrschung, die Manipulation. Gegen diese Kritik haben sich die Betroffenen mit dem Hinweis auf die Begrenztheit wissenschaftlicher Erkenntnis und wissenschaftlicher Praxis verteidigt.*

In seiner eigenen Untersuchung will der Autor die Bedeutung der engen Aufeinanderfolge, der Kontingenz *zwischen dem Verhalten seiner Probanden und der Verstärkung durch den Versuchsleiter demonstrieren. Er belohnt den Verzicht auf das Daumenlutschen durch die Vorführung von Filmen; zur Bestrafung von Daumenlutschen wird die Filmvorführung unterbrochen. Der Entzug der Filmdarbietung erscheint dabei als wirksames Mittel, das Daumenlutschen zu unterbinden. Allerdings wirkt diese Strafe nur so lange, wie sie verabreicht wird. Wird die Verstärkung ausgesetzt, so kehrt das Daumenlutschen wieder – es zeigt eine* Erholung. *Die Erholung der Reaktion bei Aussetzung der Kontrolle steht dabei im Einklang mit der Theorie.*

Das technische Herangehen des Autors an seinen Gegenstand findet nicht nur in seiner experimentellen Methode seinen Ausdruck, sondern auch in seiner Begriffsbildung und seiner Sprache. Für ihn sind Verhaltensweisen Wirkweisen, im Englischen Operants. *Zu Beginn des Versuchs findet der Untersucher die ihn interessierenden Wirkweisen mit einer bestimmten Häufigkeit vor – diese Häufigkeit nennt der Verfasser* operantes Niveau. *Das operante Niveau zu verändern, ist Ziel seiner Kontrolltechnik. Die im Text angegebenen Häufigkeiten sind* kumulativ aufgezeichnet. *Das bedeutet in diesem Fall: Der Versuchsleiter beobachtete seinen Probanden; sooft der Proband den Daumen im Mund hielt, drückte der Versuchsleiter auf eine Taste. Hatte der Versuchsleiter die Taste 3 sec. lang gedrückt, so sprang ein Stift auf einem Schreiber jeweils um eine Einheit nach oben. (Der Stellung des Schreibstiftes konnte man also entnehmen, wie lange der Proband insgesamt am Daumen gelutscht hatte.) An dem Stift lief nun ein Papierstreifen mit gleichbleibender Geschwindigkeit vorbei; die Stellung des Stiftes wurde daher für jeden Zeitpunkt des Versuchs festgehalten. Aus den entstehenden Kurven – wie sie in den Abbildungen wiedergegeben sind – kann man dann die Veränderungen der kumulierten, d.h. aufsummierten Häufigkeiten bzw. Zeiten des Daumenlutschens während des Versuchs ablesen. Am Ende jedes Versuchsabschnitts wird der Schreibstift auf den Wert Null zurückgestellt, so daß die Kumulativschreibung die Form einer Sägezahnkurve annimmt.*

Positive Verstärkung kann man Kleinkindern entziehen, indem man ihnen Zeichentrickfilme zeigt und Unterbrechung von Bild und Ton einprogrammiert. Wenn man diesen Entzug kontingent zur Reaktion vornimmt, reduziert er ihre Häufigkeit nachdrücklich (Baer 1961). Wenn die Reaktion den Entzug verzögert, kann dadurch ein stabiles Vermeidungsverhalten aufgebaut werden (Baer 1960). In der vorliegenden Untersuchung wurde die Entzugstechnik verwendet, um das Daumenlutschen dreier Kleinkinder temporär zu kontrollieren, die ständige Daumenlutscher sind. Gewöhnlich erklärt man das Daumenlutschen damit, daß man es auf innere Spannungen und Konflikte (SPOCK 1957, S. 211), auf selbstverstärkende Konsequenzen (FENICHEL 1954, S. 63) oder auf einen Mangel an Saugerfahrung im Säuglingsalter (ROBERTS 1944) zurückführt. PALERMO (1956) hat zusammengefaßt, welche experimentellen Befunde zu diesem Thema vorliegen und vertritt die Meinung, das Daumenlutschen sei eine erlernte angstreduzierende Reaktion. In diesem Zusammenhang erscheint der Versuch lohnend, zu zeigen, in welchem Ausmaß sich das Daumenlutschen durch aktuelle Umweltkontrolle modifizieren läßt, die in expliziten Reizkonsequenzen der Reaktion besteht.

Verfahren

Die erste Versuchsperson war ein fünfjähriger Junge aus einem Kindergarten, der acht Sitzungen lang, jeweils im Abstand von zwei oder drei Tagen, dieselben drei Zeichentrickfilme bei jeder Sitzung gesehen hatte. Er zeigte großes Vergnügen, lachte und plapperte die ganze Zeit, außerdem lutschte er so gut wie die ganzen 21 Minuten einer jeden Sitzung am Daumen. Während dieser acht vorbereitenden Sitzungen hatte die Versuchsperson die Zeichentrickfilme ohne Unterbrechung und ohne irgendeine andere experimentelle Behandlung gesehen. (In Reichweite ihrer rechten Hand befand sich ein Hebel, der für ein ausreichendes operantes Niveau sorgen sollte. Das operante Niveau bei Hebeldruck war jedoch während all dieser Sitzungen gleich 0.) Die Vp war also gut an die Versuchssituation angepaßt, kannte jedoch die speziellen Versuchsbedingungen nicht.
Das generelle Verfahren war dem in einem früheren Artikel (BAER 1960) beschriebenen identisch. Die Vp wurde von einer jungen weiblichen Erwachsenen, A, in den Versuchsraum geführt und vor eine Leinwand gesetzt, die an einer Wand des Zimmers hing. Die junge Frau setzte sich dann in eine vom Raum abgetrennte Ecke. Nebenan, vom Kontroll- und Beobachtungsraum des Versuchsleiters aus, wurden Zeichentrickfilme auf die Leinwand projiziert. Während jeder der acht vorbereitenden Sitzungen wurden drei 7-Minuten-Zeichentrickfilme ohne Pause oder Unterbrechung gezeigt. Während jeder der drei Versuchssitzungen, von denen hier berichtet wird, wurden der Vp dieselben drei Zeichentrickfilme zweimal ohne Pause zwischen den einzelnen Filmen vorgeführt, wobei die Reihenfolge A,B,C,A,B,C eingehalten wurde. Das Daumenlutschen wurde auf einem kumulativen Schreiber von GERBRAND festgehalten, der jeweils eine Gesamtdauer von drei Sekunden Daumenlutschens als eine Reaktion registrierte. Der Versuchsleiter beobachtete die Vp durch ein Ein-Weg-Fenster und drückte eine Taste an einem im übrigen automatischen Steuergerät, sooft die Vp den Daumen im Mund hatte. Das Steuergerät gab jedesmal einen Impuls an den Schreiber, wenn die Taste drei Sekunden lang gedrückt worden war. Unter Bestrafungsbedingungen schaltete das Steuergerät die Projektorlampe aus und unterbrach den Stromkreis des Lautsprechers, solange die Taste betätigt wurde, so daß Bild und Ton der Zeichentrickfilme entzogen wurden.
Während der Versuchssitzungen wurde der Vp zuerst Zeichentrickfilm A ohne Bestrafung gezeigt. Sie wurde dann für jedes Daumenlutschen während B (einer Kontrollphase) bestraft. Während C (eine Erholungsphase) durfte sie lutschen. Während der zweiten Vorführung von A (Kontrollphase) wurde sie wieder für jedes Daumenlutschen bestraft. Es wurde ihr bei der zweiten Vorführung von B gestattet; dies war also eine Erholungsphase. Und schließlich wurde sie wieder für jedes Daumenlutschen während der zweiten Vorführung von C bestraft (Kontrollphase).

Ergebnisse und Erörterung

Das Daumenlutschen während der drei Versuchssitzungen ist in kumulativer Form in Abbildung 1 dargestellt. Während der ersten Vorführung von A in jeder Sitzung (operantes Niveau) war die Häufigkeit des Daumenlutschens nahezu maximal. Während der ersten Sitzung führte die Erholung bei Bedingung C zu einem Niveau, das dem Niveau aus Bedingung A gleichkam, doch war die Erholung während der zweiten Vorführung von B geringer. Während der zweiten und dritten Sitzung war die Erholung allerdings im allgemeinen rasch und kräftig. Unter Kontrollbedingungen waren die Reaktionen einander recht ähnlich. Während der ersten

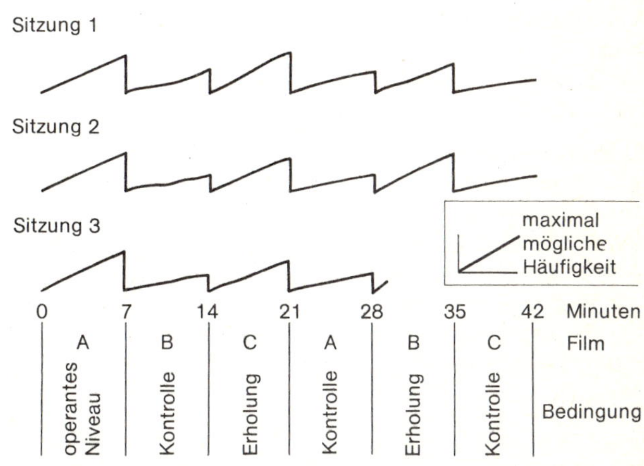

Abbildung 1: Kurve des kumulativen Daumenlutschens einer einzelnen Versuchsperson unter abwechselnden Bedingungen von Kontrolle und Erholung.

Sitzung wirkten sich die nachfolgenden Kontrollphasen zunehmend auf die Abnahme der Häufigkeit aus. Während der zweiten und dritten Sitzung waren die Häufigkeiten recht einheitlich und blieben während aller Kontrollbedingungen deutlich gesenkt.

Die Vp verließ bei der dritten Sitzung den Raum, nachdem sie nur vier Filme gesehen hatte. Sie sagte, sie hätte nun „genug gesehen". Dies mag den Bestrafungsphasen zuzuschreiben sein, denen sie unterzogen wurde. Andererseits sollte man sich daran erinnern, daß die Vp jeden Film insgesamt dreizehnmal in Abständen von zwei oder drei Tagen gesehen hatte: ganz unabhängig von der Bestrafung ist die Vermutung, bei der Vp liege eine Sättigung vor, wohl nicht von der Hand zu weisen.

Die rasche und ausgeprägte Wiederherstellung des Daumenlutschens während der Erholungsphasen in der zweiten und dritten Sitzung in Verbindung mit der raschen Schwächung der Reaktionen während der Kontrollphasen mag die Vermutung nahelegen, es handle sich hier um eine rasche Unterscheidung der Komponenten des Verstärkungsplans und nicht um eine generalisierte Unterdrückung des Daumenlutschens durch Bestrafung. Auf jeden Fall schwächte sich die Reaktion nur während der Bestrafung ab – immerhin ein charakteristisches Ergebnis. Auf eine weitere experimentelle Behandlung mußte verzichtet werden, da die Vp eine Woche später den Kindergarten verließ.

Das Verfahren, das zum Aufbau dieser temporären Kontrolle der Reaktion des Daumenlutschens verwendet wurde, bestand aus mehreren Teilen. Es umfaßte den Verstärkungsentzug, die abermalige Verstärkung, die Kontingenz von Entzug und Daumenlutschen sowie die erneute Darbietung für die Entfernung des Daumens aus dem Mund. Um die Wirkung einer kontingenten Folge dieser Operationen im Vergleich zu einer zufälligen Abfolge nachzuweisen, wurden zwei fünfjährige Jungen in einem Parallelversuch untersucht.

In diesem Versuch saßen die beiden Vpn Seite an Seite und sahen dieselben Filme, die auf die Leinwand vor ihnen projiziert wurden. Eine kleine spanische Wand wurde zwischen ihnen aufgestellt, so daß sie einander beim Betrachten der Filme nicht beobachten konnten. Den Vpn wurden insgesamt 30 Minuten pro Sitzung Zeichentrickfilme vorgeführt. In den ersten drei Sitzungen wurden keinerlei experimentelle Eingriffe vorgenommen, weil das operante Niveau des Daumenlutschens in dieser neuen Situation langsam von untypischen niedrigen Werten auf höhere Häufigkeiten anstieg. Am Ende der dritten Sitzung zeigten beide Vpn beim Daumenlutschen stabile Häufigkeiten von nahezu 100%. Zwei Experimentalsitzungen, die in Abbildung 2 Sitzung 1 und Sitzung 2 genannt werden, folgten an zwei Tagen hintereinander. In Sitzung 1 erlebte Vp 1 im Wechsel fünfminütige Phasen andauernder Filmdarbietung und fünfminütige Phasen mit kontingentem Entzug und kontingenter erneuter Darbietung der Filme. Vp 2, die daneben saß und dieselbe Leinwand betrachtete, erlebte folglich denselben Wechsel von Entzug und erneuter Darbietung der Filme. In diesem Falle befanden sich die Operationen jedoch nur in einer zufälligen Kontingenz mit dem Verhalten des Daumenlutschens. Am nächsten Tag wurden in der Sitzung 2 die Rollen der Vp 1 und Vp 2 vertauscht: Vp 2 erlebte wechselnde Phasen ununterbrochener Filmdarbietung und kontingenten Entzugs, beziehungsweise kontingenter erneuter Darbietung, während Vp 1 parallel dazu in den gleichen wechselnden Phasen Entzug und Darbietung erfuhr, jedoch nicht kontingent mit ihrem Verhalten.

Abbildung 2 gibt die Ergebnisse wieder. In jeder Sitzung geriet die Person, die dem Entzug und der Darbietung der Filme kontingent mit dem Daumenlutschen unterzogen wurde, sofort unter die Kontrolle dieser Kontingenz. Die Versuchsperson, die parallel dazu zur selben Zeit und nach dem gleichen Verstärkungsplan Entzug und erneute Darbietung erfuhr, jedoch nur in zufälliger Beziehung zu ihrem Daumenlutschen, zeigte keinerlei erkennbare Wirkung. Es war jedoch eine vorübergehende Abweichung von diesem Reaktionsmuster bei der Vp 1 während Sitzung 2 zu beobachten. In der vorhergehenden Sitzung hatte Vp 1 einen

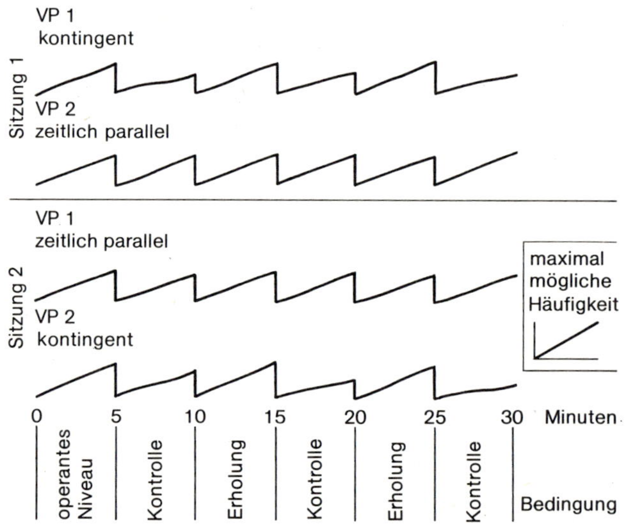

Abbildung 2: Kurven des kumulativen Daumenlutschens zweier Versuchspersonen unter abwechselnden Bedingungen von Kontrolle und Erholung. Dabei erhielt die eine Versuchsperson kontingenten Entzug und kontingente erneute Darbietung, während die andere lediglich zeitlich parallel dazu Entzug und Darbietung erfuhr.

kontingenten Entzug und eine kontingente erneute Darbietung beim Daumenlutschen erhalten. Als danach bei Vp 1 der Entzug und die erneute Darbietung der Filme (parallel zu Vp 2 während der ersten Kontrollphase der Sitzung 2) unsystematisch vorgenommen wurden, nahm sie ihren Daumen recht häufig aus dem Mund. Doch führte sie ihn jedesmal beinahe sofort wieder in den Mund zurück. Diese Operation korrelierte hoch mit den Entzugsoperationen (kontingent mit dem Daumenlutschen der Vp 2). Dieses Verhalten reduziert den kumulativen Betrag des Daumenlutschens kaum und läßt sich deshalb in Abbildung 2 schwer erkennen. Während der folgenden Kontrollphasen der Sitzung 2 verschwand dieses Reaktionsmuster so gut wie ganz.

Folglich scheint die Kontingenz von Entzug und die Kontingenz einer erneuten Darbietung der Zeichentrickfilme die Reaktion des Daumenlutschens so lange zu schwächen, wie kontingenter Entzug und Darbietung vorgenommen werden. Zufällige Entzugs- und Darbietungsoperationen gleicher Häufigkeit, gleichen Ausmaßes und gleicher Dauer scheinen sich auf die zur selben Zeit erfolgende Reaktion des Daumenlutschens in keinerlei feststellbarer Weise auszuwirken.

Wir erheben keinerlei Ansprüche auf die Allgemeingültigkeit dieses Effektes. Die Zahl der Vpn betrug drei. Alle waren Jungen und alle wurden ausgewählt, weil sie im Kindergarten in ungewöhnlich hohem Maße am Daumen lutschten. Folglich sind sie keine Zufallsstichproben junger Daumenlutscher.

Literatur

BAER, D.M. Escape and avoidance responses of preschool children to two schedules of reinforcement withdrawal. *J. exp. Anal. Behav.* 1960, 3, 155–159.

BAER, D.M. The effect of withdrawal of positive reinforcement on an extinguishing response in young children. *Child Developm.*, 1961, 32, 67–74.

FENICHEL, O. *The psychoanalytic theory of the neuroses.* New York: Norton 1945. (Deutsch: *Psychoanalytische Neurosenlehre.* 2. Bd. Olten: Walter 1974/75.)

PALERMO, D.S. Thumbsucking: a learned response. *Pediatr.* 1956, 17, 392–399.

ROBERTS, E. Thumb- and finger-sucking in relation to feeding in early infancy. *Am J. Dis. Child.* 1944, 68, 7–8.

SPOCK, B. *The common book of baby and child care.* New York: Duell, Sloan and Pierce 1957.

Albert Bandura, Dorothea Ross
und Sheila A. Ross

Übertragung von Aggression durch Nachahmung aggressiver Modelle

Originaltitel: Transmission of aggression through imitation of aggressive models
Entnommen aus: Journal of Abnormal and Social Psychology, 1961, 63, 575–582
(Aus dem Englischen übersetzt von Hainer Kober)

Der Begriff des Modells erscheint in dieser Studie in einer neuen Bedeutung. Unter Modell *verstehen die Autoren eine Person, deren Verhalten nachgeahmt,* imitiert *wird. Diese Nachahmung erfogt nicht zufällig; sie ist – behaupten die Autoren – die Folge eines Lernvorgangs, sie habe eine* Verstärkungsgeschichte. *So werde etwa bereits in der Kindheit geschlechtsspezifisches Verhalten erworben. Jungen würden dafür belohnt (oder zumindest nicht dafür bestraft), sich an (männlichen) aggressiven Vorbildern zu orientieren und deren aggressives Verhalten nachzuahmen. Mädchen erhielten dafür ihre Bekräftigung für die Nachahmung (weiblicher) nicht aggressiver Vorbilder und deren Verhalten – zum Beispiel für Kochen oder andere Tätigkeiten aus dem mütterlichen Repertoire. Zu der Kategorie des* aggressiven Verhaltens *werden dabei alle Tätigkeiten gerechnet, die darauf abzielen, einer Person oder einem Gegenstand Gewalt oder Schaden zuzufügen. Von besonderer Bedeutung ist in der geschilderten Untersuchung die Behandlung einer 1,5 Meter großen Puppe – einem Gegenstand also mit Menschengestalt.*

Unter einem Modell ist also im folgenden Text ein Vorbild für einen Probanden zu verstehen. Auf keinen Fall gemeint ist damit von den Autoren ein wissenschaftliches Modell, das heißt eine theoriegeleitete Nachbildung eines Sachverhalts durch einen wissenschaftlichen Untersucher. Den Begriff des wissenschaftlichen Modells hat Brian LITTLE *in seinem vorangehenden Aufsatz über das Menschenbild in der psychologischen Theorie (Abschnitt 2) vorgestellt. In diesem Zusammenhang hat* LITTLE *ausgeführt, daß auch der Wissenschaftler bei seiner Theoriebildung Vorbildern folgt. (So könne er sich etwa den Schaltplan eines Geräts oder sein eigenes Selbstverständnis bei der Theoriekonstruktion zum Vorbild nehmen.) Der Begriff des Modells wird demnach innerhalb der Psychologie in mindestens zwei Bedeutungen verwendet, die streng zu unterscheiden sind. Auf die Bedeutung des Modells als persönliches Vorbild stützt sich der zusammengesetzte Begriff des* Modellernens, *des Erwerbs von Verhalten durch Imitation einer Vorbildperson. Das Modellernen in diesem Sinne bildet damit einen Sonderfall des* Beobachtunglernens. *(Das Modellernen ist deshalb als Sonderfall des Beobachtungslernens zu bezeichnen, weil man auch aus der Beobachtung von Ereignissen etwas lernen kann, an deren Zustandekommen Personen nicht beteiligt sind.)*
Die Untersuchung von BANDURA, ROSS *und* ROSS *ist auf dem Hintergrund der behavioristischen Lerntheorie entstanden. Das bezeugen bereits die gewählte Terminologie und der bevorzugte Interpretationsansatz. Nicht untypisch für das verhaltenstheoretische Wissenschaftsverständnis ist – wie schon im vorangehenden Aufsatz von* BAER *zu bemerken – das Bemühen um eine präzise, theoriekonforme Beschreibung, welche eine gewisse Starrheit und Trockenheit des sprachlichen Ausdrucks zur Folge hat. Charakteristisch für den verhaltenstheoretischen Zugang ist auch die exakte Verhaltensbeobachtung mit einer Verhaltensklassifikation in Intervallen von nur fünf Sekunden. Gleichzeitig ist mit der Einführung des Begriffs des (persönlichen) Vorbilds jedoch eine Annäherung an kognitivistische Positionen vollzogen, und in ihrer abschließenden Diskussion nähern sich die Verfasser durch Einbeziehung des Begriffs der Identifikation der Tiefenpsychologie. (Nach der klassischen Psychoanalyse ist* Identifikation *eine emotionale Bindung an eine andere Person, welche im äußersten Fall zu einer Gleichsetzung mit dieser anderen Person führt.)*
Gegenüber dem Original mußte der folgende Text in seinem Umfang stark gekürzt werden; sein Befund- und Problembestand ist dabei im wesentlichen erhalten geblieben. Der Ergebnisbericht enthält mehrfach Hinweise auf die Anwendung statistischer Prüfverfahren; wer mit solchen Verfahren nicht vertraut ist, kann diese Hinweise ohne Nachteil für das Verständnis überlesen.

In dem Experiment, über das dieser Artikel berichtet, wurden Kindern aggressive und nichtaggressive Erwachsene als Modelle dargeboten. Dann wurde der Grad des Nachahmungslernens in einer neuen Situation in Abwesenheit des Modells getestet. Die Vorhersage lautete, daß Versuchspersonen, denen aggressive Modelle dargeboten wurden, aggressive Akte hervorbringen würden, die denen ihrer Modelle ähneln; in dieser Hinsicht sollten sie sich sowohl von den Versuchspersonen unterscheiden, die nichtaggressive Modelle beobachtet hatten, als auch von den Versuchspersonen, denen kein Modell dargeboten wurde. Diese Hypothese ging von der Annahme aus, daß die Versuchspersonen

infolge der Imitation früherer Verstärkung Gewohnheiten gelernt hätten, und diese Tendenzen in gewissem Maße auf erwachsene Versuchsleiter übertragen würden (MILLER & DOLLARD 1941).
Außerdem wurde vorhergesagt, daß die Beobachtung eines unterdrückten nichtaggressiven Modells einen generalisierten Hemmungseffekt auf das nachfolgende Verhalten der Versuchspersonen haben würde. Dieser Effekt sollte – lautete die Vorhersage weiter – in einem Unterschied zwischen der Gruppe mit nichtaggressiven Modellen und der Kontrollgruppe sichtbar werden, wobei die Versuchspersonen der letzteren Gruppe signifikant mehr Aggressionen zeigen sollten.
Es wurden auch Hypothesen entwickelt, die den Einfluß des Geschlechts des Modells und des Geschlechts der Versuchsperson auf die Nachahmung betrafen. FAULS und SMITH (1956) haben gefunden, daß Vorschulkinder meinen, ihre Eltern hätten ihren Kindern gegenüber sehr entschiedene Präferenzen hinsichtlich geschlechtsspezifischer Verhaltensweisen. Diese Ergebnisse legen ebenso wie Gelegenheitsbeobachtungen die Vermutung nahe, daß Eltern die Nachahmung geschlechtsspezifischen Verhaltens belohnen und geschlechtsunspezifische Nachahmungsreaktionen entmutigen oder bestrafen; zum Beispiel hat ein männliches Kind wenig Aussichten, viel Belohnung dafür zu erhalten, daß es sich mit typisch weiblichen Aktivitäten wie dem Kochen beschäftigt oder daß es andere Aspekte der mütterlichen Rolle übernimmt, während diese selben Verhaltensweisen im allgemeinen begrüßt werden, wenn weibliche Personen sie ausführen. Unterschiedlichen Verstärkungsgeschichten zufolge nehmen die Gewohnheiten, männliche und weibliche Modelle nachzuahmen, auf diese Art eine unterschiedliche Stärke an. Deshalb sollte man erwarten, daß Versuchspersonen das Verhalten eines gleichgeschlechtlichen Modells in höherem Maße nachahmen, als das eines Modells des anderen Geschlechtes.
Da Aggression jedoch ein ausgeprägt männliches Verhalten ist, müßten Jungen eine größere Prädisposition zur Nachahmung der Aggression aufweisen als Mädchen, wobei der Unterschied am deutlichsten bei den Versuchspersonen zutage treten sollte, denen das männliche aggressive Modell geboten wird.

Methode

Versuchspersonen

Die Versuchspersonen waren 36 Jungen und 36 Mädchen, die den Kindergarten der Stanford University besuchten. Sie befanden sich im Alter von 37 bis 69 Monaten, mit einem mittleren Alter von 52 Monaten.
Zwei Erwachsene, ein Mann und eine Frau, nahmen die Rolle des Modells ein. Eine Versuchsleiterin führte die Untersuchung für alle 72 Kinder durch.

Anlage des Versuchs

Die Versuchspersonen wurden in acht Experimentalgruppen von je sechs Versuchspersonen und in eine Kontrollgruppe von 24 Versuchspersonen aufgeteilt. Der Hälfte der experimentellen Versuchspersonen wurden aggressive Modelle geboten, der anderen Hälfte dagegen Modelle, die unterwürfig und nichtaggressiv in ihrem Verhalten waren. Diese Gruppen wurden weiter in männliche und weibliche Versuchspersonen unterteilt. Die Hälfte der Versuchspersonen in der aggressiven und nichtaggressiven Versuchsbedingung beobachtete ein Modell gleichen Geschlechts, während die übrigen Versuchspersonen jeder Gruppe ein Modell mit anderem Geschlecht beobachteten. Der Kontrollgruppe wurden keine Modelle geboten. Sie wurde nur in der Generalisierungssituation getestet.

Versuchsbedingungen

Der erste Verfahrensschritt bestand darin, die Versuchspersonen von der Versuchsleiterin einzeln in den Untersuchungsraum zu bringen. Dann wurde das Modell, das sich im Flur vor dem Raum befand, von der Versuchsleiterin eingeladen, hereinzukommen und mitzuspielen. Die Versuchsleiterin begleitete die Versuchsperson in eine Ecke des Raums, die als Spielplatz für die Versuchsperson eingerichtet war. Nachdem die Versuchsleiterin das Kind an einen kleinen Tisch gesetzt hatte, zeigte sie ihm, wie es Bilder mit Kartoffelstempeln und Klebebildern herstellen konnte; das Material dazu stand zur Verfügung. Die Kartoffelstempel enthielten eine Vielfalt geometrischer Formen. Die Klebebilder waren anziehende bunte Bilder von Tieren, Blumen und Cowboys, die in eine ländliche Szene einzufügen waren. Diese Beschäftigung wurde ausgewählt, da sich in früheren Untersuchungen im Kindergarten gezeigt hatte, daß sie einen hohen Interessenwert für die Kinder besaß.
Nachdem die Versuchsleiterin die Versuchsperson in ihre Ecke gesetzt hatte, begleitete sie das Modell in die gegenüberliegende Ecke des Raumes, die einen kleinen Tisch und einen Stuhl, einen Bastelsatz, einen Holzhammer und eine 1½ m hohe aufblasbare Puppe enthielt. Die Versuchsleiterin verkündete, daß dies die Spielsachen seien, mit denen sich das Modell beschäftigen dürfe. Nachdem sich das Modell hingesetzt hatte, verließ die Versuchsleiterin den Untersuchungsraum.
Bei Versuchspersonen der *nichtaggressiven Bedingung* fügte das Modell den Bastelsatz in einer sehr gefügigen Haltung zusammen und nahm die Puppe überhaupt nicht zur Kenntnis.
Bei Versuchspersonen der *aggressiven Bedingung* begann das Modell ebenfalls, den Bastelsatz zusammenzufügen, nach ungefähr einer Minute jedoch wandte es sich der Puppe zu und verbrachte den Rest des Zeitraumes damit, sich ihr gegenüber aggressiv zu benehmen.
Nachahmungslernen läßt sich eindeutig nachweisen, wenn ein Modell hinreichend neue Reaktionsmuster ausführt, von denen anzunehmen ist, daß sie ohne vorherige Beobachtung des Modellverhaltens nicht auftreten würden; weiterhin wird eine Verhaltensweise

als Nachahmung erkennbar, wenn eine Versuchsperson sie im wesentlichen in unveränderter Form wiederholt. Aus diesem Grunde schlug das Modell nicht nur die Puppe mit der Faust, sondern führte auch eine Reaktion vor, die von Kindern auch mit anderen Gegenständen als einer Puppe ausgeführt werden kann, nämlich deutlich unterscheidbare aggressive Akte, die als Nachahmungsreaktion gewertet werden sollten. Das Modell legte die Puppe auf die Seite, setzte sich auf sie und schlug ihr wiederholt auf die Nase. Dann stellte es die Puppe hin, nahm den Hammer und schlug der Puppe auf den Kopf. Nach diesem aggressiven Akt mit dem Hammer warf das Modell die Puppe aggressiv in die Luft und stieß sie mit dem Fuß im Raum umher. Diese Folge physisch aggressiver Akte wurde ungefähr dreimal wiederholt, wobei aggressive Reaktionen verbaler Art eingestreut wurden wie zum Beispiel: „Hau ihm eins auf die Nase..." „Hau ihn um..." „Wirf ihn in die Luft..." „Gib ihm einen Tritt" „Rums..." und zwei nicht aggressive Bemerkungen: „Er kommt und will noch mehr haben" und „Er ist sicher ein zäher Bursche".

In der Darbietungssituation wurden die Versuchspersonen also mit einer unterhaltsamen Aufgabe versehen, die ihre Aufmerksamkeit in Anspruch nahm, während gleichzeitig sichergestellt war, daß sie das Verhalten des Modells beobachteten; dabei wurde keine Anweisung gegeben, die fraglichen Reaktionen zu beobachten oder zu lernen. Da die Versuchspersonen die aggressiven Verhaltensweisen des Modells nicht sogleich ausführen konnten, erfolgte Lernen, sofern es überhaupt stattfand, allein aufgrund von Beobachtung oder anderer nicht sichtbarer Prozesse.

Nach zehn Minuten kam die Versuchsleiterin wieder herein, teilte der Versuchsperson mit, daß sie nun in ein neues Spielzimmer gebracht würde und verabschiedete das Modell.

Aggressionserregung

Die Versuchspersonen wurden hinsichtlich des Ausmaßes an Nachahmungslernen in einem anderen Untersuchungsraum getestet, der vom Hauptgebäude des Kindergartens etwas abgesetzt war. Die beiden Experimentalsituationen wurden auf diese Art deutlich voneinander unterschieden. Viele Versuchspersonen hatten nämlich den Eindruck, daß sie sich nicht länger in den Räumen des Kindergartens befanden.

Bevor jedoch der Nachahmungstest stattfand, wurden alle Versuchspersonen, die der experimentellen Gruppe und die der Kontrollgruppe, zu einer leichten Erhöhung ihrer Aggressivität veranlaßt. Eine Phase der Aggressionserregung wurde im wesentlichen aus zwei Gründen eingeschoben. Im allgemeinen führt die Beobachtung aggressiven Verhaltens, das andere an den Tag legen, dazu, die Wahrscheinlichkeit der Aggression auf seiten des Beobachters zu reduzieren (Rosenbaum & DeCharms 1960). Folglich mußten die Versuchspersonen unter aggressionssteigernden experimentellen Bedingungen im Vergleich mit denen in der nichtaggressiven und der Kontrollgruppe nach der Darbietung der Modelle einem schwächeren Anreiz zur Aggression ausgesetzt sein. Wenn außerdem die Versuchspersonen in der Bedingung ohne Aggression trotz eines angemessenen Anreizes wenig Aggression zum Ausdruck brachten, schien sich darin das Wirken eines Hemmungsprozesses anzuzeigen.

Im Anschluß an die Darbietung brachte die Versuchsleiterin die Versuchspersonen deshalb in einen Vorraum, der folgende verhältnismäßig attraktive Spielzeuge enthielt: ein Feuerwehrauto, eine Lokomotive, einen Düsenjäger, eine Drahtseilbahn, einen bunten Kreisel und ein vollständiges Puppenhaus mit Kleiderschrank, Puppenwagen und Kinderwiege. Die Versuchsleiterin erklärte, daß die Versuchsperson mit den Spielzeugen spielen dürfe. Sobald die Versuchsperson sich jedoch intensiver mit dem Spielzeug zu beschäftigen begann (gewöhnlich nach zwei Minuten) bemerkte die Versuchsleiterin, daß dies ihr schönstes Spielzeug sei, daß sie nicht jeden mit ihm spielen lasse und daß sie beschlossen habe, dieses Spielzeug den anderen Kindern vorzubehalten. Die Versuchsperson könne sich jedoch mit dem Spielzeug beschäftigen, das sich im nächsten Raum befinde. Die Versuchsleiterin und die Versuchsperson betraten daraufhin den angrenzenden Untersuchungsraum.

Verzögerte Nachahmung

Der Untersuchungsraum enthielt eine Vielfalt von Spielzeugen, von denen sich einige für imitative oder nichtimitative Aggression verwenden ließen und von denen andere eher geeignet waren, vor allem nichtaggressive Verhaltensformen hervorzurufen. Zu den aggressiv verwendbaren Spielzeugen gehörte eine ein Meter große Puppe, die derjenigen ähnelte, mit der sich das Modell beschäftigt hatte, ein Holzhammer und eine Tafel mit Plöcken, zwei Pfeilschleudern und ein Ball mit aufgemaltem Gesicht, der von der Decke herabhing. Zu den nichtaggressiven Spielzeugen gehörten ein Teeservice, Buntstifte und farbiges Papier, ein Ball, zwei Puppen, drei Bären, Autos und Lastwagen und Haustiere aus Plastik.

Um jede Verhaltensvariation auszuschließen, die möglicherweise auf die bloße Anordnung der Spielzeuge im Raum zurückzuführen war, wurde das Spielmaterial für jede Sitzung in eine festgelegte Ordnung gebracht.

Die Versuchsperson brachte 20 Minuten in diesem Untersuchungsraum zu. Während dieser Zeit wurde ihr Verhalten anhand vorher festgelegter Reaktionskategorien von Beobachtern protokolliert, die die Sitzung durch ein Ein-Weg-Fenster aus einem angrenzenden Raum verfolgten. Die 20 Minuten jeder Sitzung wurden mit Hilfe eines elektrischen Zeitanzeigers in 5-Sekunden-Intervalle eingeteilt, wodurch sich eine Gesamtzahl von 240 Reaktionseinheiten für jede Versuchsperson ergab.

Reaktionsmaße

Drei Nachahmungsmaße wurden protokolliert:

Nachahmung physischer Reaktionen: Dieser Kategorie wurden die Akte zugerechnet, die darin bestanden, daß die Versuchsperson die Puppe mit dem Holzhammer schlägt, sich auf sie setzt und ihr mit der Faust auf die Nase schlägt, sie mit dem Fuß stößt und sie in die Luft wirft.

Imitative verbale Aggression: Versuchsperson wiederholt die Ausdrücke „Hau ihm eins auf die Nase...", „Hau ihn um...", „Wirf ihn in die Luft...", „Rums...".

Imitative nichtaggressive Verbalreaktion: Die Versuchsperson wiederholt „Er kommt und will noch mehr haben" und „Er ist sicher ein zäher Bursche".

Zusätzlich wurden als nichtimitative aggressive Reaktionen protokolliert:
Schlagen der Puppe: Die Versuchsperson schlägt, klapst oder stößt die Puppe in aggressiver Weise.
Nichtimitative physische und verbale Aggression: Zu dieser Kategorie gehörten physisch aggressive Akte, die sich nicht auf die Puppe, sondern auf andere Objekte richteten und alle feindseligen Bemerkungen mit Ausnahme jener, die in die verbale Nachahmungskategorie fielen, also zum Beispiel „schieß die Puppe nieder" „mach ihn fertig" „wirf die Leute um" „die Pferde kämpfen und beißen".
Aggressives Pfeilspiel: Die Versuchsperson schießt Pfeile ab oder legt die Schleuder auf Ziele in den Raum an und feuert imaginäre Schüsse auf diese ab.
Es wurde auch die Zahl der Verhaltenseinheiten beurteilt, in denen die Versuchspersonen nichtaggressiv spielten oder ruhig saßen und sich mit keinem der angebotenen Spielzeuge beschäftigten.

Ergebnisse

Vollständige Nachahmung des Modellverhaltens

Die Versuchspersonen in der aggressiven Versuchsbedingung reproduzierten einen großen Teil des physischen und verbalen aggressiven Verhaltens, das dem des Modells glich. Ihr mittlerer Punktwert unterschied sich deutlich von dem der Versuchspersonen in der nichtaggressiven und der Kontrollgruppe, die so gut wie keine imitative Aggression zeigten (siehe Tabelle 1).
Die Vorhersage, daß die Darbietung aggressiver Modelle bei den Versuchspersonen die Wahrscheinlichkeit aggressiven Verhaltens größer werden läßt, wird eindeutig bestätigt. Der Haupteffekt der experimentellen Versuchsbedingungen ist hochsignifikant für die physische und die verbale imitative Aggression. Der Vergleich der Werte mit Hilfe des Zeichentests zeigt, daß die erzielten generellen Unterschiede beinahe gänzlich auf die Aggression zurückgingen, die von den Versuchspersonen an den Tag gelegt wurden, denen man aggressive Modelle dargeboten hatte. Ihre Werte waren signifikant höher als diejenigen der Personen in der nichtaggressiven und der Kontrollgruppe. Die Werte der Versuchspersonen dieser beiden letzten Gruppen unterschieden sich nicht.
Die Nachahmung beschränkte sich nicht auf die aggressiven Reaktionen des Modells. Beinahe ein Drittel der Versuchspersonen in der aggressiven Versuchsbedingung wiederholte auch die nichtaggressiven Verbalreaktionen des Modells, während keine der Versuchspersonen aus der nichtaggressiven und aus der Kontrollgruppe solche Bemerkungen machten. Dieser Unterschied wurde mit Hilfe von Cochran's Q-Test überprüft und erwies sich als signifikant auf dem 1% Niveau.

Tabelle 1: Mittlere Aggressionswerte der Versuchspersonen in den Experimentalgruppen und in der Kontrollgruppe

Reaktion	Experimentalgruppen				Kontrollgruppen
	aggressiv		nicht-aggressiv		
	W Modell	M Modell	W Modell	M Modell	
Imitative physische Aggression					
Weibliche Versuchspersonen	5.5	7.2	2.5	0.0	1.2
Männliche Versuchspersonen	12.4	25.8	0.2	1.5	2.0
Imitative verbale Aggression					
Weibliche Versuchspersonen	13.7	2.0	0.3	0.0	0.7
Männliche Versuchspersonen	4.3	12.7	1.1	0.0	1.7
Schlagen mit Holzhammer					
Weibliche Versuchspersonen	17.2	18.7	0.5	0.5	13.1
Männliche Versuchspersonen	15.5	28.8	18.7	6.7	13.5
Schlagen der Puppe					
Weibliche Versuchspersonen	6.3	16.5	5.8	4.3	11.7
Männliche Versuchspersonen	18.9	11.9	15.6	14.8	15.7
Nichtimitative Aggression					
Weibliche Versuchspersonen	21.3	8.4	7.2	1.4	6.1
Männliche Versuchspersonen	16.2	36.7	26.1	22.3	24.6
Aggressives Pfeilspiel					
Weibliche Versuchspersonen	1.8	4.5	2.6	2.5	3.7
Männliche Versuchspersonen	7.3	15.9	8.9	16.7	14.3

Nichtimitative Aggression

Varianzanalysen der verbleibenden Aggressionsmaße zeigten, daß die Experimentalbedingungen nicht das Ausmaß beeinflußten, in dem die Versuchspersonen dem aggressiven Pfeilspiel nachgingen oder die Puppe schlugen. Der Effekt der Versuchsbedingungen ist jedoch hoch signifikant (χ^2_r= 8,96, $p < 0{,}02$), wenn man den Ausdruck nichtimitativer physischer und verbaler Aggression der Versuchspersonen betrachtet. Die eigentliche Ursache des allgemeinen Effekts ist jedoch der Unterschied zwischen der aggressiven und der nichtaggressiven Gruppe. Dabei zeigten die Versuchspersonen, denen man aggressive Modelle dargeboten hatte, ein höheres Maß an Aggression.

Einfluß des Geschlechts des Modells und des Geschlechts der Versuchsperson auf die Nachahmung

Die Hypothese, daß Jungen mehr als Mädchen dazu neigen, von einem Modell vorgeführte Aggressionen nachzuahmen, wurde nur partiell bestätigt. Für die Versuchspersonen in der aggressiven Versuchsbedingung vorgenommene t-Tests offenbarten, daß die Jungen mehr imitative physische Aggression als die Mädchen produzierten ($t = 2{,}50$, $p < 0{,}01$). Die Gruppen unterschieden sich jedoch nicht hinsichtlich ihrer Nachahmung verbaler Aggressionen.

Die Verwendung nicht-parametrischer Tests macht es bei den extrem schiefen Verteilungen der Werte für die Versuchspersonen in der nichtaggressiven und der Kontrollversuchsbedingung notwendig, darauf zu verzichten, den Einfluß des Geschlechts des Modells an sich und die verschiedenen Wechselbeziehungen zwischen den Haupteffekten zu überprüfen. Die Betrachtung der in Tabelle 1 dargestellten Mittel für Versuchspersonen in der Aggressionsgruppe macht jedoch die Möglichkeit einer Wechselbeziehung zwischen Geschlecht und Modell sehr wahrscheinlich. Diese Wechselbeziehung ist beim männlichen Modell viel konsistenter und ausgeprägter als beim weiblichen. Beispielsweise zeigten die männlichen Versuchspersonen mehr physische ($t = 2{,}07$, $p < 0{,}05$) und verbale imitative Aggression ($t = 2{,}51$, $p < 0{,}05$), mehr imitative Aggression ($t = 1{,}15$, $p < 0{,}025$) und signifikant mehr aggressive Beschäftigung mit dem Pfeilspiel ($t = 2{,}12$, $p < 0{,}05$) als die Mädchen, wenn ihnen ein aggressives männliches Modell geboten worden war. Die Mädchen brachten dagegen, wenn man ihnen ein weibliches Modell geboten hatte, beträchtlich mehr imitative verbale Aggression und mehr nichtimitative Aggression zum Ausdruck als die Jungen (Tabelle 1). Die Streuungen waren jedoch von gleicher Größe. Bei einem nur kleinen N in jedem Feld erreichten die Unterschiede der Mittelwerte keine statistische Signifikanz.

Die Daten für die nichtaggressiven Versuchspersonen und die Versuchspersonen der Kontrollgruppe lieferten weitere Anhaltspunkte dafür, daß das Verhalten des männlichen Modells einen größeren Einfluß auf das Verhalten der Versuchspersonen ausübte als das Verhalten des weiblichen Modells.

Der Leser wird sich daran erinnern, daß mit Ausnahme der Tatsache, daß die Versuchspersonen der Kontrollgruppe ein höheres Maß an Aggression mit dem Holzhammer zeigten, keine signifikanten Unterschiede zwischen der nicht aggressiven Gruppe und der Kontrollgruppe zu beobachten waren. Die Daten zeigen jedoch an, daß das Fehlen signifikanter Unterschiede zwischen diesen beiden Gruppen in erster Linie dem Umstand zuzuschreiben ist, daß die Versuchspersonen, denen ein nichtaggressives weibliches Modell dargeboten wurde, sich von den Kontrollpersonen in keinem der Aggressionsmaße unterschieden. Hinsichtlich des männlichen Modells sind die Unterschiede hingegen auffällig. Ein Vergleich der Daten mit Hilfe des Zeichentests zeigt, daß die Versuchspersonen, denen ein nichtaggressives männliches Modell dargeboten wurde, im Vergleich zur Kontrollgruppe signifikant weniger imitative physische Aggression ($p = 0{,}06$), weniger imitative verbale Aggression ($p = 0{,}002$), weniger Aggression mit dem Holzhammer ($p = 0{,}003$), weniger nichtimitative physische und verbale Aggression ($p = 0{,}03$) zum Ausdruck brachten und daß sie weniger geneigt waren, die Puppe mit der Faust zu schlagen ($p = 0{,}07$).

Erörterung

Gegenwärtig gilt der größte Teil der Forschungsarbeiten zum sozialen Lernen der A ısbildung neuen Verhaltens durch nachfolgende Belohnung und Bestrafung. Wenn die Reaktionen jedoch nicht gezeigt werden, können sie nicht beeinflußt werden. Die Ergebnisse dieser Untersuchung belegen überzeugend die Annahme, daß die Beobachtung von Hinweisreizen, die durch das Verhalten anderer geschaffen werden, ein effektives Mittel ist, gewisse Reaktionsformen hervorzurufen, deren Ursprungswahrscheinlichkeit sehr niedrig oder gleich Null ist. Soziale Nachahmung kann nämlich den Erwerb neuer Verhaltensweisen beschleunigen oder abkürzen, ohne daß notwendig würde, aufeinander folgende Annäherungen zu verstärken, wie SKINNER (1953) es annimmt.

Wenn man Versuchspersonen also Gelegenheit gibt, aggressive Modelle zu beobachten, wiederholen sie später einen großen Teil der physischen und verbalen Aggression (wie auch der nicht aggressiven Reaktionen), die im wesentlichen mit denen des Modells identisch sind. Versuchspersonen dagegen, denen man nichtaggressive Modelle bietet und Versuchspersonen, denen man überhaupt keine Modelle bietet, führen solche Reaktionen nur selten aus.

In dem Maße, in dem die Beobachtung erwachsener Modelle mit aggressivem Verhalten Toleranz gegenüber aggressivem Verhalten vermittelt, kann deren Darbietung dazu dienen, Hemmungsreaktionen zu schwächen und dadurch die Wahrscheinlichkeit aggressiver Reaktionen auf spätere Frustrationen zu erhöhen. Die Tatsache jedoch, daß die Versuchspersonen ihre Aggressionen in einer Form zum Ausdruck brachten, die eindeutig den neuartigen Mustern ähnelten, die die Modelle vorgeführt hatten, ist ein schlagender Beweis für das Lernen durch Nachahmung.

Es fehlt an einer angemessenen Theorie der Mechanismen, die dem Nachahmungslernen zugrunde liegen. Die Erklärungen, die vorgeschlagen wurden (LOGAN, OLMSTED, ROS-

NER, SCHWARTZ & STEVENS 1955; MACCOBY 1959) gehen von der Annahme aus, der Nachahmende führe die Reaktion des Modells zunächst verdeckt aus. Wenn weiterhin angenommen werden kann, die Belohnungen und Bestrafungen wurden in Verbindung mit den verdeckten Reaktionen selbst verabreicht, könnte der Prozeß des Nachahmungslernens anhand derselben Prinzipien erklärt werden, die das instrumentelle Versuch-Irrtums-Lernen leiten. In den frühen Stadien des Entwicklungsprozesses wird die Zahl der Reaktionskomponenten im Repertoire des Organismus jedoch wahrscheinlich durch einen Prozeß klassischer Konditionierung erweitert (BANDURA & HUSTON 1961; MOWRER 1950). „Identifikation mit dem Aggressor“ (FREUD 1946) oder „Abwehridentifikation“ (MOWRER 1950), mit deren Hilfe sich eine Person angeblich aus dem Objekt in das Subjekt der Aggression verwandelt, indem sie die Eigenschaften eines aggressiven bedrohlichen Modells annimmt, um die Angst zu verringern, wird weithin zur Erklärung des Nachahmungslernens von Aggression angenommen.

Die Entwicklung aggressiver Verhaltensweisen durch Kinder aggressiv strafender Eltern kann jedoch einfach eine Objektverschiebung widerspiegeln, ohne daß daran ein Mechanismus der Abwehridentifikation in irgendeiner Weise beteiligt ist. In Studien zur Vorgeschichte aggressiver sozial auffälliger Jugendlicher (BANDURA & WALTERS 1959) und kleiner überaggressiver Jungen (BANDURA 1960) wurde ermittelt, daß die Eltern intolerant waren und auf Aggression, die sich gegen sie selbst richtete, mit Strafe reagierten. Andererseits ermutigten und verstärkten sie die Aggression ihrer Söhne aktiv, wenn sie sich gegen Personen außerhalb der Familie richtete. Dieses Muster differenzierender Verstärkung aggressiven Verhaltens trug dazu bei, die Aggression der Jungen gegenüber den eigentlichen Urhebern zu hemmen und die Verlagerung der Aggression auf Objekte und Situationen zu fördern, die weit schwächere Hemmungsreaktionen hervorriefen.

In einer früheren Untersuchung (BANDURA & HUSTON 1961) ahmten Kinder die Aggression eines Modells in gleicher Weise nach, egal ob das Modell sie zusätzlich mit Nahrung versorgte oder ihnen keine Nahrung gab. Dieses Ergebnis sowie die Resultate des vorliegenden Experimentes, in dem die Versuchspersonen aggressive Modelle bereitwillig nachahmten, die für sie sonst recht bedeutungslose Personen waren, lassen überdies vermuten, daß die bloße Beobachtung von Aggression unabhängig von der Beschaffenheit der Modell-Versuchsperson-Beziehung eine hinreichende Bedingung zur Schaffung imitativer Aggression bei Kindern ist.

Literatur

BANDURA, A. Relationship of family patterns to child behavior disorders. Progress Report, Stanford University, Projekt Nr. M-1734, United States Public Health Service, 1960.

BANDURA, A. & HUSTON, A.C. Identification as a process of incidental learning. *J. abnorm. soc. Psychol.* 1961, 63, 311–318.

BANDURA, A. & WALTERS, R.H. *Adolescent aggression.* New York: Ronald 1959.

FAULS, L.B. & SMITH, W.D. Sex-role learning of five-year olds. *J. genet. Psychol.* 1956, 89, 105–117.

FREUD, A. *The ego and the mechanisms of defense.* New York: International University Press 1946. (Deutsch: *Das Ich und die Abwehrmechanismen.* Wien: Internationaler Psychoanalytischer Verlag 1963.)

LOGAN, F., OLMSTED, O.L., ROSNER, B.S., SCHWARTZ, R.D. & STEVENS, C.M. *Behavior theory and social science.* New Haven: Yale University Press 1955.

MACCOBY, E.E. Role-taking in childhood and its consequences for social learning. *Child Developm.* 1959, 30, 239–252.

MILLER, N.E. & DOLLARD, J. *Social learning and imitation.* New Haven: Yale University Press 1941.

MOWRER, O.H. (Hrsg.) Identification: A link between learning theory and psychotherapy. *In Learning theory and personality dynamics.* New York: Ronald 1950, S.69–94.

ROSENBAUM, M.E. & DECHARMS, R. Direct and vicarious reduction of hostility. *J. abnorm. soc. Psychol.* 1960, 60, 105–111.

SKINNER, B.F. *Science and human behavior.* New York: Macmillan 1953. (Deutsch: *Wissenschaft und menschliches Verhalten.* München: Kindler 1973.)

8 Verhaltensänderung (Lernen von Verhalten)

Wenn das Verhalten eines Menschen sich ändert, so kann das mehrere Gründe haben. Ein Grund kann sein, daß sich in der menschlichen Persönlichkeit oder am Körper eines Menschen ein grundlegender Wandel vollzogen hat: Eine Depression hat etwa einen Menschen erfaßt, oder er hat sich das Bein gebrochen. Einen anderen Grund für eine Verhaltensänderung stellt der Wechsel der Umgebung dar: am Urlaubsort benimmt man sich anders als am Arbeitsplatz. Solche Arten der Verhaltensänderung sollen in diesem Abschnitt nicht behandelt werden. Hier geht es vielmehr ausschließlich um eine dritte Art der Verursachung, die Entstehung und Änderung von Gewohnheiten und Fertigkeiten durch frische Erfahrung – um das Neulernen oder Umlernen. Bei diesem Neulernen und Umlernen ist die Erfahrung von Erfolg und Mißerfolg, von Lohn und Strafe von großer Bedeutung; dieser Punkt ist jedoch bereits – eben wegen seiner außerordentlichen Bedeutung – im vorangehenden Abschnitt vorweggenommen worden.

Betrachtet man den Vorgang des Neulernens und Umlernens, so schälen sich dabei zwei Problemkreise heraus: Die Ausbildung neuer Verhaltensabläufe und das Erlernen neuer Auslösebedingungen für bereits erworbenes Verhalten. Beispiele für die Ausbildung neuer Verhaltensketten sind: Ein Kind lernt Radfahren, ein Turmspringer erlernt beim Training einen dreifachen Salto, ein Reisender lernt Reis mit Stäbchen essen. Ein Beispiel für das Erlernen neuer Auslösebedingungen für bereits erworbenes Verhalten ist: Ein Kind, welches bisher zutraulich mit Hunden umgegangen ist, wird von einer Dogge gebissen und hält sich seitdem von Hunden fern (ein Verhalten, welches das Kind vorher nur gegenüber Würmern und Fröschen an den Tag gelegt hat).

Dem Bedingungslernen oder Konditionieren ist der erste der beiden folgenden Beiträge gewidmet. Er stammt von dem russischen Psychophysiologen E. A. Asratjan, welcher die Pawlowsche Untersuchungstradition der Reflexologie fortgeführt hat. Asratjan hält den Reflex für die wesentliche Funktionseinheit im menschlichen und tierischen Verhalten und lehrt, daß sich jedwedes umweltangepaßtes Verhalten aus Reflexen aufbaut. Verhaltensänderung ergibt sich dann durch den Erwerb neuer Auslösebedingungen für Reflexe, durch klassisches Konditionieren.

In dem zweiten Beitrag zu diesem Abschnitt beschreiben Peter A. Fiedler und H. Jochen Windheuser eine an der Universität Münster durchgeführte Untersuchung zur Änderung kreativen Verhaltens. Es wird dargestellt, wie Probanden durch die Beobachtung eines Filmmodells zu einfallsreicheren, unkonventionelleren Zeichnungen angeregt werden. Hier handelt es sich wohl um einen Fall der Ausbildung eines für die betroffenen Individuen neuartigen Verhaltensablaufs.

E. A. Asratjan
Die Schaltung bedingter Reflexe

Entnommen aus: Th. Kussmann und H. Kölling (Hrsg.) Biologie und Verhalten. Bern: Huber 1971, 77–103
(Aus dem Englischen übersetzt von Wolfgang Heinemann)

Asratjan *gilt als einer der konsequentesten moderneren Vertreter der Reflexologie. Strenger als die meisten anderen Verhaltensforscher der Gegenwart hält er an den beiden folgenden Grundannahmen fest: Erstens, Verhalten sei maßgeblich gesteuert durch die* höhere Nerventätigkeit, *das heißt durch die Tätigkeit der höher gelegenen Hirnteile. Zweitens, Verhalten sei durchweg vom Typus des* Reflexes; *es bestehe aus Reaktionen, welche auf kürzestem Wege von Reizen ausgelöst würden.*
Nun fällt ja gerade beim Menschen und beim höher entwickelten Tier die Vielfalt und Wandlungsfähigkeit des Verhaltens auf. Es besteht daher Anlaß zur Frage: Können bei der Komplexität beobachtbarer Handlungen starre Reflexabläufe eine nennenswerte Rolle spielen? Und speziell zum Lernen: Ist die Ausbildung differenzierter Verhaltensmuster nach der Theorie des klassischen Bedingungslernens zu erklären? Asratjan *gibt auf diese Fragen eine entschiedene Antwort: Verhalten erscheint dann als komplex, wenn es mehrere verschiedene Einzelreflexe in sich vereinigt. Und das Verhalten kann sich so differenziert der jeweiligen Situation anpassen, wie es innerhalb dieser Situation Reize gibt, welche sich an der Auslösung von Reflextätigkeiten beteiligen.*
Eine zentrale Rolle in der Theorie von Asratjan *nimmt der Begriff der* Schaltung *ein. Danach kann eine Reaktion von mehreren Reizen gleichzeitig ausgelöst sein. So mag ein Hund beim Ertönen eines Summers (Reiz S) in einem Versuchsraum (Reiz I) mit einer Speichelsekretion reagieren (Reflexschaltung A), in einem anderen Raum (Reiz II) dagegen mit dem Heben der Pfote (Reflexschaltung B). Für jede Kombination von Umweltreizen wird eine eigene Reflexalternative ausgebildet. Die Schaltung entspricht dann einer Art Weichenstellung auf den Nervenbahnen, auf welchen der nervöse Teil des Reflexvorgangs abläuft. Das Prinzip der Schaltung macht man sich am besten vorab klar, indem man die Seite 110 aufschlägt und sich dort mit Abb. 4 vertraut macht.*
Im übrigen veranschaulicht der Autor anhand verschiedener Experimente aus seinem eigenen Laboratorium die Möglichkeiten der Modifikation der Reflextätigkeit durch Einbeziehung zusätzlicher Auslösebedingungen. Die dargestellten Versuche werden jeweils an Hunden durchgeführt, und die an ihnen beobachteten Reflextätigkeiten sind vorwiegend der Speichelfluß und Abwehrbewegungen der Pfoten. (Es ist unverkennbar: Nicht nur in Asratjans *Theorie, auch in seinen Versuchsanordnungen lebt die von* Pawlow, *dem einflußreichsten Begründer der Reflexologie, geschaffene Tradition weiter.)*
Kürzungen, welche wegen des großen Umfangs des Originaltextes notwendig waren, wurden vor allem an Stellen vorgenommen, welche theoretisch anspruchsvolle Erörterungen zum Inhalt hatten. Im übrigen bedürfen wohl die folgenden Begriffe einer Erklärung: Unbedingt *nennt man einen Reflex, der nicht im Laboratorium erworben wurde (und möglicherweise schon bei der Geburt vorhanden war); als* bedingt *bezeichnet man einen im Labor erworbenen Reflex;* Evolution *ist die (biologische) Entwicklung der Arten von Lebewesen;* Adaptation *nennt man die Anpassung an die Umgebung; ein* rezeptives Feld *ist hier ein Gebiet mit Sinnesorganen;* afferent *sind die Nervenbahnen, die Erregungen (von den Sinnesorganen) zum Gehirn führen,* efferent *die Nervenbahnen, die Erregungen vom Gehirn weg (zu Muskeln und Gefäßen) leiten; manchmal beobachtet man auf Nervenbahnen eine* antidromale *Erregungsausbreitung, d.h. einen Erregungsverlauf gegen die bevorzugte Richtung; die Sinnessysteme können* exterozeptiv *sein und Empfindungen äußerer Zustände vermitteln;* propriozeptive *Sinnessysteme vermitteln Eigenempfindungen;* zentrale *Nervenprozesse im Gehirn werden* spinalen *im Rückenmark gegenübergestellt; der am höchsten gelegene Teil des zentralen Nervensystems ist der* Kortex, *die Hirnrinde; ein* Metronom *ist ein Taktgeber; ein* Kymogramm *ist die Aufzeichnung einer Bewegung; als* tonisch *wird eine langfristige (Nerven)erregung bezeichnet, als* phasisch *eine kurzfristige; ein* taktiler Reiz *vermittelt Berührungsempfindungen;* Latenz *ist die Zeit zwischen einem Reiz und dem Beginn der Reaktion.*

Nach den grundlegenden Untersuchungen von Sečenov (1886), Pflüger (1853), Sherrington (1906), Pavlov (1897), Magnus (1924) und anderen betrachtet die moderne Reflextheorie den angeborenen Reflex nicht, wie früher angenommen wurde, als eine homogene und stereotype Aktivitätsform des Nervensystems, sondern als dynamisch, veränderlich und beweglich. Es ist gegenwärtig gut bekannt, daß selbst die einfachsten angeborenen Reflexe der niedersten Tiere hinsichtlich Intensität und Verlaufsform erheblich variieren können. Das hängt ab von der Beschaffenheit des Reflexapparates und seiner Glieder, von der Art und Stärke des auslösenden Reizes und der Dauer seiner Einwirkung sowie von einer Anzahl anderer innerer und äußerer Bedingungen. Ebenso wie diese Reflexe im Lauf der Evolution immer komplexer werden, nimmt auch ihre Dynamik und Variabilität ständig zu. Es ist nicht schwer, die biologische Bedeutung dieser Labilität des angeborenen Reflexes und ihrer Evolution zu verstehen. Als ein besonderes „physiologisches Skelett" aller Funktionen des Organismus spielt das Zentralnervensystem die Rolle des wichtigsten Agenten und Reglers der adaptiven Aktivität des Organismus – mit Hilfe der Reflexe, einschließlich der angeborenen. Deshalb ist klar, daß die Variabilität der Reflexe auch ihr adaptives Potential erhöht, und daß die Variabilität selbst ihrem Wesen nach adaptiven Charakter hat.

Wenn das Phänomen der Variabilität aber eine charakteristische und biologisch wichtige Seite des *angeborenen* Reflexes ist, dessen hauptsächliche Bestimmung darin liegt, das innere Milieu des Organismus mit seinen verhältnismäßig stabilen inneren Gegebenheiten zu integrieren – welche Stellung und Bedeutung hat dann die Variabilität der *bedingten* Reflexe? Sie sind schließlich Hauptregler des „äußeren Lebens" des Organismus, die seine hervorragende und höchst perfekte Anpassung an die äußere Umgebung mit ihren kontinuierlich wechselnden Gegebenheiten sichern und das Kriterium der individuellen Anpassung darstellen.

PAVLOV hielt den bedingten Reflex für die zentrale physiologische Erscheinung innerhalb der Aktivität der Gehirnhemisphären. Die wesentlichsten und charakteristischsten Eigenschaften des bedingten Reflexes sind nach PAVLOV das hohe Maß an Labilität, seine vorläufige und dynamische Natur und die Abhängigkeit von spezifischen Bedingungen. PAVLOV (1953) schrieb: „Die Labilität charakterisiert die hier untersuchten nervösen Erscheinungen. In jedem Augenblick und unter jeder Bedingung nehmen sie eine neue Richtung an." Es ist offensichtlich, daß sich die Labilität, wie auch alle anderen grundlegenden Eigentümlichkeiten, nicht gleichförmig im bedingten Reflex manifestieren. Obgleich der bedingte Reflex als Basis der individuellen Anpassung „im gesamten Königreich der Tiere existiert", wie PAVLOV feststellt, blieb dieser Reflex doch nicht unverändert. Im Lauf der Evolution entwickelt er sich schnell, und als Resultat dieser Entwicklung tauchte eine Vielfalt bedingter Reflexe auf, unterschiedlich hinsichtlich Charakter, Typus, Auftreten, Grad der Komplexheit, Entwicklungsstand, Ausmaß der Labilität und anderer charakteristischer Eigenschaften.

So ist die Labilität der unbedingten und insbesondere der bedingten Reflexe durch die Verschiedenheit der Formen gekennzeichnet, in denen sie auftreten, ebenso wie durch Faktoren, die ihren Ablauf bestimmen. Ein besonders wichtiger Labilitätstypus ist dadurch gekennzeichnet, daß er einer vorübergehenden Veränderung des Zustandes des zentralen Systems dieser Reflexe folgt. Solche Veränderungen können aus speziellen afferenten Nervenimpulsen resultieren, die ihrerseits durch die ursprüngliche Körperhaltung oder durch andere auslösende Reize verursacht werden, d.h. im Grunde über Reflexbahnen laufen.

Dieser Typus der Labilität von Reflexen wurde erstmalig vor fast hundert Jahren von SEČENOV in der Reflexaktivität des Rückenmarks gefunden. Weitere Aufschlüsse brachten die Untersuchungen von SANDERS-ERZN (1867), GOLTZ (1869), SHERRINGTON (1900) und besonders, an Wirbeltieren, von MAGNUS sowie von UEXKÜLL (1909) und von JORDAN (1915) an Wirbellosen. Der Klarheit halber werde ich die ersten, äußerst illustrativen Experimente SEČENOVS an Rückenmarksfröschen anführen. Diese Experimente zeigten, daß oft die ursprüngliche Stellung der Glieder die Besonderheit des Reflexes bestimmt, der bei Reizung eines bestimmten rezeptiven Feldes zu erwarten ist. War zum Beispiel das Hinterbein vor der Reizung gebeugt, so ruft die Reizung der Zehen seine Streckung hervor. Ist es dagegen anfangs gestreckt, so verursacht die Reizung desselben rezeptiven Feldes den entgegengesetzten Reflex und das Bein wird gebeugt. SEČENOV kam zu dem Schluß, daß die Ausgangsstellung der Extremität den funktionalen Zustand des spinalen Reflexapparates über die entsprechenden propriozeptiven und exterozeptiven afferenten Systeme beeinflußt. Das bedeutet, daß in Abhängigkeit von der Stellung der Extremität unterschiedliche intrazentrale Beziehungen zwischen den Komponenten dieses Apparates geschaffen werden, die dadurch den Charakter der zukünftigen Reflexreaktion bestimmen.

In den letzten zwanzig Jahren hat sich unser Institut (ASRATJAN, 1938, 1941, 1954, 1957) mit systematischen Untersuchungen des Schaltungsphänomens als spezifischer Form der Labilität des bedingten Reflexes befaßt. Fast gleichzeitig begannen Wissenschaftler wie KONORSKI und MILLER (1936), LAPTEV (1938) und andere mit Untersuchungen in derselben Richtung. Gegenwärtig zieht dies Gebiet bereits die Aufmerksamkeit zahlreicher Wissenschaftler auf sich, die sich mit dem Studium der Physiologie der höheren Nerventätigkeit befassen.

Ich werde mich nun einer gedrängten Zusammenfassung der grundlegenden konkreten Daten zuwenden, die in meinem Mitarbeiterkreis gefunden wurden. Außerdem sollen unsere theoretischen Annahmen erörtert werden, die auf jenen Daten aufbauen.

Um die Frage zu klären, ob eine Analogie zur Schaltung in der unbedingten Reflexaktivität besteht, stellten wir uns die Aufgabe, experimentell die Möglichkeit zu demonstrieren, auf denselben auslösenden Reiz zwei verschiedene bedingte Reflexantworten auszubilden. In Abhängigkeit vom Ausgangszustand des Reflexapparates müßte ein solcher Reiz den einen oder den anderen bedingten Reflex hervorrufen können. Das Problem bestand also darin, simultan einem einzigen bedingten auslösenden Reiz zwei verschiedene Signalbedeutungen zu geben.

Unser experimentelles Vorgehen sah im Prinzip folgendermaßen aus: Zunächst führte unser Mitarbeiter F.M. Šetov (1937) folgende Versuche an Hunden durch: am Morgen machte er Metronomschläge (120 Schläge pro Minute) zu einem positiven bedingten Nahrungsreiz, indem er sie mit Futter koppelte; im Unterschied dazu bekräftigte er 60 Metronomschläge in der Minute nicht mit Futter, d.h. er verwandelte letztere in einen negativen bedingten Reiz. Nachdem diese Reflexe stabilisiert waren, wurden von einer anderen Mitarbeiterin, V.V. Jakovleva, mit denselben Hunden, im selben Raum und am selben Tage, lediglich einige Stunden später, andersartige Experimente durchgeführt. Sie koppelte 120 Metronomschläge in der Minute systematisch mit einer elektrischen Reizung der Hundepfote. Einige Tage später entwickelten die Hunde während der am Nachmittag ausgeführten Experimente einen Reflex *zur Vermeidung eines elektrischen Strafreizes* auf diesen auslösenden Reiz, am Morgen dagegen wirkten 120 Metronomschläge in der Minute als positiver bedingter *Nahrungsreiz.*

Die folgende Beobachtung ist recht interessant. Als der Reflex zur Vermeidung eines elektrischen Strafreizes auf 120 Schläge in der Minute im Laufe von Experimenten am Nachmittag ausgebildet und bekräftigt worden war, wurde schon bei der ersten Applikation der Unterschied zu 60 Schlägen in der Minute deutlich sichtbar. In der Folge wurde eine Anzahl anderer auslösender Reize vom ersten Experimentator in morgendlichen Versuchen in Futterreize, vom zweiten in nachmittäglichen Experimenten in Vermeidungsreize verwandelt.

So machten es diese Versuche möglich, demselben auslösenden Reiz zwei verschiedene positive Signalbedeutungen zu geben, so daß er in Abhängigkeit von den Versuchsbedingungen einen bedingten Reflex entweder der einen oder der anderen Art auslöste.

Besondere Experimente zeigten, daß in den oben beschriebenen Fällen die Untersucher selbst das Agens bei der Schaltung der bedingten Reflexe darstellten. Wenn Šetov die Experimente ausführte, bedeuteten die auslösenden Reize Nahrung, unabhängig von der Tageszeit und der Reihenfolge der Versuche, während dieselben auslösenden Reize in den von Jakovleva durchgeführten Experimenten ein Signal zur Vermeidung eines elektrischen Strafreizes bedeuteten. Außerdem wurden die Resultate der Experimente nicht wesentlich beeinflußt, wenn in Kontrollversuchen die für die bedingten Futterreflexe oder die bedingten Vermeidungsreflexe benutzten Einrichtungen an unterschiedlichen Stellen des Tierkörpers angebracht wurden. Waren aber sowohl Šetov als auch Jakovleva bei den Experimenten zugegen, so entstand daraus eine beträchtliche Konfusion der bedingten Reflexe, d.h. die Hunde reagierten auf die auslösenden Reize manchmal wie auf Futtersignale, manchmal wie auf Vermeidungssignale, und manchmal traten gemischte Reaktionen auf.

Wir stellten im Lauf anderer Experimente fest, daß auch zahlreiche andere Faktoren als Schalt-Agens bedingter Reflexe wirken können, etwa Wechsel des Versuchsraumes, Veränderungen in seiner Ausstattung, Änderungen der Versuchszeit oder der Reihenfolge der Experimente usw. Werden zum Beispiel beide Experimente am selben Hund, vom selben Experimentator und im selben Raum, jedoch zu unterschiedlichen Tageszeiten und in einer bestimmten, unveränderlichen Reihenfolge durchgeführt, so ist es möglich, denselben auslösenden Reiz in der einen Versuchsreihe zu einem bedingten Futtersignal, in der anderen zu einem bedingten Signal zur Vermeidung eines elektrischen Strafreizes umzuformen. Die Ergebnisse werden ähnlich sein, wenn derselbe Experimentator jedes Experiment in einem anderen Raum ausführt; in diesem Fall ist die Tageszeit und die Reihenfolge der Versuche im Grunde unwichtig. Diese und andere Momente können jeweils zu verschiedenen Agenzien für die Schaltung werden, aber ihre Kombination erleichtert die komplizierte Transformation in der Hemisphärenaktivität und kann mögliche Störungen verhindern.

Von unserem Institut ist gezeigt worden, daß Tiere sogar noch kompliziertere Probleme lösen können, die mit der Schaltung verschiedener bedingter Reflexe verbunden sind. M.I. Stručkov (1956) bildete zwei unterschiedliche bedingte Reflexe im selben Raum aus, d.h. einen bedingten Futterreflex auf den Ton eines Summers und einen Reflex zur Vermeidung eines elektrischen Strafreizes auf einen taktilen Hautreiz. Als diese bedingten Reflexe genügend stabilisiert worden waren, nahm Stručkov mit denselben Hunden in anderen Räumen andersartige Experimente vor, wobei er diesmal den taktilen Hautreiz mit Futter und den Summer mit elektrischer Reizung einer Pfote koppelte. Die Experimente, die im zweiten Raum stattfanden, beeinflußten die bedingte Reflextätigkeit der Hunde erheblich, als sie in den ersten Raum gebracht wurden. Wichtig ist jedenfalls der Umstand, daß die Hunde schließlich das schwierige und komplizierte Problem in ziemlich unterscheidbarer und präziser Weise lösten, nachdem sie den resultierenden neurotischen Zustand überwunden hatten, und nachdem die Phase doppelter bedingter Reflexhandlungen auf jeden der auslösenden Reize und die Phase allmählichen Zunehmens adäquater Reaktionen und des Schwindens inadäquater Reaktionen auf jeden der auslösenden Reize im gegebenen Raum vorüber war (Abbildung 1).

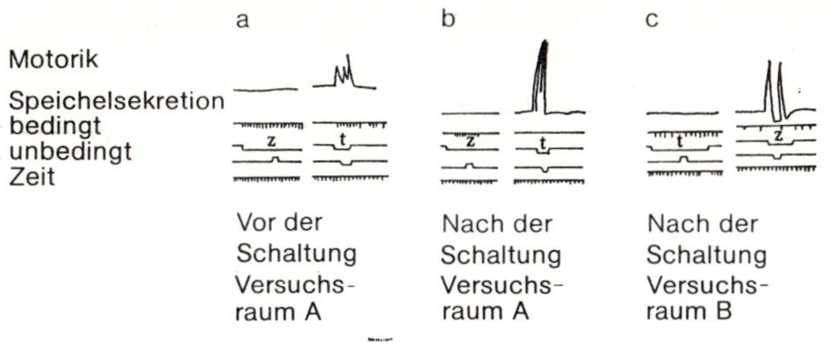

Abbildung 1: Kymogramm bedingter Reflexe bei einem Hund
(a) Vor der Ausarbeitung einer Schaltung in Versuchsraum A: ein bedingter Futter-Speichel-Reflex (gemessen in Tropfen) auf den Ton eines Summers (z), und ein doppelt konditionierter bedingter Reflex (Elektroschock und Futter) auf einen Berührungsreiz (t);
(b) Nach der Ausbildung einer Schaltung im selben Versuchsraum: ein bedingter Futter-Speichel-Reflex auf den Ton eines Summers (z) und ein bedingter motorischer Abwehrreflex (elektrischer Schlag) auf einen Berührungsreiz (t);
(c) Nach der Ausarbeitung einer Schaltung in Versuchsraum B: ein bedingter Futter-Speichel-Reflex auf einen Berührungsreiz (t) und ein motorischer Abwehrreflex (elektrischer Schlag) auf den Ton eines Summers (z).

In einer besonderen Versuchsreihe fanden wir ebenfalls, daß die Möglichkeit besteht, einen positiven und einen negativen bedingten Reflex derselben Art auf einen einzigen auslösenden Reiz zu bilden. Wir zeigten, daß es möglich ist, bedingte Reflexe innerhalb der Grenzen einer einzigen Aktivitätsform des Organismus von einem funktionellen Vorzeichen auf das entgegengesetzte umzuschalten, indem wir demselben auslösenden Reiz die Fähigkeit gaben, eine spezifische Funktion entweder zu aktivieren oder zu hemmen (unveröffentlichte Experimente von F. M. Šetov und V. A. Samjatina). Ein und derselbe Untersucher führte zwei Experimente an Hunden im selben Raum durch: eines am Morgen und eines am Nachmittag. In beiden Versuchen wurden nur bedingte Futterreflexe auf ein und dieselben auslösenden Reize gebildet. Der einzige Unterschied zwischen den beiden Experimenten war, daß bei dem Experiment am Morgen alle bedingten Reize ausnahmslos mit Futter bekräftigt wurden, während dies am Nachmittag bei einem der bedingten Reize nicht geschah. Dieser besondere Reiz gewann als Folge der Versuche eine doppelte Signalbedeutung: am Morgen wirkte er, wie alle anderen Reize als positiver bedingter Futterreiz, während er am Nachmittag im Unterschied zu den anderen Reizen als negativer bedingter Reiz wirkte, der keine Reflexe auslöste.

Wir demonstrierten in der Folge, daß Tiere auch kompliziertere Schaltungsprobleme bedingter Reflexe der gleichen Art, jedoch mit entgegengesetzten funktionellen Vorzeichen, lösen können. In morgendlichen Experimenten koppelte Šetov (1939) einen lauten Ton mit Futter, während ein leiser Ton nicht mit Futter verbunden wurde; er kehrte bei Experimenten am Nachmittag, die im selben Raum und mit denselben Hunden durchgeführt wurden, die Prozedur um, indem er den leisen Ton mit Futter koppelte, den lauten jedoch nicht. Sein Ziel war, jedem dieser beiden auslösenden Reize innerhalb der Grenzen einer einzigen Art bedingter Reflexaktivität entgegengesetzte Bedeutungen zu geben. Das Problem erwies sich als ziemlich schwierig, und die Stabilisierung dieser Reaktionen gelang nicht bei allen Hunden. Bei einigen Hunden gelang sie, wenn auch nicht genau geklärt werden konnte, wie das möglich war. Bei den Experimenten am Morgen rief der laute Ton den positiven bedingten Reflex hervor und der leise löste ihn entweder überhaupt nicht oder in wesentlich schwächerer Form aus. Umgekehrt löste bei den Versuchen am Nachmittag der leise Ton den positiven bedingten Futterreflex aus, während der laute Ton ihn in abgeschwächter Form erzeugte.

Bis vor kurzer Zeit untersuchten wir und andere Wissenschaftler jene Arten künstlich ausgebildeter Schaltungen bedingter Reflexe, bei denen der auslösende Reiz in Abhängigkeit von den Versuchsbedingungen entweder unterschiedliche Leistungen signalisierte, d. h. verschiedene Funktionen des Organismus aktivierte, oder zwei entgegengesetzte Signale innerhalb derselben Aktivität gab, d. h. eine spezifische Funktion aktivierte. Folgende Frage jedoch blieb noch ungelöst: Ist es möglich, eine Schaltungsweise bedingter Reflexe auszuarbeiten, bei der ein einziger bedingter Reiz in Abhängigkeit von spezifischen Bedingungen zwei bedingte Reflexe derselben Art (zum Beispiel zwei Nahrungsreflexe) und mit demselben funktionellen Vorzeichen (zum Beispiel positiv), aber von verschiedener Stärke und mit verschiedenen Latenzzeiten hervorruft? Mit andern Worten, kann man einem einzigen bedingten Reiz einer Art und einer Bedeutung unterschiedliche Eigenschaften geben, besonders die Fähigkeit, entweder einen schwachen oder einen starken positiven bedingten Reflex mit entweder kurzer oder langer Latenz zu erzeugen?

Wir könnten natürlich leicht verschiedene Vermutungen und Theorien über die Lösungsmöglichkeit der oben angeführten Probleme bei höheren Tieren aufstellen, d. h. über die Ausarbeitung jener Eigentümlichkeiten des bedingten Reizes, durch die er in Übereinstimmung mit diesen oder jenen Bedingungen zu einem bestimmten Zeitpunkt entweder einen starken oder schwachen bedingten Reflex mit entweder langer oder kurzer Latenz auslöst. Aber wie gerechtfertigt und wahrscheinlich solche Vermutungen auch immer erscheinen mögen, sie können präzises Experimentieren im Labor bei der Lösung komplexer Probleme nicht ersetzen. Deshalb hielten wir es für notwendig, uns mit der direkten experimentellen Untersuchung der noch ungelösten Fragen zum Problem der ausgearbeiteten Schaltung in der bedingten Reflextätigkeit zu befassen. Geeignete Versuche mit diesem Ziel wurden in unserem Institut von zwei jungen chinesischen Physiologen, Shu Si-Jiao und Yan Wei-Jin, ausgeführt.

Die Experimente von Yan Wei-Jin (1957) waren folgender Art. In einem Raum (I) bildete sie bei Hunden bedingte Nahrungsreflexe auf akustische, visuelle und taktile Stimuli aus, indem sie jeden dieser auslösenden Reize mit 20 g Fleischpulver und Brot bekräftigte. Als die bedingten Reflexe auf alle vorgesehenen Reize in diesem Raum geeignete Stärke und Stabilität erreicht hatten, begann die Experimentatorin neue Versuche in einem anderen Versuchsraum (II). Diesmal wurden die auslösenden Reize mit 60 g desselben Futters bekräftigt. Schließlich wurden die Experimente in beiden Räumen abwechselnd durchgeführt, an einem Tag im ersten und am folgenden im zweiten; die Reize wurden jeweils mit Portionen von 20 oder 60 g Futter bekräftigt.

Um eine annähernd gleiche Nahrungserregbarkeit zu sichern, wurden die Versuche in beiden Räumen zur gleichen Tageszeit vorgenommen. Um die Bildung eines Stereotyps zu vermeiden, wurden in beiden Experimenten sowohl die Reihenfolge der Reize als auch die Intervalle zwischen ihrer Darbietung stets verändert. Die bedingten Reize wurden in beiden Fällen 15 Sekunden verzögert.

Unter Vernachlässigung der Unterschiede in den Versuchsergebnissen, die durch individuelle Besonderheiten der Versuchstiere bedingt waren, sowie vieler interessanter Details, die für die Entwicklungsdynamik dieser Phänomene charakteristisch waren, werden wir uns hier lediglich auf die an allen Versuchstieren beobachteten wesentlichen Gemeinsamkeiten beziehen. Die bedingten Nahrungsreflexe auf alle Reize durchliefen in beiden Räumen eine Anzahl phasischer Veränderungen und erreichten schließlich eine relativ gleichbleibende Stärke, die jedoch in beiden Räumen verschieden war: sie waren in Raum II fast anderthalb bis zweimal so stark wie in Raum I; in Raum II war die Latenzperiode des bedingten Reflexes kürzer, während die Intensität des bedingten Speichelflusses größer war als in Raum I. Dies alles kann durch Daten veranschaulicht werden, die an zwei Hunden in beiden Räumen im Endstadium der Versuche aufgenommen wurden. Beim Hund Liche rief das visuelle Signal in Raum I innerhalb einer Periode von 15 Sekunden einen bedingten Reflex in der Stärke von 29 Skaleneinheiten hervor, während in Raum II dieser bedingte Reflex 56,2 Einheiten erreichte. Ein Ton bewirkte 25,5 Skaleneinheiten in Raum I und 63 Einheiten in Raum II. Beim Hund Solowej waren die entsprechenden Werte: für das visuelle Signal 59 und 80 Einheiten, für den taktilen Reiz 56 und 81,2 Einheiten und für den Ton 44 und 76 Einheiten.

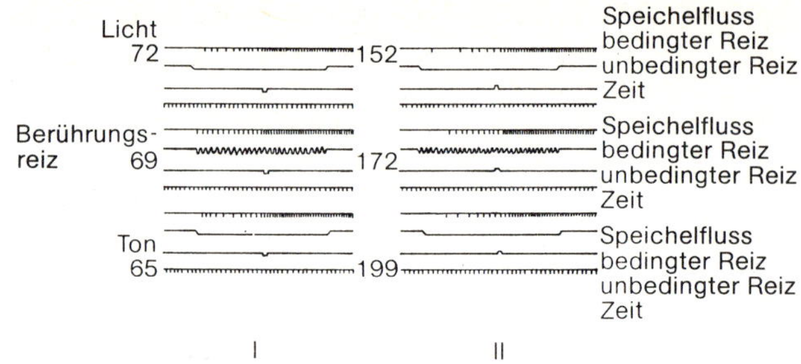

Abbildung 2: Kymogramm bedingter Futter-Speichel-Reflexe auf Licht, auf einen Berührungsreiz und auf einen Ton, in verschiedenen Versuchsräumen ausgearbeitet durch Bestärkung mit kleinen (I) und großen (II) Futterportionen.
Von oben nach unten: Speichelfluß in Tropfen, bedingter Reiz, unbedingter Reiz, Zeit in sec.

Die von Shu Si-Jiao (1957) an Hunden durchgeführten Versuche waren von anderer Art. Zunächst wurden bedingte Futterreflexe auf akustische, visuelle und taktile Reize in einem Raum durch Bekräftigen jedes Reizes mit 60 g Fleischpulver und Brot ausgebildet. Zum Nachweis der bedingten Reflexe wurden die unbedingten Reize allein 15 Sekunden lang dargeboten, anschließend präsentierte man das Futter. Als die bedingten Reflexe in diesem Raum genügend Stärke und Stabilität erreicht hatten, begann der Experimentator mit neuen Versuchen im zweiten Raum. Im Unterschied zu den im ersten Raum durchgeführten Versuchen wurden den Tieren im zweiten Raum Futterportionen gleicher Qualität nicht 15 Sekunden nach Einsetzen des bedingten Reizes, sondern nach einer Verzögerung von ein bis zwei Minuten gereicht. Von diesem Zeitpunkt an führte man die Experimente abwechselnd in beiden Räumen durch. Dabei wurden dieselben Reize im ersten Raum nach einer Verzögerung von 15 Sekunden und im zweiten Raum nach einer Verzögerung von einer bis zwei Minuten mit derselben Futtermenge bekräftigt. Die Versuche fanden zur gleichen Zeit statt, jedoch änderte man, wie in den früheren Experimenten, die Reizfolge und die Intervalle zwischen den Reizen ständig.

Das wichtigste Ergebnis der Experimente ist folgende Beobachtung, die an allen Versuchstieren gemacht wurde: Während im ersten Raum alle bedingten auslösenden Reize bei den Tieren bedingte Reflexe mit kurzer Latenzperiode erzeugten, lösten sie im zweiten Raum Reflexe mit wesentlich längerer Latenzperiode aus. Die bedingten Reflexe mit kurzer Latenz waren beträchtlich schwächer als die mit langer Latenz. In vergleichbaren Versuchen betrug beispielsweise die Latenzperiode eines bedingten Reflexes auf einen taktilen Reiz beim Hund Dadutz im ersten Raum 7 sec und im zweiten 25 sec; die Latenzperiode eines bedingten Reflexes auf den visuellen Reiz betrug 4 sec bzw. 34 sec; die Latenzzeiten des bedingten Reflexes auf einen Ton betrugen 4 sec und 8 sec. Beim Hund Tarzan betrugen die dementsprechenden Latenzperioden der bedingten Reflexe: auf einen taktilen Hautreiz 2 sec und 16 sec; auf den visuellen Reiz 2 sec und 32 sec. Das Diagramm (Abbildung 3) zeigt die Dynamik der Ausbildung dieser Schaltungsvariante bedingter Reflexe, oder genauer, die Dynamik der Modifikationen sowohl der Dauer der Latenzzeit der bedingt reflektorischen Speichelsekretion als auch ihrer Stärke in drei grundlegenden Stadien.

Es sollte beachtet werden, daß die Ausbildung verschiedenartig verzögerter und unterschiedlich bekräftigter bedingter Futterreflexe auf dieselben auslösenden Reize auch möglich war, wenn die Experimente an denselben Tieren, im gleichen Raum und zur gleichen Tageszeit, jedoch von verschiedenen Experimentatoren und an verschiedenen Tagen durchgeführt wurden.

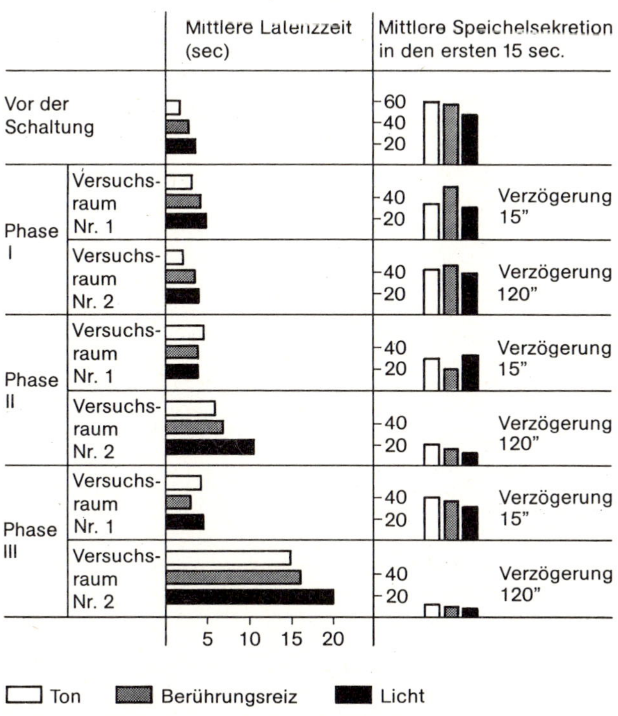

Abbildung 3: Veränderungen der durchschnittlichen Dauer der Latenzzeiten (horizontale Balken) und der Intensität (vertikale Balken) bedingter Speichelreflexe auf einen Ton, auf einen Berührungsreiz und auf Licht während der Ausarbeitung einer Schaltung auf die jeweilige Dauer der Latenzzeiten.

Welcher Art ist nun der physiologische Mechanismus der oben beschriebenen Phänomene, und wie ist unser theoretisches Konzept in bezug auf die Schaltung in der bedingten Reflextätigkeit?

Wir sind der Meinung, daß die konstanten Bedingungen der Umgebung oder der Versuchsanordnung, die wir als „Schalt-Agenzien" bezeichnen (verschiedene Versuchszimmer, Experimentatoren, Versuchszeiten, Reihenfolgen der Versuche usw.) und die letztlich die Signalbedeutungen gewöhnlicher bedingter Reize von kurzer Dauer bestimmen, im Endeffekt selbst bedingte Reize darstellen. Aber diese Reize, wie auch die von ihnen verursachten bedingten Reflexe, sind von besonderer Art und unterscheiden sich von gewöhnlichen bedingten Reizen und Reflexen. Die konstant wirkenden Bedingungen der Umgebung und der Versuchsanordnung, die zunächst neutral sind, werden zu konstant wirkenden bedingten Reizen, die bedingte Reflexe tonischer Art auslösen können. Sie schaffen so einen bestimmten funktionellen Hintergrund oder eine bestimmte Bereitschaft für phasische Aktivität. Diese tonischen bedingten Reflexe können die Ketten und Mechanismen der phasischen bedingten Reflexe spezifisch einstellen und dadurch sowohl den Typus und das funktionelle Vorzeichen oder den Charakter der phasischen bedingten Reflexe, die sich von diesem Hintergrund abheben, als auch die Richtung der phasischen bedingten Reflextätigkeit im allgemeinen vorherbestimmen.

Mit Bezug auf die ausgearbeitete Schaltung heterogener bedingter Reflexe kann man die obigen Feststellungen beispielsweise mit einem Diagramm (Abbildung 4), das die verschiedenen kortikalen Punkte der auslösenden Reize und die Verbindungen zwischen ihnen darstellt, illustrieren. Ein bedingter Reiz (mit den kortikalen Punkten S), der in einem Versuchszimmer auftritt (I), ist durch eine phasische bedingte Verknüpfung (a) mit einem unbedingten Futterreflex (mit dem kortikalen Punkt A) verbunden und ruft einen bedingten Futterreflex entlang der Kette S → a → A hervor. Derselbe Reiz ist in einem anderen Versuchszimmer (II) ebenfalls durch eine phasische bedingte Verbindung (b) mit einer unbedingten Verknüpfung verbunden, nämlich der Vermeidung eines elektrischen Strafreizes, und erzeugt entlang der Kette S → b → B einen entsprechenden bedingten Reflex. Die Manifestation entweder der einen oder der anderen Signalbedeutung, die dieser bedingte Reiz haben kann, wird durch den Umstand bestimmt, daß entsprechende tonische bedingte Reflexe auf die Schalt-Agenzien simultan ausgebildet worden sind, d.h. ein Futterreflex auf Raum I und ein Reflex zur Vermeidung eines elektrischen Strafreizes auf Raum II. Im Diagramm sind die tonischen bedingten Reflexe folgendermaßen bezeichnet: durch die Pfeile I → A und II → B. Das bedeutet nicht, daß sich die tonische Modifikation des funktionellen Zustandes des bedingten Reflexes, die in jedem der beiden Räume erfolgt, in einem Fall nur auf den kortikalen Punkt des unbedingten Futterreflexes, im anderen Fall dagegen allein auf den kortikalen Punkt des Reflexes zur Vermeidung eines elektrischen Strafreizes beschränkt. Es gibt Gründe für die Annahme, daß diese Modifikation des bedingten Reflexes begleitet wird von einer Änderung im funktionellen Zustand der entsprechenden phasischen bedingten Verbindungen und der kortikalen Punkte der bedingten Reize selbst.

Wahrscheinlich sind die Veränderungen im funktionellen Zustand dieser beiden Strukturen sekundärer Natur und werden durch tonische bedingt reflektorische Veränderungen an den kortikalen Punkten der entsprechenden unbedingten Reflexe bestimmt, ebenso verhält es sich (nach den neuesten neurophysiologischen Erkenntnissen) in den neuronalen Strukturen einfacher Reflexbögen während ihrer sogenannten lokalen Erregung und während deren Verminderung infolge Diffusion in alle Richtungen, einschließlich der antidromalen. In diesem Fall kann die Verknüpfung der Schalt-Reize mit den entsprechenden kortikalen Punkten der unbedingten Reflexe wie in Abbildung 4 durch Ketten I→A→a→S und II→B→b→S dargestellt werden. Es ist möglich, daß jeder dieser Schaltreize direkt mit jedem der kortikalen Hauptglieder des phasischen bedingten Reflexes verbunden ist. Demzufolge kann der Schaltreiz den funktionellen Zustand der kortikalen Punkte verändern. Die Richtung der Veränderung stimmt dabei mit den Veränderungen im funktionellen Zustand des kortikalen Punktes des unbedingten Reflexes überein. In diesem Fall muß die schematische Darstellung dieser inneren Wechselbeziehung erweitert werden; das Diagramm muß durch Einfügen zumindest zweier Pfeile ergänzt werden, die von jedem Schaltreiz zu den entsprechenden phasischen bedingten Verknüpfungen (I→a und II→b) sowie zum kortikalen Punkt des bedingten Reizes führen, der den phasischen bedingten Reflexen beider Typen gemeinsam ist (I→S und II→S).

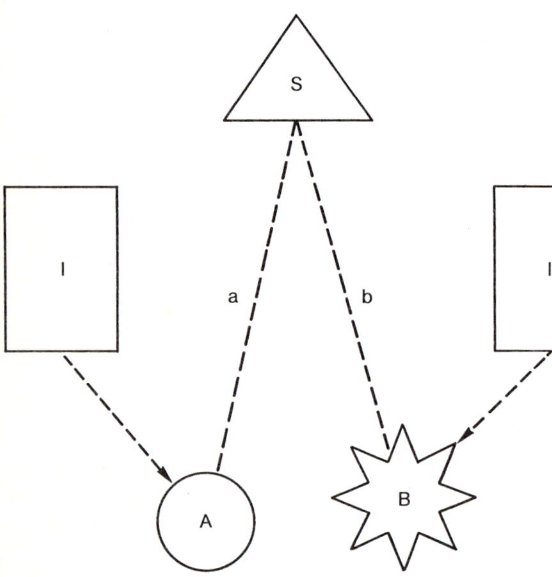

Abbildung 4: Das Diagramm zeigt die Schaltung heterogener bedingter Reflexe.

Es ist selbstverständlich, daß die obigen Diagramme, ebenso wie die Theorien, auf denen sie beruhen, nicht als erschöpfend durch experimentelle Daten belegt betrachtet werden können; sie sind bis jetzt nur theoretischer Art. Dennoch sind wir der Ansicht, daß sie beim gegenwärtigen Stand der Erforschung dieses Problems die Übertragung auf weitere Fragestellungen und die Interpretation des vorhandenen experimentellen Materials erheblich erleichtern und den Weg zu seiner weiteren experimentellen und theoretischen Fundierung bahnen.

Literatur

Asratjan, E. A. Dritte Physiologentagung. Moskau: AN SSSR (russ.) 1938.

Asratjan, E. A. Fiziologičeskij žurnal im. Sečenova, 30 (russ.). 1941.

Asratjan, E. A, Bericht über den 14. Internationalen Kongreß für Psychologie. Moskau (russ.). 1954.

Asratjan, E. A. Neue Ergebnisse über die Schaltung bedingter Reflexe. Vortrag auf dem 15. Internationalen Kongreß für Psychologie. Moskau (russ.). 1957.

Bremer, F. Some Problems in Neurophysiology. London. 1953.

Goltz, F. Beiträge zur Lehre von den Funktionen der Nervenzentren des Frosches. Berlin. 1869.

Jordan, H. *Pflügers Archiv f. d. ges. Physiol.* 1915, 110.

Chačaturian, M. N. Unveröfftl. Unters.

Konorski, J. & Miller, S. *Arbeitsberichte aus Pavlovs physiologischen Laboratorien, 6.* Leningrad (russ.). 1936.

Laptev, I. I. Dritte Physiologentagung. Moskau: AN SSSR (russ.). 1938.

Magnus, R. Körperstellung. Berlin. 1924.

Pavlov, I. P. Vorlesungen über die Hauptverdauungsdrüsen. St. Petersburg (russ.). 1897.

Pavlov, I. P. Gesammelte Werke, Bd. III. Berlin: Akademie-Verlag. 1953.

Pflüger, F. Die sensorischen Funktionen des Rückenmarks. Berlin. 1853.

Sachulina, G. T. *Doklady Akademii Nauk SSSR, 104,* 2 (russ.). 1955.

SANDERS-ERZN, H. *Berichte der Verh. d. Sächs. Akad. d. Wiss. Leipzig, Matnatphys. Klasse, 19.* 1867.

SEČENOV, I.M. Die Physiologie der Nervenzentren. St. Petersburg (russ.). 1866.

SHERRINGTON, S. Proc. Roy. Soc. London, 66 B. London. 1900.

SHERRINGTON, S. The integrative action of the nervous system. New York. 1906.

ŠETOV, F.M., JAKOVLEVA, V.V. *Bjuleten eksperimental'noj biologii i mediciny, 8.* (russ.). 1937.

ŠETOV, F.M. *Bjuleten eksperimental'noj biologii i mediciny, 8.* (russ.). 1939.

UEXKÜLL, I. *Zentralbl. f. Physiologie.* 1909, 23.

SHU SI-JIAO Dritte Konferenz junger Wissenschaftler der 2. Moskauer Staatlichen Medizinischen Hochschule (russ.). 1957.

YAN WEI-JIN Dritte Konferenz junger Wissenschaftler der 2. Moskauer Staatlichen Medizinischen Hochschule *(russ.).* 1957.

Peter A. Fiedler und H. Jochen Windheuser

Modifikation kreativen Verhaltens durch Lernen am Modell

Entnommen aus: Zeitschrift für Entwicklungspsychologie und Pädagogische Psychologie, 1974, 6, 262–280

Kreativ, *schöpferisch nennt man ein Verhalten, welches originell und neuartig ist. Über seine Originalität und Neuartigkeit hinaus sollte das kreative Verhalten noch eine weitere Eigenschaft besitzen: Es sollte die in einer Situation gegebenen Möglichkeiten möglichst weitgehend ausschöpfen, sollte mit möglichst einfachen Mitteln zu möglichst bedeutsamen Lösungen gelangen; kreatives Verhalten sollte Ziele erreichen, an denen andere vorher gescheitert waren. Wenn* Fiedler *und* Windheuser *von der* Modifikation *von kreativem Verhalten sprechen, so meinen sie eine Verhaltensänderung, welche mit einer Steigerung an Kreativität verbunden ist. Ihre Untersuchung geht von der Frage aus: Kann man kreatives Verhalten lernen? Und dann fragen sie noch spezieller: Kann man kreatives Verhalten von anderen lernen?*

Die Frage, ob man Kreativität von anderen erlernen kann, erscheint zunächst widersinnig. Von anderen zu lernen, sie gar nachzuahmen, bedeutet ja, sie zu kopieren und damit selbst an Eigenständigkeit und Originalität einzubüßen. Die Autoren machen deutlich, daß dies nur für das Produkt des kreativen Prozesses gilt, nicht für den Prozeß selbst. Wer sich etwa nur die kreativen Produkte eines Vorbilds aneignet (etwa die Witze seines Vorbilds nacherzählt), der kann selbst nicht schöpferisch sein. Wer sich aber von seinem Vorbild zu unkonventionellen Einfällen ermutigen läßt, wer von seinem Vorbild lernt, sich nicht mit der ersten besten Lösung zufrieden zu geben, der hat durch die Begegnung mit seinem Vorbild an Eigenständigkeit und Produktivität gewonnen, ohne darüber zu einem bloßen Abklatsch seines Vorbilds zu werden.

Fiedler *und* Windheuser *beschreiben in ihrer Studie einen Fall von Verhaltensänderung durch Lernen am Modell und nehmen damit ein Thema auf, wie es bereits im vorangehenden Abschnitt in einem Beitrag von* Bandura *und seinen Mitarbeitern behandelt wurde. Während jedoch in dem Bericht von* Bandura, Ross *und* Ross *die (nicht kreative) Imitation vorgeführter Verhaltensweisen, sowie der Aspekt der Verstärkung im Vordergrund standen, geht es in der vorliegenden Studie vor allem um die Strukturanalyse des modifizierten Verhaltensablaufs selbst. Die Autoren unterscheiden in diesem Verhaltensablauf Prozesse der* Aufmerksamkeitslenkung, *das heißt der unterschiedlichen Beachtung von Gegebenheiten, der* Motivation, *insbesondere der* Selbstverstärkung – *etwa durch Selbstlob, der* Retention – *das heißt des Behaltens im Gedächtnis, sowie der* motorischen Reproduktion, *das heißt des Vollzugs und Nachvollzugs von Bewegungen. Ihren Probanden zeigen sie auf einem Bildschirm ein kreatives Modell, welches fünf Phasen durchläuft: Eine* Beobachtungsphase, *in welcher es das vorhandene Aufgabenmaterial durchmustert, eine* Induktionsphase, *in welcher es Regeln entwickelt, eine* Deduktionsphase, *in welcher es aus den Regeln in Gedanken Lösungen ableitet, eine* Produktionsphase, *in welcher das Modell einige der ausgedachten Lösungen in die Tat umsetzt, und eine* Evaluationsphase *mit einer Bewertung der erbrachten Lösungen.*

Auf den folgenden Seiten ist die Beschreibung des ersten Experiments der beiden Autoren, sowie die theoretische Einführung und die Interpretation dazu abgedruckt. Die im Originalbericht enthaltene Beschreibung und Diskussion eines zweiten Experiments wurde weggelassen. In diesem zweiten Experiment wird nachgewiesen, daß eine schriftliche Anweisung ebenso zu kreativem Verhalten anregt wie die Vorführung eines kreativen Modells.

Kreatives Verhalten ist experimentell schon durch verschiedene Bedingungen angeregt und modifiziert worden, so durch *Brainstorming* (z.B. Osborn, 1953; Ladner, 1971), durch *Instruktion* (Torrance & Harmon, 1961; Gerlach et al., 1964; Hyman, 1964; Levy, 1968) oder durch *operantes Konditionieren* (Maltzman, 1960). So einfach diese Bedingungen in praktische Situationen übertragbar sind, so lassen sie doch eine Variable unberücksichtigt, die in jeder Lehrsituation mitgegeben ist: das (kreative) Verhalten des Unterrichtenden. *Modellernen* wurde selten als Anregungsbedingung für Kreativität eingesetzt, obwohl es sich in vielen anderen Bereichen des sozialen Lernens als wichtiger Faktor erwiesen hat (eine Übersicht gibt z. B. Bandura, 1969, 1971 a). Vielleicht hat Skinner (1953, S. 245) die Ansicht provoziert, Nachahmung und Kreativität seien zwei einander ausschließende Verhaltensklassen. Dies gilt jedoch nur solange, wie man Kreativität über das *Produkt* definiert und nicht, wie heute, auch über den *Prozeß*.

Die unseres Wissens einzige Studie mit einem kreativen Filmmodell führten Zimmermann & Dialessi (1973) durch. Das Modell verwirklichte *fluency* (Assoziationsreichtum und „Flüssigkeit" des kreativen Antwortens) oder *flexibility* (Beweglichkeit und Umstellungsfähigkeit im kreativen Handeln) in einem der *Torrance Tests of Creative Thinking* (1966); nach der Beobachtung wurden 9- bis 12jährige Kinder mit einem Paralleltest und einem inhaltlich divergieren-

den Test aus dieser Batterie untersucht. Die beiden eingeführten Modellvariablen wirkten sich auf das kreative Verhalten der Kinder recht unterschiedlich aus: Das Modellverhalten *fluency* beeinflußte das kreative Kindverhalten in beiden Dimensionen positiv, das Modellverhalten *flexibility* hingegen negativ. Der erwartete Generalisierungseffekt auf die inhaltlich divergierenden Tests war äußerst gering.
In unserer Untersuchung wurde versucht, das kreative Modell hinsichtlich zweier Prinzipien zu optimieren:

1. Darstellung des kreativen Prozesses, ohne den Beobachter auf inhaltliche Kategorien festzulegen;
2. Verwirklichung von Variablen, die die Nachahmungswahrscheinlichkeit positiv beeinflussen.

Der kreative Prozeß

Für GUILFORD (1968) und andere Autoren vollzieht sich kreatives Verhalten weitgehend nach den gleichen Gesetzen wie Problemlösungsverhalten. TORRANCE (1966) definiert Kreativität als einen fünfstufigen Prozeß:

a) Sensitivierung gegenüber Problemen, Unzulänglichkeiten, Wissenslücken, fehlenden Elementen, Disharmonien;
b) Identifizierung mit der Schwierigkeit;
c) Lösungen suchen und über jene Unzulänglichkeiten Vermutungen anstellen und Hypothesen formulieren;
d) mehrfache Überprüfung dieser Hypothesen und ihrer mehrfach möglichen Modifizierung;
e) Kommunikation der Ergebnisse.

Es fällt auf, wie ähnlich z.B. DE GROOT (1968) fünf Phasen des Problemlösens analysiert hat (Beobachtung; Induktion; Deduktion spezieller Konsequenzen aus den induzierten Hypothesen; Überprüfung der Voraussagen; Evaluation und Kommunikation = evtl. neue Beobachtung usw.). Lerntheoretisch fundierte Analysen des Problemlösens (z.B. SKINNER, 1953, 1966) kommen wiederum zu ganz ähnlichen Abfolgen der Teilprozesse, wie wir sie in Tab. 1 zusammengefaßt haben.
Nun ist kreatives Verhalten natürlich nicht identisch mit Problemlösen, sondern dessen spezieller Fall. Die Spezifizierung kann sich in den Anregungsbedingungen, im Prozeß und im Produkt äußern. Bei den Anregungsbedingungen läßt sich auf viele in der Literatur angebotene Materialien zurückgreifen, die im wesentlichen durch Unstrukturiertheit und eine offene Fragestellung gekennzeichnet sind. Originalität und Komplexität unterscheidet graduell das kreative Produkt vom gelösten Problem schlechthin.

Tabelle 1: Lerntheoretisch fundierte Analyse der Teilphasen des kreativen Problemlösungsprozesses

A. *Beobachtungsphase*
a) exakte Beschreibung der vorgegebenen Aufgaben und Probleme
b) (verbale) Analyse des vorgegebenen Reizmaterials

B. *Induktionsphase*
a) Verbalisierung und Regelbildung vergangener Kontingenzen anhand der aktuellen Aufgabe
b) Konstruktion verbaler Regelmodelle zur Verwendung als diskriminatives Reizsystem

C. *Deduktionsphase*
a) Einführung gelernter oder vorgegebener Normen und Kriterien, die kreatives Verhalten erleichtern (z. B. sich Zeit lassen, etc.); und in diesem Sinne
b) Anwendung der Kriterien durch Kombination und Manipulation der induktiv gewonnenen Regeln (im Gegensatz zu „stereotyp")
c) Voraussagen machen über die optimale Verstärkung versprechenden Lösungswege

D. *Produktionsphase*
a) Entscheidung für einen Lösungsweg
b) Produktionshandlung

E. *Evaluationsphase*
a) Bewertung der gezeigten Verhaltensweisen durch exakte Beschreibung der zugehörigen Reize und Konsequenzen
b) Möglicherweise erneuter Prozeßbeginn

Um unser erstes o. g. Prinzip zu verwirklichen – nämlich den kreativen Prozeß darzustellen, ohne den Beobachter auf inhaltliche Kategorien festzulegen – müssen wir also ein Filmmodell schaffen, das die in Tabelle 1 aufgeführten Phasen möglichst deutlich macht und dessen Assoziationen den im letzten Abschnitt genannten Regeln entsprechen. Bei entsprechender Wahl des jeweiligen Materials läßt sich eine inhaltliche Festlegung des Beobachters vermeiden. Nach Durchsicht der Literatur liegt es außerdem nahe, auf zwei äußere Bedingungen Wert zu legen: Das Modell muß Zeit haben, weil Versuchspersonen häufig mit mehr gebräuchlichen und konventionellen Assoziationen beginnen, bevor sie kreativer werden; und das kreative Verhalten darf nicht irgendwelchen Hindernissen und Hemmnissen ausgesetzt sein (nicht „bestraft" werden) und muß in einer „nichtautoritären" Umgebung auftreten (vgl. u.a. TORRANCE, 1966; KEMMLER, 1969, 1970).

Bedingungen der Nachahmungswahrscheinlichkeit

In den vergangenen Jahren hat eine Vielzahl von theoretischen und experimentellen Arbeiten zum Imitationslernen dieses Gebiet nicht gerade übersichtlich gestaltet. Viele Bedingungen auf der Modell- und der Beobachterseite wurden als Voraussagevariablen für die Nachahmungswahrscheinlichkeit isoliert (siehe z.B. KANFER & PHILLIPS, 1970). GEWIRTZ (1969) hat dem kognitiven *social-learning*-Ansatz von BANDURA ein reines S-R-Modell gegenübergestellt. Wir gehen hier von dem Prozeßmodell BANDURAS (1971b) als dem ergiebigsten aus. Von ihm werden vier Teilprozesse des Nachahmungslernens unterschieden (S.24):

1. *Aufmerksamkeitsprozesse:* spezifische Bedingungen des zu modellierenden Reizangebots wie z.B. Komplexität, Unterscheidbarkeit, funktionaler Wert; mit diesen Bedingungen z.T. interferierende Eigenschaften des Beobachters wie sensorische Eigenschaften, Erregungsniveau, Motivation, u.a.
2. *Retentionsprozesse:* Symbolische Kodierung und kognitive Strukturierung der Reizbedingungen; symbolische und motorische Übung.
3. *Motorische Reproduktionsprozesse:* Motorische Fähigkeiten des Beobachters; Selbstbeurteilung und -steuerung des eigenen Verhaltens sowie die des sensorischen Feedbacks.
4. *Motivationale Prozesse:* Äußere und stellvertretende Verstärkungsprozesse sowie Selbstverstärkungsprozesse.

Die Bedingungen der Aufmerksamkeitsprozesse, soweit sie das Modell betreffen, sind in einem Experiment, in dem die Versuchspersonen einem derartigen Filmmodell höchstwahrscheinlich zum ersten Male begegnen, weitgehend zu vernachlässigen. Um so wichtiger sind die Retentionsprozesse, die GERST (1971) näher untersucht hat. Er schreibt dabei der symbolischen Kodierung der nachzuahmenden Modellreize die größte Bedeutung zu. Dies entspricht der im Zusammenhang mit dem Problemlösungsprozeß getroffenen Feststellung, daß verbale Verstärkungsregeln den weiteren Verhaltensablauf am effektivsten steuern können. Unser Modell muß also kreative Verhaltensregeln verbal-symbolisch möglichst häufig (*symbolic rehearsal*) und präzise kodieren.

BANDURA (1969) unterscheidet weiterhin drei Effekte des Lernens am Modell, je nach den Bedingungen, die das betreffende Verhalten bisher kontrollierten. Der Beobachter kann neue Verhaltensweisen erwerben, die in seinem bisherigen Verhaltensrepertoire noch nicht vorhanden waren *(modeling-effect)*. Waren sie jedoch bereits vorhanden, hat das Modellverhalten oft lediglich den Charakter diskriminativer Reize für das entsprechende Verhalten des Beobachters, das an sich schon eine gewisse Wahrscheinlichkeit aufgrund einer positiven Verstärkungsgeschichte hat *(response-facilitation-effect)*. In diesen beiden Fällen fördert besonders die Kodierung den diskriminativen Charakter der Reize. Wenn jedoch, was bei kreativem Verhalten u.U. erwartet werden kann, die zu lernende Reaktion eine negative

Tabelle 2: Beispielhafte Verbaläußerungen des kreativen Filmmodells zu den einzelnen Phasen des kreativen Problemlösungsprozesses.

A. *Beobachtungsphase*

„Das sind 15 Strichpaare"

„Sie sind schon geordnet", „... in Dreiecksform, ein beinahe gleichseitiges Dreieck..."

„Ich habe hier eine Reihe von Strichpaaren vor mir liegen."

„Vielleicht beschreibe ich das erst einmal hier..."

B. *Induktionsphase*

„... in Dreiecksform; ein beinahe gleichseitiges Dreieck, wenn man Seiten zieht."

„Was könnte *ein* solches Strichpaar darstellen? einen Baumstamm!"

„Vielleicht nehme ich einmal die Striche als Einheit: Ein Gebäude; oder ein Stangengerüst; oder irgend so ein abstraktes Gebilde."

C. *Deduktionsphase*

„Wenn ich mir vorher in Ruhe mehrere Möglichkeiten überlege, dann kann ich mir nachher die besten aussuchen."

„Ich habe bisher: ein Dreieck; und Bäume... eine dreieckige Wiese mit Bäumen."

„Ich will ja neue und originelle Ideen haben, an die gewöhnlich niemand denkt. Also versuche ich jetzt mal etwas ganz anderes... Wirklich etwas Neues. Ich kann auch andere Ideen miteinander kombinieren."

„Man kann sicherlich noch mehr damit machen."

D. *Produktionsphase*

(ist die Phase des Zeichnens)

E. *Evaluationsphase*

„Das sieht man aber sofort, das kann eigentlich jeder gleich sehen. Außerdem habe ich da noch lange nicht alle Striche mit drin."

„Damit bin ich noch nicht ganz zufrieden."

„Jetzt habe ich schon etwas Eigenwilliges."

„Jetzt habe ich eigentlich schon alle Striche verarbeitet. Auf diese Idee bin ich aber auch noch recht schnell gekommen."

„Was habe ich jetzt gemacht? Da habe ich zwei Ideen miteinander kombiniert. Das ist schon besser. Ich denke am besten aber noch einmal nach."

„Das gefällt mir. Das ist eigentlich auch schon 'was Neues. Auf das kommen andere nicht so schnell."

„Ja, das sieht gut aus, damit bin ich zufrieden."

Lerngeschichte hat, beschreibt BANDURA die Veränderung aufgrund der Beobachtung des Modells als *disinhibitory-effect*. Dieser Effekt setzt jedoch die zusätzliche Beobachtung positiver Verhaltenskonsequenzen voraus; dies haben wir in einer der experimentellen Bedingungen zu verwirklichen versucht.

Entwicklung eines Video-Films mit kreativem Modellverhalten

Zur Verwirklichung eines kreativen Modells wurde ein 13minütiger Video-Film hergestellt. Im Verlauf dieses Modellfilms entwirft ein (männl.) Modell an einer Wandtafel mehrere Zeichnungen, ausgehend von einem über den ganzen Film gleichbleibenden Strichmuster (Abb. 1).
Dabei ist von der Modellperson nur die Hand zu sehen, und diese wiederum nur während des Zeichnens. Zusätzlich kommentiert das Modell fortlaufend seine Aktivitäten, indem es getreu dem in Tabelle 1 dargestellten Arbeitsmodell seine Beobachtungen schildert, (induktiv) Regeln bildet und diese (deduktiv) manipuliert, kombiniert und variiert, mögliche Verhaltenskonsequenzen antizipiert und schließlich (mehr oder weniger) kreatives Verhalten produziert und dieses bewertet. In Tabelle 2 haben wir beispielhaft Äußerungen des Modells für jeden einzelnen Punkt der Tabelle 1 zusammengestellt.
Das Modell durchläuft den Phasenzirkel mehrmals und kommt dabei von zunächst konventionellen Lösungen zu immer kreativeren Zeichnungen, bis es schließlich die Aufgabe mit einem (für ihn) sehr befriedigenden Ergebnis abschließt.
Die Äußerungen des Modells werden von einer weiteren, ebenfalls nicht sichtbaren (männl.) Person verbal verstärkt (durch „gut", „richtig", „sehr schön" usw.). Die Verstärkungen erfolgen immer dann, wenn das Modell eine oder mehrere der im Arbeitsmodell dargestellten Kriterien eindeutig erfüllt hat.
In einer Kopie des Films wurden alle Verstärkungen aus dem Ton ausgeblendet, in einer weiteren der gesamte Ton (also Verstärkungen *und* Verbalverhalten des Modells) gelöscht.

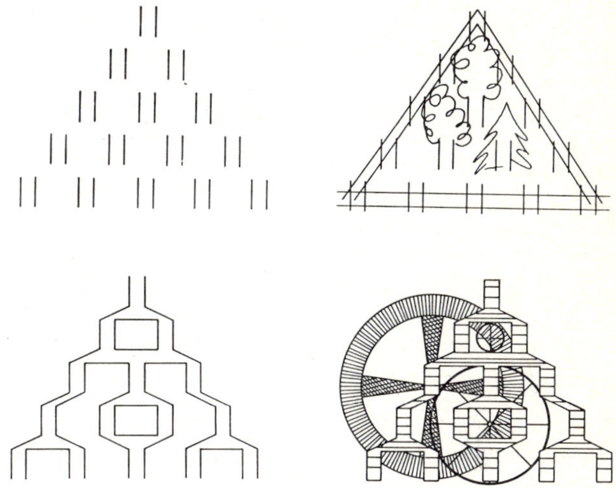

Abbildung 1: Anregungsmaterial (oben links) sowie Beispiele der vom Modell im Film entworfenen Zeichnungen

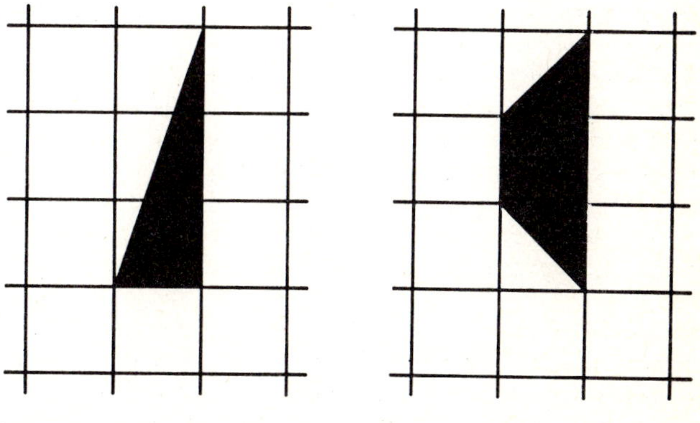

Abbildung 2: Verwendbare Figuren in den beiden Parallelformen des Kreativen-Gestaltungs-Test (KGT)

Erstes Experiment

Hypothesen

(a) Eine Gruppe von Vpn, die einen Film beobachtet, in dem ein Modell sich kreativ verhält, erzielt in einem anschließenden, anderes Material verwendenden Kreativitätstest bessere Ergebnisse, als eine Kontrollgruppe, die den Film nicht beobachtet.

(b) Das Ergebnis im Kreativitätstest ist um so besser, je deutlicher der kreative Prozeß kodiert bzw. verstärkt wird:

1. nur durch das motorisch-zeichnerische Verhalten des Modells;
2. zusätzlich durch ein Selbstgespräch des Modells, in dem die Verhaltensregeln verbalisiert werden;
3. bei zusätzlicher Verstärkung des verbalisierten Verhaltens.

Meßinstrument[1]

Als Meßinstrument diente der Kreative-Gestaltungs-Test (KGT); Boelk et al., 1972). Er ist u. a. deshalb für die Untersuchung geeignet, weil er im Testverhalten einen kreativen Prozeß möglich macht und somit während der Durchführung die Produktion neuer Ansätze zuläßt, was dem Vorgehen des Modells entspricht. Das Testblatt besteht aus einem Rechenmuster aus 30 × 30 Quadraten zu je 5 mm Seitenlänge. Auf diesem Blatt können unter Verwendung eines der beiden in Abb. 2 dargestellten Figuren (Paralleltests) Muster gezeichnet werden, wobei der beliebigen Verwendung der Figur nur wenige Restriktionen gegenüberstehen. Die Muster werden nach insgesamt 30, sowohl Vielfältigkeit, Originalität und Komplexität der Zeichnung berücksichtigenden Kriterien bei hoher Beurteilerübereinstimmung (r = .988) bewertet.

Versuchspersonen und äußere Versuchsbedingungen

Als Versuchspersonen stellten sich insgesamt 80 Schüler und Schülerinnen im Alter von 14 bis 17 Jahren zur Verfügung, und zwar 39 Schüler(innen) des 9. Schuljahres einer Hauptschule sowie 41 in der Berufsausbildung stehende Schüler(innen) einer Gewerblichen Berufsschule (Konditoren-Lehrlinge). Die Schüler beider Schulen wurden getrennt zufällig auf die vier Untersuchungsgruppen aufgeteilt (je 20). Die Versuche wurden in Gruppen mit maximal 10 Teilnehmern in Räumen der beiden Schulen durchgeführt. Kommunikation der Vpn untereinander war untersagt. Ein Zeitlimit wurde nicht gesetzt.

Experimentelle Bedingungen

Die drei Experimentalgruppen erhielten vor der Beobachtung des Films folgende Instruktion:

„Sie werden jetzt gleich als erstes einen Fernsehfilm sehen. Anschließend werde ich Ihnen dann einen Test austeilen, den Sie dann ausfüllen sollen. Der Film, den Sie jetzt sehen, enthält Hinweise, die Ihnen bei der Ausfüllung des Tests helfen können."

Die Gruppe E I sah den Film ohne Ton

Die Gruppe E II sah diejenige Tonfassung des Films, in der Verstärkungen ausgeblendet waren.

Die Gruppe E III sah den Film mit Ton und Verstärkungen. Anschließend erhielten die drei Gruppen den KGT mit normaler Instruktion

Die Gruppe K (Kontrollgruppe) sah keinen Film und erhielt nur den KGT mit dessen Instruktion.

Befunde

Die Ergebnisse der (etwas älteren) Berufsschüler sind zwar insgesamt etwas besser als die der Hauptschüler; dieser Unterschied läßt sich jedoch statistisch nicht sichern ($z = 1{,}34$; $p > .05$), so daß die Untersuchungsgruppen geschlossen in die statistische Analyse eingehen können. Tabelle 3 gibt die Mittelwerte der einzelnen Gruppen wieder.

Nach Überprüfung der Homogenität der Varianzen in den einzelnen Untersuchungsgruppen (Bartlett: Chi-Quadrat = 7,81; *df* 3; $p > .05$) ergab eine einfache Varianzanalyse über alle vier Gruppen, daß die Nullhypothese der homogenen Grundgesamtheit zurückgewiesen werden kann ($F = 10{,}0$; $p < .01$). Zur Beantwortung der Frage, zwischen welchen der vier Untersuchungsgruppen gesicherte Mittelwertsunterschiede bestehen, wurde der Duncan-New-Multiple-Range-Test durchgeführt (Ergebnisse in Tabelle 4).

Die Hypothese (a) ist demnach für die experimentellen Gruppen E II und E III bestätigt; bezüglich der Differenz

Tabelle 3: Mittlere Werte der Gruppen der Haupt- und Berufsschüler(innen) und der Gesamtgruppe im KGT, getrennt nach den vier experimentellen Bedingungen

	K	E I	E II	E III
Hauptschüler	10,62	11,00	14,80	18,75
Berufsschüler	10,90	13,60	16,95	19,55
beide Gruppen	10,73	12,30	15,82	19,15

Tabelle 4: *Duncan*-New-Multiple-Range-Test mit den Ergebnissen aller vier Untersuchungsgruppen im KGT (erstes Experiment); Signifikanzen in Klammern

	E I	E II	E III
K	1,57 (n. s.)	4,82 ($p < .01$)	8,15 ($p < .001$)
E I		3,52 ($p < .05$)	6,85 ($p < .01$)
E II			3,33 ($p < .05$)

[1] Für die Überlassung des Kreativen-Gestaltungs-Tests danken wir Herrn Prof. Dr. Michael Stadler, unter dessen Betreuung der Test entwickelt wurde.

zwischen E I und der Kontrollgruppe läßt sich die Nullhypothese der homogenen Grundgesamtheit nicht zurückweisen. Die Ergebnisse der drei experimentellen Gruppen sind im Sinne der Hypothese (b) signifikant unterschiedlich; dieser Unterschied ist zwischen E I und E III sehr signifikant.

Diskussion

Mit unserer Versuchsanordnung ist es gelungen, das kreative Verhalten von Schülern und Studenten durch Modellernen wenigstens kurzfristig zu steigern. Dabei haben wir die Gefahr einer bloßen Nachahmung der kreativen Lösungen des Modells *(Mimikry)* weitgehend vermeiden können, indem wir einen zum Reizmaterial des Modells in seiner Anlage und Durchführung sehr verschiedenen Test für die Beobachter (Vpn) benutzt haben. Modelleffekte haben sich in beiden Experimenten bestätigen lassen, wobei ein unmittelbar für sein Verhalten (Kreativität im Sinne eines Lösungsprozesses) verstärktes Modell die größten Veränderungen im kreativen Beobachterverhalten bewirkt. Dagegen reicht die Darbietung eines kreativen Modells lediglich auf dem visuellen Kanal (Untersuchungsgruppe E I des ersten Experimentes) offenbar nicht aus, um Kreativität der Beobachter in genügender Weise zu stimulieren. Die Vp vermag nur das motorisch-zeichnerische Verhalten zu kodieren; Rückschlüsse auf den im Modell ablaufenden Prozeß sind ihr nicht oder nur sehr schwer möglich. Vermutlich ließe sich dieser Effekt des motorisch-zeichnerischen Verhaltens vergrößern, wenn man sehr viel klarer strukturierte und eindeutiger akzentuierte; dies ist jedoch bei derart komplexem Verhalten schwieriger als bei den einfachen Handbewegungen, die GERST (1971) in seinen Experimenten reproduzieren ließ. Nur wenige der vom kreativen Modell kodierten Verhaltensweisen und Verhaltensregeln könnte man durch Gesten annähernd darstellen.

Insgesamt sind die von uns implizierten Wirkfaktoren natürlich noch nicht eindeutig bestätigt. Es könnte sein, daß nicht das gesamte Prozeßmodell der Kreativität, wie es im Film kodiert wurde, für die Modifikation verantwortlich ist, sondern nur bestimmte Aspekte, beispielsweise die Zahl der vom Modell vorgeführten verschiedenen Lösungsansätze oder das Aufheben von Zeit- und Leistungsdruck.

Literatur

BANDURA, A. *Principles of Behavior Modification*. New York: Holt, Rinehart and Winston 1969.

BANDURA, A. (Hrsg.) Psychological Modeling. Conflicting Theories. Chicago: Aldine-Atherton Inc. 1971 (a). (Deutsch: *Lernen am Modell*. Stuttgart: Klett 1976.)

BANDURA, A. Analysis of modeling processes. In BANDURA, A. (Hrsg.), *Psychological Modeling. Conflicting Theories*. Chicago: Aldine-Atherton Inc. 1971 (b), 1–62.

BOELK, M., KOHLEPP, C., LEPPER, B. & PETSCH, H. Entwicklung eines kreativen Gestaltungs-Tests (KGT). Wissenschaftliche Hausarbeit zur Diplom-Vorprüfung in Psychologie. Münster 1972.

GERLACH, V.S., SCHULTZ, R.E., BAKER, R.L. & MAZER, G.E. Effects of variations in test directions on originality test response. *Journ. Educ. Psychol.* 1969, 55, 79–83.

GERST, M.D. Symbolic coding processes in observational learning. In BANDURA, A. (Hrsg.) *Psychological Modeling. Conflicting Theories*. Chicago: Aldine-Atherton Inc 1971, 89–111.

GEWIRTZ, J.L. Mechanisms of Social Learning. Some Roles of Stimulation and Behavior in Early Human Development. In GOSLIN, D.A. (Hrsg.), *Handbook of Socialization. Theory and Research*. New York: Rand-McNalley 1969, 136–162.

GROOT, A.D. DE *Methodologie*. 's-Gravenhage: Mouton 1968 (niederländische Originalausgabe). Englische Ausgabe: *Methodology*. 's-Gravenhage: Mouton 1969.

GUILFORD, J.P. *Intelligence, Creativity, and their Educational Implications*. San Diego: Knapp 1968.

HYMAN, R. Creativity and the prepared mind: The role of information and induced attitudes. In TAYLOR, C.W. (Hrsg.), *Widening Horizons in Creativity*. New York: Wiley 1964, 69–79.

KANFER, F.H. & PHILLIPS, J.S. *Learning Foundations of Behavior Therapy*. New York: Wiley 1970.

KEMMLER, L. Neue Untersuchungen zum schöpferischen Denken (creativity). Psychologische Rundschau 1969, 20, 103–114.

KEMMLER, L. *Erfolg und Versagen in der Grundschule*. Göttingen: Hogrefe 1970 (2).

LADNER, J.L. Enhancement of productive thinking in institutionalized mental retardes. Dissertation Abstracts International 1971, 32, (4B), 2401.

LEVY, L.H. Originality as role-defined behavior. *Journ. Pers. Soc. Psychol*. 1968, 9, 72–78.

MALTZMAN, I. On the training of originality. *Psychol. Rev*. 1960, 67, 229–242.

OSBORN, A.F. *Applied imagination: Principles and procedures of creative thinking*. New York: Chas. Scribner 1953.

SKINNER, B.F. *Science and Human Behavior*. New York: Macmillan 1953. (Deutsch: *Wissenschaft und menschliches Verhalten*. München: Kindler 1973).

SKINNER, B.F. An operant analysis of problem solving. In KLEINMUNTZ, B. (Hrsg.), *Problem Solving*. New York: Wiley 1966, 225–257.

TORRANCE, E.P. *Torrance tests of creative thinking*. Princeton, N.J.: Personnel Press 1966.

TORRANCE, E.P. & HARMON, D.A. Effects of memory, evaluative and creative reading sets on test performance. *Journ. Educ. Psychol.* 1961, 52, 207–214.

ZIMMERMANN, B.J. & DIALESSI, F. Modeling influences on childrens creative behavior. *Journ. Educ. Psychol*. 1973, 65, 127–134.

9 Gedächtnis

Wahrnehmungen, Vorstellungen und Überlegungen können im Gedächtnis festgehalten werden. Es wird oft diskutiert, wie lange das Gedächtnis Erinnerungen bewahren kann. Einzelne Theorien gehen davon aus, daß Inhalte, nachdem sie einmal ins Gedächtnis aufgenommen sind, bis zum Lebensende erhalten bleiben.

Für das Erinnern reicht das Vorhandensein eines Gedächtnisinhalts freilich nicht aus. Um wieder in das Bewußtsein zu treten und um wiedergegeben zu werden, muß der Gedächtnisinhalt erst im Gedächtnis gesucht, aufgefunden und abgerufen werden. Zu fragen ist also nicht nur: Wie gelangt ein Inhalt in das Gedächtnis? Zu fragen ist auch: Wie wird ein gesuchter Inhalt aus dem Gedächtnis abgerufen?

Erstaunlich viele Menschen sind mit der Leistungsfähigkeit ihres Gedächtnisses unzufrieden. Sie äußern das Bedürfnis nach Methoden, welche ihnen das Einprägen und Wiedergeben erleichtern. Solche Methoden wurden – zum Teil bereits schon vor über zweitausend Jahren – entwickelt; sie werden unter dem Namen Mnemotechnik zusammengefaßt. Der amerikanische Lernpsychologe Gordon BOWER hat in neuerer Zeit einige mnemotechnische Methoden untersucht und seine wichtigsten Ergebnisse in einem Bericht zusammengefaßt, der im ersten Teil dieses Abschnitts abgedruckt ist.

Die Untersuchung des Gedächtnisses ist freilich nicht einfach. Denn es scheint nicht nur eine einzige, einheitliche Gedächtnisfunktion zu geben, sondern deren zwei: das Kurzzeitgedächtnis und das Langzeitgedächtnis. Der amerikanische Psychologe George A. MILLER und seine Mitarbeiter waren unter den ersten, die in ihren Experimenten auf Unterschiede zwischen dem kurzzeitigen Behalten und dem langzeitigen Behalten aufmerksam geworden sind. In seiner nachfolgend wiedergegebenen Abhandlung faßt MILLER seine wichtigsten empirischen Ergebnisse und theoretischen Erkenntnisse zusammen. Dabei geht er auch auf einige Beziehungen zwischen der Gedächtnisleistung und der Wahrnehmungsleistung ein.

Gordon H. Bower

Die Kunst des... des... ah ja... des Erinnerns!

Originaltitel: How to...uh...remember!
Entnommen aus: Psychology Today, 1973, 7, 63–70
(Aus dem Englischen übersetzt von Hainer Kober)

Gordon H. BOWER *ist einer der jüngeren Vertreter der Lern- und Gedächtnispsychologie und hat sich eines der ältesten Themen der Gedächtnisforschung angenommen: der Mnemotechnik (im englischen Original „mnemonics"). Er greift Regeln zur Verbesserung des Gedächtnisses auf, welche schon im klassischen Altertum bekannt waren, und unterzieht sie einer systematischen Überprüfung mit Hilfe moderner experimenteller Methoden.*
Das Fazit seiner Untersuchungen ist: Mnemotechnische Hilfen können eine erstaunliche Wirksamkeit entfalten; sie sind allerdings nur für begrenzte Arten von Lernstoff anwendbar. Man kann damit lange Listen von Zahlen oder Gegenständen lernen, so daß man sie auswendig hersagen kann; das Erfassen schwieriger Zusammenhänge erleichtern sie dagegen nicht. Der Autor tritt allerdings dafür ein, die mnemotechnischen Methoden deshalb nicht zu mißachten: Wenn sie auch die anspruchsvolleren Formen des Lernens nicht zu fördern vermögen, so können sie doch den Erwerb von Faktenwissen wesentlich beschleunigen; und ein sicheres Faktenwissen kann einen Schüler oder Studenten, einen Berufstätigen oder Touristen so nachhaltig entlasten, daß er sich schnell den anspruchsvolleren Aufgaben des Lernens zuwenden kann.
Der folgende Text hat seinen Schwerpunkt in der Darstellung verschiedener Techniken, ihrer Vorzüge und Nachteile. Das Original enthält zusätzlich Ausführungen zum Vergleich der Leistungsfähigkeit verschiedener Methoden, welche auf den folgenden Seiten nicht mehr abgedruckt sind. Die Beispiele in der übersetzten Fassung stimmen dem Wortlaut nach nicht immer mit den Beispielen des englischen Originals überein. (So ist aus Miss Lockhart, die sich der geübte englischsprachige Mnemotechniker mit einem großen Vorhängeschloß [padlock] vor ihrem Herzen [heart] vorstellt, im Deutschen ein Fräulein Reese geworden, deren Namen man nicht mehr so leicht vergißt, wenn man sie sich einmal als Reh an einem See veranschaulicht hat.) Gerade durch die Wahl neuer Veranschaulichungen ist es jedoch gelungen, den Sinn der Originalbeispiele in der Übersetzung zu erhalten.

Die Tatsache, daß wir wichtige Dinge vergessen, ist ein häufiger Anlaß zu Verwirrung und Ärger, von der Ineffizienz ganz zu schweigen. Das Vergessen hat auch den Psychologen einigen Ärger bereitet. Sie beginnen es erst allmählich zu verstehen.
Praktisch stellt sich die Frage, ob das Einprägen eine Fertigkeit ist, die sich durch spezielle Mittel verbessern läßt. Die Forschungsergebnisse lassen vermuten, daß die Erinnerungsfähigkeit tatsächlich eine Fertigkeit ist, hinsichtlich derer sich Personen verläßlich und konsistent unterscheiden, und daß diese übergeordnete Fähigkeit einige spezifische Komponenten oder untergeordnete Fertigkeiten enthält. Man kann den Menschen einige dieser Fertigkeiten beibringen. Um ein sehr einfaches Beispiel zu wählen: Eine Komponente der Fertigkeit, sich die Namen von Menschen bei der Vorstellung einzuprägen, besteht darin, daß wir zuerst aufmerksam auf den Namen achten und ihn registrieren, wenn er uns genannt wird. Die meisten Menschen versäumen diesen anfänglichen und grundlegenden Schritt, weil sie von den anderen in dieser Situation erforderlichen Aufgaben in Anspruch genommen werden – Händeschütteln, Lächeln, Planung der in Aussicht stehenden Unterhaltung oder Erwartung der nächsten Person, die an der Reihe ist. Bei unserer Beanspruchung wird der Name nicht deutlich registriert. So müßte die erste Vorschrift lauten, daß man, wenn man sich Namen merken will, während der Vorstellung die „kognitiven Prioritäten" umzuordnen hat, daß man sorgfältig auf die Namen achtet und sie laut oder leise wiederholt. Das ist zumindest ein Anfang. Eine zweite Komponente bei der Erinnerung von Namen wie bei der Erinnerung vieler anderer Informationstypen besteht in der Aufbereitung oder Elaborierung des Lernmaterials in bedeutungsvolle Ausdrücke, die sich dann mit bestimmten Einzelheiten assoziieren lassen. Bestimmte Merkmale, die der Name nahelegt, müssen zu einer bizarren Assoziation mit einem unterscheidbaren Gesichtszug oder sonst einem Merkmal der Person, die den Namen trägt, ausgearbeitet werden. Herrn *Zimmermann* kann man sich vor Augen stellen, wie er seine lange spitze Nase in die Wand hämmert, Fräulein *Reese,* wie sie friedlich als *Reh* an einem blauen *See* grast usw.
Merksprüche und „Eselsbrücken". Diese zweite Komponente der Elaborierung und visuellen Vorstellung als Hilfe bei der Assoziierung von Lernmaterial hat man in jüngerer Zeit unter der Bezeichnung „mnemotechnische Strategien" oder einfach „Mnemotechnik" untersucht. Die meisten von uns verwenden bereits elementare Formen der Mnemotechnik. Wir schreiben „gar nicht" in zwei Wörtern, weil „'gar nicht' gar nicht zusammengeschrieben wird". Und „Falke" schreiben wir nicht mit ck, weil uns unsere Lehrerin in der Grundschule eingetrichtert hat: „Nach lmn das merke ja, steht nie tz und nie ck."

Die Mnemotechnik ist vor allem nützlich, wenn zwei oder mehr Dinge assoziiert werden sollen. Dies konnte am Beispiel der Haupterzeugnisse eines Landes, an Wörtern aus einer Fremdsprache und an den Definitionen neuer Begriffe gezeigt werden. Die Methode besteht ganz einfach darin, daß man eine lebendige Verbindung zwischen den beiden Einzelheiten sucht oder herstellt. Diese Verbindung läßt sich beispielsweise durch die Vorstellung schaffen, daß die beiden Elemente in irgendeiner Weise zusammenwirken. Um die Bedeutung des Wortes *porte* zu erinnern, kann man sich an das Vorstellungsbild einer riesigen *Port*weinflasche halten, die von einer *Tür* herabhängt. So wird die Bedeutung des Wortes – Tür – durch das Vorstellungsbild herbeigerufen.

Phantasiegeschichten. Welchen Wert es hat, Einzelheiten in thematischer Weise aufeinander zu beziehen, zeigt sich deutlich, wenn man sich als Hilfe beim Lernen von Reihen Erzählungen ausdenkt. In einer Studie zu dieser „Verkettungsmethode" wiesen Michal CLARK und ich Studenten an, eine Geschichte zu zehn nicht aufeinander bezogenen Hauptwörtern zu erfinden, die erinnert werden sollten. In der Regel brauchte ein Student ungefähr ein bis zwei Minuten, um seine Geschichte zu konstruieren. Jeder Student befaßte sich in einem Zeitraum von 30 bis 40 Minuten mit zwölf verschiedenen Listen. Die Versuchspersonen unserer Kontrollgruppe lernten die Listen nach einer beliebigen Methode ihrer Wahl. Es war ihnen gestattet, sich mit ihrer Aufgabe genauso lang zu befassen, wie die Studenten benötigt hatten, die Geschichten erfanden. Nach Vorlage der letzten Liste prüften wir das Behalten dadurch, daß wir das erste Wort jeder Liste vorgaben und den Studenten aufforderten, sich die anderen Teile dieser Liste der Reihe nach ins Gedächtnis zurückzurufen. Die Studenten, die Geschichten konstruiert hatten, reproduzierten ungefähr siebenmal so viel richtige Wörter wie die Kontrollversuchspersonen.

Die Verkettung durch Geschichten ist eine gute mnemotechnische Methode, weil sie die Person mit einem übergreifenden Thema versorgt, mit dessen Hilfe diese die Wörter, auf die es ankommt, organisieren kann. Eine zweite Methode zum Erlernen von Listen ist die Plazierung im Raum: dabei werden die Einzelheiten, die erinnert werden sollen, nicht aufeinander sondern auf eine Standardliste bekannter Orte bezogen. Einer der ersten Hinweise auf dieses mnemotechnische System stammt von CICERO, der die Geschichte eines Mannes namens Simonides erzählt. Als dieser ein großes Bankett besuchte, wurde er nach draußen gerufen. Während seiner Abwesenheit brach das Dach des Saals zusammen und tötete alle Gäste. Die Körper der Opfer waren so zerstückelt, daß sie von ihren Verwandten nicht identifiziert werden konnten. Simonides hingegen war in der Lage, jeden der Körper dadurch zu identifizieren, daß er sich ins Gedächtnis zurückrief, wo jede Person vor dem Unglück gesessen hatte. Er brachte sich den Raum vor Augen und stellte sich vor, daß er darin herumgehe und „sehe", wer wo gesessen hatte. Diese Leistung beeindruckte CICERO so, daß er zu der Überzeugung gelangte, das Gedächtnis funktioniere immer dadurch, daß Objekten oder Ideen bestimmte Orte zugewiesen würden. Diese Methode ist als die Plazierungsmethode bekannt, weil den Gegenständen, die erinnert werden sollen, feste „Plätze" zugeteilt werden.

Wenn man die Plazierungsmethode verwenden will, muß man zuerst eine Liste mit „Gedächtnisschnappschüssen" von Orten aufstellen, an denen man auf einem vertrauten Weg vorbeikommt, zum Beispiel beim Gang durch die eigene Wohnung. (Ein Gebäude, ein Campus oder eine Stadt würden den gleichen Dienst tun.) Man muß in der Lage sein, die verschiedenen unterschiedlichen Orte auf der Liste deutlich zu sehen und zu benennen. Lernt man jetzt irgendeine neue Liste von Einzelheiten, macht man einfach einen „geistigen Spaziergang" durch die Ortsliste und ordnet in der Vorstellung aufeinander folgende Gegenstände Orten zu, die auf dem vertrauten Wege aufeinander folgen. Man sollte die Einzelheiten mit ihren Orten dadurch verknüpfen, daß man sich irgendeine lebendige Beziehung zwischen der Einzelheit und den Dingen an bestimmten Orten vor Augen führt. Wenn man die Gegenstände wiedergeben muß, muß man nur den vertrauten Weg aufs neue gehen und feststellen, welche Gegenstände man dort untergebracht hat. Man nehme beispielsweise an, daß man viele Einzelheiten im Lebensmittelgeschäft zu kaufen habe, von denen man sich Milch, Brot, Bananen und Zigaretten an erster Stelle merken wolle. Die ersten vier Festpunkte der zuvor eingeprägten Ortsliste können das WC im Flur, der Kühlschrank in der Küche, der Lieblingssessel und der Kamin im Wohnzimmer sein. Um die ersten vier Eintragungen des Einkaufszettels zu lernen, muß man sich so lebhaft wie möglich vorstellen, wie die Milchflaschen sich im WC im Flur stapeln und dort zerbersten, dann einen dolchförmigen Brotlaib, der sich durch die Kühlschranktür bohrt, große Bananenstauden, die sich im Sessel stapeln, und im Kamin eine große Packung Zigaretten, von denen einige herausschauen und rauchen. Wenn eine lange Liste von Einzelheiten gelernt werden soll, braucht man eine lange Liste vertrauter Orte im Gedächtnis. In der Reihenfolge, in der die zu lernenden Objekte betrachtet werden, werden sie in der Vorstellung an der jeweils nächsten Stelle auf der Liste vertrauter Orte untergebracht. Man sollte sich in einem möglichst deutlichen Vorstellungsbild vor Augen führen, wie das Objekt „irgend etwas Interessantes" an dem Ort verrichtet, an dem es untergebracht wird. Im Lebensmittelladen kann man dann später die Einkaufsliste ins Gedächtnis zurückrufen, indem man in der Vorstellung durch die Wohnung geht, anhält und „betrach-

tet", was man zuvor an den Standardorten dieses Weges untergebracht hat.
Von einem Mann namens S., der die Ortsmethode zu einer hohen Kunst entwickelt hat, ist in dem Buch „The Mind of a Mnemonist" von Alexander R. Luria die Rede. Dieser Mann vollbringt erstaunliche Gedächtnisleistungen, ruft sich lange Wortlisten ohne Anstrengung ins Gedächtnis zurück und behält das Material häufig über viele Jahre.
Es gibt auch Hinweise aus experimentellen Untersuchungen dafür, daß die Plazierungsmethode das Gedächtnis verbessert. Manchmal vermögen Versuchspersonen, die dieses System verwenden, zwei- bis viermal soviel Material wie Vergleichspersonen zu reproduzieren. In einer Studie von John Ross und Kerry A. Lawrence lernten Studenten eine Liste von 40 Substantiven unter Verwendung der Placierungsmethode. Unmittelbar nach der Beschäftigung mit der Liste versuchte jeder Student, sie sich in der richtigen Reihenfolge ins Gedächtnis zu rufen. Am nächsten Tag erschien die Versuchsperson erneut und reproduzierte die Liste abermals, bevor sie eine neue Liste mit vierzig Wörtern lernte. Die durchschnittliche Zahl der Wörter, die unmittelbar nach der Darbietung der Liste in korrekter Reihenfolge erinnert wurde, betrug 38 von 40. Der Durchschnitt der in richtiger Reihenfolge reproduzierten Wörter, die am Vortage gelernt worden waren, belief sich auf 34 von 40. Diese Leistung liegt weit über der von Studenten, die mechanisch auswendig lernen.
Eine zweite Technik, das „Schlüsselwortsystem", scheint in vielerlei Hinsicht der Placierungsmethode völlig äquivalent zu sein. Während die Placierungsmethode geistige Schnappschüsse von Orten als Gedächtnisschlüssel verwendet, beruht das Schlüsselwortsystem auf einer Liste alltäglicher, konkreter Gegenstände. Eine typische Schlüsselwortliste besteht etwa aus Reimwörtern zu den ersten 20 Zahlen. Die Schlüsselwörter für die ersten fünf Zahlen können beispielsweise eins-*Mainz*, zwei-*Ei*, drei-*Brei*, vier-*Bier*, und fünf-*Senf* sein. Die Schlüsselwörter sollten die Bezeichnung konkreter Gegenstände sein, die sich vor Augen führen lassen. Bevor man mit dieser Schlüsselwortliste irgendeine neue Gruppe von Gegenständen lernen kann, muß sie gut eingeprägt sein, bis sie sich rasch hersagen läßt (Reime helfen in diesem Stadium).
Wenn man sich neuen Lernstoff einprägt, kann man dann die Schlüsselwörter beim Lernen im wesentlichen in derselben Weise verwenden wie die Orte. Man verknüpft jede Einzelheit, die gelernt werden soll, dadurch mit einem Schlüsselwort, daß man sich die beiden Gegenstände in einer bestimmten Beziehung vorstellt. Wenn es sich beispielsweise um den oben behandelten Einkaufszettel handelt, kann man sich vorstellen, wie sich aus einer Riesenflasche *Milch* über die Stadt *Mainz* ergießt, wie ein *Ei* mit dem *Brot* zerschlagen wird, wie *Bananen* in den *Brei* geschnitten werden, wie *Zigaretten* in ein Glas *Bier* fallen und wie sich *Kaffee* in ein *Senf*glas ergießt. Das Vorstellungsbild, das das Schlüsselwort mit dem zu lernenden Wort verbinden soll, kann so bizarr sein, wie es will. Wenn die Reproduktion erforderlich wird, durchläuft man einfach die vertraute Schlüsselwortliste und versucht, sich das Vorstellungsbild zurückzurufen, das man zuvor mit jedem Schlüsselwort verknüpft hat.
Dieses System hilft immer dann, wenn das Lernmaterial bereits vertraut ist, und wenn seine Bestandteile gleichzeitig verhältnismäßig zusammenhanglos sind, so daß das Problem darin besteht, sich an alle zu erinnern. Eine typische Anwendung ist das Einprägen von Besorgungslisten, Einkaufszetteln, geographischen Fakten (z.B. die Haupterzeugnisse von Brasilien), von unverbundenen Gruppen wissenschaftlicher Gesetze, einer Folge von Gliederungspunkten in einem Vortrag oder von Argumenten, die vorgebracht werden sollen, von Hauptszenen in einem Schauspiel oder in der Geschichte oder in einem Roman, die man erinnern möchte und so fort.
Multiples Lernen. Problematisch wird es, wenn das Schlüsselwortsystem verwendet wird, um viele ähnliche Listen nacheinander zu lernen und wenn die Person sie später alle erinnern muß. Ein Beispiel wäre, wenn man danach am Sonntag alle seine Verabredungen für die Tage der kommenden Woche lernen würde; ein anderes, wenn man all die verschiedenen Einkaufszettel für den Lebensmittelhändler, das Haushaltswarengeschäft, das Gartencenter und die Drogerie lernen müßte. Judith S. Reitman und ich simulierten in einem Experiment diese Art von Gedächtnisaufgabe, indem wir veranlaßten, daß einige der Versuchspersonen ein Schlüsselwortsystem und andere ein Placierungssystem verwendeten, wobei sie fünf Listen mit je 20 Wörtern lernten. Unmittelbar nachdem sie jede Liste gelernt hatten, wurde in einem Test überprüft, wie weit sie zu einer Reproduktion in der richtigen Reihenfolge fähig waren. Außerdem wurden sie ohne Vorankündigung einer späteren Reproduktion aller fünf Listen zuerst am Ende dieser einstündigen Sitzung und sieben Tage darauf erneut getestet. Wir forderten einige Versuchspersonen auf, die Glieder jeder neuen Liste dadurch zu lernen, daß sie eine separate, deutlich unterschiedene Version (und Vision) des Schlüsselwortes wachriefen und dieses mit dem entsprechenden Teil verbanden. Wenn also das zweite Schlüsselwort zwei-*Ei* war, sollten sie sich für die Verknüpfung mit dem zweiten Item in der ersten Liste visuell ein intaktes Hühnerei mit Schale vergegenwärtigen. Für das zweite Item auf der zweiten Liste ein Spiegelei und so fort. Außerdem erhielten sie die Anweisung, sich keine früher mit dem Schlüsselwort verknüpften Vorstellungsbilder ins Gedächtnis zurückzurufen, sondern jede Liste als eine völlig separate Gruppe zu lernen. Andere Versuchsper-

sonen erhielten genau entgegengesetzte Anweisungen – für jedes Schlüsselwort ein völlig gleiches Vorstellungsbild zu verwenden und nach und nach umfangreiche Vorstellungsgeschehnisse auszuarbeiten, in denen das Schlüsselwort in irgendeiner Weise mit allen zu erinnernden Gegenständen interagierte, die vorher an dieser Listenposition genannt worden waren. Nehmen wir beispielsweise an, daß die zweiten Wörter in den ersten vier Listen *Hund, Hut, Fahrrad* und *Zigarre* gewesen seien. Dann ließe sich das Schlüsselwort zwei-*Ei* mit jeder neuen Liste wie folgt ausarbeiten: ein *Hund*, der ein *Ei* im Becher ißt, dieser *Hund* trägt dabei einen steifen *Hut*, der Hund fährt auf dem *Fahrrad*, während er den *Hut* trägt und das *Ei* ißt und schließlich raucht der *Hund* eine *Zigarre*, während er *Fahrrad* fährt und den steifen *Hut* trägt und das *Ei* ißt. Unsere Studenten hatten keine Schwierigkeiten, immer neue Elemente für ihre Ausarbeitungen zu ersinnen, obgleich ihnen nicht mehr Zeit zur Verfügung stand als jenen, die nach der Methode des „separaten" Vorstellungsbildes verfuhren.

Zwar führten beide Versuchsbedingungen zu einem gleich hohen Niveau der unmittelbaren Reproduktion nach dem Lernen jeder Liste (86% gegenüber 87%), doch zeigte sich eine immense Überlegenheit des Verfahrens zunehmender Ausweitung in den späteren Tests. Im Test am Ende der Sitzung erinnerten die Studenten, die sich dieses Verfahrens bedient hatten, ungefähr 70%, während die Studenten, die mit separaten Vorstellungsbildern gearbeitet hatten, nur 38% reproduzieren konnten. Im Test nach einer Woche betrugen die Ergebnisse 54% gegenüber 12%, die Leistung nach der Ausweitungsmethode war also mehr als viermal so groß. Das Problem schien darin zu liegen, daß die Versuchspersonen, die sich an separate Vorstellungsbilder hielten, beim Lernen jeder neuen Verknüpfung zwischen Schlüsselwort und gelerntem Wort dazu tendierten, die früheren Assoziationen mit diesem Schlüsselwort zu *verlernen*. Folglich zeigten sich diese Versuchspersonen im Test am Ende der Sitzung recht gut in der Lage, die zuletzt gelernte Liste ins Gedächtnis zurückzurufen, hatten jedoch zunehmende Schwierigkeiten, die früheren Listen der Sitzung wiederzugeben. Die Versuchspersonen, die sich des Verfahrens zunehmender Ausweitung bedient hatten, lernten dagegen jede neue Einzelheit dadurch, daß sie ihre „Schlüsselszene", die die früheren Listenwörter enthielt, zuerst erinnerten und wiederholten und sie dann elaborierten. Dadurch führten weitere Verwendungen eines Schlüsselwortes eher zu einer Belebung und Stärkung als zum Verlernen von früheren Verbindungen mit diesem Schlüsselwort. Folglich waren diese Versuchspersonen im Test nach einer Woche am ehesten in der Lage, die erste der gelernten Listen ins Gedächtnis zurückzurufen, während ihnen die letzte Liste die größten Schwierigkeiten bereitete.

Überlastung der Schlüsselwörter. Die praktische Schlußfolgerung liegt auf der Hand: wenn man viele ähnliche Listen bei gleichzeitiger Verwendung ein und derselben Schlüsselwortliste behalten soll, muß man beim Lernen neuer Listen die früheren Listen häufig beleben und wiederholen. Es bieten sich zwei weitere Möglichkeiten an, die Interferenz und das Vergessen beim Lernen multipler Listen zu vermeiden. Ein Weg besteht darin, eine sehr lange Liste von Schlüsselwörtern (sagen wir 100) zu verwenden und den Lernstoff auf sie zu verteilen, so daß die Teile der Liste II (das heißt die Verabredungen vom Montag) auf die Schlüsselwörter 1 bis 20, die Teile der Liste I (die Verabredungen des Dienstags) auf die Schlüsselwörter 21 bis 40 entfallen und so fort. Ein zweites Verfahren, multiple Listen zu lernen, ohne ein Schlüsselwort zu überlasten, besteht darin, verschiedene Schlüsselwortlisten abrufen zu können. Neben den Reimschlüsselwörtern könnte man noch drei Listen mit je 20 Orten verwenden, die den räumlichen Gegebenheiten entlang vertrauter Wege in der eigenen Wohnung, in der Straße, in der die Wohnung liegt, und am Arbeitsplatz entsprechen. Dann kann man unterschiedliche Schlüsselwortlisten verwenden, um die zahlreichen ähnlichen Listen zu lernen, die man behalten soll. Mit ein wenig Einfallsreichtum kann man sogar ein Schlüsselsystem höherer Ordnung entwickeln, mit dessen Hilfe sich erinnern läßt, welche Art von Lernmaterial mit welcher Schlüsselwortgruppe verknüpft wurde. Das Gedächtnis (oder der Geist) des Menschen scheint ohne Schwierigkeiten mit solchen übergeordneten Hierarchien von Einheiten umgehen zu können, wenn jede Hierarchie entsprechend einem Grundprinzip aufgebaut wird – wenn nämlich ein Symbol für eine vollständige Gruppe von Einheiten stehen kann, dieses Symbol aber seinerseits in weitere Verknüpfungen eingehen kann.

So effektiv auch solche Schlüsselwortsysteme sein können, sie sind ohne jeden Wert für das Lernen bedeutungslosen Materials wie Zahlen, die dem Gedächtnis mitunter die größten Schwierigkeiten bereiten. Wir würden gerne Telefonnummern, Sozialversicherungsnummern, Nummernschilder, Zimmer- oder Schließfachnummern erinnern. Wir müssen Geburtsdaten, Geburtstage, Adressen und Lebensalter behalten; Schüler müssen sich Geschichtsdaten und die Bevölkerungszahlen von Ländern merken; Geschäftsleute müssen die Produktionsziffern und Einzelheiten des Staatshaushalts kennen. Ein mnemotechnisches System, das bei dieser Art von Material sehr gut hilft, ist ein Zahl-Laut-Kodierungssystem.

Rendezvous in Havok. Zuerst ordnet man den Zahlen von null bis neun konsonantische Laute zu. Beispielsweise lassen sich den Zahlen null bis neun die Buchstaben b, c, n, v, r, h, s, k, l und t zuweisen. (Es lassen sich auch elaboriertere Kodierungen verwenden.) Sobald man den Kode gelernt hat, kann man eine Zahl durch den zugeordneten Buchstaben ersetzen. Aus der Zahl 537 wird so HVK. Diese Buchstaben lassen sich dadurch in ein Wort umformen, daß ihnen, wo nötig, Vokale eingefügt werden, wie es in HAVOK der Fall ist. Und so erinnern wir uns daran, daß wir uns in HAVOK treffen wollen, das heißt in Zimmer 537. Daten, verabredete Zeitpunkte und andere Zahlen können auf gleiche Weise kodiert und gelernt werden. Sehr lange Zahlen müssen normalerweise in eine Reihe von Wörtern zerlegt werden, die einen Satz bilden. Wie beim Klavier spielen (bei dem die Kodierung oder „die Übersetzung" der visuellen Zeichen vom Notenblatt in Fingerbewegungen erforderlich ist) muß man sich natürlich in dem Kode eine gewisse Routine erwerben, wenn er effektiv sein soll. Man muß sehr viel Übung darin haben, die Ziffern rasch durch Kodebuchstaben und diese durch Wörter zu ersetzen. Sobald jedoch der Kode erlernt worden ist, macht es wenig Mühe, ihn weiterhin zu verwenden. Sehr viel weniger Zeit jedenfalls als es uns gewöhnlich kostet, wichtige Zahlen zu merken oder nachzusehen. Zwei oder mehr Gedächtnishilfen können in ihrer Kombination spektakuläre Leistungen hervorbringen. Ich habe einmal einen 96jährigen Mann kennengelernt, der sich eine Reihe von 50 dreistelligen Zahlen merken konnte, die ihm in Abständen von fünf oder zehn Sekunden aus dem Publikum zugerufen wurden. Er konnte die Liste nicht nur ohne Fehler ins Gedächtnis zurückrufen, sondern auch angeben, welches die 37. Zahl war und daß die Zahl 259 an achtzehnter Stelle genannt wurde. Da er schwerhörig war, lag seine eigentliche Schwierigkeit nicht beim Behalten der Zahlen, sondern darin, sie beim ersten Mal richtig zu verstehen. Er vollbrachte diese Glanzleistung, indem er das Schlüsselwortsystem und das Zahlkodierungssystem kombinierte. Er hatte konkrete Vorstellungsbilder als Schlüsselwörter für die ersten 50 Zahlen und verfügte über ein Kodewort mit konkretem Vorstellungsbild für jede der ersten 1000 Zahlen. Wenn ihm eine Zahl genannt wurde, wandelte er sie in das entsprechende Kodewort um und schuf sich ein Vorstellungsbild, um das Kodewort mit dem Schlüsselwort für das erste Glied der Reihe zu verknüpfen. Wenn beispielsweise als dritte Zahl 546 behalten werden sollte, wandelte er sie in ihr Kodewort um, sagen wir *Pferd.* Wenn sein Schlüsselwort für das dritte Glied der Reihe *Baum* war, mußte er lediglich ein Vorstellungsbild von einem Pferd bilden, das sich an einen Baum lehnte, oder nach einem Baum ausschlug.

Gedächtnistraining. Die meisten von uns empfinden kein zwingendes Bedürfnis, lange Listen von dreistelligen Zahlen auswendig zu lernen. Solche Leistungen mögen sehr unterhaltend sein und für Abwechslung auf Parties sorgen, sind jedoch an sich nutzlos. Die Methoden jedoch, die solchen Leistungen zugrunde liegen, können auch mit anderem Material praktisch genutzt werden. Ob es uns Spaß macht oder nicht, wir müssen uns alle sehr viele Dinge merken. Wir sollten deshalb jene Fertigkeit erwerben, die das Behalten weniger mühevoll und effizienter machen können. In unseren Schulen sollten Gedächtnisfertigkeiten gelehrt werden, genauso wie man dort die Fertigkeit des Lesens und Schreibens vermittelt. Lehrer beschreiben in der Regel ihre Unterrichtsziele mit solch erhebenden Ausdrücken wie Förderung von Kritikfähigkeit, Einsicht, Neugier und Weckung von Sachinteresse; allerdings handelt es sich dabei gewöhnlich nur um Anforderungen, die über die Vermittlung von Tatsachenwissen hinausgehen, auf welches man nicht verzichten kann. Jeder Geographiestudent, der Istanbul nach Frankreich verlegt oder jeder Student der Kunstgeschichte, der der Meinung ist, die Sixtinische Kapelle sei von Salvador Dali ausgemalt worden, wird sein Examen vermasseln, wenn er sich genügend solcher Schnitzer leistet. Es ist unbestreitbar, daß wir von unseren Studenten eine Menge Fakten verlangen, wie es ja auch von uns im Alltag ständig gefordert wird. Davon kann man sich überzeugen, wenn man ein intelligentes Gespräche über irgendein aktuelles Ereignis führen will, sagen wir die wirtschaftlichen Maßnahmen von Nixon gegen die Inflation, ohne daß man sich ein gewisses Tatsachenwissen über diesen Gegenstand erworben hat. Doch ist die Lösung des Problems wahrscheinlich in unserer Hand. Wenn wir das Wissen, das wir heute über das Lernen besitzen, systematisch anwenden, sollten wir in der Lage sein, unsere Fertigkeiten so zu verbessern, daß wir weniger Zeit mit dem Einprägen von Fakten zubringen müssen. Durch die richtige Benutzung mnemotechnischer Hilfen können wir uns für Aufgaben freimachen, die uns wichtiger sind als bloßes Faktenlernen.

Literatur

Bower, G. H. Analysis of a Mnemonic Device. *American Scientist* 1970, Bd. 58, 5, 496–510.

Bower, G. H. Mental Imagery and Associative Learning. In Gregg, L. W. (Hrsg.), *Cognition in Learning and Memory.* New York: Wiley 1972.

Bower, G. H. & Clark, M. C. Narrative Stories as Mediators for Serial Learning. *Psychonomic Science* 1969, Bd. 14, 4, 181 f.

Bower, G. H. & Reitman, J. S. Mnemonic Elaboration in Multilist Learning. *Journal of Verbal Learning and Verbal Behavior* 1972, Bd. 11, 4, 478–485.

Bower, G. H. & Winzenz, D. Comparison of Associative Learning Strategies. *Psychonomic Science* 1970, Bd. 20, 2, 119 f.

Paivio, A. Mental Imagery in Associative Learning and Memory. *Psychological Review* 1969, Bd. 76, 3, 241–263.

Ross, J. & Lawrence, K. A. Some Observations on Memory Artifice. *Psychonomic Science* 1968, Bd. 13, 2, 107 f.

George A. Miller

Die magische Zahl Sieben plus oder minus zwei: Einige Grenzen unserer Fähigkeit zur Informationsverarbeitung

Originaltitel: The magical number seven, plus or minus two: Some limits on our capacity for processing information
Entnommen aus: Psychological Review, 1956, 63, 81–97
(Aus dem Englischen übersetzt von Hainer Kober)

Die folgende Abhandlung von MILLER *zählt zu den am häufigsten zitierten Arbeiten aus der Gedächtnispsychologie, ja der Psychologie kognitiver Vorgänge überhaupt. Ihre weite Verbreitung (und ihre Aufnahme in diesen Band) verdankt sie – neben ihrem attraktiven Titel – ihrer theoretischen Bedeutsamkeit und ihrem einprägsamen Stil. Sie stammt aus den fünfziger Jahren, in welchen die Informationstheorie innerhalb der Psychologie Fuß zu fassen begann, und ist selbst einer der ersten Belege für die Ausbildung eines eigenständigen informationstheoretischen Ansatzes in der Psychologie.*
Die von MILLER *herangezogenen Befunde betreffen vor allem das Kurzzeitgedächtnis und seine Unfähigkeit, mehr als etwa sieben Einheiten gleichzeitig zu erfassen. Die Analyse charakteristischer Leistungen des unmittelbaren Gedächtnisses verfolgt der Autor bis in den Bereich der Wahrnehmung und der Unterscheidungsfähigkeit für sinnliche Eindrücke wie Tonhöhen und Lautstärken. Vor allem in dem ersten Teil der Abhandlung, welcher sich mit Wahrnehmungsurteilen beschäftigt, weist der folgende Text einige Kürzungen auf. Weitgehend unverkürzt sind dagegen die späteren Passagen wiedergegeben, in welchen* MILLER *seine Kodierungstheorie entwikkelt. Behalten ist für ihn kein passiver Vorgang; Behalten bedeutet für ihn vielmehr ein Einordnen und Umordnen von Material, ein aktives Verarbeiten der eingehenden Information. Sieben Einheiten – wird argumentiert – lassen sich mechanisch einprägen. Aber es sei keineswegs festgelegt, wie groß diese Einheiten sind: es kann sich dabei um eine vergleichsweise informationsarme Ziffer handeln, aber auch um einen so informationsreichen Gegenstand wie ein menschliches Gesicht. Wer also seinen Gedächtnisumfang erweitern will, muß sich bemühen, seine Gedächtniseinheiten mit möglichst viel Information anzureichern. Die Gedächtniseinheiten, die verschieden viel Information aufnehmen können, hat* MILLER *„chunks" genannt – wörtlich übersetzt: (Holz-)Klotz. Der Begriff „chunk" ist zu einem weit verbreiteten Fachausdruck geworden und taucht auch in deutschen Texten auf; gleichwohl wurde hier nach einer angemessenen deutschen Übersetzung des Begriffs gesucht und in dem Ausdruck „Brocken" hoffentlich auch gefunden.*
Die Fachausdrücke in dem Aufsatz, der aus einem Vortrag hervorgegangen ist, werden durchweg recht anschaulich erklärt. Lediglich die Einführung der häufig verwendeten Maßeinheit „Bit" ist etwas knapp ausgefallen und bereitet daher dem informationstheoretisch nicht vorgebildeten Leser erfahrungsgemäß Schwierigkeiten. Daher hier der Versuch einer zusätzlichen Erklärung: Die Zahl bit *(Abkürzung von „Binary Digit" – Binärzahl) soll den Informationsgehalt eines Elementes – z. B. eines Buchstabens, eines Worts, eines Gesichts – wiedergeben. Dabei geht man von zwei Voraussetzungen aus: Erstens, ein Element ist um so informationsreicher, je mehr ähnliche Elemente – Elemente der gleichen Klasse – zu unterscheiden sind. So sei es – unter sonst gleichen Umständen – informativer zu erfahren, wer von einer Million Lotteriespielern das große Los gezogen habe, als zu erfahren, wer von den beiden Eltern am Telefon gewesen sei. Denn die Unsicherheit bei den beiden Eltern sei nicht groß – man könne ja mit 50%iger Wahrscheinlichkeit erraten, ob es der Vater oder die Mutter gewesen sei; die Ungewißheit bei der Menge der Lotteriespieler sei dagegen sehr groß. Die zweite Voraussetzung ist: Das gesuchte Element werde auf möglichst ökonomische Weise durch Ja-Nein-Unterscheidungen unter den Mitgliedern seiner Klasse erraten. Dann braucht man nur eine einzige Frage um festzustellen, wer von den beiden Elternteilen am Telefon gewesen war. Beginnt man etwa mit der Frage: „War es der Vater?", so erhält man entweder durch die Antwort „ja" die Bestätigung, daß man richtig geraten hat, oder man erfährt durch die Antwort „nein", daß die Mutter die gesuchte Person ist. Die Kenntnis des richtigen Elternteils erspart nach dieser Logik das Treffen einer Binärentscheidung (d. h. einer Entscheidung zwischen zwei Alternativen) und erbringt eine Information von der Größe 1 Bit. Um eine von vier Personen durch Ja-Nein-Entscheidungen herauszufinden, bedarf es mindestens zweier Fragen. Mit drei Entscheidungen des Ja-Nein-Typs kann man ein Element in einer Menge von acht Elementen ausfindig machen. Allgemein bedarf es n Fragen, um ein Element aus einer Menge von 2^n festzustellen. Ein Element einer Menge von 4 trägt somit 2 Bit an Information, ein Element einer Menge von 8 enthält 3 Bit; allgemein enthält ein Element aus einer Menge von 2^n eine Information von n Bit. (Für jedes von sieben Elementen beträgt dann der Informationsgehalt zwischen 2 und 3 Bit.)*

Ich habe ein Problem: Eine Zahl verfolgt mich. Sieben Jahre lang hat mich diese Zahl begleitet, ist sie in mein Privatleben eingedrungen und ist sie mir aus unseren bekanntesten Zeitungen entgegengesprungen. Diese Zahl nimmt eine Vielzahl von Verkleidungen an, ist manchmal ein wenig größer und manchmal ein wenig kleiner als gewöhnlich, doch verändert sie sich niemals so sehr, daß sie nicht mehr zu erkennen wäre. Die Beharrlichkeit, mit der mich diese Zahl heimsucht, ist weit mehr als ein Zufall. Entweder ist wirklich etwas Ungewöhnliches an dieser Zahl, oder ich leide unter Verfolgungswahn.

Ich sollte meine Fallgeschichte damit beginnen, daß ich etwas über einige Experimente erzähle, in denen ich untersucht habe, wie genau Menschen Zahlen der Größe verschiedener Merkmale eines Reizes zuordnen können. In der traditionellen Sprache der Psychologie würde man dies Experimente zum absoluten Urteil nennen. Der historische Zufall wollte jedoch, daß sie einen anderen Namen bekamen. Wir nennen sie heute Experimente zur Fähigkeit von Menschen, Informationen zu übertragen. Da diese Experimente nicht ohne das Erscheinen der Informationstheorie auf der psychologischen Bühne denkbar gewesen wären und da die Ergebnisse in der begrifflichen Terminologie der Informationstheorie analysiert werden, muß ich meine Erörterung mit einigen Bemerkungen zu dieser Theorie beginnen.

Informationsmessung

Wenn man sich ein Kommunikationssystem vorstellt, stellt man fest, daß das, was in das System eingeht, sich sehr von dem unterscheiden kann, was aus ihm herauskommt. Eingabe und Ausgabe können deshalb unter dem Aspekt ihrer Veränderung (oder ihrer Information) beschrieben werden. Wenn es sich um ein gutes Kommunikationssystem handelt, muß freilich eine systematische Beziehung zwischen dem, was hineingeht, und dem, was herauskommt, bestehen. Die Ausgabe wird also von der Eingabe abhängen oder mit der Eingabe korreliert sein. Wenn wir diese Korrelation messen, können wir sagen, wieviel von der Variation der Ausgabe der Eingabe zugeschrieben werden kann und wieviel auf zufällige Schwankungen oder „Rauschen" zurückzuführen ist, die das System während der Übertragung erzeugt. So sehen wir, daß das Maß übertragener Information einfach ein Maß der Eingabe-Ausgabe-Korrelation ist.

In den Experimenten zum Absoluturteil wird der Beobachter als Kommunikationskanal betrachtet.

Das Problem im Versuch besteht darin, den Betrag der Eingabeinformation zu steigern und den Betrag an übertragener Information zu messen. Wenn die absoluten Urteile des Beobachters ganz genau sind, dann wird nahezu alle Eingabeinformation übermittelt werden und an seinen Reaktionen abzulesen sein. Wenn er Fehler macht, kann die übertragene Information erheblich geringer als die Eingabe sein. Wir erwarten, daß der Beobachter bei einer Steigerung der eingegebenen Informationsmenge immer mehr Fehler begehen wird. Wir können die Genauigkeitsgrenzen seiner absoluten Urteile testen. Wenn der menschliche Beobachter ein vernünftiges Kommunikationssystem ist, wird bei Steigerung der eingegebenen Informationsmenge die übertragene Information zuerst anwachsen und sich dann möglicherweise bei irgendeinem Grenzwert einpendeln.

Diesen Grenzwert nehmen wir als Maß der *Kanalkapazität* des Beobachters: Sie stellt die größte Informationsmenge dar, die er uns auf der Grundlage eines absoluten Urteils über den Reiz mitteilen kann. Die Kanalkapazität ist die obere Grenze der Fähigkeit des Beobachters, sich mit seinen Reaktionen auf den Reiz einzustellen, den wir ihm geben.

Nun noch ein kurzes Wort über das *Bit,* und wir können mit der Betrachtung einiger Daten beginnen. Ein Bit ist die Informationsmenge, die wir benötigen, um eine Entscheidung zwischen zwei gleich wahrscheinlichen Alternativen zu treffen. Wenn wir entscheiden müssen, ob ein Mann kleiner oder größer als 1,85 m ist, und wenn wir wissen, daß die Chancen 50:50 stehen, dann benötigen wir ein Bit an Information. Es ist anzumerken, daß diese Informationseinheit nichts mit der verwendeten Längeneinheit – Fuß, Zoll, Zentimeter und so weiter – zu tun hat. Wie immer wir auch die Größe des Mannes messen, wir brauchen nur ein Bit an Information.

Zwei Bit Information befähigen uns, zwischen vier gleich wahrscheinlichen Alternativen zu entscheiden. Drei Bit Information ermöglichen uns, zwischen acht gleich wahrscheinlichen Alternativen zu entscheiden. Vier Informationsbits gestatten die Entscheidung zwischen 16 Alternativen, 5 zwischen 32 und so fort. Das heißt mit anderen Worten, daß bei 32 gleich wahrscheinlichen Alternativen wir nacheinander 5 Ja-Nein-Entscheidungen treffen müssen, die jeweils einem Bit entsprechen, bevor wir wissen, welche Alternative die richtige ist. Die allgemeine Regel ist also einfach: jedesmal wenn die Zahl der Alternativen um den Faktor 2 anwächst, muß ein Bit Information hinzugefügt werden.

Absolute Urteile über eindimensionale Reize

Nun wollen wir betrachten, was geschieht, wenn wir absolute Urteile über Töne treffen. Pollack (1952) forderte Hörer auf, Töne dadurch zu identifizieren, daß sie ihnen Nummern zuweisen. Die Töne unterschieden sich hinsichtlich ihrer Frequenz und erstreckten sich in gleichen logarithmischen

Schritten von 100 bis zu 8000 Herz. Ein Ton wurde gegeben, und der Hörer reagierte, indem er eine Zahl angab. Nachdem der Hörer seine Reaktion gezeigt hatte, wurde ihm mitgeteilt, ob der Ton richtig erkannt worden war.

Wenn nur zwei oder drei Töne verwendet wurden, brachten die Hörer sie nicht durcheinander. Bei vier verschiedenen Tönen waren Verwechslungen noch sehr selten, doch bei fünf oder mehr Tönen wurden die Verwechslungen häufiger. Bei 14 verschiedenen Tönen unterliefen den Hörern viele Fehler.

Diese Daten werden in Abbildung 1 dargestellt. Auf der Abszisse wird die Menge der Eingabeinformation in Bits je Reiz angegeben. Mit dem Anwachsen der Zahl alternativer Töne von 2 auf 14 nahm die Eingabeinformation von 1 auf 3,8 Bits zu. Auf der Ordinate wird die Menge übertragener Information abgetragen. Die Menge der übertragenen Information verhält sich wesentlich so, wie wir es von einem Kommunikationskanal erwarten.

Die übertragene Information wächst linear bis ungefähr 2 Bits an und pendelt sich dann bei ungefähr 2,5 Bits auf eine Asymptote ein. Dieser Wert von 2,5 Bits ist folglich als Kanalkapazität des Hörers bei absoluten Urteilen über eine Tonhöhe zu bezeichnen.

Wir haben jetzt also die Zahl von 2,5 Bits. Was bedeutet das? Zuerst wollen wir festhalten, daß 2,5 Bits ungefähr sechs gleich wahrscheinlichen Alternativen entsprechen.

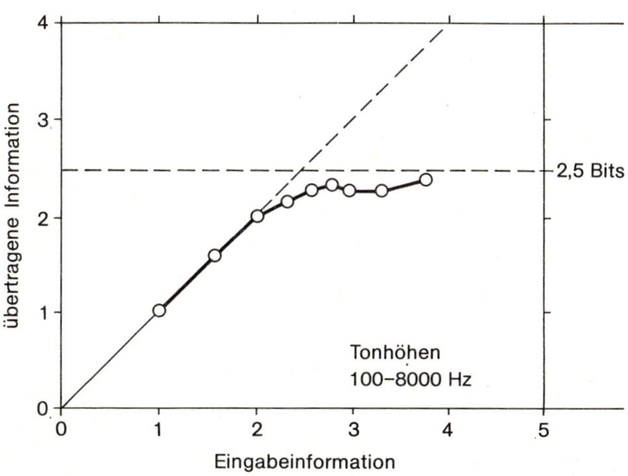

Abbildung 1: Daten von POLLACK (1952, 1953 a) über die Informationsmenge, die von Hörern übertragen wird, die absolute Urteile über die auditive Tonhöhe abgeben. Wenn die eingegebene Informationsmenge dadurch gesteigert wird, daß man die Zahl der verschiedenen zu beurteilenden Tonhöhen von 2 auf 14 anwachsen läßt, nähert sich die übertragene Information an ihrer oberen Grenze einer Kanalkapazität von ungefähr 2,5 Bits pro Urteil an.

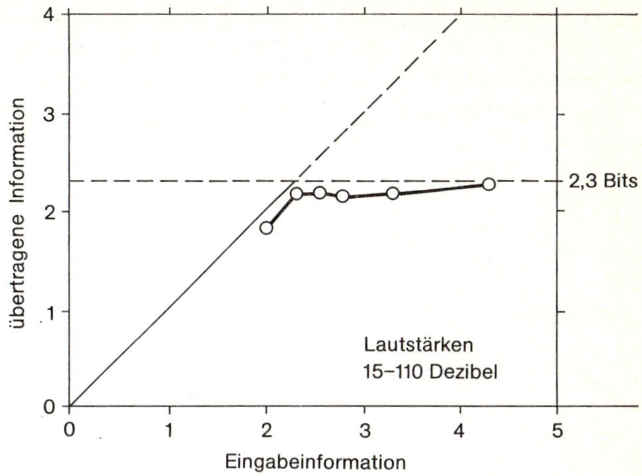

Abbildung 2: Daten von GARNER (1953) über die Kanalkapazität bei absoluten Urteilen über die wahrgenommene Lautstärke.

Das Ergebnis bedeutet, daß wir nicht mehr als sieben verschiedene Tonhöhen nehmen dürfen, wenn wir den Hörer nicht verwirren wollen. Oder etwas anders gesagt: Unabhängig von der Anzahl alternativer Töne, die wir zur Beurteilung darbieten, dürfen wir bestenfalls vom Hörer erwarten, daß er sie ungefähr sechs unterschiedlichen Klassen ohne Irrtum zuzuweisen vermag. Oder wieder anders: Wenn wir wissen, daß n Reize zur Auswahl vorlagen, setzt uns sein Urteil nur in die Lage, einen bestimmten Reiz jeweils einer Gruppe von n/6 der Reize zuzuordnen.

Die meisten Leute sind überrascht, daß die Zahl nicht größer als sechs ist. Natürlich kann – dafür gibt es Belege – eine außerordentlich musikalische Person mit dem absoluten Gehör jede von 50 oder 60 unterschiedlichen Tonhöhen genau identifizieren. Glücklicherweise habe ich nicht die Zeit, um diese bemerkenswerten Ausnahmen zu erörtern. Mit „glücklicherweise" meine ich, daß ich nicht wüßte, wie ich ihre höhere Leistung erklären soll. So werde ich mich an die bodenständigere Tatsache halten, daß die meisten von uns nur ungefähr fünf Töne unterschiedlicher Höhe identifizieren können; sind es mehr, kommen wir durcheinander.

Die nächste Frage könnte der Wiederholbarkeit dieses Ergebnisses gelten. Hängt es von den Abständen zwischen den Tönen oder von den unterschiedlichen Bedingungen des Urteils ab? POLLACK variierte die Versuchsbedingungen in verschiedener Hinsicht. Die Bandbreite der Frequenzen kann mit einem Faktor von ungefähr 20 verändert werden, ohne daß sich die übertragene Informationsmenge um mehr als einen kleinen Prozentsatz verändert. Unterschiedliche Gruppierungen der Tonhöhen verminderten die Übertragung, doch blieb der Verlust gering. Wenn beispielsweise eine Versuchsperson fünf hohe Töne in einer Serie unterscheiden kann und fünf tiefe in einer anderen Serie, darf man zu Recht annehmen, daß man alle 10 Töne in einer einzigen Serie kombinieren kann, und daß die Person auch dann alle ohne Fehler benennen kann. Wenn man es jedoch versucht, funktioniert es nicht. Die Kanalkapazität für Tonhöhen scheint bei sechs zu liegen. Dies ist das äußerste, was man zu leisten vermag. Da wir schon einmal bei Tönen sind, wollen wir uns als nächsten GARNERS (1953) Arbeit über Lautstärke ansehen. GARNERS Daten über die Lautstärke werden in Abbildung 2 zusammengefaßt. GARNER gab sich einige Mühe, seine Töne möglichst günstig über die volle Bandbreite von 15–110 Dezibel zu verteilen. Er verwendete 4, 5, 6, 7, 10 und 20 unterschiedliche Reizintensitäten. Wieder scheint es ein Limit zu geben. Es scheint eine Grenze in uns vorhanden zu sein, die entweder auf Lernen oder auf die Beschaffenheit unseres Nervensystems zurückzuführen ist, eine Grenze, die unsere Kanalkapazitäten auf diesen allgemeinen Bereich einschränkt. Auf der Grundlage der gegenwärtigen Befunde läßt sich wohl behaupten, daß unsere Fähigkeit, solche eindimensionalen Urteile zu fällen, begrenzt und ziemlich klein ist und daß sie sich von einem einfachen Sinnesmerkmal zum anderen nicht wesentlich unterscheidet.

Sofortiges Erfassen

Ich kann dieses Gebiet nicht verlassen, ohne, wenn auch kurz, auf die Experimente zu sprechen zu kommen, die am Mount Holyoke College über die Unterscheidung von Mengen durchgeführt wurden.
In den dortigen Experimenten projizierten KAUFMAN, LORD, REESE und VOLKMANN (1949) zufällig angeordnete Punktmuster für 1/5 Sekunde auf eine Leinwand. Die Muster enthielten zwischen einem und 200 Punkte. Die Aufgabe der Versuchsperson bestand darin, wiederzugeben, wie viele Punkte jeweils gezeigt wurden.
Als erstes ist festzustellen, daß bei Mustern, deren Punktezahl die 5 oder 6 nicht überschritt, die Versuchsperson keine Fehler machte. Die Leistung bei diesen kleinen Punktmengen unterschied sich so auffällig von der Leistung bei größeren Punktmengen, daß sie eine besondere Bezeichnung erhielt. Unter 7 nannte man das Verhalten der Versuchsperson *sofortiges Erfassen,* über 7 *Schätzen.* Diese kritische Menge haben wir, wie Sie sicherlich bemerkt haben, früher einmal optimistisch die „Aufmerksamkeitsspanne" genannt.
Der Bruch bei 7 ist natürlich merkwürdig. Liegt ihm der gleiche Prozeß zugrunde, der unsere eindimensionalen Urteile auf ungefähr sieben Kategorien einschränkt? Man ist hier versucht, zu verallgemeinern, doch wäre es nach meiner Auffassung nicht gerechtfertigt. Die Daten zur Zahlschätzung wurden nicht nach den Regeln der Informationstheorie analysiert. Auf der Grundlage der veröffentlichten Daten würde ich jedoch vermuten, daß die Versuchspersonen bei den Punktmengen etwas mehr als 4 Bits an Information übertrugen. Wenn wir wie oben argumentieren würden, würden wir zu dem Schluß kommen, daß es ungefähr 20 oder 30 unterscheidbare Kategorien von Punktmengen gibt. Das ist erheblich mehr Information, als wir bei einer eindimensionalen Darbietung als Ergebnis erhoffen durften.
So hat mich also die magische Zahl 7 verfolgt. Wir haben hier zwei eng verwandte experimentelle Anordnungen, die beide auf die Bedeutung der Zahl 7 als einer Grenze unseres Fassungsvermögens hinweisen. Und doch, wenn man die Angelegenheit ein wenig genauer betrachtet, gewinnt man den Eindruck, daß es sich lediglich um ein zufälliges Zusammentreffen handelt.

Die Gedächtnisspanne beim unmittelbaren Behalten

Bevor wir uns irgendwelche Daten zu diesem Thema ansehen, muß ich vor einigen naheliegenden Gedanken warnen, die Verwirrung stiften könnten. Jedermann weiß, daß das unmittelbare Behalten im Umfang begrenzt ist und daß für eine Reihe verschiedener Lernstoffe dieser Umfang ungefähr eine Zahl von sieben Einheiten umfaßt. Ich habe gerade gezeigt, daß es eine Spanne des Absoluturteils gibt, nach der sich ungefähr sieben Kategorien unterscheiden lassen, und daß es eine Aufmerksamkeitsspanne gibt, nach der sich ungefähr sechs Objekte auf einen Blick erfassen lassen. Was wäre also naheliegender als die Vermutung, daß diese drei Spannen unterschiedliche Aspekte eines einzigen zugrundeliegenden Prozesses darstellen? Aber das wäre ein fundamentales Mißverständnis, wie ich noch zeigen will. Dieser Fehlschluß gehört zu den boshaften Plagen, mit denen mich die magische Zahl 7 heimgesucht hat.
Bei mir kam der Fehlschluß wie folgt zustande: Wir haben gesehen, daß das invariante Merkmal bei der Spanne des absoluten Urteils die Informationsmenge ist, die der Beobachter übertragen kann. Es gibt eine tatsächliche operationelle Ähnlichkeit zwischen dem Experiment zum absoluten Urteil und dem Experiment zum unmittelbaren Behalten. Wenn das unmittelbare Behalten so abläuft wie das absolute Urteil, dann müßte daraus folgen, daß das invariante Merkmal bei der Gedächtnisspanne ebenfalls die Menge an Information ist, die ein Beobachter maximal behalten kann. Wenn diese Informationsmenge beim unmittelbaren Behalten eine Konstante ist, dann müßte die Zahl behaltener Einheiten ge-

ring sein, sofern die einzelnen Einheiten viel Information enthalten, und ihre Zahl müßte größer werden, sofern die Einheiten wenig Information enthalten. Beispielsweise entspricht die einzelne Dezimalstelle 3,3 Bits. Wir können ungefähr sieben Dezimalstellen behalten, was einer Gesamtzahl von 23 Bits Information entspricht. Englische Worte entsprechen ungefähr 10 Bits. Wenn die gesamte Informationsmenge von 23 Bits gleichbleiben soll, würden wir nur zwei oder drei ausgesuchte Wörter erinnern können. So kam ich zu einer Theorie über den Zusammenhang zwischen unmittelbarem Behalten und der Menge der Information auf seiten des Lernstoffs.

Die Angaben zur Gedächtnisspanne in der Literatur ließen einige Vermutungen zu, jedoch keine klaren Schlüsse. So wurde es notwendig, ein Experiment durchzuführen, um Klarheit zu gewinnen. Hayes (1952) führte es mit fünf unterschiedlichen Arten von Lernstoff durch: Binärzahlen, Dezimalzahlen, Buchstaben des Alphabets, Buchstaben und Dezimalzahlen zusammen und mit 1000 einsilbigen Wörtern. Die Listen wurden mit einer Geschwindigkeit von einer Einheit pro Sekunde laut vorgelesen, und die Versuchspersonen konnten sich für die Antworten so viel Zeit lassen, wie sie brauchten.

Die ausgefüllten Kreise in Abbildung 3 geben die Ergebnisse wieder. Die gestrichelte Linie dort zeigt an, wie die Gedächtnisspanne gewesen wäre, wenn sie sich nach der Informationsmenge richten würde. Die durchgezogene Kurve gibt die erhobenen Daten wieder. Hayes wiederholte das Experiment und verwendete für Testzwecke zusammengestellte Wortgruppen unterschiedlicher Größe, die jedoch alle nur englische einsilbige Wörter enthielten (offene Kreise in Abbildung 3). Dieses homogenere Testmaterial veränderte das Bild in keinerlei signifikanter Weise. Bei Binärzahlen liegt die Spanne bei ungefähr neun, und obgleich diese bei einsilbigen englischen Wörtern auf ungefähr fünf abfällt, ist der Unterschied weit geringer als es der Hypothese entsprechen würde; die Gesamtmenge der Information bliebe konstant.

Hayes Experiment ist völlig in Ordnung; Pollack (1953 b) hat es in erweiterter Form wiederholt und ist im wesentlichen zum selben Ergebnis gekommen. Pollack machte sich die Mühe, die übertragene Informationsmenge zu messen und verließ sich nicht auf das traditionelle Verfahren, die Antworten auszuzählen. Seine Ergebnisse werden in Abbildung 4 wiedergegeben. Hier wird deutlich, daß die übertragene Informationsmenge keine Konstante ist, sondern beinahe linear anwächst, wenn die Informationsmenge des eingegebenen Lernstoffes ansteigt.

Und so ist das Ergebnis eindeutig. Trotz des Zufalls, der die magische Zahl 7 in beiden Bereichen auftauchen läßt, sind

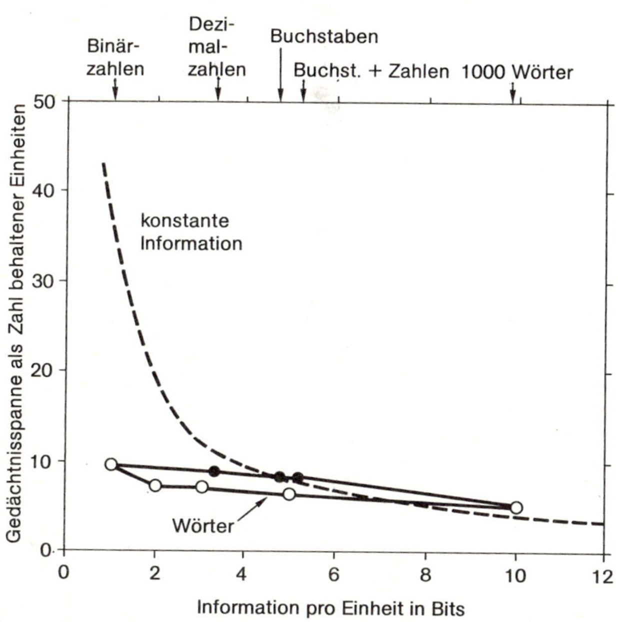

Abbildung 3: Daten von Hayes (1952) über die Gedächtnisspanne, dargestellt als eine Funktion der Informationsmenge je Einheit des Lernstoffes.

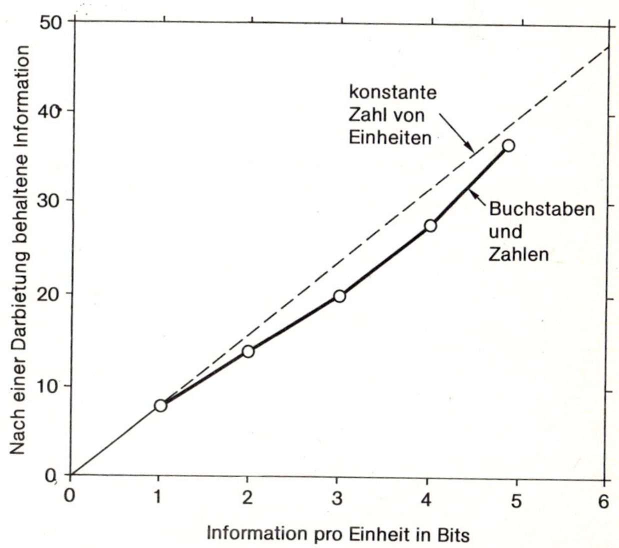

Abbildung 4: Daten von Pollack (1953 b) über die Informationsmenge, die nach einer Darbietung behalten wurde, als Funktion der Informationsmenge je Einheit des Lernstoffes.

die Spanne des absoluten Urteils und die Spanne des unmittelbaren Behaltens ganz unterschiedliche Grenzwerte unserer Fähigkeit zur Informationsverarbeitung. Das absolute Urteil wird durch die Informationsmenge begrenzt. Das unmittelbare Behalten wird durch die Anzahl der Einheiten begrenzt. Um diese Unterscheidung festzuhalten, bin ich auf etwas merkwürdige Begriffe verfallen. Ich habe die Angewohnheit, die einen als Informations*bits* und die anderen als Informations*brocken* zu bezeichnen. Jetzt kann ich sagen, daß die Zahl der Informationsbits beim absoluten Urteil konstant ist und daß die Zahl der Informationsbrocken sich beim unmittelbaren Behalten als konstant erweist. Der Umfang des unmittelbaren Behaltens scheint fast unabhängig von der Bitzahl pro Brocken zumindest für die Spannweite zu sein, die bisher untersucht wurde.

Die Unterscheidung der Termini *Bit* und *Brocken* unterstreicht auch die Tatsache, daß wir nicht sehr genau wissen, was eigentlich einen Informationsbrocken ausmacht. Die Gedächtnisspanne von fünf Wörtern beispielsweise, die HAYES erhielt, als jedes Wort zufällig aus einer Gruppe von 1000 englischen einsilbigen Wörtern bezogen wurde, hätte genausogut eine Gedächtnisspanne von 15 Phonemen genannt werden können, da jedes Wort ungefähr 3 Phoneme enthielt. Intuitiv ist man sich darüber im klaren, daß die Versuchspersonen 5 Wörter und nicht 15 Phoneme reproduzierten, doch die logische Rechtfertigung dieser Unterscheidung liegt nicht unmittelbar auf der Hand. Wir haben es hier mit einem Prozeß zu tun, in dem die Eingabe in vertraute Einheiten oder Brocken organisiert, beziehungsweise gruppiert wird; ein Großteil des Lernens vollzieht sich mittels der Ausbildung dieser vertrauten Einheiten.

Umkodierung

Wenn wir also genauer sein wollen, müssen wir die Bedeutung zur Kenntnis nehmen, die der Gruppierung oder Organisation der Eingabesequenz in Einheiten oder Brocken zukommt. Da die Gedächtnisspanne einer festen Zahl von Brocken entspricht, können wir die Menge der Information, die er enthält, dadurch steigern, daß wir einfach immer größere Brocken aufbauen, wobei jeder Brocken mehr Information als vorher enthält.

Wenn jemand das Funken zu lernen beginnt, hört er jedes *dit* und *dah* als separaten Brocken. Bald ist er in der Lage, diese Töne in Buchstaben zu organisieren, und dann kann er die Buchstaben als Brocken behandeln. Dann schließen sich die Buchstaben von alleine zu Wörtern zusammen, die noch größere Brocken sind, und er beginnt ganze Sätze zu hören. Ich glaube nicht, daß jeder Schritt ein diskreter Prozeß ist, oder daß in dieser Lernkurve Plateaus in Erscheinung treten müssen, da die Organisationsniveaus sicherlich mit unterschiedlichem Tempo erreicht werden und einander während des Lernprozesses überlappen. Ich möchte nur auf die offensichtliche Tatsache hinweisen, daß die dits und dahs beim Lernen in Mustern organisiert werden, und daß in dem Maße, in dem diese größeren Brocken in Erscheinung treten, der Umfang der Botschaft anwächst, den der Funker erinnern kann. In der von mir vorgeschlagenen Terminologie lernt der Funker, die Zahl der Bits pro Brocken zu steigern.

In der Sprache der Kommunikationstheorie würde man diesen Prozeß *Umkodierung* nennen. Die Eingabe erfolgt in einem Kode, der viele Brocken mit wenigen Bits pro Brocken enthält. Der Funker kodiert die Eingabe in einen anderen Kode um, der weniger Brocken mit mehr Bits pro Brocken enthält. Es gibt viele Formen, diese Umkodierung vorzunehmen, doch die wahrscheinlich einfachste besteht darin, die Eingabeereignisse zu gruppieren, der Gruppe einen neuen Namen zu geben und dann den neuen Namen anstelle der ursprünglichen Eingabe zu erinnern.

Da ich der Überzeugung bin, daß diesem Prozeß in der Psychologie generelle Bedeutung zukommt, möchte ich ihnen etwas über ein Experiment mitteilen, das völlig klarmachen dürfte, was ich meine. Dieses Experiment wurde von Sidney SMITH durchgeführt.

Der Ausgangspunkt ist die Beobachtung, daß Menschen 8 Dezimalzahlen, doch nur 9 Binärzahlen wiederholen können. Da es in diesen beiden Fällen einen großen Unterschied hinsichtlich der ins Gedächtnis gerufenen Informationsmenge gibt, vermuten wir sofort, daß man ein Umkodierungsverfahren verwenden könnte, um den Umfang des unmittelbaren Behaltens von Binärzahlen zu erweitern. In Tabelle 1 wird eine Methode zur Gruppierung und Umbenennung vorgeführt. Oben befindet sich eine Folge von 18 Binärzahlen, weit mehr als irgendeine Versuchsperson sich nach einer einzigen Darbietung ins Gedächtnis zurückrufen könnte. In der nächsten Zeile werden diese selben Binärzahlen zu Paaren zusammengefaßt. Vier mögliche Paare können auftreten: 00 wird in 0, 01 in 1, 10 in 2 und 11 in 3 umbenannt. Mit anderen Worten: Wir kodieren ein Zahlensystem mit der Grundzahl 2 in eines mit der Grundzahl 4 um. In der umkodierten Folge sind nun nur noch 9 Ziffern zu erinnern, und dies liegt schon beinahe in der Reichweite des unmittelbaren Behaltens. In der nächsten Zeile wird dieselbe Folge von Binärzahlen in Dreiereinheiten umgruppiert. Es gibt 8 mögliche Folgen von 3. So geben wir jeder Sequenz eine neue Bezeichnung zwischen 0 und 7. Wir haben jetzt eine Folge von 18 Binärzahlen in eine Folge von 6 Oktalzahlen umkodiert und befinden uns damit innerhalb der Spannweite des unmittelbaren Behaltens. In den letzten beiden Zeilen werden die binären Ziffern zu Vierer- und Fünfergruppen zusammengefaßt und erhalten Dezimalziffern von 0 bis 15 und von 0 bis 31.

Es dürfte ohne Zweifel deutlich geworden sein, daß diese Form der Umkodierung die Bits pro Brocken steigert, und die binäre Sequenz in eine Form bringt, die innerhalb der Gedächtnisspanne des unmittelbaren Behaltens erinnert werden kann. So maß SMITH an 20 Versuchspersonen den Gedächtnisumfang für Binär- und Oktalzahlen. Die Spannen waren 9 für binäre und 7 für oktale Zahlen. Dann gab er jeweils 5 der Versuchspersonen eines der Umkodierungsschemata. Sie beschäftigten sich mit dem Umkodierungssystem, bis sie sagten, sie hätten es verstanden – dies dauerte in der Regel 5 bis 10 Minuten. Dann testete SMITH abermals ihren Behaltensumfang für Binärzahlen, während sie versuchten, die Umkodierungsschemata zu verwenden, mit denen sie sich befaßt hatten.

Die Umkodierungsschemata steigerten ihren Gedächtnisumfang für Binärzahlen in jedem Fall. Doch war die Steigerung nicht so groß, wie wir es, gemessen an ihrem Gedächtnis für Oktalzahlen, erwartet hatten. Da das Mißverhältnis in dem Maße anwuchs, in dem das Umkodierungsverhältnis wuchs, schlossen wir, daß die wenigen Minuten, die den Versuchspersonen zum Lernen der Umkodierungsschemata zur Verfügung gestanden hatten, nicht ausreichten. Ganz offensichtlich muß die Übersetzung von einem Kode in den anderen beinahe automatisch erfolgen, wenn die Versuchsperson nicht einen Teil der nächsten Gruppe verlieren will, während sie noch versucht, die Übersetzung der letzten Gruppe zu erinnern.

Da ein Verhältnis 4:1 und 5:1 recht aufwendig ist, entschloß sich SMITH, EBBINGHAUS zu folgen und das Experiment an sich selbst zu erproben. Mit germanischer Geduld bildete er sich nacheinander in jedem Umkodierungssystem aus und erzielte folgende Resultate (die Daten entsprechen ziemlich genau den Ergebnissen, die man aufgrund seines Gedächtnisumfanges für Oktalzahlen vorausgesagt hätte): Er konnte 12 oktale Zahlen erinnern. Mit einer Umkodierung im Verhältnis 2:1 entsprach dies 12 Brocken von 24 binären Zahlen. Beim Verhältnis von 3:1 entsprach das 36 binären Zahlen. Bei einer Umkodierung im Verhältnis von 4:1 und 5:1 kam diese Leistung etwa 40 Binärzahlen gleich.

Es ist ziemlich aufregend, eine Person zu beobachten, wie sie 40 Binärzahlen in einer Reihe dargeboten erhält und wie sie sie dann ohne Fehler wiederholt. Wenn man sich dies jedoch nur als bloßen mnemotechnischen Trick zur Erweiterung des Gedächtnisumfangs vorstellt, wird man den wichtigeren Punkt übersehen, der nahezu all solchen Strategien eigen ist. Der entscheidende Punkt liegt darin, daß die Umkodierung ein außerordentlich wirksames Instrument zur Steigerung der Informationsmenge ist, mit der wir umgehen können. In der einen oder anderen Form verwenden wir die Umkodierung unablässig in unserem Alltagsverhalten. In der forensischen Psychologie ist die Unzuverlässigkeit von Augenzeugen nur zu gut bekannt, doch die Verzerrungen von Zeugenaussagen sind nicht zufällig – sie folgen ganz natürlich aus der besonderen Umkodierung, die der Zeuge verwendet und die sich aus seiner gesamten Lebensgeschichte erklärt. Unsere Sprache ist außerordentlich leistungsfähig, Material in wenige informationsgesättigte Brocken umzuformen. Ich vermute, daß auch die Vorstellung eine Form der Umkodierung ist, doch Vorstellungsbilder scheinen sich viel schwerer operationalisieren und experimentell untersuchen zu lassen als die hier behandelten Zeichen und Symbole.

Tabelle 1: Verfahren zur Umkodierung von Folgen von Binärzahlen

	Binärzahlen (Bits)	1 0 1 0 0 0 1 0 0 1 1 1 0 0 1 1 1 0								
2:1	Brocken	10	10	00	10	01	11	00	11	10
	Umkodierung	2	2	0	2	1	3	0	3	2
3:1	Brocken	101	000	100	111	001	110			
	Umkodierung	5	0	4	7	1	6			
4:1	Brocken	1010	0010	0111	0011	10				
	Umkodierung	10	2	7	3					
5:1	Brocken	10100	01001	11001	110					
	Umkodierung	20	9	25						

Literatur

GARNER, W. R. An informational analysis of absolute judgments of loudness. *J. exp. Psychol.* 1953, 46, 373–380.

HAYES, J. R. M. Memory span for several vocabularies as a function of vocabulary size. In *Quarterly Progress Report,* Cambridge, Mass.: Acoustics Laboratory, Massachusetts Institute of Technology, 1952.

KAUFMAN, E. L.: LORD, M. W., REESE, T. W. & VOLKMANN, J. The discrimination of visual number. *Amer. J. Psychol.* 1949, 62, 498–525.

POLLACK, I. The information of elementary auditory displays. *J. Acoust. Soc. Amer.* 1952, 24, 745–749.

POLLACK, I. The information of elementary auditory displays. II. *J. Acoust. Soc. Amer.* 1953 a, 25, 765–769.

POLLACK, I. The assimilation of sequentially encoded information. *Amer. J. Psychol.* 1953 b, 66, 421–435.

10 Denken und Phantasie

Wo die Wahrnehmung endet, kann das Denken einsetzen. In der schweifenden Phantasie läßt es die Welt neu erstehen. In der Begriffsbildung prägt das Denken dem Wahrgenommenen eine kategoriale Ordnung auf. Beim Schlußfolgern und Hypothesenbilden wird das sicher Beobachtbare ergänzt durch logisch verläßliche Folgerungen und riskante Annahmen.

Die beiden in diesem Abschnitt abgedruckten Arbeiten der deutschen Psychologen Reinhard TAUSCH und Horst NIKKEL, sowie der schwedischen Psychologin Maj-Britt LINDAHL haben eine theoretische Grundannahme gemeinsam: Für sie baut Denken auf der sinnlichen Erfahrung auf. Dies gelte bereits für die Entwicklung des Menschen. Das kleine Kind gewinne Erkenntnis zunächst mit Hilfe seiner Sinne; so seien es vor allem die lebhaften Sinneseindrücke von gerade ertasteten Oberflächen, gehörten Klängen und gesehenen Farben, welche das junge Kind beschäftigen. Erst langsam lerne das Kind, von konkreten Gegenständen zu abstrahieren und sie in begriffliche Ordnungen zu bringen. Diese Stufenfolge in der Entwicklung schlage sich noch im Denken des Heranwachsenden und Erwachsenen nieder. Die sinnliche Erfahrung mit ihrer Lebhaftigkeit und Anschaulichkeit stehe ihm immer noch näher als der abstrakte Begriff. Maj-Britt LINDAHL zeigt in ihrer Studie: Wenn Erwachsene die Möglichkeit haben, sich bei Entscheidungen nach konkreten, wahrnehmbaren Merkmalen zu richten, dann tun sie dies zumeist, auch wenn es allgemeine Regeln gibt, auf welche sie ihre Entscheidungen stützen können. (Ein Beispiel dazu, welches nicht von LINDAHL stammt: Vielen Käufern ist es am liebsten, wenn sie eine Ware nach ihrer Farbe oder ihrer Form auswählen können; eine allgemeine Regel wie „wähle die Ware mit dem günstigsten Verhältnis von Menge und Preis“ wenden sie weniger gerne an.) Allgemeine, abstrakte Regeln werden erst dann benutzt, wenn die konkret wahrnehmbaren Merkmale einer Situation zur Begründung einer Entscheidung nichts taugen. TAUSCH und NICKEL sehen in dem (entwicklungsgeschichtlichen) Zusammenhang von Abstraktion und Anschaulichkeit eine Chance: Durch Anregung anschaulicher Vorstellungen lasse sich die (auf Abstraktion beruhende) sprachliche Leistung fördern.

Reinhard Tausch und Horst Nickel

Aufsatzniederschriften und vorhergehende zeichnerische Tätigkeit

Entnommen aus: Schweizerische Zeitschrift für Psychologie, 1964, *23*, 230–242

Die im folgenden (mit unwesentlichen Kürzungen) nachgedruckte Studie verbindet in recht geglückter Weise Ansätze der praxisorientierten Forschung mit Ansätzen der psychologischen Grundlagenforschung. Sie geht von einer Fragestellung aus, welche für die Unterrichtswissenschaft von Bedeutung ist und gleichzeitig für die allgemeinpsychologische Kognitionstheorie fruchtbar gemacht werden kann. Zur Untersuchung steht die Niederschrift von Schulaufsätzen an. Das ist eine sprachliche Tätigkeit, welche sich der Begriffe des Denkens und der Regeln des Satzbaus bedient. Sie unterscheidet sich damit wesentlich von der Tätigkeit des Zeichnens; im Zeichnen bemüht sich ja der Schüler, einen Gegenstand in seiner physikalischen und sinnlich erfaßbaren Eigenart wiederzugeben, ohne ihn in Begriffe und Worte umzusetzen. Das zentrale Problem von Tausch *und* Nickel *ist, ob und in welcher Hinsicht die sprachlich-abstrahierende Leistung des Aufsatzschreibens durch ein vorheriges Zeichnen gefördert wird.*

Um die Kriterien zu verstehen, welche die Autoren zur Bewertung der Aufsätze benutzen, müssen die folgenden Begriffe geläufig sein: Ein Verb *ist ein Wort, das eine Tätigkeit bezeichnet (z.B. „laufen“, „sprechen“); davon zu unterscheiden sind die* Hilfsverben, *welche erst in Verbindung mit Verben ihre volle Bedeutung erlangen (z.B. „sein“, „werden“, „haben“). Hilfsverben treten oft in Verbindung mit* Partizipien *auf, die zwischen den Verben und den Nomina (Haupt- und Eigenschaftswörtern) stehen (z.B. „gewinnen können“; „gesunken sein“).* Adjektive *sind Eigenschaftswörter (z.B. „schön“),* Adverbien *Umstandswörter wie „hier“, „sehr“.* Apposition *ist die Beiordnung eines erläuternden Satzteils (z.B. „Bello, unser schwarzer Hund“ oder „Bello, der Schwarze“).*

Eine empirische Untersuchung

Häufig berichten Lehrer von Einfallsarmut, mangelnder Lebendigkeit und Anschaulichkeit in den schriftlichen Darstellungen von Schulkindern sowie von einer oft auffallenden Diskrepanz zwischen mündlichen Berichten und Aufsatzniederschriften. Diese Tatsachen gaben bereits vor Jahrzehnten Anlaß zu Empfehlungen (z.B. Rose, 1953), der schriftlichen Darstellung von Erlebnissen andere Ausdrucks- und Gestaltungsformen vorausgehen zu lassen, etwa mündliche Berichte, pantomimische Ausdrucksformen (Rahn und Geffert, 1935) oder Zeichnungen (Linke, 1913). Eine erste empirische Überprüfung derartiger Vermutungen führte zu dem Resultat, daß vorausgehende Stegreifdarstellungen nachfolgende Aufsatzniederschriften pädagogisch günstig beeinflussen (Düker und Tausch, 1960; s. a. Tausch und Tausch 1963, 202–203). Präzise Gründe einer derartigen Auswirkung konnten allerdings nicht sicher festgestellt werden.

Ziel der vorliegenden Untersuchung war die Beantwortung folgender Fragen: I. Werden schriftliche Niederlegungen von Erlebnissen und Gedanken durch eine vorausgehende zeichnerische Darstellung beeinflußt? II. Wird ein möglicherweise bestehender Zusammenhang zwischen zeichnerischer Darstellung und schriftlicher Niederlegung bedingt a) durch vorausgehende zeichnerische Darstellung des Aufsatzthemas oder b) durch die zeichnerische Tätigkeit als solche, unabhängig von dem Inhalt der späteren Niederschrift? Unsere Hypothese zu Frage I war, daß entsprechend gewissen Grundannahmen der Entwicklungspsychologie (z.B. Werner 1959) das unmittelbare Vorausgehen einer onto- und phylogenetisch früheren Darstellungs- und Ausdrucksform – hier das Zeichnen – zu einer Verbesserung der Ergebnisse einer schwierigeren, entwicklungsgeschichtlich späteren Ausdrucksform, der schriftlichen Niederlegung, führe. Hinsichtlich der Frage II konnten wir keine begründeten Voraussagen treffen, neigten jedoch zu der Ansicht, daß ein möglicher Zusammenhang zwischen vorausgehender zeichnerischer Tätigkeit und späterer Aufsatzdarstellung durch die zeichnerische Gestaltung des Aufsatzthemas und nicht durch die zeichnerische Tätigkeit als solche bedingt werde.

Durchführung der Untersuchung

Versuchspersonen waren 171 Schüler und Schülerinnen am Ende des 4. Schuljahres (9–10jährige) (6 Klassen aus 6 verschiedenen Volksschulen eines westdeutschen Bundeslandes). Jede der 6 Klassen wurde in 3 homogene Gruppen geteilt.

Der Deutschlehrer einer jeden Klasse erstellte nach den bisherigen Aufsatzleistungen eine Rangordnung aller Schüler; jeweils 3 aufeinander folgende Schüler galten als leistungsgleich; durch Würfeln wurde die Zuweisung zu den beiden Versuchsgruppen und der Kontrollgruppe entschieden.

Alle 3 Parallelstichproben einer jeden Schulklasse schrieben 30 Min. lang einen Aufsatz über das Thema „Auf dem Markt" bei folgenden unterschiedlichen Bedingungen:
Versuchsgruppe I jeder Klasse stellte unmittelbar vor der Niederschrift des Aufsatzes das Geschehen auf dem Markt zeichnerisch dar (20 Min).
Versuchsgruppe II jeder Klasse zeichnete ein Haus, also einen nicht mit dem Aufsatzthema zusammenhängenden Inhalt (20 Min.).
Die Kontrollgruppe jeder Klasse schrieb nur den Aufsatz.
Die Reihenfolge der Versuchsdurchführung wurde von Klasse zu Klasse zwischen den Versuchsgruppen (sie blieben gemeinsam im Klassenraum) und der Kontrollgruppe permutiert. Die jeweils nicht beteiligte Gruppe unternahm in der Wartezeit einen Spaziergang. – Alle Untersuchungen erfolgten im jeweiligen Klassenzimmer der Schüler, gleichsam als gewöhnlicher Unterricht, in der 3. und 4. Unterrichtsstunde an möglichst gleichen Wochentagen. Jedes Kind saß allein auf einer Schulbank; gegenseitige Störungen und Abschreiben sowie Kontakte der Versuchs- und Kontrollgruppen wurden verhindert.
2 Versuchsleiter, die zugleich selbst Lehrer mit hinreichenden Unterrichtserfahrungen waren, führten die Untersuchung abwechselnd in den 6 Klassen durch. Der jeweils nicht beteiligte Vl fungierte als Beobachter.

Instruktion zur Zeichentätigkeit (auszugsweise):

Versuchsgruppe I: „... Bei euch ist doch jede Woche Markt." – Spontane Äußerungen der Kinder. „Schließt doch bitte einmal die Augen. Stellt euch vor, ihr wäret jetzt auf dem Markt. – Ihr könnt euch vorstellen, wie es dort zugeht. Vielleicht seht ihr es jetzt wie in einem Film." ... „Was ihr da alles seht, davon zeichnet doch bitte einmal ein Bild. Vielleicht könnt ihr auch mehrere Bilder zeichnen, denn da geht es ja oft recht bunt zu ..."
Versuchsgruppe II: ... In eurer Stadt gibt es viele schöne Häuser. Euch gefällt sicher das eine oder andere Haus besonders gut, vielleicht ist es euer eigenes oder das eures Nachbarn. – Jedem gefällt vielleicht ein anderes Haus. – Schließt nun bitte einmal die Augen und stellt euch ein solches Haus genau vor ..." „Nun versucht bitte einmal, das Haus zu zeichnen."

Nach 19 Minuten beendete der Vl die Zeichentätigkeit; den mit der Arbeit noch nicht fertigen Kindern wurde eine spätere Gelegenheit zur Weiterarbeit zugesagt. Nach einer kurzen Entspannungspause erfolgte die Niederschrift des Aufsatzes.

Instruktion zur Aufsatzniederschrift, für Versuchsgruppe I und II sowie die Kontrollgruppe:
„Ihr wart doch alle schon einmal auf einem Markt. – Da wißt ihr sicher, wie es dort zugeht, was man dort alles sehen und erleben kann. – Bitte, erzählt jetzt einmal alles schriftlich, wie es auf dem Markt zugeht. – Erzählt bitte so, daß jeder, der euren Aufsatz liest, sich genau vorstellen kann, was dort geschieht, was man da alles sehen und hören kann. – Der Aufsatz hat die Überschrift „Auf dem Markt." Er darf ruhig lang sein, denn ihr habt dafür eine halbe Stunde Zeit. Es ist auch nicht so schlimm, wenn ihr einmal nicht wißt, wie ein Wort geschrieben wird ..."

Die Dauer der Niederschrift betrug 30 Minuten. Der Versuch entsprach somit auch hinsichtlich der insgesamt benötigten Zeit (vorausgehendes Zeichnen 20 Min.) einer normalen Unterrichtsstunde von 50 Minuten.

Auswertung und Beurteilung der Aufsatzniederschrift

Insgesamt lagen 171 Aufsatzniederschriften vor, je 57 von den beiden Versuchsgruppen und den Kontrollgruppen.

Quantitative Auswertung

Folgende 6 Merkmale, die sich in einer früheren Arbeit als geeignet erwiesen hatten, wurden gewählt[1]:
A. *Die Gesamtwortzahl* kann als ein Kriterium des Einfallsreichtums angesehen werden, vorausgesetzt, daß der größere Umfang eines Aufsatzes nicht auf häufigen Wiederholungen oder wenig aussagender Wortfülle beruht.
B. *Die Anzahl unwiederholter Verben* kann ein Kennzeichen der Lebendigkeit des Handlungsgeschehens sein.

Bei der Auszählung wurde von der Gesamtzahl aller gebrauchten Verben die Anzahl der Wiederholungen subtrahiert. Alleinstehende Hilfsverben zählten wie ein Verb, ebenso Hilfsverben mit Partizip und die Verbindung der bei allen Gruppen sehr häufig vorkommenden Hilfsverben „sollen" und „wollen" mit dem Infinitiv. Dagegen wurden Verbindungen der Hilfsverben „können", „müssen", „dürfen" mit einem Infinitiv als 2 Verben gezählt.

C. *Wörter in direkter Rede* können als ein Ausdruck lebendiger sprachlicher Darstellung eines Geschehens betrachtet werden.

Gezählt wurden alle Wörter, die entsprechend ihrer grammatikalischen Funktion als direkte Rede gebraucht waren, auch wenn die entsprechende Interpunktion fehlte.

D. *Anzahl der Beschreibung von Sinneseindrücken,* also von Gehörs- und Geschmackswahrnehmungen, von visuellen und akustischen Eindrücken. Sie können dem Leser ein an-

---

[1] Spezielle Auswertungsmodi s. DÜKER und TAUSCH, 1960, S. 348–352.

schauliches Bild vom Geschehen vermitteln und als ein Kriterium einer anschaulich-lebendigen Schilderung gewertet werden.

Die Beschreibung eines Sinneseindruckes wurde unabhängig von der Zahl der dazu verwendeten Wörter als 1 Punkt bewertet. Die Bewertung solcher Beschreibungen war vorher genau festgelegt (z.B. bunte Blumen = 0 Punkte; dort leuchten rote Nelken = 1 Punkt usw., s.a. DÜKER und TAUSCH, 1960, S.351).

E. *Adjektive und Adverbien* werden in einer anschaulichen Darstellung im allgemeinen häufiger verwandt, die Adjektive vor allem in Form von Appositionen, Adverbien zur genaueren Bestimmung eines Vorganges.

Bei der Auszählung wurden Umstandswörter des Ortes, der Zeit sowie unbestimmte Mengenangaben (wenige, einige, viele) nicht berücksichtigt, da sie wegen ihrer häufigen Verwendung sich nicht als Unterscheidungsmerkmal eignen.

F. *Anzahl der Verbwiederholungen:* In gewissen Grenzen können sie als negatives Kriterium für Einfallsreichtum und Lebendigkeit des Handlungsablaufes betrachtet werden.

Gezählt wurde jede wiederholte Verwendung eines schon einmal gebrauchten Verbs, auch wenn es in einer anderen Zeitform oder als Infinitiv verwendet worden war.

G. Schließlich wurde noch die *Anzahl orthographischer* Fehler ausgezählt[2]. Mit diesem Merkmal – in keiner Weise bedeutsam für die inhaltliche Qualität eines Aufsatzes – wollten wir feststellen, ob möglicherweise vorausgehende zeichnerische Tätigkeit aus verschiedenen Gründen – etwa inhaltliche Bereicherung und deshalb Verwendung orthographisch weniger geläufiger Wörter – zu einer vermehrten Fehleranzahl führt.

Da die Merkmale B, C, D, E und G in der Häufigkeit ihres Auftretens u.a. von der Aufsatzlänge abhängen, wurde das Ergebnis der Auszählung jeweils auf die Gesamtwortzahl des betreffenden Aufsatzes bezogen und auf eine einheitliche Länge von 100 Wörtern umgerechnet. – Bei dem Merkmal F dagegen wurde die Anzahl der Verbwiederholungen durch die Gesamtzahl der verminderten Verben geteilt und mit 10 multipliziert.

Ergebnisse[3]

A. *Vergleich der Aufsätze der Versuchsgruppen I (vorhergehende zeichnerische Darstellung des Aufsatzthemas) mit den Aufsätzen der Kontrollgruppen:* Die Mittelwerte der Versuchsgruppen I unterscheiden sich von denen der Kontrollgruppen in 4 der 6 quantitativen Merkmale bedeutsam (s. Tabelle 1). Aufsatzniederschriften werden durch vorhergehende zeichnerische Darstellung des Themas deutlich beeinflußt, und zwar im Sinne einer pädagogisch wünschenswerten Verbesserung der Aufsätze hinsichtlich vermehrter Darstellung von Sinneseindrücken, größeren Gebrauchs von Adjektiven und Adverbien, von direkter Rede und geringeren Verbwiederholungen. Die Zahl orthographischer Fehler nahm trotz inhaltlicher Bereicherung der Aufsätze nicht zu.

Tabelle 1: Mittelwerte von 7 quantitativen Aufsatzmerkmalen, 6 Versuchsgruppen I (n = 57) und 6 Kontrollgruppen (n = 57)[4]. Eine deutliche Beeinflussung der Aufsatzniederschriften in 4 der 6 Merkmale durch vorausgehende zeichnerische Gestaltung des Themas ist ersichtlich. Statistische Sicherungen nach dem t-Test für korrelierende Stichproben

Merkmale	Versuchsgruppe I (Vorherg. Zeichn. des Themas)	Kontrollgruppe (Nur Aufsatzniederschrift)	Unterschiede
Gesamtwortzahl	127,2	127,1	+ 0,1%
Nicht-wiederholte Verben	11,4	10,9	+ 3,8%
Wörter in direkter Rede . .	8,3	6,1	+ 36,8% P < 0,10
Sinneseindrücke	1,5	0,7	+130,5% P < 0,01
Adjektive und Adverbien .	4,3	3,7	+ 17,1% P < 0,01
Verbwiederholungen ...	3,6	3,9	– 6,8% P < 0,05
Orthographische Fehler .	3,3	3,6	– 8,8% P < 0,05

B. *Vergleich der Aufsätze der Versuchsgruppe II (vorhergehende zeichnerische Darstellung ohne Bezug zum Aufsatzthema) mit den Aufsätzen der Kontrollgruppen:* Die Mittelwerte der Versuchsgruppen II unterscheiden sich in den gleichen 4 von 6 quantitativen Merkmalen in der gleichen Richtung von den Werten der Kontrollgruppen wie die Mittelwerte der Versuchsgruppe I von den entsprechenden Kontrollgruppen (s. Tabelle 2); 3 Mittelwertdifferenzen sind statistisch signifikant. Im Bereich zufälliger Schwankungen liegen die Unterschiede in den Merkmalen „Gesamtwortzahl", „Wörter in direkter Rede" und „Zahl orthographischer Fehler". – Vorausgehende zeichnerische Tätigkeit ohne inhaltlichen Bezug auf das Aufsatzthema beeinflußt somit deutlich in 3 Merkmalen (Zahl der Sinneseindrücke, Adjektive und Adverbien sowie Verbwiederholungen) die nachfolgende schriftliche Darstellung.

[2] Jedes falsch geschriebene Wort galt als 1 Fehler, auch wenn in einem Wort mehrere Fehler enthalten waren.

[3] Die jeweils 6 Versuchsgruppen I, Versuchsgruppen II und Kontrollgruppen wurden zu je einer Gesamtgruppe zusammengefaßt.

[4] Mittelwerte aus den Häufigkeitswerten von je 57 Aufsätzen. – Unterschiede ohne Signifikanzangabe hier und bei den folgenden Tabellen = nicht signifikant.

Tabelle 2: Mittelwerte von 7 quantitativen Aufsatzmerkmalen, 6 Versuchsgruppen II (n = 57) und 6 Kontrollgruppen (n = 57). Bei 3 der 7 Merkmale zeigt sich eine signifikante Beeinflussung der Aufsatzniederschriften durch eine vorausgehende zeichnerische Tätigkeit, die inhaltlich mit dem Aufsatzthema nicht in Zusammenhang stand

Merkmale	Versuchsgruppe II (Vorherg. Zeichn. nicht-aufsatzbezog.)	Kontrollgruppe (Nur Aufsatzniederschrift)	Unterschiede
Gesamtwortzahl	125,3	127,1	− 1,4%
Nicht-wiederholte Verben	11,0	10,9	+ 0,4%
Wörter in direkter Rede ..	5,9	6,1	− 3,9%
Sinneseindrücke	1,1	0,7	+ 59,7% P < 0,01
Adjektive und Adverbien .	4,2	3,7	+ 13,9% P < 0,05
Verbwiederholungen ...	3,6	3,9	− 7,6% P < 0,05
Orthographische Fehler .	3,4	3,6	− 3,7%

Qualitative Beurteilung der Aufsätze

Die Aufsätze der Schüler aus der jeweiligen Versuchsgruppe I, II und Kontrollgruppe, die gemäß den Rangordnungen ihrer Deutschlehrer als leistungsgleich bezeichnet werden konnten, wurden jeweils zu dritt – in zufälliger Folge – zusammengeheftet und 4 erfahrenen Grundschullehrern im unwissentlichen Verfahren zur Beurteilung vorgelegt[5]. Die Lehrer hatten die Aufgabe, jeweils die 3 zusammengehefteten Aufsätze zu lesen (mit der bei Deutschlehrern üblichen Art) und sie hinsichtlich der inhaltlichen Qualität miteinander zu vergleichen. Der ihnen am meisten zusagende Aufsatz sollte mit 2 Punkten, der am wenigsten zusagende mit 0 Punkten bewertet werden; der mittlere Aufsatz erhielt 1 Punkt. Für den Fall, daß 2 Aufsätze als gleichgut beurteilt wurden, erhielten beide den mittleren Wert der Punkte, die sonst auf sie entfallen wären, z.B. 1,5 statt 2 und 1 Punkte. Schienen einem Beurteiler alle 3 Aufsätze als gleichwertig, so bekam jeder 1 Punkt. – Die Lehrer erhielten folgende Instruktion (auszugsweise):

„... Bitte, lesen Sie nun immer die 3 zusammengehefteten Aufsätze durch. Bei der Beurteilung achten Sie bitte entscheidend auf die Lebendigkeit, den Einfallsreichtum und die Anschaulichkeit der Darstellung und lassen Sie formale Gesichtspunkte (z.B. stilistische Verstöße oder grammatikalische Fehler) bei der Beurteilung außer acht ..."

[5] Zur Vermeidung einer unerwünschten Beeinflussung des Lehrerurteils wurden die Aufsätze mit der Maschine abgeschrieben und alle orthographischen Fehler verbessert.

Bei der Auswertung wurden nur die Punktwerte für die Aufsätze gezählt, die von allen 4 Lehrern übereinstimmend beurteilt worden waren, Abweichungen von 0,5 Punkten galten dabei noch als Übereinstimmung. Die insgesamt 218,5 übereinstimmend gegebenen Punkte verteilen sich wie folgt:

	Versuchsgruppe I (vorh. Zeichnen, aufsatzbez.)	Versuchsgruppe II (vorh. Zeichnen, nicht aufsatzbez.)	Kontrollgruppe
Summe der Punktzahl ... (4 Beurteiler)	107,5	82,5	28,5

Nach den in der Schule üblichen Kriterien der Gesamteindrucksbeurteilung erwiesen sich Schüleraufsätze mit vorausgehender zeichnerischer Tätigkeit signifikant unterschiedlich von Aufsätzen ohne derartige vorausgehende Tätigkeit. Entscheidende Verbesserungen traten ein auf Grund der zeichnerischen Tätigkeit als solcher; eine weitere, allerdings geringere Verbesserung war zu verzeichnen, wenn Aufsatzthema und Thema der zeichnerischen Tätigkeit identisch waren. – Die Ergebnisse der qualitativen Gesamtbeurteilung durch Lehrer stehen in Übereinstimmung mit den Ergebnissen der quantitativen Merkmalsauswertung.

Diskussion der Ergebnisse

Welche psychologischen Vorgänge mögen dem festgestellten bemerkenswerten Zusammenhang zwischen vorhergehender zeichnerischer Betätigung und förderlicher Beeinflussung schwieriger intellektueller Vorgänge – Aufsatzniederschriften bei Grundschulkindern – zugrunde liegen?

1. Eine vorangehende zeichnerische Tätigkeit kann zu folgenden, der späteren schriftlichen Niederlegung förderlichen Vorgängen in Schülern führen: Verminderung von Hemmungen, gesicherterem größerem Vertrauen in die eigene Arbeit und die eigenen Gedanken, vor allem angesichts der sonst im Unterricht wenig spontanen, individuellen und originellen Arbeitsweise auf Grund großer Häufigkeit äußerer Lenkung. Diese Vorgänge, die vermutlich auch die Motivation bei der schriftlichen Darstellung beeinflussen, können aus der Tatsache erschlossen werden, daß die Aufsätze von Schülern auch dann, pädagogisch gesehen, besser wurden, wenn das Thema der zeichnerischen Tätigkeit in keiner Beziehung zur Aufsatzniederschrift stand (Versuchsgruppe II vs. Kontrollgruppe). – Mit gewisser Vorsicht kann man vermuten, daß das Unterrichtsfach Zeichnen vielleicht generell – nicht nur bei speziellen, nachfolgenden Tätigkeiten und Leistungen – im Sinne der Psychohygiene in der Schule (Mierke, 1961) zu wünschenswerten Vorgängen in Schulkindern führt.

2. Die Steigerung der Auswirkung vorausgegangener Zeichentätigkeit durch thematische Identität mit dem Aufsatz (Versuchsgruppe I vs. Versuchsgruppe II) ist einfacher zu deuten: Während einer derartigen Zeichentätigkeit treten in den Schülern eine größere Anzahl von Vorstellungen – identisch mit dem späteren Aufsatzthema – auf, die durch Bemühungen detaillierter und klarer werden; die Schüler machen sich ferner vermehrt vielfältige Gedanken über das Geschehen des Themas, was sich u. a. in einer besonderen Zunahme des Merkmals „Sinneseindrücke" auswirkt. Ein gewisses Interesse und ein Gefühl von Vertrautheit mit dem Thema des Aufsatzes mag durch die vorangegangene zeichnerische Tätigkeit ebenfalls bedingt werden, so daß die üblicherweise vor einem Aufsatz oft empfundenen Schwierigkeiten und Hemmungen in geringerem Maße gegeben sind.

Literatur

Düker, H. und Tausch, R. Die Auswirkung von Stegreifdarstellungen auf anschließend angefertigte Schulaufsätze. *Psychologische Beiträge,* 1960, V, 343–363.

Linke, K. *Der freie Aufsatz auf der Unter-, Mittel- und Oberstufe.* 5. Aufl., Braunschweig, 1913.

Mierke, K. Die Überforderung kindlicher Belastungs- und Leistungsfähigkeit als psychohygienisches und pädagogisches Gegenwartsproblem. *Z. f. prakt. Psychologie,* 1961, 9–20.

Mittenecker, E. *Planung und statistische Auswertung von Experimenten.* 2. Aufl., Wien, 1958.

Rahn, F. und Geffert, H. *Sprechen und Schreiben.* Frankfurt, 1935.

Rose, G. *Grundriß einer allgemeinen Unterrichtslehre.* Bonn, 1953.

Tausch, R., und Tausch, A. *Erziehungspsychologie.* Göttingen, 1963.

Werner, H. *Einführung in die Entwicklungspsychologie.* 4. Aufl., München, 1959.

Maj-Britt Lindahl

Der Übergang vom Wahrnehmungslernen zum begrifflichen Lernen

Originaltitel: On transitions from perceptual to conceptual learning
Entnommen aus: Scandinavian Journal of Psychology, 1968, *9*, 206–214
(Aus dem Englischen übersetzt von Hainer Kober)

Auch in der auf den folgenden Seiten wiedergegebenen Fassung, in welcher einige theoretische, methodische und mathematische Details aus dem Original fehlen, ist der Beitrag von LINDAHL *keine ganz leichte Lektüre. Man macht sich am besten gleich die in diesem Abschnitt entwickelte Regel zunutze, daß Anschauung vor Abstraktion geht, und beginnt die Lektüre mit dem Betrachten der Abbildung 1, welche die Versuchsanordnung zeigt, und dem Lesen der Aufgabenbeschreibung; dabei kann man bis zur Schilderung der Methode fortfahren, bevor man zum Anfang des Textes zurückkehrt und – mit der konkreten Versuchsanordnung vor Augen – die Einführung in das untersuchte Problem liest. (Wer noch mehr an Anschaulichkeit gewinnen will, kann die Versuchsanordnung der Autorin nachbauen und selbst einige Versuche machen.)*

Die Probanden von LINDAHL *müssen vorhersagen, welche von zwei Kugeln, die auf geneigten Bahnen abwärts rollen, zuerst an ihr Ziel gelangt. Zur Vorhersage können sie sich teilweise auf einfache Beobachtungen stützen (z. B. „die kürzere Bahn ist weniger als 170 cm lang“). Mit der richtigen Beobachtung erbringen sie eine Wahrnehmungsleistung, eine* perzeptive *Leistung. Das Ergebnis der Beobachtung (und nur der Beobachtung) von Einzelfällen läßt sich auf alle übrigen vergleichbaren Fälle verallgemeinern; diese Verallgemeinerung geht über die einfache Beobachtung hinaus und bildet einen* Induktionsschluß. *Solche spezifischen Hinweise auf die Aufgabenlösung – die Autorin spricht in diesem Zusammenhang von* nicht-allgemeinen Prinzipien *– sind praktisch, aber nicht einsehbar; ihre Anwendung ist nur durch Erfolg gerechtfertigt. Den spezifischen Hinweisen werden allgemeine Lösungsregeln,* allgemeine Prinzipien *gegenübergestellt (z. B. ein Teil aus einer solchen Regel: „das Verhältnis der Wege beider Kugeln ist mit dem Verhältnis der Neigungen der beiden Laufrinnen in Beziehung zu setzen“). Eine solche Regel ist einsichtig und logisch, sie folgt physikalischen Gesetzmäßigkeiten. Man muß sie nur aufgrund solcher Gesetzmäßigkeiten ableiten,* deduzieren. *Die physikalischen Gesetzmäßigkeiten gelten selbstverständlich immer; deshalb sind deduktive Lösungen in jedem der Versuche möglich. Induktive Lösungen waren nur möglich, wenn die Versuchsleiterin bestimmte Arten von Aufgaben auswählte, auf welche ein möglicher Induktionsschluß zutraf.*

Die Probanden erhielten in der von LINDAHL *durchgeführten Untersuchung die Gelegenheit zum Training der Vorhersagetätigkeit. Die Daten der Autorin geben daher nicht nur Aufschluß über die Beziehung der anschaulichen Wahrnehmung zum begrifflichen Denken, sondern auch über das Verhältnis beider zum Prozeß des Lernens.*

In einem Experiment zum Klassifikationslernen (LINDAHL 1964) waren zwei Lösungen möglich. Der häufigste Lösungstyp beruhte auf der Verwendung auffälliger wahrnehmbarer Merkmale. Der andere Lösungstyp beruhte auf der Verwendung weniger auffällig wahrnehmbarer Merkmale, auf die – so die Ergebnisse – nur reagiert wurde, wenn zuvor logisch ihre Bedeutung erschlossen worden war. Die beiden Lösungen nahmen offenbar die Wahrnehmung und die Denktätigkeit in unterschiedlichem Maße in Anspruch.

Die Beziehung von Wahrnehmungs- und Begriffsfunktionen wurde in Studien zur kindlichen Entwicklung (BRUNER, OLVER, GREENFIELD u.a. 1966; WOHLWILL 1962) und in Studien zum Begriffslernen (HEIDBREDER 1945) behandelt, in denen Daten ähnlich wie oben interpretiert wurden. WOHLWILL ging davon aus, daß die perzeptiven und begrifflichen Prozesse in einer bestimmten Dimension miteinander in Wechselwirkung stünden; der relative Einfluß der Wahrnehmungsprozesse nehme in dem Maße ab, in dem der relative Einfluß der Begriffsprozesse zunehme. Nach dieser Ansicht befindet sich die Wahrnehmung an einem Pol dieser Interaktionsdimension und das Denken am anderen. Man könnte meinen, daß ontogenetisch die kognitive Entwicklung am Wahrnehmungsende beginne und sich mit zunehmendem Alter in Richtung der Denktätigkeit verlagere. HEIDBREDER, die das kognitive Verhalten auf eine ähnliche Wahrnehmungs-Begriffs-Dimension bezog, wies gleichfalls auf den ursprünglich beherrschenden Charakter der Wahrnehmungsreaktion und Wahrnehmungsfunktionen hin. Die begrifflichen Funktionen wurden für weniger bedeutsam gehalten, sofern sie nicht durch die Situation gefördert wurden.

Ein Primat der Wahrnehmungsfunktionen gegenüber den Begriffsfunktionen ist also nach recht vielfältigen empirischen Daten anzunehmen. Die Annahme einer Wahrnehmungs-Begriffs-Dimension liefert den allgemeinen Hintergrund des vorliegenden Experiments, das sich mit Übergängen von eher perzeptiv bestimmten Reaktionsweisen zu

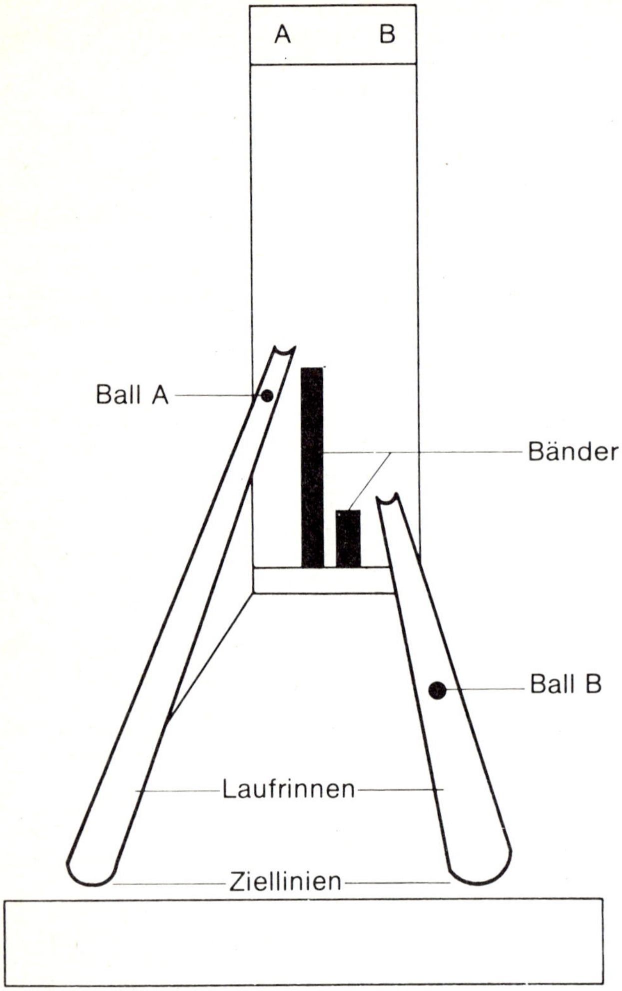

Abbildung 1: Die Hauptaspekte der Versuchsanordnung, wie sie sich den Versuchspersonen darstellten.

mehr begrifflich bestimmten beschäftigt. Es wurde die gleiche Aufgabe wie im oben angeführten Experiment gestellt. Die Reaktionen wurden auf die Auffälligkeit von unterscheidbaren Merkmalen bezogen.

Aufgabe und Hypothese

Aufgabe

Die Versuchspersonen sollten lernen, welcher von zwei Bällen zuerst eine bezeichnete Ziellinie erreichen würde. Die Bälle wurden in zwei parallele, geneigte Laufrinnen gelegt. Ein Fall wird in Abbildung 1 wiedergegeben, die zeigt, wie die Versuchsperson die Anordnung sah. Bänder zeigten den Neigungswinkel an. In aufeinanderfolgenden Versuchen wurden verschiedene Distanzen mit verschiedenen Neigungswinkeln kombiniert. Ihrem Verlauf nach konnte man die Versuche in *Distanzfälle* und *Neigungsfälle* einteilen. Distanzfälle waren solche Versuche, in denen der nähere Ball zuerst die Ziellinie erreichte, und Neigungsfälle waren solche, in denen der entferntere Ball zuerst ankam.
Die Fälle waren so konstruiert, daß eine *deduktive* Lösung der Aufgabe *immer* möglich war. Darüber hinaus konnte der Versuchsleiter Gelegenheit zu *induktiven* Lösungen geben (LINDAHL 1964).
Das Problem deduktiv zu lösen hieß, darauf zu kommen, daß der Ball mit dem größeren Verhältnis von Neigungswinkel zu Distanz das Ziel zuerst erreichen würde. Die daraus abgeleitete Klassifikationsregel wurde *das allgemeine Prinzip* genannt und lautete wie folgt: *Wenn das Verhältnis kürzeres Band / längeres Band > das Verhältnis kürzere Distanz / längere Distanz, dann handelt es sich um einen Distanzfall. Wenn die Größenordnung der Verhältnisse sich umkehrt, handelt es sich um einen Neigungsfall.* Die Lösung besteht also darin, daß man über einen Bruch im Vergleich zu einem anderen ein Urteil abgibt. Es handelt sich hier um ein unauffälliges Wahrnehmungsmerkmal; die Versuchspersonen erzielten keine besseren Leistungen, wenn sie dieses allgemeine Prinzip nicht wiedergeben und anwenden konnten. Die deduktive Lösung entspricht also dem, was oben als begrifflich bestimmte Lösung bezeichnet wurde.
Das Problem induktiv zu lösen hieß, sich vorliegende Fälle zusammen mit ihrer Klassenzugehörigkeit einzuprägen und irgendwelche Wahrnehmungsmerkmale oder -eigenschaften zu entdecken, die die beiden Falltypen voneinander unterschieden. Wenn induktive Lösungen möglich waren, wurden Unterscheidungsmerkmale gewählt, die jenen ähnelten, die die Versuchspersonen in vorhergehenden Experimenten im allgemeinen für Unterscheidungsmerkmale gehalten hatten. Insofern waren diese Variablen auffällig, und die Versuchspersonen reagierten systematisch darauf, ohne entsprechende Absichten stets zu verbalisieren. Der induktive Lösungstyp entsprach also demjenigen, der oben als wahrnehmungsbestimmte Lösung bezeichnet wurde. Die Klassifikationsregeln, die auf diesen auffälligen Variablen beruhten, hießen *nicht-allgemeine Prinzipien.*

Hypothese

Es liegt die Hypothese zugrunde, daß eine negative Beziehung zwischen der Auffälligkeit verfügbarer Unterscheidungsmerkmale und der Zahl von Versuchspersonen vorliegt, die die begrifflich bestimmte Lösung wählen. Nach dieser Hypothese nimmt die Zahl von Versuchspersonen, welche die wahrnehmungsbestimmte Lösung wählen, mit einer wachsenden Auffälligkeit von Unterscheidungsmerkmalen zu. Im wesentlichen impliziert die Hypothese, daß wahrnehmungsbestimmte Reaktionen so lange vorkommen, wie sie sich als effizient erweisen, daß sie aber begrifflich bestimmten weichen, wenn sie ineffizient werden.

Im vorliegenden Experiment wurden drei Auffälligkeitsgrade verwendet; daraus ergaben sich drei Trainingsbedingungen:

Bedingung 1 (B1): Nur das allgemeine Prinzip führte zur Lösung.

Bedingung 2 (B2): Anwendbar waren das allgemeine Prinzip und ein nicht-allgemeines Prinzip, das auf einem Unterscheidungsmerkmal beruhte.

Bedingung 3 (B3): Anwendbar waren das allgemeine Prinzip und ein nicht-allgemeines Prinzip, das auf *zwei* gemeinsam auftretenden Unterscheidungsmerkmalen beruhte.

Die Hypothese impliziert, daß die Zahl der Versuchspersonen, die das allgemeine Prinzip anwenden, von B1 zu B3 abnimmt und daß die Zahl der Versuchspersonen, die das nicht-allgemeine Prinzip anwenden, von B1 zu B3 zunimmt.

Methode

Apparat. Die Bänder und Distanzen (Abbildung 1) konnten unabhängig voneinander variiert werden und Werte zwischen 0 und 145 cm, beziehungsweise 15 und 348 cm annehmen. Die Position der Versuchsperson gegenüber der Anlage war festgelegt (LINDAHL 1964).

Versuche und Experimentalbedingungen: Jede Versuchsaufgabe war durch vier Werte gekennzeichnet: die Anfangshöhe und die Entfernung der beiden Bälle. Ungefähr 500 verschiedene Aufgaben wurden konstruiert; daraus wurden Stichproben von Aufgaben gezogen, um den verschiedenen Experimentalbedingungen gerecht zu werden.

Es gab drei Trainingsbedingungen mit je 66 Aufgaben; dem Training folgte jeweils eine Testbedingung mit 33 Aufgaben. In jeder Bedingung befanden sich die Aufgaben in zufälliger Reihenfolge, sowie in 6 bzw. in 3 Blöcken von je 11 Fällen. Die Blöcke wurden in 6 bzw. in 3 verschiedenen Reihenfolgen dargeboten, damit jeder Block jede mögliche Position während des Trainings und Testens innehatte. Die Reihenfolgen wurden zufällig auf die Versuchspersonen verteilt, doch so, daß alle Reihenfolgen mit gleicher Häufigkeit vorkamen.

In allen Bedingungen entsprach die Zahl der Neigungsfälle der Zahl der Distanzfälle. Auch die Zahl der Aufgaben, in denen Ball A zuerst die Ziellinie erreichte, war genauso groß, wie die Zahl der Aufgaben, in denen Ball B zuerst ankam. In der Testbedingung wurde diese Größengleichheit nur annähernd erreicht, nämlich im Verhältnis 16 : 17.

Die Trainingsbedingungen unterschieden sich nur hinsichtlich der verwendeten Aufgaben, wie oben erläutert wurde. In B1 und der Testbedingung galt nur das allgemeine Prinzip. Das nicht-allgemeine Prinzip in B2 war: *Wenn die kürzere Distanz < 170 cm, dann handelt es sich um einen Neigungsfall und wenn die kürzere Distanz > 170 cm, dann handelt es sich um einen Distanzfall.* Das nicht-allgemeine Prinzip in B3 war: *Wenn beide Distanzen < 175 cm, dann handelt es sich um einen Neigungsfall, und wenn beide Distanzen > 175 cm, dann handelt es sich um einen Distanzfall.* Die Bänder variierten in B3 zwischen 10 und 85 cm und zwischen 10 und 145 cm in den anderen beiden Bedingungen.

Verfahren: Die Versuche wurden mit jeder Person einzeln durchgeführt. Den Versuchspersonen wurde gesagt, sie sollten ihre Eindrücke für sich behalten. Bei der ersten Sitzung las die Versuchsperson die schriftlichen Instruktionen zweimal, wobei sie in der Standardposition vor dem Versuchsaufbau mit ersten Aufgaben saß. Die Versuchspersonen wurden angewiesen, den Versuch zu machen, richtig vorherzusagen, welcher Ball zuerst die Ziellinie erreichen würde. Ihnen wurde mitgeteilt, daß (1) alle notwendige Information in Form der Distanzen und Neigungswinkel gegeben sei, daß (2) Distanzen und Neigungswinkel variiert werden könnten, daß (3) die Fälle sich nur insofern glichen, als der nähere Ball sich immer auf der niedrigeren Laufrinne befinde, und daß (4) die Länge der Bänder dem Neigungswinkel entsprach: Je länger das Band, um so größer der Neigungswinkel. Auch ein Belohnungssystem wurde verwendet; Genauigkeit und Sorgfalt wurden gefördert.

In den Trainingsbedingungen sagte die Versuchsperson das Ergebnis eines jeden Falles voraus und wurde dann über das tatsächliche Ergebnis informiert; das heißt, die Versuchsperson beobachtete den Lauf der Bälle und hörte auch, wie der Versuchsleiter das Ergebnis feststellte. In der Testbedingung traf die Versuchsperson die Vorhersagen, erhielt jedoch keine Information darüber, ob sie im Einzelfall richtig klassifiziert hatte, bis alle 33 Fälle durchgespielt waren.

Das Training wurde so lange fortgesetzt, bis 28 oder mehr von 33 aufeinanderfolgenden Vorhersagen richtig waren, oder bis 2mal 66 Vorhersagen getroffen worden waren. In jeder Trainingssitzung wurden maximal 66 Aufgaben durchgespielt, was ungefähr eine Stunde beanspruchte. Es lagen ungefähr 24 Stunden zwischen zwei Trainingssitzungen, ebenso zwischen der letzten Trainingssitzung und der Testsitzung. Am Ende einer jeden Sitzung wurden die Versuchspersonen gefragt, wie sie zurecht gekommen seien. Die Befragung fand unter dem Vorwand statt, daß man in Erfahrung bringen wolle, warum manche Aufgaben schwieriger als andere waren. Dies war ein überzeugender Vorwand, da die Versuchspersonen tatsächlich die Aufgaben als unterschiedlich schwierig empfanden. Die Berichte wurden ohne Kommentar aufgezeichnet. Erläuterungen wurden erst gegeben, als die Versuchspersonen das ganze Experiment beendet hatten.

Versuchspersonen: 15 männliche und 21 weibliche Studenten, die nach einem Zufallsverfahren unter den Studenten der Einführungskurse in Psychologie an der Universität von Uppsala ausgewählt worden waren, dienten im Rahmen der Kursanforderungen als Versuchspersonen. Vor Beginn des Experimentes verfügten sie über keine einschlägige Versuchserfahrung und waren auch sonst nicht in den Versuch eingewiesen. Sie wurden den verschiedenen Bedingungen zufällig zugeteilt, jedoch so, daß 5 männliche Studenten und 7 weibliche jeder Bedingung zugeordnet waren.

Die Belohnungen für richtige Vorhersagen und die Bestrafungen

Tabelle 1: Häufigkeiten deduktiven und induktiven Lernens nach den mündlichen Berichten

Einstufung der mündlichen Berichte	Bedingung 1			Bedingung 2			Bedingung 3		
	Tr. I N = 12	Tr. II N = 11	Test N = 12	Tr. I N = 12	Tr. II N = 8	Test N = 12	Tr. I N = 12	Tr. II N = 5	Test N = 13
Deduktive Lösung									
1. Teilanwendung des allgemeinen Prinzips	2	2	2	1					
2. Vollständige Anwendung des allgemeinen Prinzips	1	1	3	1	1	3	1		1
Induktive Lösung									
3. Anwendung unbestimmter Häufigkeitsverfahren oder nicht-allgemeiner Prinzipien oder beider	3	4	3	1	2	2			
4. Anwendung eines oder mehrerer nicht-allgemeiner Prinzipien	6	4	4	9	4	6	4	2	3
5. Anwendung des vorkommenden nicht-allgemeinen Prinzips bei allen oder einigen Fällen der letzten Blocks					1	1	7	3	8
Gesamtzahl deduktiv Lernender			5			3			1
Gesamtzahl induktiv Lernender			7			9			11

für falsche Vorhersagen wurden so aufeinander abgestimmt, daß eine maximale Belohnung gewährt wurde, wenn die richtigen Vorhersagen 60% überstiegen. Die kleinste Summe, die für Erreichen des ersten Lernziels in der ersten Sitzung zu verdienen war, betrug etwa 2 Dollar. Das Belohnungssystem galt ebenso für die Testsitzung.

Ergebnisse

Tabelle 1 zeigt die Häufigkeiten deduktiven und induktiven Lernens, wie sie aus den mündlichen Berichten hervorgehen. Die Kriterien, nach denen die Berichte ausgewertet wurden, wurden andernorts dargelegt (LINDAHL 1964).

Alle Versuchspersonen, die als deduktiv Lernende klassifiziert worden waren, hatten das allgemeine Prinzip richtig und unaufgefordert beschrieben. Nach ihren Berichten unterschieden sich nur die Einzelheiten der Verhältniseinschätzung und die Zahl der Versuche, in denen sie das allgemeine Prinzip anwendeten. Die induktiv Lernenden erwähnten das allgemeine Prinzip nicht. Sie nannten Auftretenshäufigkeiten von Merkmalen und Annahmen über Verknüpfungen von Ergebnissen und auffälligen Merkmalen.

Die beobachteten Vorhersagen zeigen eine Übereinstimmung zwischen der Leistung und dem berichteten Lösungstyp (Abbildung 2). Die Versuchspersonen, die von einer *adäquaten* Anwendung des allgemeinen Prinzips berichteten, verbesserten ihre Leistung unter allen Versuchsbedingungen. Versuchspersonen, die von der Anwendung verschiedener und nicht-allgemeiner Prinzipien berichteten, verbesserten sich in Trainingsbedingungen, in denen solche Prinzipien galten, und fielen in ihrer Leistung in der Testbedingung ab, wo kein nicht-allgemeines Prinzip anwendbar war.

Der Unterschied zwischen B1 und B3 hinsichtlich der Häufigkeit deduktiv und induktiv Lernender war signifikant ($p = 0{,}03$ nach dem FISCHER-YATES-Test), nicht aber die entsprechenden Unterschiede zwischen B1 und B2 und zwischen B2 und B3 ($p > 0{,}05$).

Unterschiede hinsichtlich der Richtigkeit der Vorhersagen in diesen drei Experimentalgruppen wurden in Tabelle 2

Tabelle 2: Durchschnittliche Zahl von Trainingsblocks in den drei Experimentalbedingungen und die Zahl der Versuchspersonen, die das erste Lernziel unter diesen Bedingungen erreichten.

	Bedingung		
	B 1	B 2	B 3
Durchschnittliche Zahl von Trainingsblocks	11.33	9.33	6.25
Zahl der Versuchspersonen, die das erste Lernziel erreichten	1	7	12

wiedergegeben. Das erste Lernziel wurde von mehr Versuchspersonen in B2 und B3 erreicht als in B1, obgleich die Versuchspersonen in B1 im Durchschnitt einem längeren Training unterzogen wurden.

Erörterung und Schluß

Die folgenden Schlußfolgerungen gelten nur *für Situationen der geschilderten Art:* Vor die Wahl zwischen begrifflich bestimmten und wahrnehmungsbestimmten Lösungen gestellt, ziehen Versuchspersonen die letzteren vor, und zwar um so mehr, je auffälliger die auftretenden Unterscheidungsmerkmale sind. Je weniger auffällig sie sind, desto mehr Versuchspersonen wählen begriffsbestimmte Lösungen.
Die Daten bestätigten also die Hypothese. Auffällige Hinweisreize führen insgesamt zu homogeneren Reaktionen als weniger auffällige. Die Lösungen sind von größerer individueller Vielfalt, wenn die Hinweisreize nicht auffällig sind. Dieser Umstand und die Tatsache, daß die Leistungen besser sind, wenn wahrnehmungsbestimmte Lösungen überwiegen, läßt darauf schließen, daß den Versuchspersonen das Operieren auf der Wahrnehmungsebene leichter fällt als auf der Begriffsebene.
Beide Lösungstypen beruhen in einem gewissen Maße auf Wahrnehmungsinformation. Deshalb mag man versucht sein, beide Typen als gleichermaßen perzeptiv, wenn vielleicht auch als verschieden schwer anzusehen. Deshalb muß abermals darauf hingewiesen werden, daß die sogenannte begriffliche Lösung ein logisches Verständnis voraussetzt, nämlich das Verständnis, wie sich der Neigungswinkel und die Distanz auf die Zeit auswirken, die der Ball benötigt, um das Ziel zu erreichen. Nur wenn in den mündlichen Berichten dieses logische Verständnis manifest wurde, waren systematische Verbesserungen der Vorhersagen zu verzeichnen, vorausgesetzt, daß keine nicht-allgemeinen Prinzipien vorherrschten. Die sogenannte perzeptive Lösung setzte kein entsprechendes logisches Verständnis voraus. Die nicht-allgemeinen Prinzipien sind völlig willkürlich und lassen sich nicht aus irgendeiner Kenntnis physikalischer Gesetzmäßigkeit ableiten. Folglich verzichteten die Versuchspersonen darauf, sich auf logische Argumente zu stützen und verließen sich lieber auf ihre Erfahrung, wenn sie die nicht-allgemeinen Prinzipien anwendeten.
Einige der im vorliegenden Experiment beobachteten Phänomene befinden sich in ziemlicher Übereinstimmung mit den Ergebnissen anderer vergleichbarer Studien. Diese Feststellung soll zuerst anhand der induktiven Lernphänomene näher erläutert werden und danach anhand der beobachteten Strategiewechsel.
Was „Auffälligkeit“ in der vorliegenden Untersuchung ge-

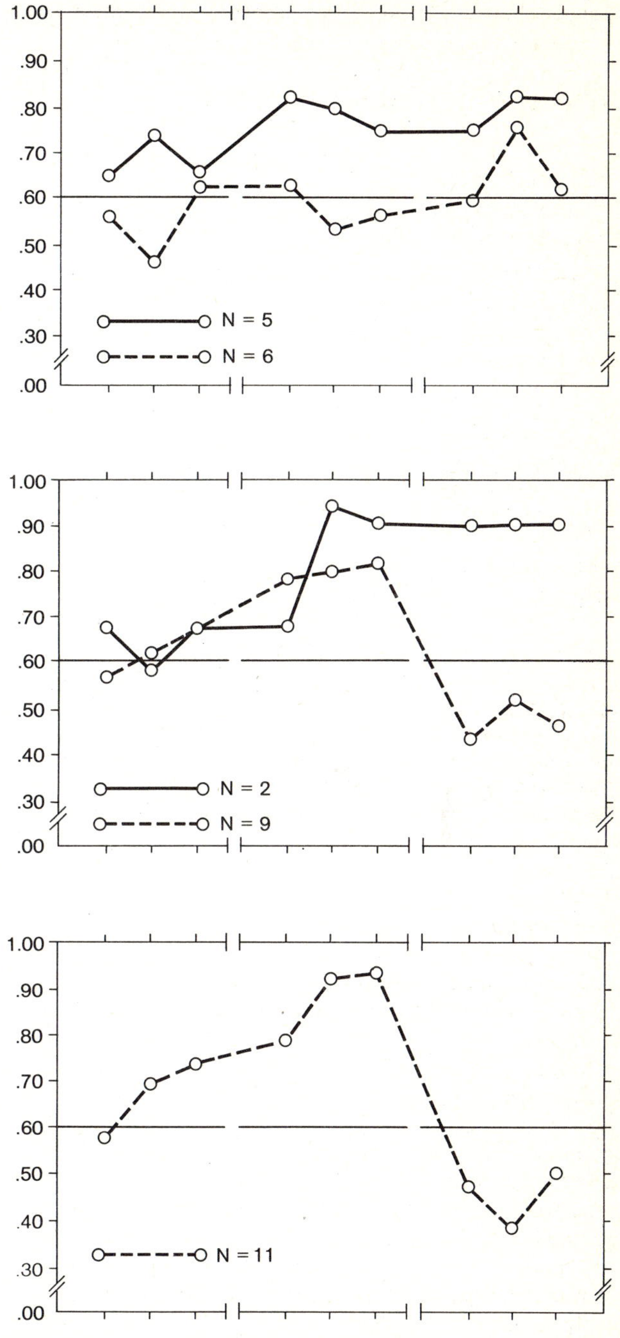

Abbildung 2: Verhältnis richtiger Vorhersagen zur Gesamtzahl der Vorhersagen, getrennt nach Aufgabenblöcken in den verschiedenen Versuchsbedingungen. Die durchgezogenen Linien geben die deduktiv Lernenden, die gestrichelten die induktiv Lernenden wieder.

nannt wurde, kann unterschiedlich bezeichnet und begrifflich erfaßt werden. Einmal läßt sie sich mit „Augenfälligkeit“ und „Emphase“ vergleichen, welche – wie gezeigt wurde – die Begriffsidentifikation erleichtern, wenn sie dem relevanten Reiz eigen sind (ARCHER, 1962; TRABASSO, 1963). Ähnlich erleichterte im vorliegenden Fall die Auffälligkeit das induktive Lernen. Zweitens führt die Vorgabe einer sogenannten auffälligen Klassifikationsgrundlage zur Steigerung der Unterschiede zwischen den Klassen und der Ähnlichkeit innerhalb der Klassen. Auch in anderen Studien hat eine solche Steigerung zur Förderung des induktiven Lernens geführt (BAUM, 1954; DICK, 1963; SHEPARD, HOVLAND & JENKINS, 1961; SHEPARD & CHANG, 1963).

Am besten scheinen sich die Phänomene, mit denen wir es hier zu tun haben, mit Hilfe der Annahme beschreiben zu lassen, die Versuchspersonen überprüften Hypothesen. Das allgemeine Schema dieser Erklärungen entspricht dem aus einer schon früher zitierten theoretischen Analyse (MILLER, GALANTER & PRIBRAM, 1960). Dieses Schema enthält den folgenden Ablauf: (1) Die Vorstellung der Versuchsperson von der Aufgabe führt zu einer Strategie, die (2) das Verhalten reguliert, das (3) mehr Information über die Aufgabe verschafft, wodurch (4) die Vorstellung der Aufgabe verändert wird; dies führt (5) zu einer Modifikation der Strategie usw., bis eine effiziente Anpassung an die jeweiligen Anforderungen erreicht ist. Anhand der vorliegenden Ergebnisse sowie der oben zitierten kann man vermuten, daß der Prozeß im wesentlichen von Hypothesen aus der Wahrnehmung seinen Ausgang nimmt; wenn diese sich als ineffizient erweisen, weichen sie stärker begrifflich gestimmten Hypothesen, sofern die Fähigkeit der Versuchspersonen zur Informationsverarbeitung und Strategiebildung das zuläßt. Dies war der Gegenstand, mit dem sich Entwicklungspsychologen wie PIAGET beschäftigt haben (GYR u.a., 1967). Unsere Absicht war anzuregen, daß diese Forschungsarbeiten auch auf das kognitive Verhalten von Erwachsenen ausgedehnt werden sollten.

Literatur

ARCHER, E.J. Concept identification as a function of obviousness of relevant and irrelevant information. *J. exp. Psychol.* 1962, 63, 616–620.

BAUM, M.H. Simple concept learning as a function of intralist generalization. *J. exp. Psychol.* 1954, 47, 89–94.

BRUNER, J.S., OLVER, R.R., GREENFIELD, P.M. et al. *Studies in cognitive growth.* New York: Wiley 1966. (Deutsch: *Studien zur kognitiven Entwicklung.* Stuttgart: Klett 1971.)

DAVIS, D.J. Structure of the environment and strategies for acquiring information. *J. exp. Psychol.* 1967, 73, 227–231.

DICK, R.D. Formation and generalization of concepts as a function of similarity and amount of training. *Amer. J. Psychol.* 1963, 76, 607–615.

GYR, J.W., BROWN, J.S. & CAFAGNA, A.C. Quasiformal models of inductive behavior and their relation to Piaget's theory of cognitive stages. *Psychol. Rev.* 1967, 74, 272–289.

HEIDBREDER, E. Toward a dynamic psychology of cognition. *Psychol. Rev.* 1945, 52, 1–22.

KENDLER, T.S. Concept formation. *Ann. Rev. Psychol.* 1961, 12, 447–472.

LINDAHL, M.-B. The importance of strategy in a complex learning task. *Scand. J. Psychol.* 1964, 5, 171–180.

MILLER, G.A., GALANTER, E. & PRIBRAM, K.H. *Plans and the structure of behavior.* New York: Holt, Rinehart & Winston 1960. (Deutsch: *Strategien des Handelns.* Stuttgart: Klett 1973.)

NEIMARK, E.D. & LEWIS, N. The development of logical problem-solving strategies. *Child Developm.* 1967, 38, 107–117.

NEIMARK, E.D. & WAGNER, H. Information gathering in diagnostic problem-solving as a function of number of alternative solutions. *Psychonomic Sci.* 1964, 1, 329–330.

SHEPARD, R.N. & CHANG, J.-J. Stimulus generalization in the learning of classifications. *J. exp. Psychol.* 1963, 65, 93–102.

SHEPARD, R.N., HOVLAND, C.I. & JENKINS, H.M. Learning and memorizations of classifications. *Psychol. Monogr.* (Nr. 517), 1961.

TRABASSO, T.R. Stimulus emphasis and all-or-none learning in concept identification. *J. exp. Psychol.* 1963, 65, 398–406.

WEIR, M.W. Developmental changes in problem-solving strategies. *Psychol. Rev.* 1964, 71, 473–490.

WOHLWILL, J.F. From perception to inference: a dimension of cognitive development. In W. KESSEN & C. KUHLMANN (Hrsg.), Thought in the young child. *Monogr. Soc. Res. Child Dev.* 1962, 27, 87–112.

11 Problemlösen

Ziel des Denkens ist zum einen – wie im vorangehenden Abschnitt dargestellt – die Erweiterung und Ordnung der durch die Wahrnehmung vermittelten Erkenntnis. Zum anderen erstreckt sich Denken auch auf zukünftige Ereignisse, insbesondere das eigene Handeln und seine Folgen. Im Denken können zukünftige Handlungen vorweggenommen werden, in ihrem Ablauf, mit ihren Risiken; vorweggenommen werden auch die Ergebnisse von Handlungen (oder ihrer Unterlassung) – die erwünschten Folgen und die unerwünschten Wirkungen. Die gedankliche Vorwegnahme einer Handlung ist ungleich weniger aufwendig als ihre Ausführung, das gedanklich vorweggenommene Ergebnis einer Handlung birgt ungleich weniger Risiken als die tatsächliche Handlungsfolge. So kann Denken zum willkommenen Probehandeln werden, in dem erst geprüft wird, welche planbare Handlungsalternative, welche Entscheidung sich für die Ausführung empfiehlt, bevor Plan und Entscheidung in die Tat umgesetzt werden.

Besonders augenfällig wird die gedankliche Vorphase des Handelns beim Vorliegen von praktischen Problemen, für die nicht alsbald eine Lösung zur Verfügung steht. Dann werden die Kristallisationspunkte des problemlösenden Denkens offenbar: Die Problemanalyse („Wo liegt hier eigentlich die Schwierigkeit?"), die Situations- und Materialanalyse („Wie ist eigentlich die Lage?" „Welche Gegenstände, welche Personen sind vorhanden, die bei der Überwindung der aufgetretenen Schwierigkeiten hilfreich sein können?") und schließlich die Schritte zur endgültigen Problemlösung („Wie setze ich die mir verfügbaren Mittel ein, um den von mir gewünschten Zustand zu erreichen?"). Der erste in diesem Abschnitt wiedergegebene Artikel schildert ein praktisches Problem, bei dessen Lösung diese drei Punkte zutage treten. Die Autoren, die norwegischen Psychologen Per SAUGSTAD und Kjell RAAHEIM, legen dabei den Schwerpunkt ihrer Untersuchung auf die Materialanalyse, speziell auf das Erkennen des Gebrauchswerts von Gegenständen. Der Aufsatz von SAUGSTAD und RAAHEIM ist nicht zuletzt deshalb zur Wiedergabe ausgewählt worden, weil er eine Versuchsanordnung beschreibt, wie sie für viele, vor allem ältere experimentelle Untersuchungen zum praktischen Problemlösen charakteristisch ist.

Der Aufsatz des amerikanischen Psychologen Frank RESTLE im zweiten Teil dieses Abschnitts befaßt sich mit der Lösung von Rechenaufgaben. Die Lösung von Rechenaufgaben, zumindest von einfachen Rechenaufgaben, wie RESTLE sie behandelt, ist durch die mathematischen Regeln eindeutiger festgelegt als die Lösung praktischer Probleme. Da Rechenaufgaben weiterhin stärker von der Wirklichkeit abstrahiert sind, kann man von ihnen nicht behaupten, daß ihre Lösung in die Zukunft vorgreift. Aber bei der Bearbeitung mathematischer Aufgaben sind ebenfalls Problemstellungen zu definieren, Lösungsalternativen zu entwickeln und Entscheidungen zwischen diesen Alternativen zu treffen. Deshalb wurde die Untersuchung RESTLES über die Lösung mathematischer Probleme als zweiter Beitrag in diesen Abschnitt aufgenommen.

Per Saugstad und Kjell Raaheim

Problemlösen und Verfügbarkeit von Funktionen

Originaltitel: Problem solving and the availability of functions
Entnommen aus: Acta Psychologica, 1957/58, *13*, 263–278
(Aus dem Englischen übersetzt von Hainer Kober)

Die Arbeit von Saugstad *und* Raaheim *lenkt die Aufmerksamkeit auf die Phase der Materialanalyse beim praktischen Problemlösen. Ihre Hauptthese ist: Produktives Denken erschöpft sich nicht darin, vorhandene Mittel so zu kombinieren, daß der erwünschte Zweck erreicht wird. Es schließt auch die Erkenntnis ein, daß verschiedene Gegenstände überhaupt als Mittel zu einem bestimmten Zweck zu gebrauchen sind. Das Erkennen des Gebrauchswerts eines Gegenstandes ist dabei offenbar keine Selbstverständlichkeit; Personen unterscheiden sich in ihrer Fähigkeit zum Erkennen von Gebrauchswerten oder – wie die Autoren sagen – von* Funktionen *erheblich. Zwar können die meisten Menschen jedem Gegenstand einen Gebrauchswert zuordnen. Aber die Regel ist: Viele Gegenstände sind zu mehreren verschiedenen Zwecken einzusetzen, dienen also verschiedenen Funktionen (so kann man z. B. eine Zeitung zum Lesen, zum Feueranzünden und zum Einwickeln verwenden). Und verschiedene Individuen unterscheiden sich in der Zahl der Funktionen, welche sie einem Gegenstand zuerkennen.*
Saugstad *und* Raaheim *weisen im ersten Teil ihrer Untersuchung individuelle Unterschiede im Erkennen von Gebrauchswerten oder – wie sie es ausdrücken – in der* Verfügbarkeit von Funktionen *nach. Und im zweiten Teil ihrer Untersuchung belegen sie, daß Personen, welche weniger Funktionen verfügbar haben, beim praktischen Lösen von Aufgaben schlechter abschneiden. Die Frage liegt nahe: Wie kommt ein Mensch in den Besitz der Fähigkeit, die Verwendbarkeit eines Gegenstandes zu erkennen? Und woran liegt es, wenn ein Mensch beim Erkennen von Funktionen versagt? Es ist nicht zu bestreiten, daß diese Fähigkeit durch Übung gefördert wird. Die Autoren möchten jedoch auch die theoretische Möglichkeit offenlassen, daß Funktionen ohne einschlägige Erfahrung in einem Akt der Wahrnehmung erkannt werden. Diese Überlegung ist in einem Teil der Erörterung enthalten, der – ebenso wie andere kleinere Absätze – nicht aus dem Original in den folgenden Text übernommen sind.*

In einem früheren Bericht (Saugstad 1955) entwickelte der erste Autor einen Ansatz zur Untersuchung des Problemlösens. Wenn man praktische Konstruktionsprobleme betrachtet, kann man sagen: Die Lösung eines Problems hängt davon ab, daß man bestimmte Objekte in bestimmter Weise verwendet. Die Objekte können so bestimmten „Funktionen" bei Erreichen der Lösung dienen. Es wurde eine Analyse des Problemlösungsverhaltens unter dem Gesichtspunkt dieser „Funktionen" vorgeschlagen und ein Experiment entworfen, um zu zeigen, daß sich wichtige theoretische Probleme experimentell angehen lassen, indem man sich der Analyse dieser von den Objekten gelieferten „Funktionen" zuwendet. Durch unabhängige, der Problemsitzung vorangehende Tests wurde für jedes Individuum in einer Gruppe von Versuchspersonen die Verfügbarkeit derjenigen Funktionen bestimmt, die für die Lösung eines Problems als erforderlich angesehen wurden. In Übereinstimmung mit diesen Tests wurden die Versuchspersonen in zwei Untergruppen unterteilt: diejenigen, die über die notwendigen „Funktionen" verfügten, und die anderen, denen solche „Funktionen" fehlten.
Auch in dem hier zu beschreibenden Versuch war ein praktisches Konstruktionsproblem zu lösen. Vorher sollten die Versuchspersonen aufschreiben, welche „Funktionen" ihnen zu jedem der dabei verwendeten Gegenstände einfielen. Die Verfügbarkeitstests wurden standardisiert; die „Funktions"-Listen wurden von den Versuchsleitern vorbereitet. Die Aufgabe der Versuchspersonen bestand im wesentlichen darin, konkrete Beispiele allgemeiner Bestimmungen von „Funktionen" in eine Reihe vorbereiteter Listen einzutragen. Die Verfügbarkeitstests wurden natürlich wie im vorher angeführten Experiment vor der Problemsituation durchgeführt und ohne daß das Problem in irgendeiner Form erwähnt wurde.

Methode

Versuchspersonen. Das Verfahren wurde anhand von 70 Versuchspersonen standardisiert. Im eigentlichen Experiment dienten 149 männliche Gymnasiasten im Alter von 17 bis 18 Jahren als Versuchspersonen. Es wurden nur solche Schüler um ihre freiwillige Mitarbeit gebeten, die Mathematik und Physik als Hauptfächer gewählt hatten.
Das Problem. Im oben erwähnten Bericht (Saugstad, 1955) wurden drei Voraussetzungen genannt, die eine Problemsituation aufweisen muß, wenn sie zur Überprüfung der Hypothese geeignet sein soll:
1. Die Lösung muß sich mit Hilfe verschiedener Objekte herbeiführen lassen.

2. Die Versuchspersonen müssen davon überzeugt sein, daß die Objekte tatsächlich für die entscheidende „Funktion“ zu verwenden sind.
3. Es muß den betroffenen Personen möglich sein, Verfahrensweisen, die für eine Lösung nicht geeignet sind, als falsch zu erkennen.

Abbildung 1 gibt eine Skizze der Problemsituation wieder. Die Versuchsperson (Vp) nimmt ihren Platz hinter einem Tisch (T) ein. Auf dem Tisch befinden sich die folgenden Objekte, die der Versuchsperson zur Verfügung stehen: Vier Zeitungen (bei den verwendeten Zeitungen handelt es sich um sechzehnseitige Ausgaben des „Dagbladet“, das auf relativ dickem Papier gedruckt wird; die Größe einer jeden Seite ist 37,5x56 cm), ein Stück Bindfaden (2,5 m lang), eine Zange, fünf kleine Gummibänder und ein Eisennagel (7,5 cm lang). Ein Kreidestrich führt vom Tisch zur gegenüberliegenden Wand (rechts), und die Versuchsperson wird angewiesen, hinter dem Tisch und der Linie zu bleiben. An der Wand, die parallel zur Kreidelinie verläuft, steht ein hohler Metallzylinder (Z) (Durchmesser 5 cm; Höhe 22,5 cm). In einer Entfernung von 34 cm befindet sich an derselben Wand ein Holzrahmen (R) (27 cm lang, 15,5 cm breit und 2,5 cm hoch). Die Bretter des Rahmens sind 2 cm dick. Der Rahmen wird durch ein Holzbrett (7,5 cm breit) in zwei Abschnitte unterteilt. Auf dem Holzbrett steht ein Trinkglas (G), gefüllt mit kleinen Stahlkugeln (1,2 cm im Durchmesser). Der Rahmen ist nicht an der Wand oder auf dem Fußboden befestigt und folglich zu bewegen. Vor dem Holzrahmen in einer Entfernung von 25,5 cm von ihm befindet sich eine Holzkiste (K) (37 cm lang, 37 cm breit und 16,5 cm hoch). Die Öffnung der Kiste ist verdeckt. Sie ist mit Schwermetallteilen gefüllt, so daß sie nicht leicht zu bewegen ist. An der rechten Wand befindet sich in einer Höhe von 106,5 cm über dem Fußboden ein Regal, das 25,5 cm in den Raum hineinreicht.

Die Versuchsperson befand sich hinter dem Tisch und dem Kreidestrich und wurde vor die Aufgabe gestellt, die Stahlkugeln aus dem Glas in den Metallzylinder hinüberzuschaffen; dazu konnte sie die Gegenstände auf dem Tisch benutzen.

Die folgende Lösung wurde als die diesem Problem angemessene betrachtet: Der Nagel mußte mit der Zange zu einem Haken gebogen, der Haken dann an den Strick gebunden und in den hölzernen Rahmen geworfen werden. Der Haken mußte durch Anziehen der Schnur am Rahmen festgehalten werden. Dann mußte der Holzrahmen um die Kiste herum hinter den Kreidestrich gezogen werden. Anschließend wurden die Blätter der Zeitungen zu Röhren gerollt und so ineinander gesteckt, daß sie eine einzige lange Röhre bildeten. Die Zeitungsröhre wurde durch die Gummibänder zusammengehalten. Durch diese Röhre mußten die Stahlkugeln von der Versuchsperson hinter dem Tisch in den Zylinder geleitet werden.

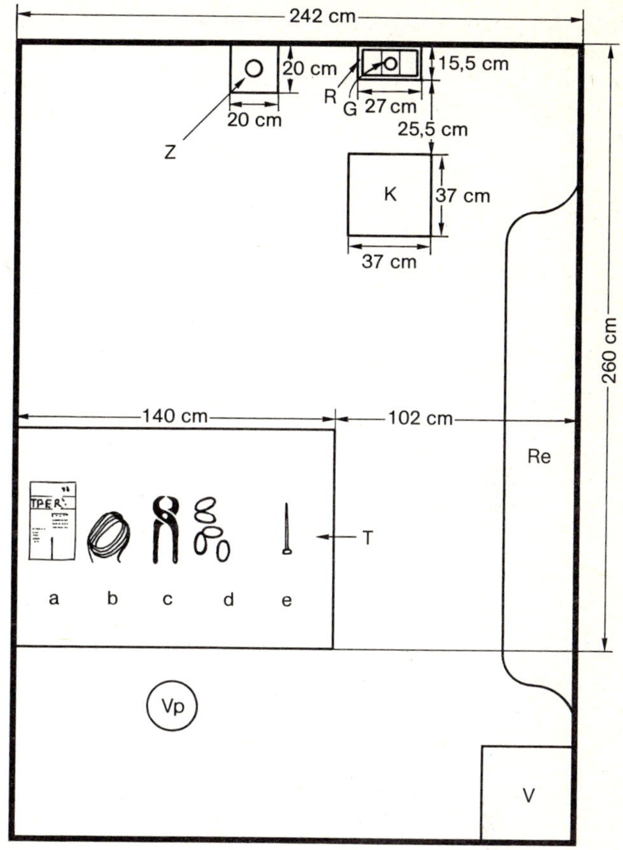

Abbildung 1: Skizze der Problemsituation
K – Holzkiste, Z – Metallzylinder, V – Tisch des Versuchsleiters, R – Holzrahmen, G – Glas mit Stahlkugeln, Vp – Versuchsperson, Re – Regal, T – Tisch, a – vier Zeitungen, b – Bindfaden, c – Zange, d – fünf Gummibänder, e – Eisennagel.

Durch die Gestaltung der Instruktionen, sowie durch Änderung der verschiedenen Abstände und der Form des Holzrahmens war es in den Vortests möglich, alle Lösungen bis auf zwei auszuschließen, die richtige und die folgende: Wenn aus dem Zeitungspapier, dem Bindfaden und den Gummibändern eine lange stockähnliche Konstruktion angefertigt wurde, durch deren Ende der unverbogene Nagel gesteckt wurde, konnte der Holzrahmen hinter der Kiste vorbei hinter den Kreidestrich gezogen werden, sofern die Versuchsperson sich ganz nahe an eine der Wände begab. Da diese Methode, das Problem zu lösen, während des Vortests sehr selten vorzukommen schien und da eine Umordnung der Problemsituation, die alle Lösungen außer der richtigen ausgeschlossen hätte, das Problem kompliziert hätte, wurde beschlossen, keine weiteren Veränderungen an der Situation vorzunehmen und Versuchspersonen, die diese Lösung (F) anstrebten, nicht in die Daten einzubeziehen. In diesem Zusammenhang ist anzumerken, daß das in den Raum hineinragende Regal manche Versuchspersonen von dieser Lösung abgehalten haben mag. Die Zahl der Versuchspersonen, deren Daten aus diesem Grund nicht berücksichtigt wurden, sind im Abschnitt „Ergebnisse" wiedergegeben.

Instruktion. Die folgende Instruktion wurde den Probanden laut vorgelesen:

„Ihnen wird jetzt ein Problem gegeben werden. Ihre Aufgabe besteht darin, die Kugeln aus dem Glas, das Sie dort drüben sehen, in den Zylinder dort hinüberzuschaffen (Vl deutet auf das Glas und den Zylinder).

Die Tätigkeit muß von hier aus durchgeführt werden, das heißt während der ganzen Sitzung müssen Sie entweder hinter dem Tisch oder hinter diesem Strich bleiben (Vl deutet auf den Strich).

Es ist Ihnen nicht gestattet, den Tisch, den Zylinder oder die Kiste zu bewegen. Sie dürfen jedoch die Kugeln bewegen, wie Sie wollen. Das Material auf dem Tisch steht zu Ihrer Verfügung: Hier sind einige Zeitungen, ein Stück Bindfaden, eine Zange, einige Gummibänder und ein Nagel (Vl zeigt auf jeden Gegenstand, den er nennt). Sie sind vielleicht in der Lage, das Problem zu lösen, ohne alle diese Dinge zu verwenden; doch steht es Ihnen auch frei, sie nach Belieben zu benutzen. Wir möchten Ihre Aufmerksamkeit auf einen Punkt lenken: Ihre Lösung des Problems muß vernünftig und praktikabel sein, das heißt, die Stahlkugeln dürfen keinesfalls auf eine Weise in den Zylinder überführt werden, die vom Zufall abhängig ist. Wenn Sie es möchten, können Sie uns sagen, wie Sie vorgehen würden, anstatt Ihre Pläne tatsächlich auszuführen. Sie haben 30 Minuten für die Aufgabe. Stellen Sie bitte soviel Fragen wie Sie wollen, wenn Sie sich über irgendeinen Punkt nicht im klaren sind."

Verfügbarkeitstest. Während des Vortests wurden Versuchspersonen aufgefordert, so viele „Funktionen" wie möglich für jedes Objekt zu benennen. Die von den Versuchspersonen aufgestellten Listen dienten anschließend als Grundlage zur Vorbereitung der Listen durch die Autoren. Bei Vorbereitung ihrer Listen achteten die Autoren darauf, die Zahl der Kategorien (die allgemeinen Aussagen über „Funktionen") größer als die Zahl zu halten, die sie im Vortest gefunden hatten. Die Autoren empfanden es als schwierig, mehr als fünf Kategorien für jedes Objekt zu finden. Für die Gummibänder waren nur drei ausfindig zu machen. (In diesem Zusammenhang dürfte es erwähnenswert sein, daß die Autoren bei der Erörterung ihrer Technik mit anderen Untersuchern eine Tendenz festgestellt haben, die eigene Fähigkeit zum Finden von „Funktionen" zu überschätzen.) Unten sind die Übersetzungen der in den fünf Listen aufgestellten Kategorien wiedergegeben.

„Die Zeitung kann verwendet werden:
a) zum Isolieren
b) zum Trocknen
c) zum Leiten
d) zum Einwickeln
e) zum Entfachen eines Feuers

Der Bindfaden kann verwendet werden:
a) um Dinge zusammenzubinden
b) um Dinge aufzuhängen
c) um Dinge zu reparieren
d) um Dinge zu tragen
e) um Dinge zu ziehen

Die Zange kann verwendet werden:
a) um Dinge herauszuziehen
b) zum Hämmern
c) um Dinge zu halten
d) um Dinge zu formen
e) um Dinge abzukneifen

Gummibänder können verwendet werden:
a) um Dinge zusammenzuhalten
b) zum Isolieren
c) um Bewegung zu erzeugen

Ein Nagel kann verwendet werden:
a) um Dinge zu befestigen
b) um Dinge damit zu ergreifen
c) um Dinge damit aufzuspießen
d) um Dinge damit zu kratzen
e) um Dinge daran aufzuhängen."

Unter jeder Kategorie enthielt die Liste drei numerierte Zeilen, in die drei Beispiele einzutragen waren, und außerdem zwei nicht numerierte Zeilen, die den Versuchspersonen Gelegenheit geben sollten, weitere Beispiele aufzuführen. Jede Liste wurde auf ein gesondertes Blatt Papier geschrieben und mit jedem Gegenstand gemeinsam vorgelegt. Die Objekte wurden einzeln in der folgenden Reihenfolge vorgelegt: Zeitung, Bindfaden, Zange, Gummiband, Nagel.

Instruktion zum Verfügbarkeitstest. Die Instruktion wurde den Versuchspersonen laut vorgelesen:

„Wir werden Ihnen nun einige Gegenstände vorlegen. Diese Gegenstände können, wie Sie gleich bemerken werden, auf verschiedene Weise verwendet werden. Wir haben eine Reihe von Verwendungsmöglichkeiten für jeden Gegenstand vorgeschlagen und möchten Sie bitten, Beispiele für jede Verwendungsweise zu nennen (Vl händigt der Versuchsperson hier eine Liste aus). Auf diesem Blatt sehen Sie einige Zeilen, in die Sie Ihre Beispiele eintragen können. Wie Sie sehen, ist dort genügend Platz für drei Beispiele. Wir möchten Sie bitten, zwei, oder wenn Sie können, drei Beispiele für jede Verwendungsweise zu finden. Wenn Ihnen aus dem Stegreif mehr als drei einfallen, sind hier noch zwei zusätzliche Zeilen (Vl zeigt auf das Blatt)."

Bei jedem Objekt sagte der Versuchsleiter: „Hier ist ein neuer Gegenstand (Vl nennt das Objekt). Verfahren Sie in der gleichen Weise."
Entscheidende Funktionen. Bei einer logischen Analyse des Problems kann man die Lösung auf die folgenden Funktionen zurückführen: *Die Zange:* zum Biegen des Nagels; *der Nagel:* Verwendung als Haken, nachdem er umgebogen wurde; *der Bindfaden:* zur Verlängerung der Reichweite und zum Ziehen; *die Zeitung:* um als Röhre zu dienen, nachdem sie zusammengerollt wurde; *das Gummiband:* zum Zusammenhalten von Dingen. Unsere Erfahrung hat gezeigt, daß in den meisten Problemsituationen dieser Art einige Objekte vorhanden sind, die sich in einer sehr einsichtigen Weise verwenden lassen. Deswegen hängt die richtige Lösung gewöhnlich an der besonderen Verwendung von einem oder zwei Objekten. Welche der „Funktionen" entscheidend sind, muß natürlich anhand einer gegebenen Gruppe von Versuchspersonen empirisch ermittelt werden. Der gesunde Menschenverstand und die Ergebnisse des Vortests ließen vermuten, daß es zwei entscheidende „Funktionen" für die vorhandene Versuchsgruppe gab: „Haken" und „Röhre".
Die „Haken"-Funktion wurde als verfügbar gewertet, wann immer eine Versuchsperson in der Kategorie „Zum Ergreifen von Dingen" das norwegische Wort für „Haken" ganz unabhängig vom Kontext geschrieben hatte oder wenn die Versuchsperson in derselben Kategorie – wiederum unabhängig vom Kontext – vorgeschlagen hatte, den Nagel zu biegen. Die Funktion „Röhre" wurde als verfügbar gewertet, wann immer die Versuchsperson unabhängig vom Kontext das norwegische Wort für „Röhre" geschrieben hatte. Der Vortest zeigte, daß die „Röhren"-Funktion ziemlich selten angeführt wurde. Das norwegische Wort für „Trichter" schien häufiger vorzukommen. Es wurde deshalb entschieden, dies als eine gesonderte „Funktion" zu werten und die beiden „Funktionen" in der abschließenden Bewertung der Ergebnisse zusammenzufassen.

Tabelle 1: Zahl der Versuchspersonen, Zahl und Prozentsatz der Lösungen in den sechs Untergruppen der Experimentalgruppe.

Verfügbare Funktionen	Zahl der Versuchspersonen	Lösungen	
		Zahl	%
Haken und Röhre	8	8	100
Haken und Trichter	10	8	80
Haken	14	8	57
Röhre	10	5	50
Trichter	16	4	25
Keine Funktion	37	7	19
Insgesamt	95	40	42

Versuchsanlage. Die Versuchspersonen wurden nach einem Zufallsverfahren zu 2/3 einer Experimentalgruppe (101 Versuchspersonen) und zu 1/3 einer Kontrollgruppe (48 Versuchspersonen) zugewiesen. Die Kontrollgruppe erhielt lediglich das Problem, während die Experimentalgruppe sowohl dem Verfügbarkeitstest unterzogen wurde als auch das Problem erhielt. Es wurde stets darauf geachtet, das Problem unmittelbar nach dem Verfügbarkeitstest zu stellen. Die Versuchspersonen wurden alle einzeln getestet.

Ergebnisse

In Tabelle 1 werden die Versuchspersonen der Experimentalgruppe danach klassifiziert, ob sie im Verfügbarkeitstest „Haken" und „Röhre" (Untergruppe 1), „Haken" und „Trichter" (Untergruppe 2), „Haken" (Untergruppe 3), „Röhre" (Untergruppe 4), „Trichter" (Untergruppe 5) oder keine „Funktion" (Untergruppe 6) angeführt hatten. Die Zahl der Lösungen und der Prozentsatz der Lösungen wird für jede der sechs Untergruppen wiedergegeben:
Sechs Versuchspersonen in der Experimental- und drei in der Kontrollgruppe versuchten Lösung F. Ihre Daten wurden nicht berücksichtigt.
Der Unterschied in der Zahl der Lösungen zwischen den zusammengefaßten Untergruppen 1 und 2 auf der einen Seite und den zusammengefaßten Untergruppen 3, 4 und 5 auf der anderen ist nach dem χ^2-Test signifikant auf dem 1%-Niveau. Ebenso ist der Unterschied zwischen den zusammengefaßten Untergruppen 3, 4 und 5 und der Untergruppe 6 bei gleichem Testverfahren signifikant auf dem 5%-Niveau. Die Zahl der Versuchspersonen in der Untergruppe 1 ist begrenzt, doch es zeigt sich, daß auch die Untergruppe 2 in ihrer Lösungszahl nahe an die 100% herankommt. In Untergruppe 2 sind 100% deshalb nicht zu erwarten, weil „Trichter" doch wohl ein weniger befriedigendes Kriterium als „Röhre" ist. Die Ergebnisse für Untergruppe 1 und 2 lassen vermuten, daß eine Gruppe von Personen, die über die Funktionen „Röhre" und „Haken" verfügen, das Problem in nahezu 100% der Fälle lösen wird.
Die Daten weisen auch darauf hin, daß Versuchspersonen, die über eine der „Funktionen" verfügen, denen ohne Funktionsnennung überlegen sind. Die Zahlen in Untergruppe 3 und 4 sind zu klein, um einen Vergleich zwischen der Effektivität der Funktionen „Röhre" und „Haken" zuzulassen.
Im methodischen Abschnitt wurde darauf hingewiesen, der Verfügbarkeitstest sei nicht so konstruiert, daß Versuchspersonen, die das Kriterium der Verfügbarkeit im Vortest nicht erfüllten, auch beim nachfolgenden Problemlösen die „Funktionen" nicht benützen würden. Das Verfahren läßt

keine klare Unterscheidung zwischen Personen zu, die die notwendigen „Funktionen“ haben, und jenen, die sie nicht haben. In den Untergruppen 3, 4, 5 und 6 gibt es wahrscheinlich sowohl Versuchspersonen, die im Besitz der „Funktionen“ sind, aber keine mündlichen Antworten geben, welche das Kriterium erfüllen, wie auch Versuchspersonen, denen die „Funktionen“ erst nach dem Verfügbarkeitstest klar wurden. Die Verfügbarkeit einer „Funktion“ ist natürlich kaum eine Frage des „Entweder-Oder“, sondern ein sehr komplizierter Prozeß mit Schwellen. Es gibt jedoch Hinweise dafür, daß Versuchspersonen, die nach dem Verfügbarkeitstest auf dem Verfügbarkeitskontinuum als niedrig einzustufen sind, auch während des Problemlösungstests nicht in den Besitz der „Funktion“ gelangen werden. Die Kategorie „Dinge ergreifen“ wurde von 11 Versuchspersonen offen gelassen. Diese 11 Versuchspersonen können als diejenigen betrachtet werden, denen die „Haken“-Funktion am wenigsten verfügbar war. Keine dieser Versuchspersonen löste das Problem. Nur 3 Versuchspersonen ließen die Kategorie „zum Leiten“ völlig offen. Für die „Röhren“-Funktion haben wir deshalb keine vergleichbare Zahl von Daten.
In der Kontrollgruppe lösten 10 von 45 Versuchspersonen das Problem. Der Unterschied in der Häufigkeit von Lösungen in der Experimental- und in der Kontrollgruppe ist nach dem χ^2-Test auf dem 5%-Niveau signifikant. Die Überlegenheit der Experimentalgruppe läßt sich auf dreierlei Weise erklären. (a) Der Verfügbarkeitstest hat die Situation dadurch beeinflußt, daß er die Gesamtzahl der den Versuchspersonen verfügbaren „Funktionen“ eingeschränkt hat. (b) Der Verfügbarkeitstest hat die Versuchspersonen in einen für den folgenden Problemslösungstest günstigeren emotionalen und motivationalen Zustand versetzt. (c) Der Verfügbarkeitstest hat dabei geholfen, die entscheidenden „Funktionen“ einigen Versuchspersonen in der Experimentalgruppe verfügbar zu machen, die ohne diesen Test nicht in den Besitz der beiden entscheidenden „Funktionen“ gelangt wären.

Erörterung

Die Ergebnisse des vorliegenden Berichts werden als Beleg für die Hypothese gedeutet, nach der eine Person, die über die notwendigen „Funktionen“ zur Lösung eines Problems verfügt, es auch tatsächlich löst.
In einem anderen Artikel werden die theoretischen Implikationen des vorliegenden Ansatzes zur Problemlösung eingehender erörtert werden. Hier soll nur kurz darauf hingewiesen werden, daß eine Analyse unter dem Gesichtspunkt der „Funktionen“ es zu ermöglichen scheint, jedes komplexe Problem in eine Anzahl von Unterproblemen zu zerlegen. Da eine zutreffende Erfolgsvorhersage für die Lösung des komplexen Problems sich aus einer Untersuchung der Unterprobleme ergeben kann, scheint die hier dargestellte Art der Analyse eine Integration einfacherer und komplexerer Lernformen zu erleichtern.
Die Nützlichkeit dieses Ansatzes für Problembereiche des Lernens, der Intelligenz und der Problemlösung wird natürlich davon abhängen, ob die „Funktionen“ zufriedenstellend klassifiziert werden können oder nicht. Es läßt sich aber kaum annehmen, daß das Klassifikationsproblem diesen Ansatz schwieriger macht als irgendeinen anderen vorliegenden Ansatz der Lerntheorie.

Literatur

HARLOW, H. *Thinking.* In H. HELSON (Hrsg.), Theoretical foundations of psychology. New York: Nostrand 1951, S. 452–505.

KÖHLER, W. *Intelligenzprüfungen an Anthropoiden.* Berlin: Königl. Akad. Wiss. 1917.

MAIER, N. R. F. Reasoning in humans: 1. On direction. *J. comp. Psychol.* 1930, 10, 115–143.

MAIER, N. R. F. An aspect of human reasoning. *Brit. J. Psychol.* 1933, 24, 144–155.

SAUGSTAD, P. Problem-solving as dependent on availability of functions. *Brit. J. Psychol.* 1955, 46, 191–198.

SAUGSTAD, P. An experimental analysis of Maier's pendulum problem. *J. exp. Psychol.* 1957, 54, 68–79.

Frank Restle

Das Tempo beim Addieren und Vergleich von Zahlen

Originaltitel: Speed of adding and comparing numbers
Entnommen aus: Journal of Experimental Psychology, 1970, *83*, 274–278
(Aus dem Englischen übersetzt von Hainer Kober)

Rechenaufgaben, wie sie Restle *in der folgenden Arbeit beschreibt, bieten dem geübten Rechner keine nennenswerten Schwierigkeiten; er kann sie leicht und schnell lösen. Fragt man ihn jedoch, wie er die Lösung zustande bringt, wird er – gerade wenn es sich um einfache Aufgaben handelt – keine befriedigende Erklärung bereit haben. (Deshalb fällt es Lehrern oft schwer, ihren Schülern das Rechnen beizubringen: sie können den inneren Ablauf nicht genau genug beschreiben, durch den man zur Lösung gelangt.)*

Restle *zieht mehrere Möglichkeiten des Abbildens oder* Repräsentierens *von Zahlen, sowie des Umgangs, des* Operierens *mit ihnen in Betracht: Zunächst, Zahlen können als solche beibehalten werden, als ein* digitales System. *Eine typische Operation innerhalb eines digitalen Systems ist das fortlaufende Zählen von Einheiten. (Die Aufgabe 9 + 2 = kann dazu umgewandelt werden in die Anweisung: Beginne bei der Einheit 9, zähle zwei Einheiten weiter und benenne dann die zuletzt erreichte Einheit.) Vorgegebene Zahlen lassen sich aber auch umwandeln in Mengen oder Strecken (wie auf einem Rechenschieber); das würde eine Umwandlung in ein Vergleichssystem, ein* analoges System *bedeuten. Zum zweiten ist zu fragen, ob Personen auf exakte Bestimmungen abzielen oder lediglich auf eine Näherungslösung. Beim Rechnen in der Schule sind exakte Bestimmungen die Regel, beim praktischen Rechnen sind Näherungen recht verbreitet. Zum dritten ist die Frage zu stellen, wann Personen überhaupt rechnen; oft rufen sie nur eine auswendig gelernte Zahl aus ihrem Gedächtnis ab (wie in der Regel beim kleinen Einmaleins). Dabei schließen sich die verschiedenen Möglichkeiten keinesfalls aus. Innerhalb desselben Rechenvorgangs können gleichzeitig oder nacheinander analoge und digitale Größen bearbeitet, exakte Lösungen und Näherungslösungen gewonnen, sowie Werte aus dem Gedächtnis wiedergegeben und neu ermittelt werden.*

Seine Aufgaben läßt der Autor in großer Zahl nach einer allgemeinen Anweisung von einem Rechner herstellen. Es lohnt sich, zum besseren Verständnis nach dem angegebenen Muster selbst einige Aufgaben zu konstruieren. Die Probanden in Restles *Untersuchung erhalten die Aufgaben unmittelbar auf einem Bildschirm dargeboten. Sie müssen jeweils aus zwei Zahlen eine Summe bilden und diese Summe mit einer dritten vorgegebenen Zahl vergleichen. Durch einen Knopfdruck können die Probanden angeben, welche der beiden verglichenen Zahlen die größere war. Es läßt sich dann ohne weiteres die Zeit zwischen der Darbietung der Aufgabe und der Angabe der Lösung, die* Latenzzeit, *feststellen. Ein im Text erwähnter* Stimmschlüssel *brauchte nicht benutzt zu werden. Ein Stimmschlüssel ist im wesentlichen ein Mikrophon, welches beim Hineinsprechen einen elektrischen Impuls abgibt; dieser Impuls stoppt eine Uhr, von der man dann die Zeit bis zur Lösung ablesen kann.*

Schüler können zwei Zahlen rasch und richtig addieren. Dieser Prozeß ist insofern interessant, als sich in ihm ein bestimmter mathematischer Akt rasch und unbewußt vollzieht. Elementares Rechnen ist noch keine „richtige Mathematik"; aus der Sicht des Psychologen ist das Addieren dennoch komplexes Problemlösen.

Um die Geschwindigkeit beim Addieren zu messen, könnte man eine Aufgabe stellen und die Zeit bestimmen, die bis zur verbalen Antwort der Versuchsperson verstreicht. Dieses Verfahren stößt auf die folgenden Schwierigkeiten: (a) die Zeit solcher verbalen Reaktionen ist schwierig zu messen, da man dazu einen „Stimmschlüssel" benötigt, der auch auf fremde Geräusche reagiert, und (b) die Vpn dehnen häufig komplexe numerische Antworten aus, indem sie zum Beispiel sagen: „hundert und -äh-drei-drei-undfünfzig". Hier fällt es schwer, den genauen Zeitpunkt festzulegen, zu dem die Vp das Ergebnis genannt hat.

Diese Schwierigkeiten wurden in der vorliegenden Studie dadurch vermieden, daß die Aufgabe etwas erschwert wurde. Bei jedem Versuch wurden der Vp die beiden Zahlen, die addiert werden sollten, und eine dritte Zahl dargeboten, die etwa in der Größenordnung der Summe lag. Die Vp sollte überlegen und dann durch einen Knopfdruck angeben, ob die Summe der beiden Zahlen oder die Alternativzahl größer war. Auf diese Weise wird der Prozeß des Addierens durch eine einfache Entscheidung und eine definitive Ja- oder Nein-Antwort beendet, deren Zeitpunkt leicht zu bestimmen ist. Natürlich beruhen die so gewonnenen Daten nicht nur auf dem Addieren, sondern auch auf dem Entscheidungsprozeß.

In einer neueren Studie (Moyer & Landauer 1967) sollten Studenten die größere von zwei kleinen Zahlen zwischen Null und Zehn wählen. Die Entscheidungen fielen dabei um so leichter, je größer die Differenz (genauer der Quotient) der beiden Zahlen war. Dies läßt vermuten, daß „... die dargebotenen Zahlen in analoge Größen umgewandelt werden und daß dann ein Vergleich zwischen diesen Größen etwa in derselben Weise angestellt wird, wie zwischen physikali-

schen Reizen, z.B. der Lautstärke oder der Länge von Strecken" (S. 520).
Drei elementare Theorien lassen sich zur Erklärung heranziehen: (a) Ein einfaches Durchmustern des Gedächtnisses, bei dem die Vp, wenn ihr zwei Zahlen präsentiert werden, einfach auf die bereits in ihrem Gedächtnis gespeicherte Summe zurückgreifen kann; (b) ein einfaches Ziffernsystem, in dem die Vp die Antwort durch eine Reihe von Assoziationen zwischen Ziffern konstruiert, ohne sich um die Größen der durch diese Ziffern repräsentierten Mengen zu kümmern; und (c) ein Analogsystem, in dem Zahlen in bestimmte Mengen umgeformt, die Mengen kombiniert und die sich ergebenden Kombinationen wieder in Zahlen zurückverwandelt oder zum weiteren Vergleich verwendet werden. Die Ergebnisse von MOYER und LANDAUER (1967) lassen vermuten, daß bei Vergleichen Analogstrukturen verwendet werden, doch geben sie keinen Aufschluß über den Ablauf der Addition.
Die vorliegende Studie wurde durchgeführt, um weitere Antworten auf diese Frage zu erhalten. Dabei waren relativ große Zahlen zu addieren und zu vergleichen. Drei Eigenschaften der Aufgaben wurden variiert: (a) die Größenordnung der zu addierenden Zahlen; (b) Proportionen der addierten Zahlen, d.h. ob die Summanden nahezu gleich oder ob große Unterschiede zwischen ihnen bestanden; (c) das Verhältnis zwischen der Summe beider Zahlen und der Vergleichszahl.
Je größer die Vergleichszahl ist, um so schwieriger dürfte aus verschiedenen Gründen die Aufgabe sein. Erstens sind uns die Zahlen bei 150 weit weniger vertraut als bei 13, so daß sich eine unmittelbare Gedächtnisverbindung als relativ ineffizient erweisen würde, sobald wir über die kleinsten Zahlen hinausgelangen. Versuchspersonen mit guter Ausbildung können jedoch eine komplexe Additionsaufgabe in einstellige Bestandteile zerlegen, wobei sich die größeren Zahlen als die schwierigeren erweisen dürften, weil sie mehr Stellen aufweisen. Beispielsweise läßt sich in der Aufgabe „Ist 5+7 größer als 14" die Zahl der Stellen schematisch als X+X gegen XX darstellen, es werden also vier Stellen verwendet. Komplexere Aufgaben können X+XX gegen XX, XX+XX gegen XX bis hin zu XX+XXX gegen XXX umfassen. Je mehr Stellen vorhanden sind, um so mehr Rechenschritte werden erforderlich, um so länger wird die Aufgabe dauern und um so mehr Fehler lassen sich erwarten. Wenn ein Analogsystem verwendet wird, erfordern größere Zahlen möglicherweise die Manipulation größerer vorgestellter Mengen, worunter Genauigkeit und Tempo leiden müßten.
Als zweite Variable wurde die Zusammensetzung der Summe aus Summanden untersucht. Entsprechend der Arbeiten von GROEN (1967) und SUPPES u.a. (1967) hängt die Geschwindigkeit von der Größenordnung der kleineren Zahl ab. Wenn ihre Ergebnisse (die sie bei kleinen Zahlen und mit kleinen Kindern erzielt hatten) sich auch im vorliegenden Experiment bestätigen sollten, dann mußte bei gleicher Summe das Addieren um so rascher vonstatten gehen, je ungleicher die Summanden waren. Für den Spezialfall einer Zusammensetzung aus gleich großen Teilbeträgen wurde die Hypothese aufgestellt, daß das Ergebnis ein sehr hohes Additionstempo sein würde.
An die dritte Variable, das Verhältnis zwischen der Summe der beiden Zahlen und der Vergleichszahlen, knüpfte sich die Erwartung, daß sie wie in der Studie von MOYER und LANDAUER (1967) in einer gewissen Beziehung zur Latenz stehe, und zwar derart, daß die Latenz größer sein würde, wenn die beiden Zahlen in ihrer Größe nahe beieinander lägen. Wenn sich jedoch dieses Ergebnis zeigen sollte und man der Interpretation von MOYER und LANDAUER folgen will, nach der sich darin eine analoge Operation spiegelt, dann scheint daraus zu folgen, daß die Addition als ein analoger Prozeß ablaufen kann; das würde folglich auf die Interpretation der Ergebnisse bei anderen Variablen einen Einfluß haben.

Methode

Versuchspersonen. – Achtunddreißig Studenten aus Einführungsvorlesungen und Praktika im Fachbereich Psychologie der Indiana University dienten im Rahmen ihres Pflichtprogramms als Vp. Jede Versuchsperson bearbeitete alle Aufgaben in Gruppen, deren Größe zwischen einer und vier Personen variierte. Die Reihenfolge, in der die Aufgaben gestellt wurden, wurden in jeder Gruppe nach einem Zufallsverfahren neu bestimmt.
Gerät und Materialien. – Die Aufgaben wurden mit Hilfe des Elektronenrechners des Indiana University Research Computing Center gestellt und auf Standard Computer Papier ausgedruckt. Um eine Aufgabe zu stellen, wurde eine Grundzahl (G) gewählt. Sie wurde dann mit einem Quotienten (q) multipliziert und durch ihn geteilt, wodurch zwei Zahlen, Gq und G/q entstanden. Jede von ihnen wurde dann im Verhältnis f in zwei Teile zerlegt, d.h. in Gqf und Gq (1-f), deren Summe Gq ist. Die Aufgabe lautete dann
Was ist größer: Gqf+Gq(1-f) oder G/q oder
Was ist größer: Gf/q+G(1-f)/q oder Gq,
wobei jede Zahl auf den nächsten ganzzahligen Ausdruck gerundet wurde. Als Grundzahlen wurden 13, 37, 83, 100 und 153 verwendet. Quotienten waren 1,01, 1,02, 1,03, 1,05, und 1,10. Bruchteile (f), in die die Zahlen zerlegt wurden, waren 0,50, 0,60, 0,70 0,80 und 0,90.
Zwei Ausfertigungen der 5x5x5 Aufgaben ergaben eine Liste von 250 Aufgaben. Die Aufgaben auf dieser Liste wurden zu jeder Darbietung in eine andere Reihenfolge gebracht und ausgedruckt.
Die jeweils ausgedruckte Liste wurde in eine automatische Transportvorrichtung gespannt, die sich vor einer direkt an das Wiedergabegerät angeschlossenen Fernsehkamera befand. Sowohl das Pa-

piertransportgerät wie auch die Kamera wurden von einem IBM 1800 Computer gesteuert. Sobald die Liste richtig eingespannt war, wurde die Kamera eingeschaltet, und die Bilder erschienen auf dem Fernsehschirm innerhalb von etwa 0,010 Sekunden. Jede Reaktion der Versuchsperson wurde vom Computer auf die Millisekunde genau festgehalten. Die Aufgaben wurden in Abständen von 6 Sekunden dargeboten. Die Vpn wurden angewiesen, mit „vernünftiger Genauigkeit" so schnell wie möglich zu reagieren.
Die Aufgabe wurde jeder Vp auf einem Fernsehschirm in einer abgeschirmten Zelle dargeboten. Die Zahlen waren ungefähr 3 cm hoch, und der Schirm befand sich in einer Entfernung von ungefähr 1 m. Die Knöpfe waren auf einem Brett unterhalb des Schirms und ungefähr 60 cm davor angebracht.

Ergebnisse

Jede der Hauptvariablen übte eine deutliche Wirkung auf die Reaktionen aus, wobei sie sich in gleicher Weise auf die Fehlerhäufigkeit und die mittlere Latenz korrekter Antworten auswirkte. Abbildung 1 zeigt die Latenzen richtiger Reaktionen auf Aufgaben mit Grundzahlen unterschiedlicher Größe. Beachtenswert ist die Tatsache, daß die Zeit, die das Lesen, Addieren und Vergleichen in Anspruch nimmt, nur etwa 1,4 Sekunden beträgt, wenn die Grundzahl 13 ist. Wenn die Grundzahl 37 ist, umfassen die meisten Aufgaben drei zweistellige Zahlen und die Latenz insgesamt steigt auf fast 2 Sekunden an. Wenn die Grundzahl 152 ist, beträgt die Latenz 2,4 Sekunden.
Als Erklärung für die Verlängerung der Zeit bei größeren Zahlen kann man annehmen, daß größere Zahlen mehr Stellen enthalten und daß folglich die Lesezeit anwächst. Diese Erklärung reicht jedoch nicht aus, da die Latenz bei der Grundzahl 100 relativ niedrig, nämlich 1,9 Sekunden und erheblich kürzer als bei der Grundzahl 83 ist. Das hohe Additionstempo bei der Basis 100 scheint auf der Tatsache zu beruhen, daß die Vp sehr rasch entscheiden können, ob eine Summe größer oder kleiner als 100 ist. Dieser Prozeß scheint der „Näherung und Korrektur" zu ähneln. Wenn zum Beispiel 63+34 vorgegeben ist, kann die Vp 60+30 näherungsweise berechnen (wobei sie feststellt, daß die Summe kleiner als die Vergleichszahl 103 ist) und diese Berechnung dann dadurch korrigieren, daß sie 3+4 addiert. Hier würden sich analoge und digitale Rechnungsarten mischen.
Abbildung 1 zeigt auch den Anteil falscher Reaktionen. Bemerkenswert ist die Tatsache, daß der Fehleranteil mehr oder weniger übereinstimmend mit der Latenz korrekter Reaktionen anwächst und auch das scharfe Absinken bei der Zahl 100 aufweist. Hierin zeigt sich, daß der Prozeß, durch den bei Zahlen in der Nähe von 100 die Additionslatenz der Vp reduziert wird, nicht nur eine bloße Veränderung des Kriteriums oder der Zuverlässigkeit ist, sondern auch die Genauigkeit verbessert.

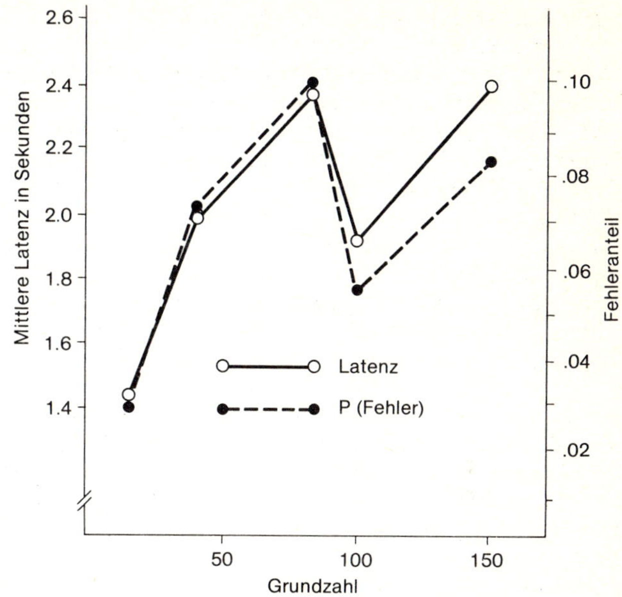

Abbildung 1: Mittlere Latenz richtiger Reaktionen und Fehleranteil dargestellt als Funktion der Grundzahl (G).

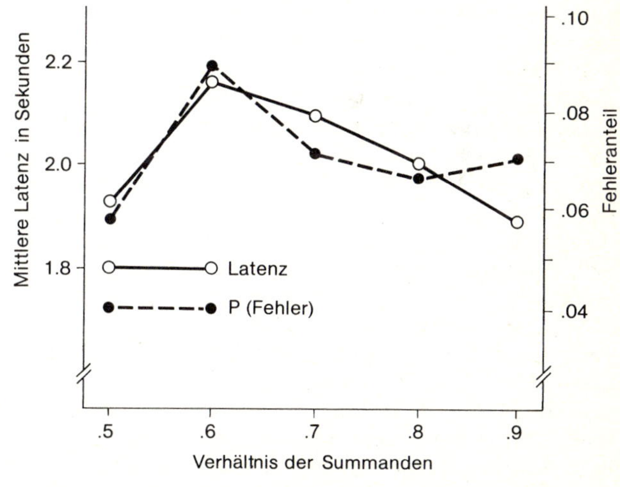

Abbildung 2: Mittlere Latenz richtiger Antworten und Fehleranteil dargestellt als Funktion des Verhältnisses der Summanden.

Abbildung 2 zeigt die Latenz korrekter Reaktionen als Funktion des Verhältnisses der Summanden. Die raschesten Reaktionen ergeben sich bei einer Aufteilung von 90 : 10, dann bei 50 : 50, dann bei 80 : 20, 70 : 30 und die langsamsten bei 60 : 40. Dies ist beinahe eine regelmäßige Steigerung, wobei die ungleichen Verhältnisse schnellere Reaktionen hervorrufen als die gleichen, ausgenommen der Fall, daß die Aufteilung genau in der Mitte vorgenommen wird. Dies läßt nicht auf einen einfachen digitalen Prozeß schließen. Mit Ausnahme der 50:50 Aufteilung stimmt dieses Ergebnis mit den Resultaten von GROEN (1967) und SUPPES u.a. (1967) überein. Die niedrige Fehlerzahl und die niedrigen Latenzen bei einer 50:50-Aufteilung stellen jedoch eine neue Beobachtung dar.

Abbildung 3 zeigt die Latenzen als eine Funktion des Unterschieds zwischen der Summe der beiden Zahlen und der Vergleichszahl. Wie zu erwarten war, nehmen Latenz und Fehler ab, wenn diese Differenz größer wird. Damit bestätigt sich das Ergebnis von MOYER und LANDAUER (1967). Die natürliche Erklärung läßt sich darin sehen, daß der Vergleichsprozeß rascher abläuft, wenn die Zahlen weiter auseinander liegen und daß die Unterschiede in Abbildung 3 die Geschwindigkeit des Vergleichs wiedergeben.

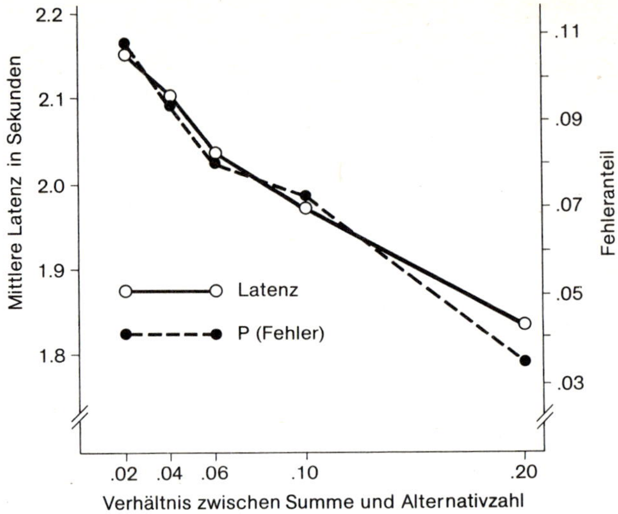

Abbildung 3: Mittlere Latenz richtiger Reaktionen und Fehleranteil dargestellt als Funktion des Quotienten zwischen der Summe und der Alternativzahl.

Erörterung

Ein recht einfaches Modell, das sich in Übereinstimmung mit den Daten dieses Experimentes befindet, geht davon aus, daß die Vp eine innere Zahlengerade verwendet, einen analogen Maßstab mit Unterteilungen.

Wenn eine Aufgabe die Form „vergleiche A+B mit C“ hat, wobei A > B, ordnet die Vp – so lautet die Hypothese – A, B und C auf der Zahlengeraden ein, mißt dann die Größe von A als Abstand vom Ursprung (OA) und so weiter mit den anderen Größen. Sie muß dann die kleinere Distanz OA übertragen und mit OB verbinden, wobei sie einen Punkt X erhält, der dieser Summe entspricht. Die Entscheidungsfindung verlangt dann, daß der Punkt X mit der Vergleichszahl (C) verglichen wird. Der Vergleich kann anhand ihrer Position auf der Zahlengeraden vorgenommen werden.

Statt sich die Zahlengerade als unendlich teilbar vorzustellen, muß man sie sich als Folge von größeren Abschnitten denken. Wenn X und C sich im gleichen Abschnitt befinden, wird ihre Größe als gleich beurteilt, und es kann keine Reaktion erfolgen. Wenn dies vorkommen sollte, muß die Vp zusätzliche Arbeit leisten, um den Abschnitt so weit zu unterteilen, daß eine Abgrenzung zwischen X und C zustande kommt.

Wenn die Vpn solchen analogen Prozessen folgen, lassen sich die Ergebnisse des vorliegenden Experimentes in allgemeiner Form erklären. Die Daten in Abbildung 1 zeigen, daß sowohl Latenz wie Fehler zunehmen, wenn die Größenordnung der Summe anwächst. Zu diesem Ergebnis würde es kommen, ob nun der Prozeß völlig aus einer Durchmusterung des Gedächtnisses besteht (wobei vorausgesetzt würde, daß es länger dauert, große Zahlen zu suchen und zu finden) oder gänzlich aus einer digitalen Berechnung (da mehr Schritte erforderlich sind, um vierstellige Zahlen zu addieren). Allerdings sind Latenz und Fehlerzahl niedrig, wenn die Grundzahl 100 ist. Dies könnte daran liegen, daß 100 eine auffällige Grenzmarke auf der Zahlgeraden darstellt und daß folglich X und C, wenn sie auf verschiedene Seiten von 100 zu liegen kommen, rasch verglichen werden können.

Abbildung 2 zeigt die Bedeutung des Verhältnisses der zu addierenden Zahlen. Wenn A groß (nicht weit von C) ist, dann ist das zu übertragende Intervall klein und läßt sich rasch und genau beurteilen. Wenn A = B, das heißt, wenn die Aufteilung 50:50 ist, dann ist eine Übertragung nicht notwendig: Die Vp muß nur entscheiden, ob der gemeinsame Punkt A,B größer oder kleiner als die Hälfte von C ist. Es handelt sich um ein Urteil über einen Bruchteil.

Je näher X = A+B an C heranrückt, um so wahrscheinlicher wird es, daß die beiden Punkte X und C in ein und demselben Abschnitt der Zahlengeraden liegen. Dies würde erklären, warum bei kleinen Quotienten von X und C Latenz und Fehlerzahl hoch sind. In der vorliegenden Erklärung wird nicht vorausgesetzt, daß die Vp die Wahlmöglichkeit zwischen „Näherung“ und (exakter) „Berechnung“ besitzt; zugrunde gelegt wird vielmehr ein Kontinuum an angestrebter Präzision, wobei Näherungsverfahren verwendet werden, wenn X in einen großen Abschnitt fällt und das Verfahren verfeinert wird, wenn dieser Abschnitt in kleinere Unterabschnitte eingeteilt werden muß.

Literatur

GROEN, G. J. *An investigation of some counting algorithms for simple addition problems.* (Tech. Rep. No. 118) Stanford, Calif.: Stanford University Institute for Mathematical Studies in the Social Sciences, 1967.

MOYER, R. S., & LANDAUER, T. K. Time required for judgments of numerical inequality. *Nature,* 1967, 215, 1519–1520.

SUPPES P., HYMAN, L., & JERMAN, M. Linear structural models for responses and latency performance in arithmetic. In J. P. HILL (Hrsg.), *Minnesota Symposia on Child Psychology*. Minneapolis: University of Minnesota Press, 1967.

12 Gefühle

Niemand, der sich und seine Mitmenschen unvoreingenommen zu beobachten gewohnt ist, wird am Vorhandensein von Gefühlen zweifeln. Selten wird das eigene Erleben frei von Gefühlen sein. Und oft werden im eigenen Erleben Gefühle mächtig, ja übermächtig werden; Freude und Leid, Lust und Unlust werden – oft untrennbar verwoben mit Motiven – zu Handlungen hinreißen und vor Handlungen zurückschrecken lassen. Auch beim anderen wird man solche Gefühle vermuten, wird sie an seinem Gesichtsausdruck, seiner Gestik, seiner Körperhaltung abzulesen meinen. Mit den Gefühlserlebnissen gehen charakteristische Veränderungen im Körper einher: Das Herz klopft schneller oder scheint – im Gegensatz dazu – stillzustehen, die Atmung beschleunigt sich oder setzt zeitweilig aus, Tränen können ausbrechen. Auch das Verhalten ist im Zustand der Emotion verändert: Entweder es ist hektisch (und dann oft zerfahren) oder es erstarrt, wie bei einer Lähmung.

Gefühle wie Liebe, Trauer, Enttäuschung, Glück sind zu bevorzugten Themen der Kunst geworden, und oft ist zu bewundern, wie gut es gelingt, Gefühle in ihrer Entstehung und mit ihren Wirkungen durch die Mittel der Sprache, der Musik, des Bildes und des Schauspiels darzustellen. Eine solche Darstellung bleibt jedoch notwendig auf Einzelfälle bezogen und wird weitgehend intuitiv gestaltet. Hier erschließt sich die Aufgabe der wissenschaftlichen Emotionspsychologie: Von der Beschreibung des Einzelfalls zu einer allgemeinen Theorie zu gelangen und an die Stelle der Intuition die rationale Erkenntnis zu setzen. Diese Aufgabe hat sich als außerordentlich schwierig erwiesen. Gerade die komplexen und lebhaften Emotionen, deren Erforschung nach Meinung vieler Beurteiler eines der ureigensten Ziele der Psychologie ist, entziehen sich immer wieder dem Zugriff des Untersuchers.

Die beiden für diesen Abschnitt ausgewählten Texte kennzeichnen das Dilemma der Emotionspsychologie: Sich entweder auf die Untersuchung umfassender Gefühlszustände einzulassen und nur allzu bald auf die Grenzen der gegenwärtigen Möglichkeiten wissenschaftlicher Erkenntnis zu stoßen. Oder aber aus dem umfassenden emotionalen Geschehen eng umschriebene Affekte oder emotionale Verhaltensweisen herauszugreifen und diese einer gezielten Analyse zuzuführen. Die Probleme der umfassenden Untersuchung lassen sich aus der zuerst abgedruckten Abhandlung des Wiener Individualpsychologen Ferdinand Birnbaum über das Gemeinschaftsgefühl ersehen. Eine experimentelle Studie mit eng umgrenzter Fragestellung ist die anschließend wiedergegebene Arbeit der amerikanischen Psychologen Mowrer und Viek über den Zusammenhang von Angst und Hilflosigkeit. (Reizvoll an diesem zweiten Textbeispiel ist übrigens, daß die in ihrer Methodik eher verhaltenstheoretisch ausgerichteten Autoren sich bei der Ableitung ihrer Fragestellung an der Theorie der Psychoanalyse orientieren.)

Ferdinand Birnbaum

Formen des Minderwertigkeitsgefühles

Entnommen aus: Internationale Zeitschrift für Individualpsychologie, 1948, *17*, 60–71

Mit seinem Versuch einer umfassenden Typologie des Minderwertigkeitsgefühls bekennt sich BIRNBAUM *zu der von Alfred* ADLER *begründeten Richtung der* Individualpsychologie. *Nach* ADLER *ist es das erste und beherrschende Motiv des Menschen, seine Minderwertigkeit zu überwinden. Der Mensch leide unter einem Minderwertigkeitskomplex; im Kampf gegen diesen strebe er nach Erkenntnis, nach Sinn, nach Überlegenheit und Vollkommenheit. Sein Vollkommenheitsstreben könne ihn zur krankhaften Selbstsucht, zum* Egoismus *führen; es werde jedoch produktiv, wenn es sich auf das Wohl der Mitmenschen ausrichte, wenn es in ein* Gemeinschaftsgefühl *eingebunden sei.*

Bereits ADLER *hat zwischen einem Minderwertigkeitsgefühl und einem Minderwertigkeitskomplex unterschieden. Dabei ist unter einem* Komplex *eine (oft unbewußt bleibende) Verbindung von Ideen und Affekten zu verstehen, welche sich bereits frühzeitig in der Kindheit ausbilden kann und dann (oft unbemerkt) das Verhalten des Menschen bestimmt. Das* Gefühl *dagegen ist eine (eher bewußt werdende) aktuelle Bewertung. Anlaß für Minderwertigkeitsgefühle kann jedes Hindernis und jedes eintretende oder drohende Versagen in einer Situation bieten. Als Anlaß für die Ausbildung von Minderwertigkeitskomplexen nennt* ADLER *in erster Linie das körperliche Gebrechen, die Erfahrung der Organminderwertigkeit.*

Man darf nicht verschweigen: Der BIRNBAUMsche *Aufsatz mutet über weite Strecken exaltiert und überfrachtet an. Man kann sich manchmal des Eindrucks nicht erwehren, daß der sprachliche Ausdruck die Gedankenfülle nicht bändigen kann und der Autor zu bildhaften Vergleichen und Neuprägungen von Begriffen seine Zuflucht nimmt, wo dem Leser mit klaren Formulierungen und Definitionen besser gedient wäre. Die psychologische Argumentation geht an einigen Stellen sogar in theologische Spekulation über; der Herausgeber hat es für richtig gehalten, diese Stellen wegen ihres Inhalts wie ihrer Diktion nicht in den folgenden Text zu übernehmen.*

Trotz seiner wissenschaftlichen Schwächen wurde BIRNBAUMS *Abhandlung als Beispiel einer leidenschaftlichen Auseinandersetzung mit einem Gegenstand aus dem Bereich der Emotionstheorie in diese Auswahl aufgenommen. Sie möge hier stellvertretend für viele andere Schriften stehen, deren Unzulänglichkeit veranschaulicht, wie sehr die Komplexität von Gefühlserscheinungen dem Anspruch einer systematischen Erfassung entgegen steht. Dabei sind bereits in* BIRNBAUMS *Untersuchung manche Aspekte vorweggenommen, welche sich in der Emotionstheorie der letzten Jahre als besonders fruchtbar erwiesen haben: Die enge Beziehung von Gefühlen zu Bedürfnissen und (beabsichtigten wie ausgeführten) Handlungen, die Einbettung von Gefühlen in soziale Situationen, sowie – ein in der modernen Emotionstheorie besonders wichtiger Aspekt – die starke Verknüpfung von Gefühlserlebnissen mit Kognitionen.*

Alfred ADLER hat immer wieder, am eindringlichsten im „Sinn des Lebens“ das Minderwertigkeitsgefühl als eine allmenschliche Erscheinung hingestellt: ja, noch mehr: als eine Erscheinung, die im Wesen des Lebens selbst wurzelt, das von Anfang an auf Aufstieg und Überwindung gerichtet ist. Daß wir Minderwertigkeitsgefühle haben, ist nur die Kehrseite der Tatsache, daß wir zu dem Geschlecht gehören, das nach GOETHES Wort aus dem Dunkel in das Helle strebt. Wenn das Minderwertigkeitsgefühl zum Siegel unseres Menschseins gehört, so brauchen wir uns seiner nicht zu schämen. Grund zur Unzufriedenheit haben wir erst dann, wenn unser Minderwertigkeitsgefühl in die Irre geht, wenn es uns nicht zum Antrieb richtiger Entwicklung wird. Die Römer pflegten zu sagen: Der Held zeigt seine Narben, der Feigling seine Wunden. – Es kommt darauf an, *wie* wir uns zu unserem Minderwertigkeitsgefühl stellen, *was wir aus ihm machen.*

Es gibt im Grunde nur ein einziges Minderwertigkeitsgefühl, aber es gibt eine unabsehbare Zahl von Formen, von Modi dieses Gefühles. Jeder von uns verkörpert einen anderen Modus. Wer sich die Aufgabe stellt, trotz dieser Fülle in die Modi so etwas wie eine Ordnung zu bringen, der muß zu dem einzigen Notbehelf greifen, den es in solchen Situationen gibt: er muß Typen bilden.

Wer eine Typenreihe aufstellt, der ist verpflichtet, die Orientierungsgrundlage auszusagen. Das soll auch hier geschehen. Zunächst war es nötig, eine möglichst große Mannigfaltigkeit von Formen aus der eigenen Erlebniswelt, aus der Beobachtung anderer und schließlich aus der Literatur herauszusuchen und, was nicht ganz leicht war, zu benennen. Im Verlauf dieses Aufsuchens ergab es sich von selbst, daß einige dieser Formen zueinander eine größere Affinität aufwiesen als andere. So bildeten sich bei der Aufsuchtätigkeit von selbst schon gewisse Kristallisationspunkte. Diese wurden auf ihre innere phänomenologische Richtigkeit geprüft; außerdem aber war es in vielen Fällen nötig, durch bewußtes Nachdenken der spontanen Typenbildung nachzuhelfen. Schließlich kam eine Ordnung heraus, die der eigenen Überlegung standhielt, die aber in keiner Weise beansprucht, als mehr genommen zu werden, denn als eine rein heuristische Gruppierung, die vielleicht dazu dienen mag, das Gesichtsfeld im Einzelfalle zu erhellen. Wenn bei dieser Ordnung schließlich die Zahl 12 herausgekommen ist, so ist die Prägnanz dieser Zahl schon an sich dem Kundigen ein beredtes Zeugnis für die Mitwirkung eines Faktors, der immer verdächtig ist, nämlich der Liebe an der Konstruktion. Da aber, wie bemerkt, die ganze Typisierung nur heuristische Bedeutung beansprucht, so dürfte dieser Einschlag eines subjektiven Faktors nicht gefährlich sein. Eine gewisse Schwierigkeit ergab sich bei der Benennung der einzelnen Typen. Sollten sie als Konzentrationspunkte erscheinen, so war es nicht angängig, *eine* repräsentative Erscheinungsform ohneweiters zum Träger des Namens für die Vielheit zu machen, die sich an einem Punkte zusammenzuschließen scheint. Es schien zweckdienlicher, die Namen für die typischen Formen selbst zu prägen. Diese Namen sind nun so gewählt, daß sie auf die Schwierigkeiten hinweisen, auf die spezifischen Schwierigkeiten, denen der eine oder der andere nicht gewachsen zu sein scheint. Daß diese Schwierigkeiten allesamt mit den Forderungen des Gemeinschaftsgefühles etwas zu tun haben, ergibt sich von selbst.

Die Namen sind die sozialer Situationen, welche Forderungen beinhalten:

Mitschwingen: Konvivium.
Mitopfern: Konimmolation.
Mitsein: Konnubium.
Mitfühlen: Konstimulation.
Mitzielen: Kooptation.
Mitsteuern: Konrektion.
Mitarbeiten: Kooperation.
Mitverbessern: Konkorrektion.
Mitgliedsein: Koordination.
Mitberichtigen: Konfiguration.
Mitsparen: Kondistribution.
Mitenthüllen: Konversation.

Konvivium (Mitschwingen)

Denken wir an das Mauerblümchen im Ballsaal, an den „Einspänner", an die Einsamen! Ihr Minderwertigkeitsgefühl erwacht, wenn die Situation erfordert, daß sie ihren Eigenrhythmus dem Rhythmus des Ganzen anpassen sollen. An dieser Unfähigkeit werten sie sich selbst ab. Sie haben wohl das Gefühl, daß das Glashaus, in dem sie leben möchten, nicht das Richtige ist: aber in das, was ihnen als Gedränge erscheint, wollen sie sich doch nicht einlassen. Es gibt wie bei allen Formen natürlich die verschiedensten Grade und Variationen. Bis zur Karikatur verzerrt, nähern sie sich einem Menschentypus, der gottgleich sein möchte in der einen, Gott zugesprochenen Eigenschaft der Transzendenz. Sie möchten der Welt, dem Gedränge, transzendent gegenüberstehen. Da aber diese Transzendenz dem Menschen durch die immanente Logik des menschlichen Gemeinschaftslebens verwehrt ist, so wird ihnen ihr Erleben schmerzlich bewußt. Sie fühlen sich durch Ozeane von den anderen getrennt, und möchten doch so gerne hinüber. Manchem indes, der in dem Fegefeuer seiner Einsamkeit schmachtet, gelingt es, den Sinn seines Minderwertigkeitsgefühles zu erschauen: und ohne noch die Begnadung durch die Gemeinschaft zu empfinden, beginnt er – zunächst sich selbst und den anderen lächerlich – zu tanzen und siehe da, indem er, wenn auch noch mit unzureichenden Fähigkeiten, sich dem Reigen mitschwingend zugesellt, lockert sich seine Starre, sein rhythmisches Gefühl erwacht, seine Intelligenz, vormals darauf gerichtet, Möglichkeiten, sich lächerlich zu machen, hellseherisch vorauszuahnen, wendet sich um und stellt sich in den Dienst der neuen Aufgabe, aus falschen Rhythmen richtige Bewegungsgestalten herauszuarbeiten. Minderwertigkeitsgefühle sind stets da, um überwunden zu werden, aber die Überwindung verlangt jedesmal einen anderen Weg.

Konimmolation (Mitopfern)

Die Entwicklung fordert das gemeinsame Opfer aller. Wer nicht mitopfern will, der wird ausgeschaltet. Sein Fegefeuer heißt Egoismus. Tag und Nacht darum sorgen, daß nichts vermindert werde, daß das, was man besitzt, sich dem Ideal der Komplettheit nähere, sich darum sorgen, daß man die richtige Weise finde, um der Bitte um ein Opfer geschickt und elegant auszuweichen, bei allem Egoismus doch das Gesicht zu wahren, – vor den anderen und vor sich selbst, wie jener Reiche, der den Armen mit den Worten hinauswerfen ließ: „Werft ihn hinaus, er bricht mir das Herz!" Dafür zu sorgen, daß man ein Höchstmaß sexueller Lust mit einem Mindestmaß von Alimenten erkaufen, daß man sich als Zaunkönig vom Adler tragen, als Zechpreller ungeschoren von der Tafel des Lebens erheben könne, daß man so wenig Gefühl als möglich verbrauche, um das Gesicht vor Verrunzelung zu bewahren: all das sind Sorgen, die einer besseren Sache würdig wären. Kein Zweifel, daß das Minderwertigkeitsgefühl, im Grunde doch ein schäbiger Egoist zu sein, einen großen Aufwand von Opfern erfordert; handelt es sich doch um die reinsten und schönsten Freuden, die man, als ob man sie nicht zu schätzen wüßte, beiseite schieben muß. Kein Zweifel, daß die Erhaltung eines solchen Lebensstiles viel Intelligenz verlangt, eine Intelligenz, darauf gerichtet, alle Möglichkeiten von Opfern zu erspähen, und durch

Flucht oder durch einen wenig Opfer kostenden Ausgleich darauf zu reagieren.
Der Konimmolationskomplex ist für die Beurteilung der Individualpsychologie von ziemlicher Bedeutung; denn, wenn man die Lehre vorträgt, daß der Neurotiker die Kriegskosten seines Kampfes gegen das Gemeinschaftsgefühl zahlen müsse, so wird einem oft erwidert, daß gerade die schäbigsten aller Menschen, die Egoisten, sich der prächtigsten seelischen Gesundheit erfreuen, daß also auch die durch das Gemeinschaftsgefühl konstituierte sittliche Weltordnung der Indivualpsychologie, die sie manchem sympathisch erscheinen läßt, schließlich und endlich doch nur den *kleinen* Schelmen an den Kragen gehe, die *großen* Diebe aber in voller seelischer Gesundheit laufen lasse, z.B. jene, die Kriege schüren, um an ihnen dick zu verdienen. ADLER sagt dazu: „Was in manchen Fällen irreführen und an der Richtigkeit dieser Erfahrung (daß der Gehalt an Gemeinschaftsgefühl von entscheidender Bedeutung für die Bildung von Minderwertigkeitskomplexen sei – BIRNBAUM) zweifeln machen kann, ist der Umstand, daß gelegentlich Menschen mit sichergestelltem Mangel an Gemeinschaftsgefühl (eine Feststellung, die ich nur erfahrenen Untersuchern zutrauen möchte) vorübergehend wohl Erscheinungen des Minderwertigkeitsgefühles zeigen, *aber keinen Minderwertigkeitskomplex.* Diese Erfahrungen kann man gelegentlich bei Menschen machen, die wenig Gemeinschaftsgefühl besitzen, aber die Gunst der äußeren Umstände für sich haben." Nun ist der Egoismus aber eine Einstellung, welche geeignet ist, günstige Umstände zu schaffen, wie jeder Kenner der Welt zugeben wird. Diese günstigen Umstände ermöglichen aber wieder – Beati possidentes! – den Reichen, sich durch Stiftungen und Geschenke von den Anfällen des Gewissens loszukaufen. Man kann diese Sonderstellung des Egoismus, die ADLER, aber auch KÜNKEL sehr beschäftigt hat, auf die Weise erklären, daß die fördernden Leistungen für die Entwicklung der Welt eine größere Bedeutung haben, als die wirtschaftlichen Untaten jener Männer, die von einem höheren Gesichtspunkt vielleicht als Totengräberleistungen betrachtet werden im Sinn von NIETZSCHE: „Was im Fallen ist, das soll man stoßen." Man scheint hier auf einen Problemkreis zu geraten, dessen Probleme mit den Mitteln der Individualpsychologie allein nicht mehr gelöst werden können.

Konnubium (Mitsein)

Wir stoßen hier auf jene Form des Minderwertigkeitsgefühles, die sich in den Beziehungen von Liebe und Ehe am deutlichsten kundgibt, obwohl sie natürlich, wie immer alle anderen Beziehungen durchsetzt. Gestellt ist die Aufgabe der Schaffung eines gemeinsamen Seins von Ich und Du. Die Lösung dieser Aufgabe verlangt eine Intelligenz, die ein klagloses Hinübergleiten von Situation zu Situation und deren Segnung ermöglicht. Wer zwischen den einzelnen Situationen klaffende Risse sieht und nicht imstande ist, in jeder der passierten Situationen Begnadung zu empfinden, der muß versagen. Er wird sich zurückhalten, weil das Neue eben das Neue, Unerschlossene ist, und er wird seine Lust immer nach dem Vorbild einer früher erlebten Lust umformen. Es steckt eben darin auch die Mutlosigkeit, die wir immer wieder finden, wo immer wir auch im Lande der Minderwertigkeitsgefühle umherreisen mögen. Freilich ist die Art des geforderten Mutes von Aufgabe zu Aufgabe verschieden. Was hier gefordert wird, ist vor allem die Aufgabe von Bindungen und Vorbildern aus einer Vergangenheit, die für die neue Situation nichts mehr zu sagen hat. Beim Tier wird alle diese Hemmung – falls sie da wäre – durch die Wirkung des Instinktes durchbrochen, der wie ein sich stets verengernder Trichter aus einer Zone allgemeiner Sexualisierung das Tier immer enger zu dem einen Partner hinsaugt. Beim Menschen bedarf dieses Hinstreben einer vermittelnden Intelligenz, welche die Zwischenstationen als Vorbereitungen aneinandersetzt, statt jede von ihnen mit einem eigenen Wert auszustatten. Hier ist manches, was FREUD sagt, gut beobachtet, wenn auch – wie wir meinen – unzutreffend gedeutet. Es gibt keine Regressionen auf alte Stufen der Libidoentwicklung und ebensowenig Fixationen, aber es gibt ein Anklammern an alte Modelle, ein Umformen der Gegenwart und ein Erträumen der unbekannten Zukunft nach dem Bilde der passierten Vergangenheit, in unserem Falle nach dem Bilde der erlebten Gefühlsformen, der Vorlustwelt. *Soll* die Intelligenz von ihrer alten in die neue Wirkrichtung umgestellt werden, so ist – wie in allen Fällen, wo es um die Produktivisierung von Minderwertigkeitsgefühlen geht –, es für den Menschen unerläßlich, eine leere Zone zu durchschreiten: Er muß glauben, was er nicht sieht, bejahen, was ihn noch nicht erhebt, und dabei noch dem scharfen Gegenwind standhalten, der sich aus seinem früheren falschen Training ergibt.

Konstimulation (Mitfühlen)

In der Zone der Konstimulation will der Mensch die causa sui sein. Er mag nicht anerkennen, was nicht seinem Wesen entsprungen ist. Da er sich aber doch immerzu von dem Ozean der Gemeinschaft umspült fühlt, so muß er diese Tatsache doch auch schließlich zur Kenntnis nehmen und schlägt dann oft unvermittelt in eine ganz absurde Weichheit um, vor der er sich durch Vertrotzung zu sichern sucht. Will er sich umstellen, so muß er die lächerliche Karikatur einer endlichen causa sui aufgeben und sich der Induktion durch das Du aufschließen. Freilich nur einer Induktion: Es gilt nicht, das Du nachzuahmen, sondern nur durch das Du angeregt zu werden, am Du sich selbst zu entfalten.

Kooptation (Mitzielen)

Die Gemeinschaft verlangt von dem einzelnen Menschen, daß er mit den andern Konventionen abschließe, Vereinbarungen treffe, die den Zielen der einzelnen ein Ziel gemeinsamer Art überordnet. Aus der Scheu vor der Konvention ergeben sich die mannigfaltigsten Minderwertigkeitsnuancen. Die Kooptation führt vom Ich und vom Alterich abseits zur Sachlichkeit. Wer seine Ziele nicht mit den Zielen der andern in der Region der Sachlichkeit kooptieren kann, der muß von Gegengefühlen durchzuckt werden. Es ist daher nicht weiter verwunderlich, daß die Zeit, da das Kind zum ersten Mal seinen Willen und den Willen des andern aneinanderprallen fühlt, die Gegenfühlung lernt. Kein Wunder, daß z. B. die erste Trotzperiode der Entwicklungspsychologie mit der anal-sadistischen Stufe der Psychoanalyse zusammenfällt. Bei Kindern, welche die Gegenfühlung an Stelle der Kooptation kultivieren, kommt es dann in der Folge dazu, daß dieses System immer mehr überwuchert und dem ganzen Seelenleben seinen Stempel aufdrückt. Hierher gehört all das, was in der Psychoanalyse als Sadismus und Masochismus erscheint, aber durch ADLER schon frühzeitig als Aggressionsstreben seines sexuellen Charakters entkleidet wurde. Es ist wichtig zu bemerken, daß dem Gegenfühlen nicht das Mitfühlen entgegengesetzt werde; denn das Gegenfühlen ist nur auf Grundlage des Mitfühlens denkbar; wenn der Grausame nicht mit seinem Opfer mitzufühlen verstünde, könnte er seine Quälereien nicht dem Opfer anpassen. Es ist daher nicht verwunderlich, wenn wir bei dem Grausamen von Zeit zu Zeit auch Züge des Mitfühlens entdecken, ja, wenn ADLER in manchen Fällen die Grausamkeit als Schutz gegen allzugroßes Mitfühlen entlarven konnte. Die erzieherische und wohl auch die psychotherapeutische Behandlung ginge daher fehl, wenn sie sich der Kultur des Mitfühlens zuwendete, statt den Betroffenen in die Welt des Sachlichen zu führen.

Konrektion (Mitsteuern)

Konrektion soll hier bedeuten, daß es eine Forderung der Gemeinschaft ist, daß der einzelne an ihr mitregierend, mitsteuernd teilnehme, daß sie von dem einzelnen Initiative verlangt. Wer sich dieser Initiative entschlägt, der führt ein parasitisches Leben.

Die menschliche Gemeinschaft verlangt die Konrektion, verlangt, daß der einzelne seine Initiative in sie einmünden lasse, daß er initiativ, ja, was vielleicht noch mehr bedeuten mag, daß er ursprünglich sei. Denn sie ist ihrer Struktur nach ein Werdendes; durch Tradition im Vergangenen verwurzelt und durch Initiative ins Zukünftige hinausbauend. Wer initiativ werden will, der muß – wie immer – durch eine Zone des Schweigens hindurchgehen, in der die alte Stimme der Führung nicht mehr – und die neue Stimme des eigenen Ursprungs noch nicht spricht. Obgleich überall Mut notwendig ist, nur in jeweils anderer Gestalt, so zeigt sich diese Notwendigkeit vielfach oft nur dem, der in die Sache eingedrungen ist. Hier aber liegt die Notwendigkeit so offen zutage wie nirgends; hier haben wir das Urbild des Mutes vor uns: den Mut zum eigenen Einsatz. Beim Konvivium war es der Mut zum Mitschwingen, bei der Konimmolation der Mut zum Opfer, beim Konnubium der Mut zur Bejahung des Wandels, bei der Konstimulation der Mut zur Aufschließung gegenüber der Induktion, bei der Kooptation der Mut zur Sachlichkeit; hier ist es der Wagemut im Wortsinne, um den sich alles dreht. ADLER hat bei der Umstellung eines initiativlosen Kindes immer für die Gewährung einer Schonzeit und für die stufenweise Steigerung plädiert, aber er hat nie übersehen, daß alle diese Hilfen nur sehr fragwürdiger Natur sind; der Mut zum Mut, auf den es nach einem klugen Wort von DREIKURS ankommt, läßt sich nur erwecken, nicht erzeugen.

Kooperation (Mitarbeiten)

Gemeinschaft verlangt vor allem mittun, und wenn ADLER den Sinn des Lebens als Kooperation, als Mitarbeit, als Beitrag durch Mitarbeit bezeichnet, so will er uns die zentrale Bedeutung der Kooperation klar vors Auge stellen. In der Tat nimmt die Kooperation diese zentrale Stellung ein; denn an ihr wird erst erwiesen, ob die Einstellung zur Gemeinschaft nicht bloße Pose bedeutet.

In diesem Sektor der Gemeinschaftsbeziehungen entstehen Minderwertigkeitsgefühle, wenn der Mensch die Distanz zwischen dem göttlichen Schöpfertum und der dem Menschen alleinzugänglichen Form des Nachschaffens vergißt – und wenn er die Zahnradbeziehung zwischen seinem Nachschaffen und dem Nachschaffen der andern nicht sehen will oder ablehnt.

Menschliches Schaffen ist Nachschaffen: Es hat die Würde des Schaffens und die Bedingtheit dessen, das einer vorgegebenen Struktur folgt. Oft und oft hat ADLER in vertrautem Kreise das herrliche Gleichnis von Dschuang Tse erzählt: von dem Zimmermann, der ausging, einen schönen Glokkenstuhl zu schnitzen und die große Lösung erst fand, als er sich in Demut dem Gesetz des Baumwuchses unterwarf und dem Material seine Eigenform ablauschte. Eine Fülle von Minderwertigkeitsgefühlsformen ergibt sich aus dem Hochmut derer, die dies nicht erkennen wollen. Und nicht minder aus der anderen Eigenart:

Menschliches Schaffen und Werken gedeiht dort, wo der Schaffende seine Zahnradbeziehung zu den Mitschaffenden, zu den Mitarbeitern bejaht.

Wir dürfen nun freilich hier nicht jene Minderwertigkeitsgefühlsformen vergessen, die sich aus der Arbeitslosigkeit ergeben. Hierzu ist zu sagen, daß der einzelne Arbeitslose wohl durch irgendeinen Kunstgriff eine geeignete Ablenkung entdecken mag, daß aber im allgemeinen hier, wie kaum an einer andern Stelle, die wichtige Tatsache offenkundig wird, daß das Gemeinschaftsgefühl wohl in das Seelenleben des einzelnen hineingreift, daß es aber auch immer das Wort an alle richtet, daß es die Überwindung des Minderwertigkeitsgefühles im Sinne der Produktivität zu einer Angelegenheit aller macht. So wenig sich der einzelne mit dem Hinweis auf den Zustand der Gesellschaft entschuldigen darf, so wenig darf es die Gemeinschaft tun, wenn der einzelne versagt. Dies ist ein wichtiger Grundsatz: Er nimmt dem einzelnen das Anrecht darauf, seine Überwindungsaufgabe der Gesellschaft anzulasten; er nimmt der Gesellschaft das Anrecht darauf, dem einzelnen und ihm ganz allein die Aufgabe der Überwindung aufzubürden.

Konkorrektion (Mitverbessern)

Die menschliche Gemeinschaft wird nur richtig verstanden, wenn man sie als Instrument der gesamtmenschlichen Entwicklung erfaßt, so wie die menschliche Einzelseele nur dann richtig verstanden wird, wenn man sie als Instrument der individuellen Entwicklung interpretiert. Richtig verstanden, insofern man den Menschen *als Menschen* ins Auge faßt, was kein Argument gegen jene bedeuten soll und kann, welche sich mehr für die biologische Seite an ihm oder für seine metaphysische Existenz interessieren. Ist aber – wie obengesetzt – die menschliche Gemeinschaft ein Entwicklungsinstrument, so obliegt dem Menschen die Aufgabe, korrigierend in alles einzugreifen, was seinem Einflusse zugänglich ist; dann ist die Selbstkorrektur nicht nur sein Recht, sondern auch seine Pflicht. Und es muß – so können wir deduzieren – einen Typus des Minderwertigkeitsgefühles geben, der ihn dazu drängt, oder der ans Tageslicht kommt, wenn er sich dieser Aufgabe entziehen will.

Der Mensch tut, als ob er vollkommen wäre. Und wenn ihn auch der Stachel der Unvollkommenheit bedrängt, so entschließt er sich doch nicht immer korrigierend einzugreifen, da er den Mut zur Unvollkommenheit – eine glückliche Prägung von LAZARSFELD –nicht hat. So zaubert er sich seine Unvollkommenheit um. Gewiß, er glaubt selbst nicht an sie, aber jede Veränderung erscheint seinem Auge wie eine Zerstörung. Er mag nun einmal keine Reparatur sehen. Er ist, wie er ist, und er läßt alles, wie es ist.

Koordination (Mitglied sein)

Das menschliche Gemeinschaftsleben verlangt die Einordnung. Wie aber, wenn man nicht drinnen stehen will, wenn man eine Spitzenstellung beansprucht? Dann bleibt nichts übrig, als an die obere Spitze zu streben oder aber die untere aufzusuchen. Von irgendeiner Seite gezählt, will er der erste sein. Aut Caesar–aut nihil. Wir brauchen über diesen Typus nicht viele Worte zu verlieren; er ist uns durch sein Geltungsstreben nur zu bekannt.

Konfiguration (Mitberichtigen)

Nur Gestalten können erfaßt werden; was erfaßt werden soll, muß Gestalt annehmen. Gestalt aber exponiert sich; was gestaltet ist, unterliegt der Kritik. Diesem Beängstigenden kann sich der Mensch auf eine zweifache Weise zu entziehen suchen: er kann an der Gestalt festkleben, wie der Pedant, oder er kann das Chaos vorziehen, wie es der Schlampige tut, der Halbe, der Phantast, der Chaotiker. Nun sprechen wir aber nicht von Figuration schlechthin, sondern von Konfiguration: die Gestalt muß mit andern Gestalten zusammen sein. Der Pedant will eben diese Konfiguration nicht: er hält sich an seine Form, das Dynamische liegt nicht in seiner Linie. So wird er schließlich zu einem ebensolchen Hemmnis der Entwicklung wie sein Gegencharakter. In beiden liegt ein unverkennbarer Zug von Herrschsucht. Der Schlampige zwingt den andern, sein halbes Tun zu ergänzen. So sagt ADLER von einem Knaben, über dessen Schlamperei man Klage führte: „Ich sehe den Schatten seiner Mutter hinter ihm, die alles macht.“ Der Pedant ist nicht minder herrschsüchtig: Er stellt seine Ordnung wie einen Gesslerhut auf die Straße des Lebens und zwingt jeden, davor seine Reverenz zu machen.

Kondistribution (Mitsparen)

Kein Zweifel, daß unsere Welt eine überaus ungleiche und wohl auch ungerechte Verteilung der Güter des Lebens zeigt. Aber auch in einer etwas gerechter eingerichteten

Welt würde sich ein Typus von Menschen finden, welche sich verkürzt fühlen würden. Wenn wir darüber nachsinnen, auf welche Weise sich das im Verkürztheits- und wohl auch im Neidgefühl zutage tretende Minderwertigkeitsgefühl produktiv überwinden ließe, so kommen wir zu zwei Wegen, die in Wirklichkeit nur ein Weg sind: Dieser Mensch müßte seine Ansprüche reduzieren und er müßte für eine gerechtere Verteilung der Güter arbeiten. Sein Streben müßte über ihn selbst hinausgreifen.

Im Bereiche des Konviviums handelt es sich um ein Ringen gegen die Erstarrung aller: Wer nur für sich aus seiner Vereinsamung heraus will, der überwindet nur halbschlächtig. Im Bereiche der Konimmolation ist es nicht anders: die Befreiung vom persönlichen Egoismus wäre – wenn dies möglich wäre – selbst wieder nur eine egoistische Tat. Es ist nicht nötig, alle einzelnen Typen hier noch einmal Revue passieren zu lassen: Jede Überwindung des einzelnen führt mit innerer Notwendigkeit, wenn sie gelingt, über den Privatbereich des einzelnen hinaus, wird zu einer phylogenetischen Leistung, zu einer Verbesserung des ganzen Gemeinschaftsinstrumentes. Im einzelnen wird die Schlacht für und gegen die Entwicklung geschlagen. Jede Überwindung reißt eine Tür zur Gemeinschaft auf. Als ADLER gefragt wurde, weshalb er so energisch für die Öffentlichkeit der Erziehungsberatungsstellen eintrete, entgegnete er: „Damit das Kind sieht, daß sein Irrtum die Gemeinschaft angeht." Wir dürfen hinzufügen: „Damit es sieht, daß auch seine Überwindung die Gesamtheit betrifft." Die Typen der Minderwertigkeitsgefühle sind für uns Typen der Auseinandersetzung nicht nur einzelner Menschen, sondern der Menschheit schlechthin. Die wirklichen Lösungen werden erst erfolgen, wenn dieser Gesichtspunkt, der ADLER von vornherein klar war, auf den er aber in späteren Jahren mit immer größerer Leidenschaftlichkeit hinwies, zum Wissensbesitz aller gehören wird.

Konversation (Mitenthüllen)

Schon im Bereiche der Kondistribution wurde uns klar, daß das Problem der Verteilung von größter Bedeutung ist. Dort handelt es sich um die Verteilung der Güter, bei der Konversation um die der Rollen im Entwicklungsprozeß überhaupt. Die richtige Konversation – wir wollen dies Wort zunächst nur im Wortsinne nehmen – setzt voraus, daß die Partner durch Dialektik gemeinsam die Aufdeckung einer verhüllten Wahrheit anstreben. Wem die Konversation Minderwertigkeitsgefühle erzeugt, dem ist es um das Rechthaben, nicht aber um die Wahrheit zu tun, die allein die menschliche Entwicklung richtig zu leiten vermag.

Die Entwicklung der Menschheit vollzieht sich einzig durch Konversation. Und sie vollzieht sich dort am schönsten und befriedigendsten, wo dies zugestanden wird; etwa im Reiche der unbeeinflußten Wissenschaft. Mögen die Gegensätze noch so hart aneinanderprallen, mag die Rechthaberei des einzelnen und der Schulen noch so groß sein, langsam und stetig schreitet die Klärung vorwärts und mit ihr die Menschheit.

Unsere Arbeit hat sich zur Aufgabe gestellt, aus dem Reich der Formen des Minderwertigkeitsgefühles Typen herauszufinden, an denen das Wesen dieses Gefühles am reinsten sichtbar werden könnte. Wenn wir nun rückblickend das Ganze überschauen, so sehen wir in jedem der Typen eine Form der Auseinandersetzung einerseits zwischen dem endlichen Menschen und einem unendlichen Ideal, andererseits zwischen dem einzelnen Menschen und den Aufgaben der Gemeinschaft. Der einzelne wird für unseren überschauenden Blick nur zu dem Ort, an dem die Schlacht der Menschheit geschlagen wird. Wer seinen Blick nur auf sein Minderwertigkeitsgefühl gebannt hält und dessen Herr zu werden sucht, der wird über eine notdürftige Kompensation nicht hinauskommen.

O. H. Mowrer und Peter Viek

Ein experimentelles Gegenstück zur Furcht aus dem Gefühl der Hilflosigkeit

Originaltitel: An experimental analogue of fear from a sense of helplessness
Entnommen aus: Journal of Abnormal and Social Psychology, 1948, *43*, 193–200
(Aus dem Englischen übersetzt von Hainer Kober)

Situationen der Not und Gefahr lösen durchaus nicht immer Gefühle der Angst und Verzweiflung aus. Gefühle der Angst und Verzweiflung werden vielmehr erst dann wach, wenn die Betroffenen sich der Not und Gefahr ausgesetzt sehen, ohne zu wissen, wie sie dem eintretenden oder drohenden Schaden entgehen können. Es ist also der Eindruck, eine Schadens- und Gefahrensituation nicht aus eigener Kraft bewältigen zu können, der Eindruck der eigenen Hilflosigkeit, welcher das Erlebnis der Unlust und emotionales Verhalten zur Folge hat.

Viele Menschen leiden unter dem Problem der Hilflosigkeit. Tiere scheinen es ebenfalls zu kennen. Mowrer *und* Viek *weisen in der vorliegenden Studie nach, daß Ratten emotionales Verhalten zeigen, wenn sie eine schmerzhafte Reizung erfahren, ohne dieser ein Ende setzen zu können. Dabei ist es keineswegs ein vorrangiges Ziel der Autoren, die Ähnlichkeit tierischen und menschlichen Verhaltens zu demonstrieren. Vielmehr benutzen sie ihre Versuchstiere als Stellvertreter für menschliche Probanden: als Wesen, auf deren Wohlbefinden und Gesundheit der Forscher weniger Rücksicht zu nehmen braucht als auf das Wohlbefinden und die Gesundheit seiner Mitmenschen. So werden den Tieren Elektroschocks verabreicht und damit Reaktionen hervorgerufen, wie man sie beim Menschen aus sozialen und ethischen Gründen zu vermeiden trachtet.*
Wie immer man jedoch über die experimentelle Erzeugung von Angst denken mag, den Autoren ist es in ihrer Studie gelungen, Phänomene der Angst unter kontrollierten Entstehungsbedingungen beobachtbar zu machen. Sie haben damit einen weithin beachteten Beitrag zur Erforschung der Angst geleistet. Und die Kenntnis der Bedingungen, welche Angst und andere Unlustemotionen schaffen, kann nur hilfreich sein, um der Entstehung neuer Angst und neuer Unlust vorzubeugen.
Der Artikel von Mowrer *und* Viek *zeichnet sich durch eine klare und knappe Schilderung der Fragestellung und der eigenen experimentellen Untersuchung aus. An einigen Stellen wurde er unwesentlich gekürzt.*

Ein schmerzhafter Reiz scheint weniger unangenehm zu sein, wenn man weiß, wie er abzustellen ist, wenn man also Einfluß auf ihn hat. Wahrscheinlich liegt der Grund hierfür in der Tatsache, daß im Falle des vorhandenen Einflusses das Mißbehagen beinahe nur auf dem primären Schmerztrieb beruht, während im anderen Falle des fehlenden Einflusses der gleiche Schmerz vorliegt, doch zu diesem noch die Furcht hinzutritt, der Schmerz könne endlos fortdauern. In einer Situation, in der der Schmerz willkürlich beendet werden kann, wirkt sich wahrscheinlich diese Furcht kaum oder gar nicht aus. Ein bekanntes und gleichzeitig augenfälliges Beispiel für dieses Phänomen ist die Erleichterung, die man verspürt, wenn man einen Arzt konsultiert. Man ist krank und leidet an Schmerzen und Unpäßlichkeit. Der Arzt kommt, diagnostiziert das Übel, verordnet eine Behandlung und versichert, daß man in ein oder zwei Tagen wiederhergestellt sein wird. Es ist kaum wahrscheinlich, daß die Untersuchung oder der beruhigende Austausch von Worten die körperliche Verfassung des Patienten im mindesten verändert hat. Doch ist es wahrscheinlich, daß er sich nach dem Besuch des Arztes schon „wesentlich besser fühlt". Offensichtlich wird anfänglich das physische Leiden des Patienten durch seine Sorge verschlimmert, sein Leiden könne endlos fortdauern oder vielleicht noch zunehmen. Nach einer beruhigenden Diagnose legt sich diese Sorge. Und wenn die gleiche Unpäßlichkeit in der Folge wieder auftritt, wird sie wahrscheinlich weniger Aufmerksamkeit als vorher erregen (natürlich vorausgesetzt, daß die Versicherungen des Arztes zutrafen und seine Behandlung sich als erfolgreich erwies)[1]. Freud (1971) hat ausführlich zu der Beziehung zwischen Furcht (oder „Angst") und dem Gefühl der Hilflosigkeit, das er dem Trauma gleichsetzt, Stellung genommen. Die folgende Zusammenfassung gibt seine Anschauung wieder:

> „Nach der Entwicklung der Reihe: Angst – Gefahr – Hilflosigkeit (Trauma) können wir zusammenfassen: Die Gefahrsituation ist die erkannte, erinnerte, erwartete Situation der Hilflosigkeit. Die Angst ist die ursprüngliche Reaktion auf die Hilflosigkeit im Trauma, die dann später in der Gefahrsituation als Hilfssignal reproduziert wird" (S. 303).

Nach Ansicht Freuds wird das kindliche Spiel häufig von dem Wunsch diktiert, die Angst dadurch zu meistern, daß es im Kleinen eine Situation reproduziert, die in der Wirklichkeit traumatisch war, doch jetzt durch das Spiel unter Kontrolle gebracht wird. Er sagt:

[1] Offensichtlich haben wir es hier mit zumindest einem der Phänomene zu tun, die gewöhnlich unter dem Terminus „Suggestion" subsumiert werden. Es ist wahrscheinlich kein Zufall, daß Aufmerksamkeit und Suggestibilität häufig in einer gewissen Beziehung zueinander gesehen werden.

„Das Ich, welches das Trauma passiv erlebt hat, wiederholt nun aktiv eine abgeschwächte Reproduktion desselben, in der Hoffnung, deren Ablauf selbsttätig leiten zu können. Wir wissen, das Kind benimmt sich ebenso gegen alle ihm peinlichen Eindrücke, indem es sie im Spiel reproduziert; durch diese Art, von der Passivität zur Aktivität überzugehen, sucht es seine Lebenseindrücke psychisch zu bewältigen. Wenn dies der Sinn eines ‚Abreagierens' des Traumas sein soll, so kann man nichts mehr dagegen einwenden. Das Entscheidende ist aber die erste Verschiebung der Angstreaktion von ihrem Ursprung in der Situation der Hilflosigkeit auf deren Erwartung, die Gefahrsituation. Dann folgen die weiteren Verschiebungen von der Gefahr auf die Bedingung der Gefahr, den Objektverlust und dessen schon erwähnte Modifikationen.
Die ‚Verwöhnung' des kleinen Kindes hat die unerwünschte Folge, daß die Gefahr des Objektverlustes – das Objekt als Schutz gegen alle Situationen der Hilflosigkeit – gegen alle anderen Gefahren übersteigert wird. Sie begünstigt also die Zurückhaltung in der Kindheit, der die motorische wie die psychische Hilflosigkeit eigen sind" (S. 303f.).

Eine andere plausible Vermutung wäre, daß die Furcht aus dem Gefühl der Hilflosigkeit eines der sehr wirksamen Motive des Sprachlernens ist. Obgleich ein Säugling Mißbehagen durch Schreien zum Ausdruck bringen kann, kann er nicht angeben, um *welches* Mißbehagen es sich handelt. Das kleine Kind muß enorm erleichtert sein, wenn es die wunderbare Macht der Sprache als ein Mittel entdeckt, auf die Intensität seiner Triebe Einfluß zu nehmen. Der Säugling scheint durch seine Stummheit einer allgegenwärtigen Unsicherheit ausgesetzt zu sein. Der einzigartige Wert der Sprache, diese Unsicherheit zu reduzieren, wird durch die Art und Weise nahegelegt, in der das Kind, sobald es das Kunststück des Sprechens begriffen hat, völlig von seiner neuen Fertigkeit in Anspruch genommen ist und sie zumindest eine Zeitlang beinahe ohne Pause ausübt (Mowrer o. J., Mowrer und Viek 1945). Es ließen sich noch viele andere Beispiele aus dem Alltag und aus der klinischen Praxis anführen, um zu zeigen, daß Furcht gewöhnlich mit einem Gefühl der Hilflosigkeit verknüpft ist, doch es wurde, soweit den Autoren bekannt – noch kein Versuch gemacht, diese Korrelation experimentell nachzuweisen. Es war erstaunlich, wie leicht dieses Phänomen unter kontrollierten Bedingungen an einem so niederen Organismus wie einer Laboratoriumsratte zu erzeugen ist.

Apparatur und Versuchstiere

Die in der vorliegenden Untersuchung verwendeten Versuchstiere waren 20 männliche Ratten (Lashley-Züchtung), die ungefähr fünf Monate alt waren. Nach einem Zufallsverfahren wurden sie in zwei gleiche Gruppen aufgeteilt, die Schock-Kontroll-Gruppe (S-K) und die Schock-Nichtkontroll-Gruppe (S-NK). Jedem der zehn Tiere in der S-K-Gruppe wurde eines der Tiere aus der S-NK-Gruppe als Partner zugeordnet. Jedes der zehn Tierpaare erhielt im Versuch die gleiche allgemeine Behandlung; die beiden einzelnen Tiere eines jeden Paares unterschieden sich nur hinsichtlich einer Bedingung, die unten noch beschrieben wird.
Die in dieser Untersuchung verwendete Apparatur ist ein rechtwinkliger kastenartiger Käfig, an dessen Vorderseite sich ein Stück Fensterglas und an dessen Boden sich ein Metallgitter befindet, das unter Strom gesetzt werden kann, so daß es dem Tier, wenn es darauf steht, an den Pfoten einen Schock versetzt. Der in dieser Untersuchung verwendete Schock wurde durch einen 130 Volt starken Wechselstrom von 60 Hz erzeugt. Der Widerstand einschließlich des Gitters und des Versuchstiers betrug 200000 Ohm (siehe Mowrer und Miller 1942).

Verfahren und Ergebnisse

Für einen Zeitraum von 15 Tagen wurde jedes der 10 Tiere, die zur S-K-Gruppe gehörten, einmal am Tag in das Versuchsgerät gesetzt. Nach einem Standardintervall von 20 Minuten erhielt jedes Tier am Ende eines kleinen Stocks ein bißchen Futter (angefeuchtetes Hundefutter der Marke Purina). Dieses wurde so von unten durch das Bodengitter hineingereicht, daß es unmittelbar vor dem Versuchstier erschien, und zwar jeweils dort, wo es sich gerade aufhielt. Wenn das Tier innerhalb von 10 Sekunden nach Darreichung des Futters aß, wurde dies als eine *Reaktion* angesehen und 10 Sekunden nach Auftreten dieser Reaktion ein Schock verabreicht. Der Schock wurde so lange beibehalten, bis das Versuchstier im Verlaufe eines Versuch-Irrtums-Verhaltens senkrecht in die Luft sprang. Gewöhnlich trug solch ein Sprung das Tier einige Zoll hoch, obgleich lediglich erforderlich war, daß das Tier alle vier Beine gleichzeitig vom Gitter nahm. Wenn ein Tier das Futter nicht innerhalb von 10 Sekunden nach seiner Darreichung fraß, wurde dies als eine *Hemmung* angesehen und das Futter fortgenommen. Trotzdem wurde der Schock 10 Sekunden danach verabreicht, so als hätte das Tier zu diesem Zeitpunkt gefressen. In jedem Falle, das heißt unabhängig davon, ob das Tier reagierte oder „gehemmt" war, wurde es nach Verabreichung des Schocks noch 20 Minuten im Apparat gelassen, dann herausgenommen und in der oben beschriebenen Weise gefüttert. Jedes Tier machte also nur einen „Versuch" pro Tag, und dieser bestand im wesentlichen aus der Darreichung von Futter und in der Verabreichung eines Schocks, ob das Futter nun genommen wurde oder nicht. Der Schock konnte in

Tabelle 1: Beispielfall: Ergebnisse für das Tier Nr. 6 S-K und seinen Zwilling im Versuch, das Tier Nr. 6 S-NK

Tage →		1	2	3	4	5	6	7	8	9	10	11	12	13	14	15	Hemmungen insgesamt
Tier Nr.	Freß-verzögerung	0.0	0.0	0.0	0.0	0.0	8.0	0.0	10.0	10.0	5.0	8.0	0.0	0.0	0.0	0.0	2
6 S-K	Schockdauer	14.3	1.5	1.2	1.0	1.7	2.2	8.5	3.9	1.4	2.4	2.8	3.3	1.1	2.0	2.4	
Tier Nr.	Freß-verzögerung	0.0	0.0	0.0	10.0	10.0	10.0	10.0	10.0	10.0	10.0	10.0	10.0	10.0	10.0	10.0	12
6 S-NK	Schockdauer[1]	14.3	1.5	1.2	1.0	1.7	2.2	8.5	3.9	1.4	2.4	2.8	3.3	1.1	2.0	2.4	

Tabelle 2: Zahl der in Gruppe S-K und Gruppe S-NK erhaltenen Reaktionshemmungen

Tage →	1	2	3	4	5	6	7	8	9	10	11	12	13	14	15	insgesamt
Gruppe S-K	0	0	1	0	2	2	2	3	1	1	1	1	1	1	0	16
Gruppe S-NK	0	1	4	5	7	6	7	4	7	7	8	8	8	8	7	87

beiden Fällen dadurch beendet werden, daß das Versuchstier in die Luft sprang.

Mit dem „Zwilling“ jedes Versuchstieres aus der S-K-Gruppe wurde folgendermaßen verfahren: Jedes dieser Tiere wurde in den Apparat gesetzt und dort 20 Minuten lang belassen. Dann wurde ihm in der oben beschriebenen Weise Futter angeboten. Dann wurde dem Tier abermals, gleichgültig ob es fraß oder „gehemmt“ war, nach einer Frist von 10 Sekunden ein Schock verabreicht. Allerdings wurde ein Unterschied gemacht. Anstatt den Schock so lange andauern zu lassen, bis das Versuchstier in die Luft sprang, wurde der Schock für eine feststehende Zeitdauer verabreicht, ohne daß die Reaktion des Versuchstiers in irgendeiner Weise berücksichtigt wurde.

Um jedoch sicherzugehen, daß jedes Tier in der S-NK-Gruppe die gleiche Schockmenge erhielt wie sein Pendant in der S-K-Gruppe, wurde eine besondere Vorkehrung getroffen. Dies läßt sich am raschesten begreifen, wenn man Tabelle 1 betrachtet. Aus ihr läßt sich ersehen, daß das Tier Nummer 6 der S-K-Gruppe am ersten Tag des Experiments 14,5 Sekunden brauchte, um nach Verabreichung des Schocks in die Luft zu springen. Deshalb schockte man das Tier Nummer 6 der S-NK-Gruppe am ersten Tag ebenfalls 14,5 Sekunden. Das gleiche Verfahren wurde in den folgenden 14 Tagen des Experimentes befolgt.

In Tabelle 1 zeigen die Zeilen, die mit „Freßverzögerung“ bezeichnet sind, die Zeit in Sekunden an, um die diese beiden Tiere das Fressen des ihnen angebotenen Futters verzögerten. Wenn ein Tier das Fressen um 10 Sekunden verzögerte, wurde das Futter weggenommen, woraus sich die Tatsache erklärt, daß keine Verzögerung, die diesen Zeitraum überschreitet, in Tabelle 1 wiedergegeben wird. Man kann sehen, daß das S-K-Tier nur zweimal im Verlaufe von 15 Tagen „gehemmt“ war, während das S-NK-Tier zwölfmal gehemmt war, obgleich ihm genau dieselbe Schockmenge verabreicht wurde.

Daß die Ergebnisse, die in Tabelle 1 dargestellt werden, recht gut mit denen der anderen neun Tierpaare übereinstimmen, zeigt sich an den Daten in Tabelle 2. Dort wird die Zahl der „Hemmungen“ für jeden Tag des Experiments und für jede der beiden Gruppen zusammen mit der Gesamtzahl der Hemmungen während des gesamten Experiments für beide Gruppen angegeben. Der Unterschied zwischen den 16 Hemmungen (Mittel = 1,6) bei der S-K-Gruppe und den 87 Hemmungen (Mittel = 8,5) bei der S-NK-Gruppe ist nach dem t-Test von Fisher auf dem 2%-Niveau signifikant. Es besteht natürlich die Möglichkeit, diese Daten nicht nach der Zahl der „Hemmungen“ sondern nach der gesamten Verzögerungsfrist auszuwerten, die bei den Tieren beider Gruppen auftrat, bevor sie das Futter nahmen oder es ihnen fortgenommen wurde. Die mittlere Verzögerung bei den Tieren der beiden Gruppen ist dann signifikant auf dem 6%-Niveau.

Bei beiden Auswertungen wird deutlich, daß die Tiere, für die der Schock von festgesetzter Dauer war, in höherem Maße durch den Schock „bestraft“ wurden als die Tiere, die auf die Schockdauer Einfluß nehmen konnten. Diese Ergebnisse bestätigen überraschend deutlich die weniger systematischen Beobachtungen, von denen zu Beginn dieses Artikels die Rede war.

Erörterung

Eine andere Art, das Phänomen zu beschreiben, das hier als Furcht aus einem Gefühl der Hilflosigkeit bezeichnet wird, ist die Aussage, daß lebende Organismen nicht nur durch die Furcht vor physischer Bestrafung sondern auch – vielleicht noch mehr – durch die *Furcht vor der Furcht* gehemmt werden können. Objektiv gab es keinen Unterschied im Ausmaß des physischen Schmerzes, der von den beiden Tiergruppen im eben beschriebenen Experiment erlebt wurde, doch diejenigen Tiere, bei denen der physische Schmerz (vermutlich) von einem Element der Furcht begleitet war, empfanden die Erfahrung insgesamt als „bestrafender“ als diejenigen Tiere, bei denen der physische Schmerz (vermutlich) von wenig oder keiner Furcht begleitet war. Hier scheint also ein eindeutiges experimentelles Paradigma für den Begriff der „Furcht vor der Furcht“ vorzuliegen, von dem William JAMES häufig sprach[2].

Bis jetzt haben wir von diesem Problem nur in sehr allgemeinen und unverbindlichen Begriffen gesprochen, wenn wir beispielsweise sagten, daß ein schmerzhafter Reiz weniger unbehaglich oder bestrafend ist, wenn man „weiß, wie“ er zu beenden ist. Doch was setzt dieses „Gewußt wie“ im einzelnen voraus, und in welcher Weise wirkt es sich auf die Furcht aus? Beim Menschen wird diese Wirkung wahrscheinlich durch einen Prozeß hervorgerufen, der etwa wie folgt abläuft: Das Subjekt sagt: „Da ist wieder dieser unerfreuliche Reiz, doch ich brauche mich von ihm nicht allzusehr aus dem Gleichgewicht bringen zu lassen, weil ich ihm ein Ende setzen kann, wenn ich es wünsche. Ich ‚weiß‘, daß ich dazu in der Lage bin, weil ich es in der Vergangenheit wiederholt getan habe.“ Es scheint höchst unwahrscheinlich, daß solche komplexen symbolischen Reaktionen in der Ratte stattfinden. Doch wenn nicht irgendein rudimentäres Äquivalent in ihr vorkommt, läßt sich kaum denken, wie die hier wiedergegebenen experimentellen Ergebnisse erklärt werden sollen.

Beginnen wir mit der ersten Reaktion auf den Schock, der im Falle der Tiere Nr. 6 S-K und Nr. 6 S-NK auf das Fressen folgte. In beiden Fällen dauerte der Schock 14,3 Sekunden an, und in keinem Fall wußte das Versuchstier – da es sich um den ersten Versuch handelte –, „was es dagegen unternehmen konnte“. Beide Tiere verfielen auf Versuch-Irrtums-Verhalten, beide Tiere erlebten vermutlich Furcht in gleichem Ausmaß, und in beiden Fällen endete der Schock zufällig. Bei diesem ersten Versuch hatten die Versuchstiere keine Möglichkeit zu „wissen“, daß im einen Fall der Versuchsleiter den Schock aufgrund dessen, was er das Versuchstier tun sah (das heißt in die Luft springen), beendete und im anderen Falle aufgrund dessen, was er die Stoppuhr tun sah (das heißt 14,3 Sekunden anzeigen).

Doch beim zweiten und bei den folgenden Versuchen wurden die Erfahrungen der beiden Ratten sehr unterschiedlich. Da Ratte Nr. 6 S-K die Reaktion (Springen) wiederholt, die sie zeigte, bevor der Schock im vorhergehenden Versuch endete, stellt sie fest, daß der Schock abermals endet. Doch wenn die Ratte Nr. 6 S-NK die (nicht aufgezeichnete) Reaktion wiederholt, die sie ausführte, unmittelbar bevor der Schock beim vorhergehenden Versuch endete, *passiert nichts:* Der Schock dauert (wahrscheinlich) an.

Intuitiv ist uns sofort klar, daß Ratte Nr. 6 S-K bald einen „besseren Eindruck“ von dem Schock gewinnen wird als Ratte Nr. 6 S-NK. Ratte Nr. 6 S-K wird weniger Furcht empfinden, wenn der Schock beginnt und wahrscheinlich auch weniger Furcht davor, *daß* er beginnen könnte. Warum sollte dies genau genommen der Fall sein?

Wir möchten die folgende Antwort auf diese Frage geben: Im Falle der Ratte Nr. 6 S-K wird das Springen bald eine Fähigkeit sein, über deren Beherrschung die Ratte heilfroh ist! In einer weniger laxen Ausdrucksweise: die Reaktion des Springens wird mit der Erfahrung der Erleichterung (vom

[2] Dieses Phänomen ist nicht nur für den Bereich der Sozialpsychologie, sondern auch für den der klinischen Psychologie von Bedeutung. Neurotischen Individuen wird gewöhnlich nachgesagt, daß sie zu „Überreaktionen“ neigen, daß sie „unstabil“ sind, daß sie auf objektive Situationen mit „unverhältnismäßigem Affekt“ reagieren. Es scheint heute festzustehen, daß der Grund dafür, daß der Neurotiker häufig so stark auf einen scheinbar trivialen Vorfall reagiert, darin liegt, daß er nicht nur mit den realen Konsequenzen des Vorfalls fertigwerden muß, sondern auch mit den in seinem Gewissen aufgestauten Vorwürfen. So hemmt das Individuum unter Umständen Leistungen, mit denen das normale Individuum mühelos fertig wird. Mit anderen Worten: Handlungen, die für normale Individuen kaum eine Belästigung oder Herabsetzung darstellen, können für den Neurotiker eine schwere Bestrafung sein, weil er nicht nur die objektive Realität, sondern auch die Furcht fürchtet (Angst, Depression, Selbstverdammung), die sein Gewissen hervorbringt.

Schock und der Furcht), mit dem Gefühl einer ziemlich tiefen Befriedigung verknüpft. Wenn jetzt angenommen werden kann – und hier können wir nur Mutmaßungen anstellen – daß die Ratte irgendein *Symbol für das Springen* ausbildet, einen Blick nach oben, die Anspannung bestimmter Muskeln oder etwas ähnliches, dann können wir schließen, daß die Ratte, wenn sie bei nachfolgenden Gelegenheiten Angst hat (entweder vor oder beim Schock) die Ausführung dieser Symbolreaktion, dieses Äquivalents des Springens, ihre Furcht in gewisser Weise lindern wird. Wenn die Ratte also in dieser Weise daran „denkt", wie sie des Schocks ledig werden kann, kann sie vermutlich die den Schock begleitende Furcht mildern.

Unter einem bestimmten Gesichtspunkt könnte man vermuten, eine Ratte, der beigebracht wurde, in Reaktion auf den Schock emporzuspringen, könne leichter am Fressen gehindert werden als eine Ratte, der keine besondere Reaktion auf den Schock beigebracht wurde. Man könnte also vermuten, die Reaktion des Springens könne in irgendeiner verdeckten Weise mit dem Fressen „interferieren" oder „konkurrieren", mehr als das Unterlassen einer solchen Reaktion. Doch unsere Ergebnisse zeigen den genau umgekehrten Sachverhalt: Das Tier, das eine befriedigende Technik im Umgang mit dem Schock erwirbt, ist zugleich das Tier, das weit eher in der Lage ist, die Reaktion auszuführen, die eine Bewältigung seines Hungers bedeutet. Dieses Ergebnis scheint die oben dargelegte Interpretation nachdrücklich zu bestätigen, daß nämlich das Tier, das am besten mit dem Schock fertigzuwerden vermag, sowohl während des Schocks wie auch in seiner Erwartung weniger Furcht hat und deshalb in geringerem Maße abgeschreckt wird, eine Handlung auszuführen, die vom Schock begleitet wurde.

An dieser Stelle möchten wir noch auf eine bisher unerwähnt gebliebene Einzelheit bei den in Tabelle 2 wiedergegebenen Daten hinweisen. Es ist zu erkennen, daß die Zahl der Hemmungen pro Tag bei der S-K-Gruppe mit O am ersten Tag begann, auf 3 am achten Tag anstieg und dann wieder auf O am 15. Tag zurückfiel. In der S-NK-Gruppe sieht das Muster dagegen ganz anders aus. Die Zahl der Hemmungen am ersten Tag war ebenfalls O, doch stieg sie während der ersten Woche ziemlich stetig an und blieb bis zum Ende des Experiments hoch (bei 7 oder 8). Wir stoßen also auf einen weiteren Hinweis dafür, daß ein Elektroschock, der sich kontrollieren läßt, weit weniger furchterzeugend (und „bestrafend") als der gleiche Schock ist, der nicht zu kontrollieren ist. Es liegt also nicht nur ein auffälliger Unterschied in der *Gesamtzahl* der Hemmungen in den beiden Gruppen vor, sondern die *Veränderung der Hemmung von Tag zu Tag* unterscheidet sich ebenfalls in systematischer Weise. Die Tatsache, daß die S-K-Tiere am letzten Tag keine Hemmungen zeigten, die S-NK-Tiere dagegen sieben, läßt auf eine Art von Vertrauen oder Sicherheit schließen, die sich bei der S-K-Gruppe im Gegensatz zur S-NK-Gruppe entwickelt hat und die sich auf das „Gewußt wie" gründet.

Literatur

Freud, S. *Hysterie und Angst.* (Studienausgabe Band VI). Frankfurt/M.: Fischer 1971.

Mowrer, O. H. A stimulus-response analysis of anxiety and its role as a reinforcing agent. *Psychol. Rev. 1939, 46, 553–565.*

Mowrer, O. H. On the dual nature of learning – A reinterpretation of „conditioning" and „problem-solving". *Harvard educ. Rev.* 1947, 17, 102–148.

Mowrer, O. H. On the utility of parrots and other talking birds in the study of language: A preliminary report and hypothesis.

Mowrer, O. H. & Miller, N. E. A multipurpose learning-demonstration apparatus. *J. exp. Psychol.* 1942, 31, 163–170.

Mowrer, O. H. & Viek, P. Language and learning: An experimental paradigm. *Harvard educ. Rev.* 1945, 15, 35–48.

13 Das Individuum in der Gruppe

Würde die Psychologie ihre Aufmerksamkeit stets nur auf Einzelpersonen, auf Individuen richten, so würde sie nicht einmal diesen Individuen gerecht werden. Denn die psychischen Abläufe eines jeden Individuums – sein Wahrnehmen und Erkennen, sein Lernen und Denken, sein Handeln und Mitteilen – sind weitgehend bezogen auf seine soziale Umwelt; von der sozialen Umwelt geprägt ist auch die Persönlichkeit eines jeden Menschen – seine Bedürfnisse, seine Einstellungen, seine Gewohnheiten und seine Fähigkeiten. Zu seiner sozialen Umwelt gehören dabei seine Mitmenschen, denen er tagtäglich begegnet – wie Eltern, Kinder, Lehrer, Schüler, Arbeitskollegen und Spielkameraden; dazu zählen ferne Autoritäten und anonyme Sozialpartner, denen man in der Regel nicht unmittelbar begegnet und denen man nicht persönlich bekannt ist – wie der Politiker im Regierungsamt, die Millionen Wähler, welche ihn in dieses Amt gebracht haben, wie der gefeierte Schriftsteller und seine vielen Leser. Die soziale Umwelt repräsentiert sich dem Menschen schließlich in seiner Kultur, den sichtbaren und unsichtbaren Hervorbringungen seiner Zeitgenossen und seiner Vorfahren – in Technik, Kunst und Wissenschaft, in Organisationen und Institutionen, in Gesetzen und Konventionen.

Die Erkundung der Wechselwirkungen zwischen Individuen wird damit zu einer höchst bedeutsamen Aufgabe der psychologischen Forschung, und sie kann sich auf zweierlei Weise dieser Aufgabe unterziehen. Sie kann – das ist die erste Möglichkeit – den Einzelmenschen in den Mittelpunkt ihrer Untersuchung stellen und – sozusagen aus seiner Perspektive – seine Auseinandersetzung mit seiner sozialen Umgebung beobachten und deuten. Mehrere der oben abgedruckten Texte sind diesem auf das Individuum zentrierten sozialpsychologischen Ansatz gefolgt – zum Beispiel der Artikel von Holzkamp und Perlwitz über soziale Wahrnehmung, die Darstellung Balints über Mutter-Tochter-Beziehungen und die Berichte von Bandura, Ross und Ross, sowie von Fiedler und Windheuser über Modellernen. Der so in den Mittelpunkt der Betrachtung gerückte Mensch findet seine Sozialpartner zum Teil vor, zum Teil wählt er sie aus, um sich auf längere Dauer an sie zu binden. Nach welchen Gesichtspunkten trifft er diese Wahl? Welche Bedürfnisse veranlassen ihn, sich anderen Menschen anzuschließen? Das ist die Fragestellung des im zweiten Teil dieses Abschnitts abgedruckten Aufsatzes des polnischen Psychologen Zbigniew Necki.

Eine zweite Möglichkeit der Erkundung sozialer Wechselwirkungen ist: Sich nicht auf die Perspektive eines einzelnen Gruppenmitglieds einzulassen, sondern sich einer Gruppe als ganzer zuzuwenden. Dann gilt es, Merkmale von Gruppen zu ermitteln, welche den Gruppen als ganzen zukommen (z. B. Gruppenstruktur, soziales „Klima"), sowie Prozesse, welche die Gruppen als ganze betreffen (z. B. Kommunikationsfluß in Gruppen). Einen Eindruck von einem solchen gruppenzentrierten sozialpsychologischen Ansatz vermittelt die anschließend wiedergegebene Analyse des französischen Sozialpsychologen Claude Flament.

Claude Flament

Darstellung von Freundschaftsbeziehungen in hierarchischen Gruppen

Originaltitel: Image des relations amicales dans des groupes hiérarchisés
Entnommen aus: L'Année Psychologique, 1971, *71*, 117–125
(Aus dem Französischen übersetzt von Hainer Kober)

Die Gruppen, deren Sympathie- und Antipathiebeziehungen der Autor dieses Beitrags analysiert, bestehen nur in der Vorstellung der von ihm befragten Probanden, sie sind fiktiv. *Aber es ist nicht zu bezweifeln, daß sich in den Vorstellungen der Probanden Erfahrungen niederschlagen, welche Rückschlüsse aus den Urteilen über die fiktiven Gruppen auf reale Gruppen zulassen. Eine andere Frage ist: Stimmen die Erfahrungen, welche die befragten Studenten in den sechziger Jahren in Frankreich mit Studiengruppen und Behörden gesammelt haben, mit Beobachtungen an anderen Gruppen, in anderen Ländern und zu anderen Zeiten überein? Selbst wenn eine solche Übereinstimmung nicht festzustellen wäre, würde die Lektüre des Artikels von* FLAMENT *– er erscheint hier in einer leicht gekürzten Fassung – wegen seines theoretischen und methodischen Ansatzes lohnen.*
Die Strukturen *der thematisierten Gruppen, das Zu- und Miteinander der Beziehungen zwischen ihren Mitgliedern, erfaßt* FLAMENT *mit den Mitteln der (mathematischen) Graphentheorie. Nach graphentheoretischen Kriterien werden bereits verschieden strukturierte Gruppen für die Untersuchung ausgewählt. (Am besten veranschaulicht man sich das sogleich, indem man einen Blick auf die Abbildung 1 wirft.) Kennwerte (deren Berechnung keineswegs so schwierig ist, wie der erste Eindruck der angegebenen Formeln befürchten läßt) ermöglichen dann, Eigenschaften, welche den Gruppen als ganzen oder einzelnen Personen bzw. Positionen darin zukommen, exakt zu bestimmen und zu vergleichen. So läßt sich die Ausprägung von Rangunterschieden, das Ausmaß der* Hierarchisierung, *bestimmen, die* Kongruenz *zwischen Hierarchie und Sympathie – das heißt der Grad der Übereinstimmung zwischen Rangunterschieden und dem Ausmaß der Freundlichkeit (oder Feindlichkeit), sowie das Gleichgewicht (hier: der Freundschafts-) Beziehungen. Der Begriff des* Gleichgewichts *ist an einem Beispiel einfacher zu erläutern als durch eine abstrakte Definition: Gegeben sei eine Gruppe mit drei Personen – Raymond, Marcel und Nicole. Raymond und Marcel verstünden sich gut, könnten aber Nicole nicht ausstehen – ebenso wenig wie Nicole die beiden Männer mag. Das wäre als ein ausgeglichenes Verhältnis zu bezeichnen, es gäbe dabei z. B. keine Eifersucht. Unausgeglichen wäre dagegen das Verhältnis, wenn Raymond und Marcel sich gut verstünden, Raymond und Nicole sich liebten, Marcel und Nicole sich dagegen nicht ausstehen könnten; dann würden etwa Marcel und Nicole versuchen, sich Raymond gegenseitig abspenstig zu machen.*
Wer sich in die hier wie in vielen anderen sozialpsychologischen Arbeiten verwendeten Analyse- und Beschreibungsmethoden vertiefen will, findet Hinweise auf Spezialliteratur im Anschluß an diesen Artikel, sowie in den meisten Lehrbüchern der Sozialpsychologie.

Zahlreiche Experimente haben bewiesen, daß in der Art und Weise, in der Versuchspersonen eine Gruppe wahrnehmen, *kognitive Vorurteile* wirken. Man spricht manchmal von „guten Sozialformen": Die Struktur einer Gruppe, die als gute Form gilt, wird besser erfaßt oder leichter aufgebaut als eine Struktur, die nicht als gute Form gilt (siehe ZAJONC 1966, Kapitel 8).
Einige Studien haben sich mit hierarchischen Strukturen befaßt (DESOTO, 1960; VAN KREVELD und ZAJONC, 1966). Zahlreiche Untersuchungen wurden verschiedenen Aspekten von Freundschafts-Feindschafts-Strukturen und insbesondere dem *Gleichgewicht* dieser Strukturen gewidmet. Doch keine Untersuchung hat versucht, diese beiden Strukturtypen zueinander in Beziehung zu setzen.
Dennoch gebührt diesem Problem ohne Zweifel ein gewisses Interesse. Während nämlich die Tendenz zur Herstellung eines Gleichgewichts mittlerweile *in der Wahrnehmung der Struktur fiktiver Gruppen* gut belegt ist, findet man kaum eine Spur des Gleichgewichtsprinzips *in der Struktur realer Gruppen* (siehe JOHNSON 1968). Es läßt sich eine Hypothese formulieren: Die Struktur einer Gruppe beruht nicht auf einer einzigen Beziehung. Verschiedene Beziehungen, besonders solche hierarchischer und freundschaftlicher Art, können interferieren oder sogar gegeneinander wirken. Nur durch eine saubere experimentelle Trennung lassen sich die einem jeden Beziehungstypus eigenen Merkmale isolieren. Deshalb ist es notwendig, auf der Ebene der kognitiven Vorurteile selbst die lenkbaren Interferenzen zwischen den Beziehungstypen zu untersuchen.

Das Experiment

Fünf hierarchische Strukturen oder *Hierarchien* werden als Reiz verwendet (siehe Abbildung 1). Jede ist auf einem Blatt enthalten, auf dem sich auch Fragen zur betreffenden Struktur befinden (siehe Abbildung 2). Jede Versuchsperson erhält ein Heft mit fünf Blättern (die Reihenfolge der Blätter variiert von Heft zu Heft).

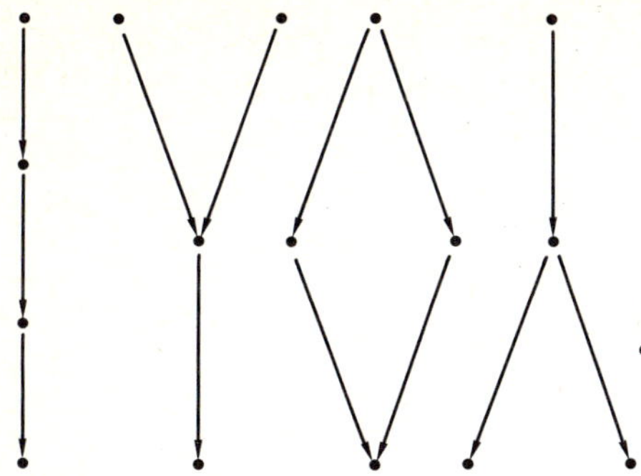

Abbildung 1: Die fünf Hierarchien

Der Versuchsperson wird erklärt, daß jede Zeichnung eine Hierarchie darstelle, die in einer Gruppe beobachtet worden sei: Wenn ein Pfeil von A nach B weise, bedeute dies, daß A mit Autorität gegenüber B ausgestattet sei. Die Versuchsperson wird aufgefordert, sich die Freundschafts- oder Feindschaftsbeziehungen vorzustellen, die in einer solchen Gruppe existieren könnten. Die Versuchsperson beantwortet sechs Fragen, indem sie ein Kreuz in die Spalte setzt, die ihrer Meinung entspricht (siehe Abbildung 2).
Es ist darauf hinzuweisen, daß nichts über die hierarchischen Beziehungen zwischen Individuen ausgesagt wird, die nicht unmittelbar durch einen Pfeil verbunden sind (in Abbildung 2 beispielsweise zwischen Roger und Bernard). Man weiß jedoch, daß eine Neigung zur Transitivität in hierarchischen Strukturen vorliegt (DESOTO, 1960; VAN KREVELD und ZAJONC, 1966). Das Reaktionssystem zwingt zur Reziprozität der Gefühle: Die Versuchsperson kann nicht davon ausgehen, daß Roger Freundschaft für Bernard empfindet, wenn Bernard Roger feindlich gesinnt ist. Man weiß also, daß eine Tendenz zur Gegenseitigkeit in den Freundschafts-Feindschafts-Strukturen vorliegt (DESOTO, 1960; ZAJONC und BURNSTEIN, 1965).

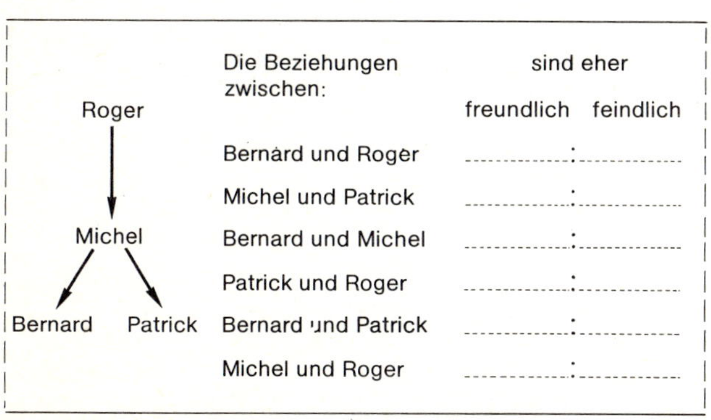

Abbildung 2: Beispiel einer Heftseite aus dem Versuch

Zwei verschiedene Versuchsinstruktionen werden verwendet:
– Instruktion α: Die Gruppen sind *studentische Arbeitsgruppen,* und die Hierarchien geben nicht die Autorität, sondern den *Einfluß* wieder, den ein Gruppenmitglied auf ein anderes während der Arbeit ausüben kann;
– Instruktion β: Die Gruppen werden von Personen gebildet, die in einer *Behörde* arbeiten, und die Hierarchien entsprechen den für solche Ämter typischen *Autoritätsbeziehungen*.
150 männliche und weibliche Studenten aus Aix-en-Provence, die größtenteils nicht dem psychologischen Fachbereich angehörten, haben jeder solch ein Heft ausgefüllt, wobei die Hälfte die Instruktion α, die andere Hälfte die Instruktion β erhielt.

Gleichgewicht

Für den Rahmen dieses Experimentes genügt es, das Gleichgewicht wie folgt zu definieren (siehe FLAMENT, 1963, 1968):
– Eine Freundschafts-Feindschafts-Struktur befindet sich im Gleichgewicht, wenn all ihre Dreiecke sich im Gleichgewicht befinden. Ein Dreieck (eine Untergruppe von drei Personen) befindet sich im Gleichgewicht, wenn die Zahl ihrer Freundschaftsbeziehungen ungerade ist (1 oder 3).
Die Tabelle 1 gibt den Prozentsatz im Gleichgewicht befindlicher Strukturen wieder, die von unseren Versuchspersonen geschaffen wurden.
Die Gleichgewichtstendenz ist also sehr schwach, aber nicht gleich Null: Von den $2^6 = 64$ unterschiedlichen Strukturen nämlich, die von den Versuchspersonen hergestellt werden können, befinden sich nur acht, das heißt 12,5%, im Gleichgewicht. Jedoch beinahe alle Prozentwerte der Tabelle 1 liegen deutlich höher als 12,5.
Halten wir fest, daß sich die Gleichgewichtstendenz, wie schwach sie auch sei, bei Instruktion β stärker ausprägt als bei Instruktion α und daß sie sich je nach der Hierarchie unterscheidet, wobei sie unter der Bedingung „Instruktion β – Dreizack" recht stark wird.

Tabelle 1: Gleichgewicht (Prozentsatz im Gleichgewicht befindlicher Strukturen)

Instruktion	Kette	Y	Rhombus	Gabel	Dreizack	Insgesamt
α	19	11	16	20	35	20
β	9	23	25	31	63	30
Insgesamt.	14	17	21	26	49	

Wie dem auch sei, die Anlage des Experimentes selbst legt nahe, die geschaffenen Strukturen nicht an sich (unter dem Gesichtspunkt ihres Gleichgewichts) zu untersuchen, sondern bezogen auf die Hierarchien, anläßlich derer die Strukturen geschaffen wurden.

Kongruenz

Wir wollen mit d (xy) den Rangunterschied bezeichnen, der die Individuen x und y trennt, das heißt (durch eine absolute Größe) den Abstand zwischen den hierarchischen Ebenen von x und y.

Wenn wir die in Abbildung 2 genannten Gruppenmitglieder durch ihre Anfangsbuchstaben bezeichnen, erhalten wir folglich:

d(RM) = d(MB) = d(MP) = 1;

d(RB) = d(RP) = 2;

d(BP) = O.

Wir wollen eine Struktur als kongruent der korrespondierenden Hierarchie bezeichnen, wenn jedesmal, wenn d(xy) = d(zt) ist, auch dieselbe Freundschafts- oder Feindschaftsbeziehung zwischen x und y zwischen z und t besteht.

Die Tabelle 2 gibt die Prozentsätze kongruenter Strukturen wieder, die unsere Versuchspersonen hergestellt haben. Daraus läßt sich schließen, daß sich in diesem Experiment die Kongruenzneigung sehr viel deutlicher als die Gleichgewichtstendenz ausprägt. Die Prozentsätze der Tabellen 1 und 2 sind nämlich vergleichbar, da jede Hierarchie acht kongruente Strukturen zuläßt (mit Ausnahme des Dreizacks, der nur vier gestattet), wie es ja auch acht Gleichgewichtsstrukturen gibt.

Halten wir fest, daß sich die Gleichgewichtstendenz offensichtlich bei den verschiedenen Hierarchien im gleichen Maße ausprägt, während sie jedoch bei Instruktion *α* etwas deutlicher zutage tritt als bei Instruktion *β*.

Gleichgewicht und Kongruenz

Es ist schwierig, eine unmittelbare Vorstellung von der Beziehung zwischen den beiden Tendenzen zu gewinnen, die wir sichtbar gemacht haben. Dies liegt vor allem daran, daß die Zahlen möglicher Strukturen in jeder Kategorie sehr verschieden sind: Von zwei kongruenten und im Gleichgewicht befindlichen Strukturen bis zu 50 nichtkongruenten und nicht im Gleichgewicht befindlichen Strukturen.

Wir haben für jede vorgegebene Struktur die mittlere Auftretenshäufigkeit angegebener Fassungen mit gleicher Kongruenz und Ausgeglichenheit berechnet und verschiedene Verhältnisse zwischen diesen Mitteln bestimmt (Einzelheiten in Tabelle 3). Die solcherart errechneten Quotienten sind wie folgt zu verstehen: Über 1 offenbaren sie eine Tendenz zum Gleichgewicht, unter 1 eine gegenteilige Tendenz.

Tabelle 2: Kongruenz (Prozentsatz kongruenter Strukturen)

Instruktion	Kette	Y	Rhombus	Gabel	Dreizack	Insgesamt
α	61	65	60	60	57	60
β	59	45	49	59	63	55
	60	55	55	60	60	

Tabelle 3: Gleichgewicht und Kongruenz (Instruktionen α und β zusammengefaßt).

	Kette	Y	Rhombus	Gabel	Dreizack
R	0,46	0,37	0,39	0,93	2,10
R'	1,48	2,62	3,47	2,97	2,25

$$R = \frac{N(CE)/n(CE)}{N(C\bar{E})/n(C\bar{E})} \qquad R' = \frac{N(\bar{C}E)/n(\bar{C}E)}{N(\bar{C}\bar{E})/n(\bar{C}\bar{E})}$$

N(X): Anzahl der Versuchspersonen, die sich für eine Struktur X entscheiden; n(X): Zahl der möglichen unterschiedlichen Strukturen X; C: kongruent; $\bar{C}$: nicht kongruent; E: im Gleichgewicht; $\bar{E}$: nicht im Gleichgewicht.

Die Tabelle 3 zeigt:

R: Wenn eine Versuchsperson sich für eine kongruente Struktur entscheidet, strebt sie ganz und gar nicht nach Gleichgewicht (eine Ausnahme bildet der Dreizack, der bereits in Tabelle 1 eine Sonderstellung einnahm);

R': Wenn eine Versuchsperson sich für eine kongruente Struktur entscheidet, strebt sie intensiv nach Gleichgewicht.

Analoge Berechnungen zeigen, daß eine Versuchsperson, die eine Struktur im Gleichgewicht beschreibt, sehr viel weniger um Kongruenz bemüht ist, als eine Versuchsperson, die eine nicht im Gleichgewicht befindliche Struktur beschreibt.

Tabelle 4: Positive Beziehung und hierarchische Distanz. (Prozentsätze der Antworten: „x und y sind Freunde")

Instruktion	d(xy) = 0			d(xy) = 1	d(xy) > 1	Insgesamt
	untere Ebene	mittlere Ebene	obere Ebene			
α	51	40	25	70	40	57
β	68	49	45	57	40	54
Insgesamt	59	45	36	64	40	55

Daraus läßt sich der Schluß ziehen, daß die Beziehungen zwischen der Gleichgewichtsneigung und der Kongruenztendenz im allgemeinen gegensätzlicher Art sind.

„Durchschnittliche" Strukturen

In den vorstehenden Analysen wurden die sechs Antworten, die jeweils von einer Versuchsperson im Hinblick auf eine bestimmte Hierarchie gegeben wurden, als ein Ganzes mit bestimmten strukturellen Eigenschaften betrachtet. Um unsere Ergebnisse zu vervollständigen, wollen wir die Antworten für alle Strukturen zusammenfassen und für jede Frage den Prozentsatz „freundschaftlicher" Antworten gesondert betrachten.

In allen Hierarchien zeigen sich große Regelmäßigkeiten. In Abhängigkeit der oben definierten Distanz d (xy) werden Umgruppierungen notwendig. Aus Tabelle 4 wird ersichtlich:

- Diejenigen, die sich auf einer gleichen hierarchischen Ebene befinden (d [xy] = 0) werden als feindlich wahrgenommen, wenn sie sich höher in der Hierarchie befinden und wenn es sich um Studentengruppen handelt (Instruktion α);
- Die Individuen in unmittelbarer hierarchischer Beziehung (d [xy] = 1) haben freundschaftliche Beziehungen, besonders wenn es sich um Studentengruppen handelt (Instruktion α).

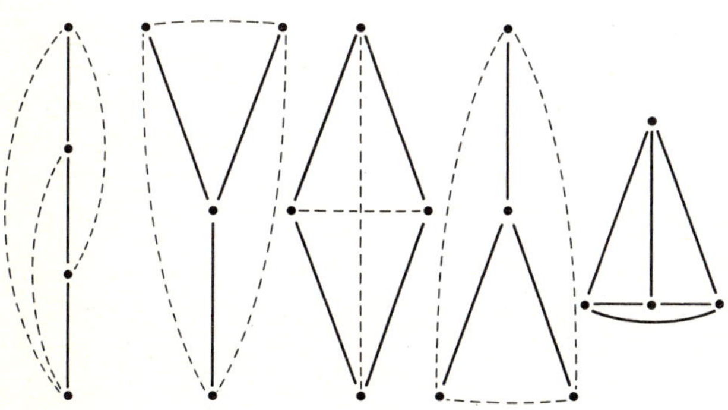

(Durchgezogene Linie = Freundschaft, gestrichelte = Feindschaft, in Klammern = Prozentsatz der Versuchspersonen [Instruktion α und β zusammengefaßt], die genau die „mittlere" Struktur bezeichnet haben.)

Abbildung 3: „Mittlere" Freundschafts-Feindschafts-Strukturen.

Es lassen sich dadurch „mittlere" Strukturen konstruieren, daß man die vorherrschenden Antworten so kombiniert, wie sie in Tabelle 4 erscheinen. Man erhält die Strukturen der Abbildung 3.

Bemerkenswert ist die Tatsache, daß all diese Strukturen sich nicht im Gleichgewicht befinden mit Ausnahme jener, die sich auf den Dreizack beziehen – was ohne Zweifel den Gegensatz zwischen dem Gleichgewicht und der Kongruenz bei den ersten vier Hierarchien erklärt und verständlich macht, warum der Dreizack hinsichtlich des Gleichgewichtes eine Sonderstellung einnimmt (Tabellen 1 und 3).

Schlußfolgerung

Wenn hierarchische Strukturen und Freundschafts-Feindschafts-Strukturen gleichzeitig in der Vorstellung berücksichtigt werden, die sich eine Versuchsperson von einer Gruppe macht, tritt die für die separat betrachteten Freundschaftsstrukturen charakteristische Gleichgewichtsneigung zurück, ohne gänzlich zu verschwinden, und macht einer Vorstellung von Freundschaftsbeziehungen Platz, die sich in enger Abhängigkeit von der Art der hierarchischen Beziehungen und der Größe der Rangunterschiede befindet. In den meisten (aber nicht in allen) Fällen ist die Hierarchie so beschaffen, daß sich aus ihr eine Freundschaftsstruktur ergibt, die sich nicht im Gleichgewicht befindet: Woraus ein Konflikt zwischen der Gleichgewichtsneigung und der Kongruenztendenz resultiert.

Die Verwendung zweier Versuchsanweisungen (α und β) gestattet eine weitere Nuancierung ohne eine Veränderung des Gesamtergebnisses:

- Die Studenten (unsere Versuchspersonen) sind der Meinung, daß Studentengruppen (Instruktion α) über ein sehr schlechtes Gleichgewicht verfügen, sehr abhängig von hierarchischen Strukturen sind, von Feindschaftsbeziehungen beeinträchtigt werden und besonders unter der Rivalität zwischen Mitgliedern gleicher Position leiden. Nur Individuen, die sich in einer unmittelbaren hierarchischen Beziehung befinden, haben eine gewisse Chance, befreundet zu sein;
- Dieselben Studenten sind dagegen der Meinung, daß Gruppen in Behörden (Instruktion β) sich in einem besseren Gleichgewicht befinden, weniger Rivalität unter Mitgliedern gleicher Position erzeugen, aber auch weniger Möglichkeit zu Freundschaft unter Ungleichen bieten.

Aus den spontanen Bemerkungen der Versuchspersonen, die besonders zahlreich bei der Instruktion β waren, geht hervor, daß diese Anweisung, die einen besonderen Gruppentypus und eine ausgesprochen autoritätsbestimmte Hierarchie definiert, die Versuchspersonen veranlaßt, die

Freundschaftsbeziehungen eher unter einer affektiven Perspektive zu sehen. Wir haben Bemerkungen wie die folgenden aufgezeichnet: „In einer Behörde tut man gut daran, sich bestimmte Leute zu Freunden zu machen“, „man muß ein gewisses Gleichgewicht respektieren...“
Ähnliches gilt nicht für Instruktion α. Hier haben sich die Versuchspersonen möglicherweise nur an dem Klima der Studentengruppen orientiert, das sie täglich erleben...

Literatur

DESOTO, C. B. Learning a social structure. *J. abnorm. soc. Psychol.* 1960, 60, 417–421.

FLAMENT, C. *Applications of graph theory to group structure.* Englewood Cliffs, N. J.: Prentice-Hall 1963.

FLAMENT, C. Structural balance theories. In *Algebraic models in psychology.* University of Leyde 1968, S. 225–263.

JOHNSON, T. B. Balance tendencies in sociometric group structures. In *Algebraic models in psychology.* University of Leyde 1968, S. 252–257.

VAN KREVELD, D. & ZAJONC, R. B. The learning of influence structures. J. Personal. 1966, 34, 205–223.

ZAJONC, R. B. *Social psychology: an experimental approach.* Belmont: Wadsworth 1966.

ZAJONC, R. B. & BURNSTEIN, E. Structural balance, reciprocity, and positivity as sources of cognitive bias. *J. Personal.* 1965, 33, 570–583.

Zbigniew Necki

Die Determinanten gegenseitiger Anziehung zwischen Mitgliedern kleiner Gruppen

Originaltitel: The determinants of mutual attraction between members of small formal groups
Entnommen aus: Polish Psychological Bulletin, 1974, *5*, 29–34
(Aus dem Englischen übersetzt von Hainer Kober)

„Gegensätze ziehen sich an" – lautet eine alte Regel. Aber wie so oft hält die Volksweisheit gleich die Gegenregel bereit: „Gleich und gleich gesellt sich gern!" Die wissenschaftliche Analyse von Partnerbeziehungen hat beide Ansichten im Grundsatz als richtig bestätigt. Körperliche Ähnlichkeit (z. B. gleiche Körperlänge), Ähnlichkeit im Temperament, gleiche Herkunft und gleiches Schicksal können zu dem Entschluß beitragen, eine Ehe einzugehen, eine Freundesgruppe zu bilden oder beruflich zusammenzuarbeiten. Aber auch sich wechselseitig ergänzende, komplementäre *Fähigkeiten, Einstellungen, Interessen, Persönlichkeitsmerkmale fördern den Zusammenschluß. Das Problem ist offenbar: Wann und wo begründet Ähnlichkeit eine Partnerbeziehung, wann und wo ist Komplementarität für eine Partnerbeziehung maßgebend?*

Necki *untersucht dieses Problem an Zwei-Personen-Gruppen, an* Dyaden. *Seine Untersuchung ist stark persönlichkeitstheoretisch ausgerichtet. Als mögliche Bestimmungsgrößen, als* Determinanten *der Gruppenbildung berücksichtigt er Persönlichkeitseigenschaften wie* Dominanz *– der Grad der Überlegenheit bzw. des Überlegenheitsbedürfnisses,* Perseveranz *– die Ausdauer und Beharrlichkeit einer Person, sowie die* Extraversion *– im Gegensatz zur* Introversion *die Zuwendung zur Außenwelt. So leitet sich auch die Untersuchungsmethode des Autors aus der Persönlichkeitsdiagnostik her. Benutzt werden Fragebögen zur Ermittlung von sozialen Einstellungen, persönlichen Eigenschaften und Bedürfnissen. Dabei weist der Autor selbst darauf hin, daß derartige Einstellungen, Eigenschaften und Bedürfnisse, wie sie in einzelnen Antworten auf Fragebögen zutage treten, nicht je für sich zu interpretieren sind. Vielmehr sind sie erst in ihrem Zusammenhang zu bewerten, in ihrer Wechselbeziehung innerhalb eines* Syndroms.
Der Artikel Neckis *wird mit geringfügigen Kürzungen wiedergegeben.*

Einführung

Das Ziel der vorliegenden Untersuchung bestand darin, die Determinanten gegenseitiger Anziehung zwischen Mitgliedern kleiner formeller Gruppen einzeln zu ermitteln. Die operationale Behandlung eines Problems, das so komplex ist wie wechselseitige Vorlieben und Abneigungen, macht die Annahme einiger allgemeiner Prämissen erforderlich. Die grundlegende These lautete wie folgt: Das soziale Verhalten wird durch das Gleichgewicht zwischen Nutzen und Kosten gesteuert, die das Individuum als Ergebnis eines gegebenen Verhaltens erwartet, wozu auch die Anbahnung oder Vermeidung der Interaktion mit anderen Menschen gehört (Thibaut, Kelley, 1959).
Diese Behauptung läßt die Frage offen, ob das Gleichgewicht vom Subjekt absichtlich oder unabsichtlich hergestellt wird. Sobald wir uns über diese grundsätzliche Prämisse klargeworden sind, sind wir in der Lage, den Terminus „interpersonale Anziehung" generell zu definieren.
Interpersonale Anziehung wird als die Einstellung einer Person zu einer anderen verstanden. Diese Einstellung ist eine Resultante des Nutzens und der Kosten, die die erste Person im Verlaufe der Interaktion mit der zweiten verzeichnet hat oder für den Fall einer solchen Interaktion antizipiert.
Je zahlreicher die Nutzenfaktoren also im Vergleich zu den Kostenfaktoren sind, um so stärker ist die Anziehung und um so stärker ist folglich auch die Tendenz, den Kontakt aufrecht zu erhalten und zu intensivieren. Je spärlicher andererseits die Nutzenfaktoren und je zahlreicher die Kostenfaktoren sind, um so schwächer wird entsprechend die Anziehung sein. Dann wird eine starke Tendenz zu beobachten sein, die Interaktion zu vermeiden oder abzubrechen. Diese Definition präjudiziert nicht, welche besonderen Faktoren das Niveau gegenseitiger Anziehung determinieren – eine Frage, der Bramel (1969) im einzelnen nachgegangen ist. Die vorliegende Untersuchung ist mit der Verifizierung der Behauptung von Winch befaßt, die Bedürfnisse verhielten sich komplementär (Winch 1955; Malewska 1969). Nach Winch ergibt sich ein hohes Niveau gegenseitiger Anziehung aus der Ergänzung von gegensätzlichen Zügen. Gegenseitige Anziehung entwickelt sich beispielsweise eher zwischen einem extravertierten und einem introvertierten, zwischen einem dominierenden und einem unterwürfigen Individuum usw. Eine alternative Hypothese wäre die Vermutung, die Ähnlichkeit von Persönlichkeitseigenschaften sei für die Partner einer Interaktion nützlich. Wenn zwar die Nutzenfunktion der Dominanz-Unterwerfungs-Beziehung auch außer Frage zu stehen scheint, sollte man sich doch bewußt machen, daß das Repertoire des Alltagsverhaltens eines einzelnen Individuums sich niemals darauf beschränkt,

entweder Befehle zu erteilen oder solche zu empfangen. Dominanz ist mit einer Reihe von Eigenschaften verbunden, die die unterwürfige Person nicht unbedingt als angenehm empfinden muß (GRIFFITT, 1968; KAHN, SHELDON 1971). Hier stehen wir vor der Frage: Wird die Entstehung interpersonaler Anziehungen stärker beeinflußt aus dem Nutzen, der sich aus der Komplementarität gewisser Persönlichkeitsdimensionen (zum Beispiel Dominanz-Unterwerfung) ergeben, oder durch die Kosten, die durch den Gegensatz von Eigenschaften entstehen? Das Problem verlangt, daß die Bestimmungsfaktoren der Anziehung ebenso wie die Interdependenzen zwischen diesen Faktoren einer umfassenden Prüfung unterzogen werden. Wir sind gehalten, den Faktor Geschlecht einzubeziehen, der individuelle Nutzen- und Kostenkomponenten in ihrer Bedeutung erheblich beeinflussen kann. Folglich müssen die Beziehungen zwischen Männern, zwischen Frauen und zwischen Männern und Frauen getrennt behandelt werden.

Die grundlegenden Fragen der Studie lauteten also wie folgt:

(1) Welche Unterschiede gibt es bei Mitgliedern kleiner formeller Gruppen in der Stärke der gegenseitigen Anziehung und in der Höhe der wechselseitigen Übereinstimmung von Einstellungen?

(2) In welchem Maße variieren die Determinanten gegenseitiger Anziehung mit dem Geschlecht der Partner?

(3) Wird Partnerschaft durch Bedürfnisähnlichkeit oder durch Bedürfniskomplementarität mehr gefördert?

Methode

Versuchspersonen

Als Analyseeinheit wurden Dyaden zugrunde gelegt. Unter Dyade verstehen wir eine relative isolierte Zwei-Personen-Beziehung, die gewöhnlich innerhalb einer größeren Gruppe funktioniert (THIBAUT, KELLEY 1959). Die untersuchte Stichprobe umfaßte 312 Dyaden, 162 weibliche, 58 männliche und 92 gemischte. Als Versuchspersonen fungierten Psychologiestudenten im Vorstudium. Erste Voraussetzung einer Dyade war eine Bekanntschaft, die zumindest seit zwei Jahren bestand und die Anlaß zu der Annahme gab, daß die Partner ausreichend vertraut mit dem gegenseitigen Verhalten waren, um die Gewähr für eine relativ stabile Einschätzung gegenseitiger Anziehung (und damit für die Qualität der Ergebnisse) zu bieten. Tatsächlich wurde eine Verbindung von jeweils zwei Mitgliedern der Studentengruppe (die verschiedene Übungen gemeinsam besuchte) als eine Dyade angesehen.

Meßtechniken

Im Anfangsstadium der Untersuchung wurde eine Technik zur detaillierten Bewertung der gegenseitigen Anziehung entwickelt. In Übereinstimmung mit der oben gegebenen Definition wurde ein Verfahren gewählt, aus dem ein operationaler Anziehungs-Abneigungs-Index erarbeitet wurde. Ausgehend von der Annahme, daß das menschliche Wesen ein Maximum an Nutzen zu erhalten sucht und daß der Kontakt mit einer anziehenden Person als nützlich empfunden wird, läßt sich die Intensität der Tendenz zum Kontakt als Anziehungsindex ansehen, während die Intensität der Tendenz, den Kontakt zu vermeiden, als Index der Abneigung gegenüber der anderen Person zu werten sein dürfte. Um zu messen, wie attraktiv A für B ist, müssen wir herausfinden, wie B die Aussicht bewertet, seine Interaktion mit A aufrechtzuerhalten oder zu intensivieren, und wie B auf die Aussicht reagiert, daß dieser Kontakt eingeschränkt oder abgebrochen wird.

Das Instrument, das zur Messung gegenseitiger Einstellungen herangezogen wurde, heißt Anziehungsskala und umfaßt 13 Fragen, die nach Art der Einstellungsskala konstruiert sind. Diese Fragen bezogen sich hauptsächlich auf die Bereitschaft der Versuchspersonen, die Kosten hinzunehmen, die sich an eine Fortdauer der Interaktionen knüpften, auf seine Reaktion auf die Aussicht einer Ausdehnung oder Einschränkung des Kontaktes, auf seine generelle Einschätzung des Partners und auf das Maß an Zufriedenheit, das sich aus dieser Bekanntschaft ergab[1].

Die auf der Anziehungsskala erzielten Werte wurden zum Quantifizieren der zugrunde gelegten abhängigen Variablen, das heißt des Niveaus der gegenseitigen Anziehung in jeder untersuchten Dyade verwendet (der Wert, den A aufgrund der Antworten von B erhielt, und der Wert, den B auf der Grundlage der Antworten von A erhielt); die Punktwerte variierten von einem Minimum von 26 (sehr starke gegenseitige Abneigung) zu einem Maximum von 130 (vollständige gegenseitige Anerkennung).

Das Hauptinstrument zum Testen der Persönlichkeit der Versuchspersonen war G. G. STERNS Aktivitätsindex, der im Rahmen von H. MURRAYS theoretischem Bezugssystem entwickelt wurde. Dieses Instrument mißt die Intensität vierzig verschiedener Bedürfnisse.

[1] Die Antwort auf jede Frage wurde anhand einer 5-Punkte-Skala gegeben. Die stärkste Strebung zum Partner hin erhielt 5 Punkte, vorwiegend positive Reaktionen 4, neutrale 3 und vorwiegend negative 2. Die maximale Punktzahl betrug 65 (wenn die Vp alle Fragen auf die positivste Weise beantwortete) und die minimale Punktzahl 13 (eine definitiv negative Antwort auf jede Frage, die mit je einem Punkt bewertet wurde). Die Anziehungsskala wurde auf ihre Validität und Reliabilität hin getestet. Die Ergebnisse haben gezeigt, daß die mit diesem Instrument erzielten Daten recht genaue Vorhersagen über tatsächliche Anziehungen und Abneigungen gestatten.

Andere in dieser Studie kontrollierte Variablen waren: Geschlecht, sozialer Hintergrund, Wohnort und Notendurchschnitt einer jeden Versuchsperson.
Die Untersuchung fand in zwei Sitzungen statt, die jede eine Stunde dauerten.

Ergebnisse

Ebene gegenseitiger Anziehung

Die bei Untersuchung der Dyaden erzielten Ergebnisse werden in Tabelle 1 wiedergegeben.
Mehr als ein Drittel der Dyaden (36,58%) zeigten insgesamt eine neutrale Einstellung, das heißt Indifferenz füreinander. Negative Einstellungen wurden in 32% der Dyaden verzeichnet und positive Einstellungen in 31,42%.

Persönlichkeitsdeterminanten gegenseitiger Anziehung

Der eigentliche Schwerpunkt lag in dieser Untersuchung bei der Frage, wie sich die Bedürfnisse der Partner auf die gegenseitige Anziehung auswirken. Insbesondere wurde danach gefragt, in welcher Beziehung die Bedürfnisbefriedigung zum Kontakt zwischen zwei Individuen steht und wie dieser Zustand sich auf die gegenseitige Anziehung der Betroffenen auswirkt. Eigenschaften und Bedürfnisse eines Menschen hängen oft zusammen und bilden ein (ausgeprägteres oder schwächeres) Syndrom. Wenn man jede Variable einzeln untersucht (Winch 1955; Malewska 1969), läßt man Syndrome von mehreren Eigenschaften außer acht. Der Kontext zwischen zwei Menschen sollte jedoch mehr als Wechselwirkung von zwei verschiedenen Gruppen von Eigenschaften und weniger als Wechselwirkung individueller Eigenschaften verstanden werden.

Tabelle 1: Auftreten sozialer Einstellungen in kleinen formellen Gruppen

Wert auf der Anziehungsskala	Einstellungskategorie	Auftretenshäufigkeit in den Dyaden absolut	in Prozent
26,0 – 40,0*	Feindseligkeit, Haß	3	0,96
40,1 – 54,0	Starke Abneigung	20	6,40
54,1 – 68,0	Abneigung	77	24,64
68,1 – 82,0	Indifferenz, Neutralität	114	36,58
82,1 – 96,0	Freundlichkeit	60	19,20
96,1 – 110,0	Anziehung	29	9,34
110,1 – 130,0	Freundschaft, Liebe	9	2,88
	Insgesamt	312	100,00

* Das Kriterium für die Einteilung in Kategorien gegenseitiger Einstellungen war die Standardabweichung = 14,1

94 unabhängige Variablen wurden in der Studie kontrolliert. Korrelationen (Owczarz, Czubinska, 1972) wurden berechnet, um die Wechselbeziehung zwischen jeder Variablen und der Anziehung zu bestimmen. Die Variablen mit Einfluß auf die Anziehung wurden zu Faktoren zusammengefaßt.
Um den Einfluß der Geschlechtszugehörigkeit zu prüfen, wurden sämtliche Analysen für weibliche, männliche und gemischte Dyaden getrennt durchgeführt.
Weibliche Dyaden. 25 Variablen wurden ermittelt, die unmittelbar mit der gegenseitigen Anziehung in den weiblichen Dyaden korrelierten. Sie konnten zu sechs allgemeineren Faktoren zusammengefaßt werden:
- Unabhängigkeit, nützlich, wenn komplementär;
- Narzißmus, nützlich, wenn in gewissem Maße bei beiden Partnerinnen vorhanden;
  Extra-Introversion: Introversion ist etwas nützlicher als Extraversion;
- Dominanz: kostenverursachend, wenn von großer Intensität;
- Perseveranz: nützlich, wenn komplementär;
- Notendurchschnitt: ein Anstieg führt zur Abnahme der gegenseitigen Anziehung (kostenverursachender Faktor).

Maximale gegenseitige Anziehung liegt also dann zwischen weiblichen Partnern vor, wenn sie in gewissen Persönlichkeitszügen ähnlich und komplementär in anderen sind. Es gibt keine eindeutige Antwort auf die Frage, ob Komplementarität oder Ähnlichkeit als nützlicher empfunden wird. Die Antwort hängt von der jeweiligen Eigenschaft ab. Die Motive, die zur Herausbildung von aufeinander bezogenen Einstellungen in weiblichen Dyaden führen, sind kompliziert. Zuerst einmal liegt der Wunsch vor, die Gefahr so weit wie möglich einzuschränken, die einer möglichen Rivalität innewohnt (Dominanz, Notendurchschnitt); zweitens ist der Wunsch zu beobachten, die Kontinuität des Kontaktes zu wahren (Introversion, vor allem ein geringes Veränderungsbedürfnis), drittens die Vermeidung der Monotonie (Narzißmus) und viertens die Aussicht emotionaler Harmonie (Komponenten des Extra-Introversionsfaktors). Mit anderen Worten hofft eine Frau, die Kontakt mit einer anderen Frau sucht, Belohnung in Form von Hilfe und/oder Unterhaltung zu erlangen und erwartet, Sicherheit und Verständnis zu finden.
Männliche Dyaden. Von den 94 untersuchten Variablen scheinen 16 in unmittelbarer Beziehung zur Herausbildung aufeinander bezogener Einstellungen zu stehen. Sie scheinen vier Faktoren zu enthalten. Eine umfassende Analyse dieser Faktoren zeigt, daß sie sich auf die gegenseitige Anziehung in der folgenden Weise auswirken:

- Extra-Introversion: Tendenzen zur Introversion haben einen positiven Effekt;
- Abhängigkeit–Unabhängigkeit: Obgleich aus einer einzigen Variablen zusammengesetzt (dem Bedürfnis, daß für einen gesorgt wird), wirkt sich dieser Faktor auf die gegenseitige Anziehung in einer sehr komplizierten Weise aus; ganz allgemein haben abhängige Partner die Tendenz, die gegenseitige Anziehung negativ einzuschätzen;
- Gruppenfeindliche Tendenzen: entgegen der Erwartung erwies sich dieser Faktor bei hoher Intensität als positiv. Dieses Ergebnis läßt sich schwer erklären. Die Hauptursache für den Nutzen, der sich aus dem Kontakt zwischen gruppenfeindlichen Individuen ergibt, mag vielleicht in dem außergewöhnlichen Maß an Unterstützung liegen, das sie einander geben;
- Notendurchschnitt: Ein Anstieg führt zu einem erhöhten Maß an fehlender Übereinstimmung in den Einstellungen zueinander;
- Popularität: Ein außerordentlich positiver Faktor.

Die Ergebnisse zeigen an, daß die gegenseitige Anziehung in männlichen Dyaden stark von Zügen beeinflußt wird, die zu einer dauerhaften Kooperation in einem bestimmten Handlungsbereich beitragen (wozu auch solche mit intellektuellen Zielsetzungen gehören). Daraus erklärt sich der starke negative Einfluß extravertierter Tendenzen (Vielfalt und Instabilität der Strebungen) und das starke positive Gewicht der Perseveranz und des Leistungstriebs. Von sekundärer Bedeutung sind die Eigenschaften, die Gelegenheit zur Befriedigung der emotionalen Bedürfnisse des Partners bieten. Es scheint sehr wahrscheinlich zu sein, daß sich eine tiefe emotionale Beziehung zwischen Männern nur auf der Grundlage eines längeren kooperativen Kontaktes entwikkeln kann, im Verlaufe dessen die Partner einander prüfen. Solch eine Grundlage wird im allgemeinen durch gemeinsame Interessen und durch gemeinsame Arbeit geschaffen. Der gegenseitige Austausch von Gefühlen und von mehr oder minder konkreten Hilfeleistungen und Unterstützungen, die für Frauen charakteristisch sind, wird bei Männern durch die Zusammenarbeit zwischen gleichen Partnern ersetzt. Auf manchen Gebieten kann dies zu einer Leistungskonkurrenz (Notendurchschnitt) führen, deren Folge dann möglicherweise ernste Störungen im gegenseitigen Kontakt sind.

Gemischte Dyaden. 15 der 94 unabhängigen Variablen, die in der vorliegenden Studie berücksichtigt wurden, sind von unmittelbarer Bedeutung für die Herausbildung zwischenmenschlicher Einstellungen zwischen Frauen und Männern. Diese Variablen ließen sich zu vier zusammengesetzten Faktoren zusammenfassen:

- Extraversion: Im ganzen als weibliche Eigenschaft positiv, als männliche Eigenschaft negativ; eine Dyade mit maximaler Anziehung setzt sich aus einer extravertierten Frau und einem introvertierten männlichen Partner zusammen; einige der in diesem Faktor enthaltenen Variablen führen stets zu Widersprüchen, das heißt, jede Zusammenstellung von Zügen wird sich in irgendeiner Hinsicht als ungünstig erweisen (zum Beispiel Ähnlichkeit der emotionalen Sensibilität ist für Frauen positiv, aber für Männer negativ. Für Männer ist bei dieser Eigenschaft Gegensätzlichkeit günstiger, das heißt, Männer erwarten von Frauen eine stärkere emotionale Sensibilität);
- Fürsorge: Starkes Bedürfnis nach Fürsorge von seiten des Partners ist ein kostenverursachender Faktor; doch das Bedürfnis, fürsorglich zu sein, ist in den Augen des männlichen Partners ein wünschenswerter Zug beim weiblichen Partner, während nach Ansicht des weiblichen Partners dieses Bedürfnis bei beiden Partnern gleich sein sollte;
- Selbstkontrolle: Die starke Ausprägung dieses Faktors ist positiv. Den Männern mangelt es an Konsistenz in der Erwartung der Selbstkontrolle beim Partner; sie erwarten von ihm auch, daß er den entgegengesetzten Zug offenbart (ein starkes Bedürfnis nach Impulsivität);
- Kritik: Ein niedriges Kritikniveau beim männlichen Partner ist für Frauen positiv, während Männer Frauen von extrem kritischer Einstellung, sogar Aggressivität vorziehen.

Aus dieser recht skizzenhaften Darstellung der Ergebnisse entsteht ein ziemlich kompliziertes Bild der Art und Weise, in der sich aufeinander bezogene Einstellungen im Verlaufe der Interaktion zwischen Individuen unterschiedlichen Geschlechtes herausbilden. Einige Faktoren wirken in diametral entgegengesetzte Richtungen, woraus folgt, daß es nahezu unmöglich ist, die Partner so auszuwählen, daß beide Partner völlig zufrieden sind. Sehr auffällige Unterschiede ließen sich bei den Determinanten der gegenseitigen Anziehung der beiden Geschlechter beobachten. In den Kontakten zwischen Männern sind diese Determinanten übersichtlich. In Kontakten zwischen Männern und Frauen sind die Kontakte sehr uneinheitlich; die erhobenen Nutzen- und Kosten-Beziehungen sind nicht sonderlich eng. Der entscheidende Bruch liegt in der gleichzeitigen Erwartung von sowohl extravertierten wie auch introvertierten Zügen beim weiblichen Partner. Die anderen Konflikte ergeben sich aus der Tatsache, daß bei der Frau vorausgesetzt wird, daß sie zur Unterhaltung, Lust und Zerstreuung dient, während gleichzeitig von ihr erwartet wird, daß sie ein ausdauernder, zuverlässiger und aktiver Partner mit beträchtlicher Fähigkeit zum erfolgreichen Handeln ist. Während Frauen von ihrem gleichgeschlechtlichen Partner eine Vielfalt von Eigenschaften erwarten, tendieren sie dazu, ihre Anforderungen an den männlichen Partner auf wenige zu beschränken. Die wichtigsten Eigenschaften, die Frauen gerne am männlichen Partner wahrnehmen würden, sind: Eine reife, schlichte und hilfreiche Einstellung zum Leben, Ausdauer, Selbstkontrolle, Konsistenz, wie auch Freundlichkeit und ein gewisses Maß an emotionaler Sensibilität.

Schluß

(1) Weder Ähnlichkeit noch Komplementarität von Bedürfnissen (Eigenschaften) können generell als positiv betrachtet werden. Einige Bedürfnisse sind im Falle der Ähnlichkeit förderlich (zum Beispiel Dominanz bei Männern), andere sind es im Falle der Komplementarität (zum Beispiel das Bedürfnis nach Unterhaltung in gemischten Dyaden).
(2) Gegenseitige Anziehung wird durch verschiedene Faktoren bestimmt, die vom Geschlecht der Partner abhängen. Eine Eigenschaft, die bei einem Partner gleichen Geschlechtes förderlich ist, kann kostenverursachend sein, wenn sie in einer gemischten Partnerschaft auftritt (zum Beispiel Introversion bei Männern). Unterschiedliche Gruppen von Eigenschaften sind für die gegenseitige Anziehung in jedem der drei Dyadentypen verantwortlich. Eine überall günstige Eigenschaft (die in allen Dyadentypen zu beobachten war) ist die Popularität.
(3) Es besteht eine gewisse Aussicht, die Bildung interpersonaler Einstellungen bei Menschen vorauszusagen, die in gegenseitigen Kontakt kommen. Die Prognose wird jedoch von der vorherigen Erforschung aller wesentlichen Determinanten der gegenseitigen Anziehung abhängen. Die gegenwärtige Studie konnte nur einige von ihnen untersuchen.

Literatur

Bramel, D., Interpersonal attraction, hostility and perception, in: J. Mills, (Hrsg.), *Experimental social psychology,* London, Macmillan, 1969.

Byrne, D., Lamberth, J., Palmer, J., London, D., Sequential effects as a function of explicit and implicit interpolated attraction responses, *J. Person. soc. Psychol.,* 1969, 70.

Byrne, D., Interpersonal attraction and attitude similarity, *J. abn. soc. Psychol.,* 1961, 62.

Domagala, H., Koncepcja zmian postaw w stosunkach miedzyludzkich (Der Begriff der Einstellungsänderung bei der zwischenmenschlichen Beziehung), *Psychologia Wychowawcza,* 1969, 5.

Griffitt, W., Anticipated reinforcement and attraction, *Psychonomic Science,* 1968, 11.

Kahn, A., Sheldon, A., Effect of social status and attitude similarity on behavior in dyads, *Psychol. Reports,* 1971, 29.

Malewska, H. *Kultorowe i psychospoleczne determinanty zycia seksualnego* (Kulturelle und psychosoziale Determinanten des Sexuallebens), Warszawa, PWN, 1969.

Owczarz, W., Czubińska, J., personal communication.

Thibaut, J. W., Kelley, H. H., *The social psychology of groups,* New York, Wiley, 1959.

Winch, R., The theory of complementarity of needs in mate-selection: Final results on the test on the general hypothesis, *Amer. Sociol. Rev.,* 1955, 20.

Zaborowski, Z., Koncepcja zmian postaw w stosunkach miedzyludzkich (Der Begriff der Einstellungsänderung bei der zwischenmenschlichen Beziehung), *Studia Socjologiczne,* 1963, 3.

U. Laucken und A. Schick
Einführung in das Studium der Psychologie

Eine Orientierungshilfe für Schüler und Studenten
Vierte, vollständig überarbeitete Auflage 1978, 273 Seiten, kartoniert (ISBN 3-12-925251-7)

Die Autoren beantworten Fragen, die sich jedem Studienanfänger stellen: Mit welchem Gegenstand haben es Psychologen zu tun? Was ist eine psychologische Theorie und wie überprüft man solche Theorien? Wie erreicht man eine Zulassung zum Psychologiestudium? Wie sehen die Studien- und Prüfungsordnungen für Diplom-Psychologen aus? Was verdienen Psychologen?
Die Autoren beraten den Leser, wie er mit all den vielen Informationen und Anforderungen im Studienbetrieb am besten zurechtkommt.

B. Weiner
Theorien der Motivation

Mit einem Vorwort des Autors zur deutschen Ausgabe
Aus dem Amerikanischen von Johanna Schneider
1976, 314 Seiten, kartoniert (ISBN 3-12-928560-1)

Weiner führt ein in die kognitiv orientierten Theorien der Motivation, vor allem in die Theorie der Leistungsmotivation (McClelland, Atkinson, Heckhausen) und in die Attribuierungstheorie (Heider), in jene Theorien also, die dazu beitragen, das mechanistische Verständnis der Handlung zu überwinden.

H. Ginsburg und S. Opper
Piagets Theorie der geistigen Entwicklung

Aus dem Amerikanischen von Hainer Kober
Zweite, um ein Werkverzeichnis erweiterte Auflage 1978, 306 Seiten, kartoniert (ISBN 3-12-929311-6)

„Dieses Buch ist für Studienanfänger bestimmt, die sich mit Piagets Theorie beschäftigen wollen. Bei Piaget ist die Empirie niemals von der Theorie getrennt. Diese Kontinuität wird überaus verständlich dargestellt. Das Buch vermittelt eine prägnante Beschreibung und klare Analyse der Gedanken und des Werks von Piaget.“ (Bärbel Inhelder)

P. H. Mussen, J. J. Conger und J. Kagan
Lehrbuch der Kinderpsychologie

Aus dem Amerikanischen von Thomas M. Höpfner
2. Auflage 1979, 708 Seiten, Linson
(ISBN 3-12-924980-X)

Die drei Autoren dieses Lehrbuches gehören zur Spitzengruppe der amerikanischen Entwicklungspsychologen. Ihr Lehrbuch ist in den USA längst eingeführt; es wurde nach der neuesten, stark veränderten Auflage ins Deutsche übersetzt. Es informiert umfassend über Entwicklung und Persönlichkeit des Kindes.

Ernest R. Hilgard / Gordon H. Bower
Theorien des Lernens

Deutsche Ausgabe herausgegeben von Hans Aebli und Hans-Eberhard Zahn
Aus dem Amerikanischen von H.-E. Zahn

Band I: 4. Auflage 1975, 367 Seiten, Linson
(ISBN 3-12-923790-9)
Band II: 2. Auflage 1973, 409 Seiten, Linson
(ISBN 3-12-923800-X)

Die Verfasser legen in diesem Handbuch die wichtigsten Lerntheorien ausführlich dar und nehmen zu jeder Theorie kritisch Stellung. Im zweiten Band werden vor allem die neuen Forschungsrichtungen behandelt: funktionale Aspekte des Lernprozesses, mathematische und Informationsverarbeitungsmodelle und die neurophysiologischen Komponenten.

Wolfgang Stroebe
Grundlagen der Sozialpsychologie I

1980, 406 Seiten, kartoniert (ISBN 3-12-936940-6)

In diesem in sich abgeschlossenen ersten Band eines zweibändigen Lehrbuches der Sozialpsychologie wird der neueste Stand der sozialen Wahrnehmungs- und Einstellungsforschung dargestellt. Er eignet sich für Kurse in Sozialpsychologie, wendet sich aber auch an wissenschaftlich arbeitende Psychologen und Sozialwissenschaftler.